芳賀力

神学の小径 III
創造への問い

キリスト新聞社

目次

第一章　世界の読解法

一　天上の書物

「天の星は地上に落ちた。まるで、いちじくの青い実が、大風に揺さぶられて振り落とされるようだった。天は巻物が巻き取られるように消え去り、山も島も、みなその場所から移された」（ヨハネ黙示録六・一三―一四）。

澄み渡る夜空に燦然《さんぜん》と輝く星々。この天上の星辰《せいしん》が地上で起こる事象の運命を予示していると、いつから か人はそう感じ取るようになった。これは、古代社会にほぼ共通に見られる原初的な感性である。主《おも》に自然の天変地異や歴史の有為転変に関連づけられたが、それだけにとどまらず、しばしば個々人の運命すら決定しているものと見なされた。たとえばプラトンは『国家』において、次のような運命論を展開している。「星座の示唆にしたがって一つの人生を選び取った魂には、天上に書かれている一連の事柄も必然的にすべて割り当てられてしまう」（H・ブルーメンベルク『世界の読解可能性』山本尤・伊藤秀一訳、法政大学出版局、二〇〇五年、四二―四三頁より引用）。

星辰信仰が最も発達していたと見られるのは古代メソポタミアであるが、そのような自然宗教をイスラエルの民は、天地万物の創造者なる神への信仰によって乗り越えている。地上の森羅万象を司《つかさど》るのは天体の運行ではなく、天体をも動かす全能にして万有の神ご自身である。新約の語り手もこの創造信仰を継承している。福音が登場すると、すべての自然宗教は役割を終える。

よく知られる救い主の降誕物語は、星辰信仰が福音によって乗り越えられて行く興味深いプロセスを垣間見せてくれる。「そのとき、占星術の学者たちが東の方からエルサレムに来て、言った。『ユダヤ人の王としてお生まれになった方は、どこにおられますか。わたしたちは東方でその方の星を見たので、拝みに来たのです』」（マタイ二・一―二）。なぜこの救世主降誕の物語に占星術の学者たちが登場するのだろう。そして彼らはなぜ星を見て、救世主を探し求める旅に出たのだろう。暗い夜空に異様に輝く天空の星が、ただならぬ運命の幕開けを告げているように思えたからであろう。しかし彼らは救い主の誕生に立ち会った後では、「別の道を通って自分たちの国へ帰って行った」（マタイ二・一二）。元の道によらずに！「道による」とはギリシア語でメタ＋ホドスである。そこからメソッド（方法）という言葉が生まれる。つまりここで彼らは、自然宗教という元の方法によらず、幼子において人間へと到来する神を通して「恵みと真理」（ヨハネ一・一七）を知る新しい道を歩み出したのである。福音は人間を占いや迷信から解放する。

一見すると、聖書の中にも古代の星辰信仰の面影が残っているかのように見えるところもある。だが、それはただ比喩的表現として用いられているにすぎない。たとえば「天は巻物のように巻き上げられる」と語られる。いかに栄華を誇る地上の国家といえども、「ぶどうの葉がしおれ、いちじくの葉がしおれるように」（イザヤ三四・四）またたく間に凋落《ちょうらく》する。「まるで、いちじくの青い実が、大風に揺さぶられて振り落とされるよう」(ヨハネ黙示録六・一三)に、星の散りばめられた面を下に向けた天上の巻物が巻き上げられると、天体は振るい落とされ、地上の山々は崩れ落ち、海は沸き立って島々は沈没する。これが終末の黙示的光景であるが、ここで生殺与奪の権を握っているのは創造者なる神であって、天体ではない。天体はただ落下する凋落のしるしにすぎない。

ところで、黙示思想にしばしば現れるこの「天上の書物(巻物)」というメタファーも古くから用いられた表象である。天上の書物には地上の動きを左右する文字が記されている。その文字が読み取れる間は、世界は存続し、歴史は進行する。イスラエルは運命信仰を乗り越えているので、メソポタミアに見られた天上の運命表とは無縁であるが、神ご自身がその名を書き込む「命の書」という表象は存続している。

天には「命の書」があって、そこに名を記された者は救いに与ることが約束され、保証される。しかし神に逆らう悪しき者は、その名を命の書から抹消されてしまう。金の小牛を造って拝んだ民の過ちのゆえに、モーセは神に執り成し祈った。「今、もしもあなたが彼らの罪をお赦しくださるのであれば……。もし、それがかなわなければ、どうかこのわたしをあなたが書き記された書の中から消し去ってください」(出エジプト三二・三二)と。またイエスは七二人の弟子たちが最初の宣教活動から戻ってきた時、一緒に喜び、そして言った。「悪霊があなたがたに服従するからといって、喜んではならない。むしろ、あなたがたの名が天に書き記されていることを喜びなさい」(ルカ一〇・二〇)と。そしてヨハネ黙示録には、苦難を耐え忍び、勝利を得る者についての主の言葉がこう記されている。「わたしは、彼の名を決して命の書から消すことはなく、彼の名を父の前と天使たちの前で公に言い表す」(ヨハネ黙示録三・五)。

神の御心を書物にたとえ、書物のメタファーを用いて語るという伝統は、ユダヤ教の中にしっかりと根を下ろしている。なぜラビたちは、世界を解釈する際に、驚くほど真剣にトーラーという「書物」に首っ引きになったのか。トーラーのテキストに記されていることは、先在的に天上の文字盤に書き記された神の世界計画と完全に一致していると見なされたからである。書物を読んで世界を解釈するというこの伝統を、新約の使徒たちもまた受け継いでいる。だからこそ彼らは、驚くべき啓示の出来事に直面して、彼らにとっての聖書、すなわち旧約聖書を、あれほど熱心に参照しようとしたのである。現に目の前に起こっている出来事は、すでに旧約聖書という書物の中に書き記されていたことの成就と見たからにほかならない。

二　自然を読む技法

「啓示と自然という二つの書物の著者は一人である（unum esse auctorem）」（第二リヨン公会議でのモットー Denzinger-Umberg, *Enchiridion Symbolorum* 464. ブルーメンベルク前掲書四八頁参照）。

書物を読むことは世界を読解することである。ところで、この読解の伝統がもう一つの書物のメタファーによって揺さぶられかねない事態が生じた。それがもたらされたのは、自然そのものを書物として読むというメタファーの登場によってである。自然に対する探求心が旺盛になった時、啓示という書物のほかに、今や自然という書物が独立のテキストとして意識されるようになった。

もちろんその場合、自然という書物もまた創造者なる神によって書かれた書物であるという基本的な了解が前提にあった。長い間、聖書と自然という「二つの書物」は緊密な関連のもとにあると見なされていた

（神学小径Ⅱ・3・2参照）。自然が神の力を表しているとすれば、聖書は神の意志を表している。自然が神の作品の書物であるとすれば、聖書は神の言葉の書物である。古代のグノーシス主義やマルキオンは、悪を含む世界を創造した神を否定し、それとは別に世界を救済する神を対置させたのだが、古代教会は創造の神と救済の神が同一の方であることを主張した。そのような教会にとって、自然と啓示という二つの書物の著者が同一の方であるということは、重大な真理であり続けた。枕に掲げた一二七四年のリヨン公会議のモットーがよくそれを物語っている。

しかし、ルネッサンス以来の自然研究の進展は、次第にこのつながりを希薄にする方向に向かい始める。カタルーニャの人文主義者ライムンド・ザブンデの場合は、まだ自然の書物の著者が神であることを認めている段階にとどまっている。神の宇宙の書においては、それぞれの被造物が一つの文字となっている。彼の『自然神学』の中には次のような言葉が記されている。「いかなる創造物にしても神が記された文字でないものはない」（ブルーメンベルク前掲書五八頁参照）。しかしケプラーやガリレイの段階になると、自然の創造者が聖書の証言する神と一致するかどうかは必ずしも定かではなくなる。彼らにとって自然という書物は数学の言葉によって書かれている。幾何学は彼らにとって神の言語である。宇宙は数学の言葉で書かれており、それを学ばなければ自然という書物を読み解くことはできない（拙著『歴史と伝承――続・物語る教会の神学』教文館、二〇〇八年、三七六頁参照）。やがて啓蒙主義の時代に、啓示の書物が次第に権威を失っていく段階を迎えると、自然の書物が独自のテキストとして一人歩きし始めることになった。そしてこの一人歩きは、おそらく現代に至るまで続いている。

問題は、自然という書物をただ自然的理性をもって読むということで、十分適切な自然の読み方になっているのかどうかということである。自然の書物をただ自然的理性をもって読むという読解法は、啓蒙主義時代に確立された方法である。では啓蒙主義とはいったい何か。A・マクグラスの定義によれば、啓蒙主義とは「一八世紀に始まり、ヨーロッパの大部分と北アメリカを席巻した偉大な知的かつ文化的な運動」（A・マクグラス『「自然」を神学する』芦名定道・杉岡良彦・濱崎雅孝訳、教文館、二〇一一年、二〇一頁）である。人間の理性を絶対と見なし、教会と聖書の権威から自由になり、個人の認識能力と経験に基づく判断だけを頼りに物事を分析し、合理的で普遍妥当的な真理を把握しようとする世界観である。しかし、マクグラスによれば、そのような客観的な認識モデルは、現代の認知理論によってもはや通用しないことが判明している。啓蒙主義の合理的認識モデルによれば、人間は自然に対して観察者として距離を取り、自然を客体として対象化できると考えている。しかし実は人間もまた自らが観察し解釈するその自然の一部であり、自然に組み込まれた存在である（同前二六、二〇六、二一五頁）。そうである以上、人間が自然を分解し、法則に還元したとしても、それは自然を自分の小さな一視点から切り取った一断面の図解にすぎず、それで自然の全体像を読み取ったことにはならない。詩人のジョン・キーツは、ニュートンは虹をプリズムの光学的色彩に還元したが、それによってニュートンは虹の詩を破壊してしまったのだと抗議した。この詩人の嘆息は、本質を突いている。自然を還元主義的に説明しても、それは事物の退屈な目録を並べ立てるにすぎない（同前三七六頁）。

この点でブルーメンベルクが紹介する次のようなリヒテンベルクについての話は示唆的である。啓蒙主義者だったリヒテンベルクは、自分でも啓蒙主義の限界に気づき始めていたらしい。そこでリヒテンベルクはある寓話を自分の書物の中に書き記す。ある日、非常に柔らかな声をもった世界霊（Weltseele）と名乗る一人の老人が夢に現れ、彼に一インチほどの青緑色の球を渡した。その球はあちこち灰色でまだらになっている。老人は「実験室でこの鉱物の分析をしてほしい」と頼む。そこで化学的に分析した結果、「とりたてて価値のない、フランクフルトのノミの市で二束三文でも買えるおもちゃの球のようなものだ」と報告した。それを聞いた老人は言う。「とんでもない。これは地球全体のコピーなのだ」。そして「地球の表面にあったものはどうしたのか」と尋ねる。彼は慄然《りつぜん》とする。実験する前に、分析の手順として球を洗浄した際、世界中の海とそこに住む生き物すべてを、彼は洗い流してしまったのである。「几帳面な実験手順によってまさに自分が対象とするもの全体の完璧性を破壊し、それを観察するたった一度のチャンスを失ってしまった」。そう彼は後悔する。化学の実験室で書物を分析すると、紙と印刷インクしか残らない。だがその書物にとって決定的なものとは、そこに書かれた文字の意味なのである（ブルーメンベルク前掲書二一七―二一九頁）。

要するに、聖書の創造信仰を括弧に入れ、自然の書物を自然的理性によってだけ読もうとする啓蒙主義的な読み方は、数多くの可能性の中の一つにすぎず、しかもそれは、ある期間（一八世紀）にたまたま優勢だっただけのことで、非常に偏ったものかもしれないのである。啓蒙主義的な理性による世界の読み方がベストなのだという信念（思い込み）は啓蒙主義的理性の神話であって、もはや現代の認識論では通用しなくなっている。重要なことは、いったいどの読み方が世界を理解するのにより適切であるのかを、改めてよく考えてみることなのである。

書物のメタファーが現代において最も当てはまる分野は遺伝子工学であろう。遺伝子情報を文字通り読み解くことが作業の中心になっているからである。DNAは文法を持ち、RNAはメッセージを持っている。だからそれを解読することが人間を解読することになると単純に考えられている。しかしその場合、啓蒙主義の合理性が一方法論であることを超えて、一種の世界観にまで高まると、そこにある種の危うさが生じてくる。倫理学者ハンス・ヨナスは警告する。「遺伝メカニズムが完全に分析され、その文字がついに解読されたとしよう。われわれは、次にそのテクストを新しく書こうとするだろう」（H. Jonas, *Philosophical Essays. From Ancient Creed to Technological Man*, Englewood Cliffs, 1974, p.80）。現代の過激な遺伝子生物学者リチャード・ドーキンスは、自然には設計も目的もなく、善も悪もなく、ただ無意志で無軌道で冷酷な無関心があるだけだと結論してはばからない（神学小径Ⅱ・３・３参照）。では彼はどこへと向かうのか。向かってはならない方向への暴走が始まった時、彼はただ「所詮はＤＮＡのなせる業さ」と顔をしかめ、肩をすくめるしかないのだろうか。

三　啓示という解釈装置

「愚か者は、［神の作品の］外面的な形態だけに感心するのに対して、賢者は外側から見えるものの中に神の英知の深い思慮を思いやるのである。これはいわば同じ書物を前にして、一方はそこに書かれた文字の色や形を強調するのに対して、他方はその意味や意義を賛美するようなものである」（Hugo de S. Victore, *Eruditio didascalica* VII, 4, in: *Opera omnia* II, ed. Migne, *Patrologia Latina* CLXXVI 814）。

自然の書物を読むにも、自然そのものに適った読み方がある。それは、自然をそのように造られた方の御心を知りつつ読むということである。そしてその御心は、啓示の書物の中に書かれている。私たちは聖書を手がかりに自然を読む時に、はじめて自然を偉大なる神の作品として読むことができる。カルヴァンは聖書を、物をはっきり見るための「眼鏡」に例えたが、その例えは、神を知ることだけでなく、自然を神の被造物として見るためにも有効である。「例えば老人、あるいは眼やにの人、あるいはおよそ目の霞んだ人は、目の前に非常に美しいことが書いてある書物を差し出されても、何かが書かれているということは分かるとしても、辛うじて二つの言葉を拾い読みして繋ぎ合わせることさえできない。けれども眼鏡を掛けるならば、それに助けられてはっきりと読み始めるものである。それと同様に、聖書なしでは混乱し切っている神についての知識を、聖書は我々の精神の内で纏《まと》め上げ、闇を吹き払って真の神をはっきり示すのである」（Calvin, *Institutio*, I.6.1. 訳文は渡辺信夫改訳版、新教出版社、以下同様）。

私たちが何かを見てそこに意味を読み取る場合、私たちはただ漫然と見ているのではなく、それを何ものかとして見ている。この「〜として見る」という解釈行為なしに、私たちは善く生きることはできない。善く生きるということは、ただ本能に突き動かされるままにその場を刹那的、動物的に生きるということではなく、生きる意味と目的をわきまえ、生き甲斐を見つけて人間として生きるということである。

そしてこの「〜として」という解釈装置は、L・ヴィットゲンシュタイン（【ノート117】）やC・ギアーツ（『文化の解釈学I』吉田禎吾他訳、岩波書店、一九八七年参照）が強調するように、歴史的、文化的、社会的な意味の集積とネットワークによって構築されたものである。もし自然を、存在が自ずから生まれ、消滅し、再び成り行く万物の生成流転のプロセスとして見るなら、そこではギリシア的な永遠回帰の、あるいはまた東洋的な輪廻転生の自然観が解釈装置となっている。もし自然を、一度確立した自然法則に従って万物が規則正しく運行している時空間として見るなら、啓蒙主義の理神論がその解釈装置となっている。そしてもし自然を、ただの偶然の産物として見る場合には、啓蒙主義の落とし子である無神論的世界観がその解釈装置となっているということになる。

しかし、自然を創造者なる神の被造物として見るなら、その場合の解釈装置は啓示の書物である。この啓示の書物は、言葉によって無から有を創造された力ある神について語る。また混沌に陥り危機に瀕したいと小さき民イスラエルの歴史に介入し、時には自然の猛威を用いてご自身の威光を現される神について語る。そしてこの聖なる書物は、自ら被造物となり、嵐の湖を静め、罪と死と混沌の力を取り除くイエスの〈生と死、そして復活〉の歴史を通して、ご自身を世界の主として示し、世界を完成するために再び来られる神について語る。この語りの集成の中で自然を見る時、私たちはそこに、創造の根拠と意味と目的を、自然との責任ある関わり方を、そしてこの虚無に服した世界の悲しみや苦しみにもかかわらず、世界を肯定することのできる救いへの希望を見出すことができる。

確かに、自然はどのような観察と解釈にも開かれている。だから、どれがより適切な解釈なのかを問い、賢く見極める必要がある。自然の適切な解釈へと導く鍵は、自然そのものの中には与えられていない。様々な解釈が起こりうる中で、啓示の歴史の中で自然を読み解く道をキリスト教は歩む。なぜなら、啓示の光の中にこそ神秘のベールに包まれた自然の真の意味を解く鍵があるからである。「あなたがたはこの世に倣ってはなりません。むしろ、心を新たにして自分を変えていただき、何が神の御心であるか、何が善いことで、神に喜ばれ、また完全なことであるかをわきまえるようになりなさい」（ローマ一二・二）。マクグラスによれば、新約聖書が「キリスト教的識別」という考え方で表現している事柄には、この認識の変革も含まれている。心の刷新を通して変容が起こり、世界を見る目が変わる（マクグラス前掲書二〇―二一頁）。聖霊を通して啓示が我が身に臨み、暗い理性を照らす時、はじめて覆いは取り除かれ、心の目が開かれる（第二コリント三・一六、エフェソ一・一八)。

私たちは自然を適切に読むために、神から啓示という解釈装置を与えられているのである。「天は神の栄光を物語り、大空は御手の業を示す。昼は昼に語り伝え、夜は夜に知識を送る。話すことも、語ることもなく、声は聞こえなくても、その響きは全地に、その言葉は世界の果てに向かう」(詩編一九・二―五)。自然それ自体は物を言わない。その代わりに私たちは神の栄光をほめ讃える。そのためにこそ、啓示という解釈装置が私たちには必要なのである。「自然秩序は、キリスト教の伝統というプリズムを通して見られるときに、雑音であることをやめて旋律となる」(M. Polanyi, Science and Reality, in: *British Journal for the Philosophy of Science*, 18 (1967), p.191. マクグラス前掲書二五四頁参照)。

T・F・トーランスが強調するように、科学的探究にとって道具の開発が大切であるのと同じように、神学的探究にとっても対象を理解するのにふさわしい道具が必要である。「現代の最も重要な産業の一つである工作機械産業のことを考えてみよう。数年前に私は、企業で働く科学研究者のグループと会合を持ったことがあるが、その中に、非常に高感度で複雑な道具を考案し製造する仕事に携わっている方々がおられた。そのうちのひとりが、ある大学の高エネルギー物理学研究室のために製造していた特定の道具の説明をした時に、私はすっかり驚いてしまった。なぜなら、彼がそれらの道具を作るために、それを注文した物理学者たちと同じくらい高エネルギー物理学について多くのことを知っていただけでなく、研究を実際に進展させる特定の道具を物理学者たちに提供するために、彼自身も独創的な研究に大いに従事し、数々の新しい発見をしていたことがはっきり見て取れたからである」(T・F・トーランス『キリストの仲保』芳賀力・岩本龍弘訳、キリスト新聞社、二〇一一年、二四頁)。この小さな発見はトーランスにインスピレーションを与える。「すべての科学、特に純粋理論科学は、探究されているものの知識と理解を形作るための適切な道具の構築にも従事している」（同前）。そうであれば、神学においてはなおさらではないのか。「私たちが必要とするものは、思考と言語の適切な様式である。この種の概念的な道具の必要は、人が根本的に新しいものに関わらねばならなくなった時に、特に緊急を要する。根本的に新しいものは、既知の枠組みに同化させることによっては理解できず、思考と言葉の古いパターンが単に不適切であるだけでなく、まったく間違っていることが判明することもありうるからである。自然のまったく新しい開示は、それらに見合った思考と言語の新しい様式を要求する」（同前二五頁）。

だから、「もし私たちが神ご自身にふさわしい仕方で神を知り、神について語りうるとすれば、私たちはそれに見合った思考と語りの様式、適切な概念の形式と構造を必要とする。もっとはっきり言えば、敬虔で神にふさわしい礼拝の習慣や態度が神の探究方法を支配するようになることを必要とするのである」（同前）。

では事実として何が起こっただろう。それはイスラエルを選び、この民の精神を、啓示を理解するのにふさわしいものへと鋳造するということである。「神は人類にご自身を啓示し、人間が神を知ることができるようにしようと願い、人類全体の中から一つの小さな民族を選んで、ご自身との親密な交わりと対話の下に置いた。それは、神の自己啓示に仕えるという目的でこの民を鋳造し形造るという仕方でなされた」（同前二五―二六頁）。啓示を受領し語り伝える仲保的媒介となること、ここにイスラエルの選びの理由があり、目的がある。そのためにイスラエルの礼拝と祭儀があり、律法と預言と知恵の書がある。「神がイスラエルをこのような独特の仕方で御手の中に置かれたのは、実際の手段、すなわち一連の霊的な道具の全体、神を理解し、礼拝し、表現する適切な様式を提供するためであり、それらを通して人間が神を知ることができるようになり、人類という土壌の上に神の認識が根を下ろすことができるからである。そこには双方向の動きが含まれていた。神の啓示が人間の理性に適応することと、人間の理解と言語の明瞭な様式が神の啓示に適応することである」（同前二七頁）。

そして、この頑なな民から神の言葉を理解する民を鋳造し形成する苦闘の末に、神の言葉そのものがイエス・キリストにおいて人間の言葉となったのである。こうして今や新約の教団は、神と世界の書物を繙《ひもと》く決定的に重要な鍵を持つことになった。創造に際して神と共におられたロゴスである方が、この世界に宿られた。創造された世界の歴史は、この受肉された救済者の歴史の中に、その根拠と意味と目的を読み解く鍵を持っている。自然における神の栄光は、受肉の言葉を通して全人類に知れ渡る。

「天にも地にも地の下にも、この巻物を開くことのできる者、見ることのできる者は、だれもいなかった。この巻物を開くにも、見るにも、ふさわしい者がだれも見当たらなかったので、わたしは激しく泣いていた。すると、長老の一人がわたしに言った。『泣くな。見よ。ユダ族から出た獅子、ダビデのひこばえが勝利を得たので、七つの封印を開いて、その巻物を開くことができる』」（ヨハネ黙示録五・三―五）。世界を読み解く鍵をお持ちの方、そして世界を苦難と困窮から救う方が、ここにおられる。創造への問い、そしてそれに続く救済への問いに対して、上からの答を探し求める私たちの旅は、ここから始まる。

【ノート116】自然神学と自然の神学

自然神学は、二〇世紀神学の中で最も神経をとがらせるほどに激しく議論された神学概念の一つである。E・ブルンナーとK・バルトの論争がその頂点であるが、両者の激しいやり取りの背後には、ナチズムの民族法を神の創造秩序だとして合法化しようとするドイツ・キリスト者との神学的闘いがあった。バルトが声を挙げてくれたおかげで、私たちはどこに落とし穴があるのかを理解できるようになった。その落とし穴に陥らないように注意しつつ、しかし私たちは今キリスト教的な創造論を構築するに当たり、「自然神学」と「自然の神学」とを明瞭に区別しておかなければならない。

自然神学（a natural theology）とは、イスラエルとイエスにおける歴史的な啓示を抜きにして、したがって聖書的な語りとは無関係に、ただもっぱら人間の自然的な理性だけを用いて、自然の中に現れた神について語ろうとする方法である。この意味での啓示抜きの自然的な神学を、一六世紀にM・ルターは、十字架の神学を裏切る「栄光の神学」として退け、二〇世紀にK・バルトはこれをデモーニッシュな思想として潔癖なまでに退けたのである。

これに対して自然の神学（a theology of the nature）とは、啓示に基づいて、したがって聖書的な語りを通して自然を読み解き、啓示の光によって洗礼を授けられた理性によって、自然を神の創造の作品として讃美し神学する方法である。この意味での啓示に基づく自然の神学を、宗教改革期にJ・カルヴァンは展開したのである。造り主なる神についての認識は、啓示なしにはおぼろげで曖昧で、時にいびつに歪み、迷信や偶像崇拝の生産工場になってしまう。聖書の啓示によって覆いを取り除かれる時、はじめて三位一体なるまことの神認識に至り、その結果、世界が被造物として神の栄光の劇場であることが分かるのである（神学小径Ⅰ・16・2【ノート64】、神学小径Ⅱ・3・3参照）。本書が辿ろうとする道はこの後者の道である。

【ノート117】〜として見ること（ヴィットゲンシュタイン）

上の絵をじっと見てほしい。何に見えるだろうか。ある人はウサギに見えると言うだろう。確かに。またある人はアヒルに見えると言うだろう。これもまた確かに。動物しか知らない人にはウサギであり、鳥しか知らない人にはアヒルである。両方知っている人には、ウサギにも見えるし、アヒルにも見える。

これはL・ヴィットゲンシュタインがアスペクト（局面）認知の例として用いたので有名になった絵で、もともとはアメリカの心理学者J・ジャストロー（Joseph Jastrow: 1899）が考案したものである（『ヴィットゲンシュタイン全集第8巻』より）。私たちは何かを見る場合、〜として見る（seeing as something）という仕方で見ているのである。見るという行為には、単なる視覚を超えて、意味の示現が含まれている。私たちは常に〜として見るという仕方で世界を解釈しているのであり、その「〜として見る」見方の基本的な枠組みを、私たちは歴史的、文化的、社会的な共同体の語りの集成（言語ゲームとしての共同体の文法）から学んでいるのである。もしまだ身に着けていないのであれば、私たちはそれを学ばなければならない。そうでなければ、絵はウサギでもアヒルでもなくなるからである。

しかしこのことは、解釈の最終的な妥当性が解釈者の共同主観の側にあるということを意味するのではない。解釈の正当性は対象それ自身にある。その解釈がどれだけ対象それ自身に対応する認識であるかどうかが、解釈の適切性を支えるものとなる。実際の対象がウサギであるのに、それをアヒルだと思い込んだとしたら、それは明らかに適切な解釈とは言えない。

要するに、本当は何が描かれているのか。それは、この絵を描いた人に訊くほかない。そして、もし画家がその意図を別の書物に明かしていたとすれば、その書物を参照することが適切な解釈につながる最短の道である。創造者の意図が記されているもう一つの書物、それが啓示の書としての聖書なのである。

幕間のインテルメッツォ（間奏曲）

九五　ウィーン生まれの哲学者ヴィットゲンシュタインは、哲学とは、ハエ取り器の中に迷い込んで出られなくなったハエに、出口はあそこだと教えてあげることだと言った。見事なたとえである。

九六　天賦の才を持て余したまま、彼は第一次大戦で志願兵となり、砲撃をくぐり抜けながら『論理哲学論考』の草稿を書きためた。モンテ・カッシーノの捕虜収容所を出てから村の小学校の先生になり、その後ウィーン郊外の修道院で庭師となった。

九七　その後この放浪の哲学者は、主にケンブリッジ大学で教鞭を執りつつ独創的な論考を発表し続けたのだが、果たして彼自身は出口を見つけられたのだろうか。

九八　晩年の『断片』に、「人生は尾根を走る一本の道に似ている」と書き残している。尾根道は右にも左にも斜面があり、一歩踏み外せば、谷底に滑り落ちてしまう。宗教とは、その尾根を行く旅人に、歩むべき方向を指し示すもの、そう、彼にとってもそうであるはずのものだった。

九九　しかし彼は自分の生き方が特定の宗教によって束縛されるのを嫌い、「語りえないものについては沈黙しなければならない」と、彼の『論考』の原則を貫いて生涯を終えた。それが彼の限界だった。この哲学者が、人間の沈黙を向こう側から突き破る啓示の言葉を聴くことがなかったのは、まことに残念というほかかない。

あとがき的命題集

命題一六〇　聖書と並んで自然という書物も、創造者なる神によって書かれた書物であると見られてきた。聖書と自然という「二つの書物」は緊密な関連のもとにある。自然が神の力を表しているとすれば、聖書は神の意志を表している。自然が神の作品の書物であるとすれば、聖書は神の言葉の書物である。

命題一六一　しかし、ルネッサンス以来の自然研究の進展は、次第にこのつながりを希薄にする。啓蒙主義の時代、啓示の書物が次第に権威を失っていくにつれ、自然の書物が独立のテキストとして一人歩きし始めた。

命題一六二　自然という書物をただ自然的理性をもって読むということで、果たして十分適切な自然の読み方になっているのかどうかが、改めて今問われなければならない。人間が自然を分解し、法則に還元したとしても、それは自然を自分の小さな一視点から切り取った一断面の図解にすぎず、それで自然の全体像を読み取ったことにはならない。

命題一六三　自然そのものに適《かな》った読み方とは、自然をそのように造られた方の御心を知りつつ読むということである。そしてその御心は、啓示の書物の中に書かれている。私たちは聖書を手がかりに自然を読む時に、はじめて自然を偉大なる神の作品として読むことができる。

命題一六四　創造に際して神と共におられたロゴスである方が、この世界に宿られた。創造された世界の歴史は、この受肉された救済者の歴史の中に、その根拠と意味と目的を読み解く鍵を持っている。自然における神の栄光は、受肉の言葉を通して全人類に知れ渡る。

第二章　自然神話からの解放

「また目を上げて天を仰ぎ、太陽、月、星といった天の万象を見て、これらに惑わされ、ひれ伏し仕えてはならない。それらは、あなたの神、主が天の下にいるすべての民に分け与えられたものである」（申命記四・一九）。

一　自然の霊力（ストイケイア）

一方で自然の力を恐れつつ、他方ではそれを崇《あが》め、それによって大自然の底知れぬ霊力に与ろうとする。それは、世界中どこにでも見受けられる原初の心理的メカニズムである。聖書の創造信仰はこうした不安な人間心理を悠然と超えるものとして登場する。運命を司る天の万象、大気を引き裂き、地を震え上がらせる雷《いかずち》、猛《たけ》り狂う暴風雨といえども、自然はすべて神の造られた地上世界の現象であって、それらに神的力は宿っていない。とすれば、自然は恐るべき崇拝の対象ではなく、むしろそこで創造主なる神の偉大な御業をこぞってほめ讃えるべき、命あるものの共生の舞台なのである。問題は古代の昔話のことではない。現代の話である。要するに「パワー・スポット」など、どこにも存在しない！

この自然の非神話化・脱呪術化は一種のカルチャー・ショックとして地中海世界に広まっていった。「二世紀の弁証家」と呼ばれるキリスト教思想家たちは、この意味で最初の啓蒙主義者となった。アリスティデスは自然崇拝の無力さを説く。「火が神であると思いなす者たちも誤謬に陥っています。……火は人間の都合で消されることにより、様々な仕方で消滅します。それゆえ、火が神であることはありえません。そうではなく、火は神の業なのです」（アリスティデス「弁証論」『キリスト教教父著作集第一二巻』井谷嘉男訳、教文館、二〇一〇年、一九二頁）。環境に左右され、やがて弱まり消え去るものが永遠の神であるはずはない。だからそれを神と見なす必要はない。アリスティデスの論旨は明快である。「太陽が神であると思いなす者たちも誤謬に陥っています。なぜなら、われわれの見るところでは、太陽は必然［アナンケー］に従って動き、回転し、しるしからしるし［点から点］へと移動し、沈み、昇り、人間の役に立つために［人間の使用のために］植物や芽を暖めるからです。……また、太陽は天蓋よりずっと小さく、光を失うこと［日食］があり、なんらの自制力も持たないのです。それゆえ、太陽が神であるとは考えられません。そうではなく、それは神の業なのです」（同前一九三―一九四頁）。噛んで含めるように、同じ論旨が分かりやすく繰り返される。「月が女神であると思いなす者たちも誤謬に陥っているのです。……月は太陽より小さく、増大したり減少したりし、欠け［月食］を持ちます。それゆえ、月が女神であるとは考えられません。そうではなく、それは神の業なのです」（同前一九四頁）。

教父オリゲネスはこう書き記している。「いかにして『神は光』なのかを理解し、いかにして神の子が『真の光』なのか……を理解する人は、どうしてかの方が、『わたしは世の光である』（ヨハネ八・一二）と語られたかをも理解するので、真の光の光である神に比べれば、ほの暗い火花のような太陽や月、星にある光に彼らが跪拝《きはい》するのは道理に反する」（オリゲネス『キリスト教教父著作集第九巻　ケルソス駁論Ⅱ』出村みや子訳、教文館、一九九七年、一九四頁）。自然の霊力を恐れ崇めることの無用さが白日の下に晒《さら》される。「ここでケルソスの言葉そのものを引用するために、『太陽や月、星は、雨降りや暑さ、雲、雷を予言する』ということにしておこう。とすれば、もしもそれらがそのような重要な事柄を予言するなら、予言にさいして神に仕えているのだから、神に跪拝し、予言者よりも神を崇めるべきではないだろうか」（同前一九六頁）。

だからキリスト教徒たちは自然の神々を拝まない。それでおかしな話だが、「無神論者」とのレッテルを貼られてしまう。自然の神々への崇敬が欠けていると見なされたからである。一七七年頃書かれたと見られるアテナゴラスの文献にこうある。「わたしたちの教えはこの宇宙の制作者［ポイエテス］である唯一の神を保持しています。神ご自身は創造されたものではありません。真に存在するものは創造されることはなく、逆に［真に］存在しないものが創造されるのですから。すべてのものはこの神から出たロゴス［言葉］によって創造されました。それなのに、わたしたちは、理不尽にも、［無神論者だとの］誹謗中傷を叫び立てられ、迫害されて、二重に苦しみを受けているのです」（アテナゴラス「キリスト教徒のための請願書」『キリスト教教父著作集第一二巻』前出、二九九頁）。

そこでアテナゴラスは懸命に訴える。自分たちはただ本当に崇めるべき方を崇めたい。何とかそれを分かってほしいと。「粘土は技術がなければそれ自体では容器になることができないように、あらゆる形を取り得る物質も、造作者である神がいなければ相違や形姿や秩序を受け取ることがなかったのです。それはちょうど、わたしたちが陶器のことをそれを作った者より貴いとは思わず、鉢や金製の器のことをそれらを金属で仕上げた者より貴いと思わないのと同じです。むしろ、それらの器について技巧的になんらかの怜悧《れいり》さがみられるとしても、わたしたちは細工職人の方をほめるのです。つまり、これらの器具のことで栄光を享受するのはこの人〔職人〕なのです。物質〔作品〕と神についても同様で、〔世界の〕秩序立てられたものたちの配置のゆえに栄光と正当な名誉を得るのは、物質ではなく物質の造作者なる神なのです」（同前三一八頁）。彼はさらに音楽のたとえをもって説明する。「もし世界が調和のとれた〔調律の効いた〕楽器で、正しいリズムで動いているなら、わたしが崇めるのは楽器ではなく調和音を組み立てた方、はっきりした音を打ち協和音のととのった節を唱う方なのです。〔音楽コンクールで〕競う人々の場合も同様で、審査する人々はリュラ〔キタラ〕奏者をそっちのけにしておいて、彼のリュラの方に冠をかぶせることはしません。……それとも、もし誰かが世界のいくつかの部分を神の諸力であると理解するなら、わたしたちが心を許して仕えるのはそうした諸力ではなく、それらの作者また主人なので〔はないで〕しょうか。わたしは、与えるべきものを何も持たない物質に願いごとをしたりしませんし、神をそっちのけにして構成要素〔ストイケイア〕を崇めたりもしません。彼らには質にしても量にしても命じられた以上のことは何もすることはできないからです」（同前三二〇頁）。「じっさい、もしわたしが〔創造者の〕作品としての天や構成要素〔ストイケイア〕に驚嘆しているとしても、それらの上には消滅の法則〔ロゴス〕があることを知っているので、それらのものを神のように崇拝したりはしません」（同前三二一頁）。

こうして聖書の創造信仰は人々を、迷信や呪術を伴う自然神話から解放する。「主は星に数を定め、それぞれに呼び名をお与えになる。わたしたちの主は大いなる方、御力は強く、英知の御業は数知れない」（詩編一四七・四―五）。崇めるべき方は創造の神である。森羅万象は造り主をほめ讃えるためにこそ造られている。「日よ、月よ、主を賛美せよ。輝く星よ、主を賛美せよ。天の天よ、天の上にある水よ、主を賛美せよ。主の御名を賛美せよ。主は命じられ、すべてのものは創造された。主はそれらを世々限りなく立て、越えない掟を与えられた。地において、主を賛美せよ。海に住む竜よ、深淵よ、火よ、雹《ひょう》よ、雪よ、霧よ、御言葉を成し遂げる嵐よ、山々よ、すべての丘よ、実を結ぶ木よ、杉の林よ、野の獣よ、すべての家畜よ、地を這うものよ、翼ある鳥よ、……主の御名を賛美せよ。主の御名はひとり高く、威光は天地に満ちている」（詩編一四八・三―一三）。

そして新約の物語る教会は、まことの創造者を天の父として指し示す御子の到来こそ、無力な自然崇拝と迷信からの解放であることを見て取った。「人間の言い伝えにすぎない哲学、つまり、むなしいだまし事によって人のとりこにされないように気をつけなさい。それは、世を支配する霊（στοιχεία stoixeia）に従っており、キリストに従うものではありません。……だから、あなたがたは食べ物や飲み物のこと、また、祭りや新月や安息日のことでだれにも批評されてはなりません。……あなたがたは、キリストと共に死んで、世を支配する諸霊とは何の関係もないのなら、なぜ、まだ世に属しているかのように生き、『手をつけるな。味わうな。触れるな』などという戒律に縛られているのですか」（コロサイ二・八、一六、二〇―二一）。聖書の創造信仰は迷信ではない。むしろ逆に、聖書の創造信仰こそが迷信からの自由をもたらすのである。

二　天は神の栄光を物語り（詩編一九・二）

「太陽と月とは、それらが造られたものの内側で限られた機能を持っているということで神と区別されている。それでこそＰ［祭司資料の創世記一章］は、14―18節でこの機能を詳しく、まわりくどく強調するのである。……

われわれの知るかぎり、それまでの人類史において天体の単なる被造物性が、こんなにはっきりと、こんなに根原［根源］的に表現せられたことはなかった。この非神化によって、太陽と月と星とは初めて世界の成立部分になり、原則的に人間の研究にも手のとどくようになった」（C・ヴェスターマン『創造』西山健路訳、新教出版社、一九七二年、七八頁）。

聖書の冒頭にある祭司資料（P典）は、神が天地を創造された次第を六日にわたる創造の業として叙述する。まず最初に神が「光あれ」と言葉を発することにより、光と闇が分けられる。二日目に上の水と下の水が分けられ、天が大空として創造される。三日目に乾いた地が海から分けられて陸となり、そこに緑の草や実のなる木が生い茂る。四日目に太陽と月が星と共に造られ、それぞれ昼と夜をつかさどり、日や年、季節のしるしとなる。五日目に鳥と魚が造られ、一方は空を飛び、他方は海に群がる。六日目に動物、そして最後に人間が創造される。前半で生の舞台が整えられ、後半でその舞台をうごめく生き物が順番に創造されていく。

一日目に神の「光あれ」で闇が退けられ、すでに昼と夜の区別は始まっているのに、なぜ後半の始まる四日目に、またわざわざ太陽と月の創造に言及しているのだろう。それは、昼と夜の区別を太陽と月が実行し、時の経過を実際に治めるためである。太陽と月はここでは、神が「光あれ」を語ることで闇を退けているという創造の意義を指し示すしるしとして用いられている。天体それ自体が神的な光の源ではなく、神の創造命令の証人として、実際に日や年を刻む仕事を果たしているにすぎない。祭司資料の創造物語はそのことで、古代世界に流布していた天体崇拝と運命信仰とを明白に退けているのである（K. Barth, *KD* III,1, S.134, 175. 新教出版社、吉永正義邦訳版二二一、二八六頁参照）。創造の詩編もまたこう歌う。「天は神の栄光を物語り、大空は御手の業を示す。昼は昼に語り伝え、夜は夜に知識を送る。話すことも、語ることもなく、声は聞こえなくても、その響きは全地に、その言葉は世界の果てに向かう」（詩編一九・二―五）と。昼が語り伝え、夜が送る知識とは、神の創造の言葉であり、太陽や月の讃歌ではない。

世界はあくまで神の被造物であるとするこの聖書の創造信仰は、古代の神話世界に大きな一石を投じるものとなった。多くの神話はこの世界を、神の本質から流れ出た流出部分、それ故神の分身のようなものと見なすことで、その神秘的な起源を示そうとしていたからである。

【ノート118】創造神話と創造者信仰

旧約聖書学は、しばしば考古学的発見によって揺り動かされる。大英博物館助手ジョージ・スミスはアッシリアから出土した楔《くさび》形文字の粘土板コレクションを解読した。そこに書かれていたのは、聖書とよく似た創造物語であった。その事実を発表した時、英国に一大センセーションが巻き起こった。またアッシリア学の碩学フリードリッヒ・デリッチュがベルリンのオリエント協会で行った講演「バーベルとビーベル（聖書）」は、古代オリエントやメソポタミアの創造神話と聖書との相似性を指摘するものとなった。聴衆の中に皇帝ヴィルヘルム二世がいたこともあり、デリッチュは聖書の権威を失墜させるものとして、皇帝の意向で教授職を追われてしまった。

こうした過剰反応のエピソードにもかかわらず、聖書の創造伝承の中には、確かに周囲の諸民族の神話的な語りを思わせるモチーフや素材が含まれていることは否定できない。とはいえ重要なことは、そうした神話的モチーフや素材を用いながらも、聖書的な創造信仰が、特に啓示的な語りとして何を語ろうとしているのかを見極めることである。

a　旧約学者のC・ヴェスターマンによれば、創世記一章から一一章の原初史と共通する神話は、およそ古代の諸民族の中にあまねく発見されるものであり、資料どうしの歴史的依存性を問題にするよりも、むしろそこに「何か人類に共通のものが横たわっている」と見るべきである（ヴェスターマン『創造書二六頁）。その共通のものとは、「おびやかされた実存におけるおびやかされた人間の源泉的な問い」である。要するに創造神話とは、「おびやかされた世界におけるおびやかされた人間の問いから、始原と終末についての問い、生成と滅亡についての問いになり、限界づけられた人間が限界について問い、そしてその限界を乗り越えて、人間の成立について世界の成立について問うた」結果生まれた語りなのである（同前三一頁）。人間が危急にさらされた時、存在者が存在するに至ったその始原を繰り返し物語ることを通して、まさにその始原に生起したことを繰り返すことができると人々は考えた。たとえばバビロニアの創造神話が新年の祭りで朗詠されると、それによって世界の秩序は維持され、生存は保証されると人々は確信できた。洪水の終わりを語る洪水説話は、新たな洪水からその民を守る。それは、民の集う礼拝の中で繰り返し物語られる必要があった。「ただ物語ることにおいて、朗詠することにおいてのみ、創造は繰り返し現在化され、ただ物語られることにおいて創造は再び現実的となることができる」（同前三〇頁）。

そのようにして成立した原初についての創造神話を、ヴェスターマンは四つに類別する（同前七〇頁）。

①材料からの製作による創造……形のない材料から世界が創造され、泥をこねて人間が創造される。

②神々からの出生（生殖・出産）による創造……男神と女神が結び合って世界が生まれる。あるいは、世界は神からの流出として起こる。
③神々の戦いによる創造……神々の間に戦いが起こり、敗北して砕け散った神の体から世界が生まれる。世界は来る年ごとに勝利の神を迎えて祝う。
④言葉による創造……言葉の神秘的な力が強調される。
聖書の創造信仰は他と類似した表現の残滓も見られるものの、総じて④の系譜に属しているということになる。諸民族の創造神話については、月本昭男編『創成神話の研究』リトン、一九九六年を参照されたい。

b　ヴェスターマンが聖書の創造信仰と創造神話一般に共通する実存的な関心事に注目するのに対して、K・バルトはむしろそれらとの質的差異を強調する。確かに聖書の創造信仰の担い手たちも、まわりの創造神話の世界を熟知していたであろう。しかし聖書の創造信仰は、まわりの創造神話が問題にしないことを問題にしている。それはすなわち、神の絶対主権性ということである。たとえばバビロニアのエヌマ・エリッシュの創造神話において、マルドゥックがティアマットを打ち負かし、ティアマットから世界が生じ、新年を迎えるたびにマルドゥックが神々の王に即位し、世界支配を確立するとしても、そこで起こっていることは世界の中での神々の勝利と敗北、生と死、善と悪の交替劇であり、それに即応したコスモス自身の新旧交替の内的リズムにすぎず、創造者なる神がその他の実在とは異なる絶対的・質的差異を持っていることは、まったく問題となっていない（*KD* III,1, S.96. 邦訳版一五九頁）。しかし聖書の創造信仰はそのこと、つまり被造物を超越し、被造物を被造物たらしめる創造者なる神の絶対主権にこそ関心を向けているのである（*KD* III,1, S.97. 邦訳版一六一頁）。神話は結局無時間的、非歴史的な想像の世界での遊びになってしまう。そこではただ人間とその世界だけを見ており、神はただ世界の秩序を保証する機能の戯画にすぎなくなっている（KD III,1, S.93. 邦訳版一五四頁）。結局神話にとって中心的なことは、自分自身の中で動き安らいでいる人間とその世界についての見方である。しかしそのことで神話は、人間とその世界に真剣に関わって人格的に対峙する絶対の主権者を知らない。別言すれば、聖書の創造信仰とは絶対なる創造者信仰である。私たちはこの立場から、創造神話との表現上の相似の中にある本質的な相違を読み取らなければならない。

三　絶対の始まり

「古代ヘブル民族が、周囲の諸民族によって礼拝されていた自然の力に型どられた神々のすべてを超える、唯一の神を礼拝するようになったのは、まさに彼らの歴史的経験の結果としてであった。こうして、他に並ぶもののない唯一の神、存在する一切のものの創造者としてのヤハウェに関する明確な創造の教理が生まれたのである」（A・R・ピーコック『神の創造と科学の世界』塚田理・関正勝訳、新教出版社、一九八三年、三二頁、傍点筆者）。

「初めに、神は天地を創造された」（創世記一・一）。聖書の初めにあるこの「初めに（בְּרֵאשִׁית bereschied）」という言葉は「力強い言葉（ein gewaltiges Wort）」である。旧約学者H・グンケルのこの指摘には、言語に対する一流の聖書学者の鋭い感性が光っている。「それは力強い言葉である。単純に、力強く、［P典の］著者は、まず何よりも最初に、神が世界を創造されたということ、その教理を確言する。ほかの民族の宇宙生成論の中には、聖書のこの最初の言葉に匹敵するほどの言葉は存在しない」（H. Gunkel, *Göttinger Handkommentar zum Alten Testament Genesis*, 3.Aufl. Göttingen 1910, S.101）。ベレシート。それが表す意味はただ一つ、神が世界を創造する前には、神以外には何も存在していないということである。神は文字通りの原初に、まったくの無から、世界を創造したのである。

ユダヤ人の哲学者アレクサンドリアのフィロンは、この「初めに」が絶対的な始まりであったことを強調する。なぜなら、世界の創造は同時に時間の創造でもあり、世界の創造以前に時間は存在せず、神の永遠が支配していたからである。「さて、モーセは『初めに神は天と地をつくった』（創一・一）と言い、『初め《アルケー》』という言葉を用いているが、それは、ある人々が考えるような時間的意味ではない。というのは、時間は、世界が創造される以前には存在していなかったからであり、世界と共に、もしくは世界の後に生成したからである」（アレクサンドリアのフィロン『世界の創造』野町啓・田子多津子訳、教文館、二〇〇七年、一七頁）。意地悪な質問をする人がいた。「天地を創造する前に神は何をしていたのか」と。するとある人がこう答えた。「神の深い奥義を詮索する人々のために地獄を準備しておられたのだ」と。この話を紹介したアウグスティヌス自身は決して茶化すつもりはない。むしろそう問う者には素直に、「知らないことは知らないと答えた方がよい」と進言する（アウグスティヌス『世界の名著14　アウグスティヌス　告白』11・12・14、山田晶訳、中央公論社、一九六八年、四一二頁）。しかし彼は確信していた。「まさに時間そのものを、あなたはお造りになったのですから、時間をお造りになる前に、時間が過ぎさるなどということはありようはずがありません」（同前11・13・15、四一三頁）。「ですからあなたは何かをお造りになるのに、時間においてお造りになったのではありません。なぜならば時間そのものも、あなたがお造りになったのですから」（同前11・14・17、四一四頁）。つまり、世界は時間の中で（in tempore）造られたのではなく、時間と共に（cum tempore）造られたのである。そうである以上、あの聖書の初めにある「初めに」は、厳密な意味で絶対的な初めであり、天地の創造とは、それ以前にはいかなるものも存在しない「無からの創造（creatio ex nihilo）」以外の何ものでもないのである。

アウグスティヌスはこう述べる。「神よ、どのようにしてあなたは、天地をお造りになったのでしょうか。天と地を、天と地においてお造りになったのでないことはたしかです。気や水においてお造りになったのでないこともたしかです。なぜならば、これらのものもやはり天と地とに属するのですから。……あなたは手に何かを保持しておられ、それによって天地を造られたのでもありません。もし何かを保持しておられたとしたならば……その素材そのものは、いったいどこからあなたのもとに到来したのでしょうか。……ですからそれらのものは、あなたが『在れ』とのたもうて造られたのです。あなたはそれらのものを、御言においてお造りになったのです」（同前11・5・7、四〇五―四〇六頁）。

P典は、天地の創造が神の命令の言葉によって行われたことを印象深い仕方で語る。「神は言われた」は、「するとそのようになった」によってくくられる。それは、神が他の何ものにも依らず、神の自由なる主権と全能によって無から存在するものを呼び出したことを何よりも雄弁に物語っている。それはP典の著者だけの確信ではない。聖書的語りの担い手に示された共通の認識である。「主が仰せになると、そのように成り、主が命じられると、そのように立つ」（詩編三三・九）。「主の御名を賛美せよ。主は命じられ、すべてのものは創造された」（詩編一四八・五、また一四七・一五、一八、イザヤ四八・一三なども参照）。三日目の「地は草を芽生えさせよ」という表現にも、大地母神信仰の名残りを認めることはできない。そこでも強調点は地の持つ自生力にあるのではなく、あくまでもそれは神の命令の言葉であり、その言葉の故に「そのようになった」という点にある。

こうして言葉による無からの創造の教理の第一の効用として、創造者と被造物を区別しないあらゆる一元論的、汎神論的な思弁が退けられることになった。世界は神から流出した神の分身ではなく、被造物に神性が宿っているわけではない。それが言葉による無からの創造教理の第一の効果である。成立の「由来」や「系譜」を表す言葉トレドート（創世記二・四a תּוֹלְדוֹת）は、あくまで創世記（*Kosmogonie*）なのであって、神々の生成を物語る神統記の意味での創神記（*Theogonie*）なのではない。

【ノート119】無からの創造の聖書的典拠

a　無からの創造を語るテキストとしては、旧約外典のマカバイ記二が挙げられる。アンティオコス・エピファネスが王になり、ギリシア・オリンポスの祭儀をエルサレム神殿に持ち込み、律法で禁じられた豚肉を口にするように人々に強要した。断固たる拒否を貫き殉教する七人の兄弟がいた。母親は息子たちに語る。「人の出生をつかさどり、あらゆるものに生命を与える世界の造り主は、憐れみをもって、霊と命を再びお前たちに与えてくださる」（七・二三）。この箇所で既に永遠の命と復活の信仰が希望として語られている。「世界の王は、律法のために死ぬ我々を、永遠の新しい命へとよみがえらせてくださるのだ」（七・九）。その末の息子の殉教に際して母が自国語で語った言葉がこれである。「子よ、天と地に目を向け、そこにある万物を見て、神がこれらのものを既に在ったものから造られたのではないこと、そして人間も例外ではないということを知っておくれ」（七・二八、傍点筆者）。ここには、無からの創造が死人の中からの復活の根拠となっている。

実際に十字架につけられた方の復活という驚くべき事実に出会って人生を一八〇度転換させられた一人の使

徒は、端的にこう言う。「死者に命を与え、存在していないものを呼び出して存在させる神を、アブラハムは信じ、その御前でわたしたちの父となったのです」（ローマ四・一七）と。

またヘブライ書によれば、天地創造はまさに神の言葉による創造であるが故に、無からの創造以外の何ものでもないことを証言する。「信仰によって、わたしたちは、この世界が神の言葉によって創造され、従って見えるものは、目に見えているものからできたのではないことが分かるのです」（ヘブライ一一・三）。

この表現が定式化して正典以外の文書に登場するのは、少し時代が下って紀元後二世紀中頃の『ヘルマスの牧者』である。「何よりもまず、万物を創られ（エフェソ三・九）、秩序づけられ、万物を無から有へと造られ、万物を包容したもうが、御自らは包容されることのない方でありたもう神を、信じなければならない」（『使徒教父文書』荒井献訳、講談社文芸文庫、一九九八年、三一六頁）。この定式が聖書的な創造信仰としてすでに巷間《こうかん》に流布していたことは、教父の一人エイレナイオスがこの『ヘルマスの牧者』をそのまま正確に引用しながら、異端思想を論駁している点を見ても分かる（エイレナイオス『キリスト教教父著作集第三巻Ⅱ　異端反駁Ⅳ』四・二〇・2、小林稔訳、教文館、二〇〇〇年、七〇頁）。

b　問題となるのは、P典の「地は混沌であって、闇が深淵の面にあり、神の霊が水の面を動いていた」（創世記一・二）にある「混沌」の意味である。これをギリシア的な背景から、創造以前に存在した形なき材料と見なすことは聖書的語りの本筋からはずれる読み方である（次章で改めて論じる）。なぜなら、P典は明らかに神が圧倒的な力をもって何物もないところから何かを創造する特に神的な行為を、特定の動詞バーラー（בָּרָא bara）によって表しているからである。

バーラーを取ることのできる主語はただ神だけである。作成するという他の動詞ヤーツァル（יָצַר yatsar）は、通常は人間が何かを加工して作り出す場合に用いる。しかし神が塵から人間を創造したというJ典の記述には、塵との関連を強調する別の神学的意図（人間の脆さの表現）の故に、こちらの動詞が使われている（創世記二・七）。しかしバーラーの主語に人間がなることはできない。そしてバーラーによって何かが造られる場合、素材についての言及は一切ない（W・ツィンマリ『旧約聖書神学要綱』樋口進訳、日本基督教団出版局、二〇〇〇年、五二頁）。もちろん創造について語る聖書の他の箇所、特に第二イザヤなどにおいては、創造するのバーラーだけでなく、作成するのヤーツァルや工作するのアーサー（עָשָׂה asah）も並列的に使われている（イザヤ四三・一、四四・二）。しかしP典の創造記事では、創造するという動詞は必ず「神は語った」という命令形を伴っており、明らかにそれが神的な言葉による奇跡的な創造であることが強調されているのである。この言語上の分析は、聖書的語りが「無からの創造」という教理に向かう方向にあることを明らかに示していると言えるだろう。

四　自然は神なのか——汎神論の幻想

「おのずから存在するものの全体、すなわち世界は制限のない永遠のものを原理としているがゆえに、それ自体が神的であり、宇宙論《コスモロギー》は一つの宇宙神学《コスモ・テオロギー》である」（K・レーヴィット『世界と世界史』柴田治三郎訳、岩波書店、一九五九年、三一頁）。

a　神は自然の中に現れるにとどまらず、自然そのものがすなわち神であるとする究極の一元論が歴史上しばしば現れる。この汎神論（Pantheism）と呼ばれる見方を精緻な世界観に仕立て上げたのがユダヤ人哲学者スピノザである。彼は、物理の実験道具として高精度の光学レンズを自分で作成しているのを盗み見られたために職人に間違えられ、「レンズ磨きの万能知識人」と呼ばれた。汎神論という世界観がどのような理屈で成り立っているのかを知るために、少し煩瑣だが、その理論を紹介する。

神とはあらゆる属性の源である絶対無限の実体である。それ自身において存在し、自らがそれ自身の原因である実体は神以外にはない。もし仮に神の外に別の実体が存在したとすると、それも神の何らかの属性として説明されなければならない。しかし、そうなると同じ属性を持つ実体が二つ存在することになり、矛盾に陥る。だから、「存在するものはすべて神のうちにある。そしていかなるものも神なしには存在しえないし、また考えられることもできない」（「エティカ」『世界の名著30 スピノザ・ライプニッツ』工藤喜作・斎藤博訳、中央公論社、一九八〇年、九一頁）ことになる。それ故、神とは、神自身のうちに存在するあらゆるものの内在的原因であって、長い間人々がそう考えてきたような超越的原因ではない（同前一〇〇頁）。神と自然、創造者と被造物との間に相違があるとすれば、せいぜい生み出す自然（natura naturans）か、生み出された自然（natura naturata）かという違いでしかない（同前一〇九頁）。自然は神の本性から必然的に生じた神の様態なのである。要するに、自然はすなわち神であり、神はすなわち自然であるということになる。

では、このような見方からどのような世界観が生じるのだろう。それは、自然をありのままに肯定し、現状をすべて必然の定めとして受け入れる没我的で静謐《せいひつ》な世界観である。「自然の中には何一つ偶然的なものは存在しない、いっさいは神の本性の必然性から一定の仕方で存在や作用へと決定されている」（同前一〇八頁）。人間はしばしば、神がすべてのものを人間のために造ったという先入観によって、自分の目的に適う都合のよいものを善、目的に適わない不都合なものを悪と見なす。しかし、そのような人間中心的な目的因の設定は、神を神ご自身以外の法則によって縛るものである。「神はなんらかの目的のために存在するのでないと同じように、なんらかの目的のために活動しているのでもない。神には存在の原理や目的がないのと同じように、またいかなる活動の原理も目的もない」（同前二六四頁）。むしろ必要なことは、「自然が自分のためにいかなる目的もたてず、またすべての目的因が人間の想像物にすぎない」（同前一二〇頁）ことを知って、すべてをそのまま受け入れることなのである。自然は人間との関わりを抜きにして、ただ自然の事物そのものの本性からしてのみ評価されねばならない。「したがって、ものが人間の感覚を喜ばせたり、苦しめたり、また人間の本性に適合したり、反対するからといって、その［自然的事物の］完全性は増えもしないし減りもしないのである」（同前一二四頁）。

b　このスピノザ的な脱人間中心主義的自然観を現代に復権しようと試みた人がいる。ユダヤ人の思想史家K・レーヴィットである。彼はナチスによってドイツを追われ、東北大学で哲学史を講じ、その後ニューヨークに亡命し、戦後ハイデルベルク大学の哲学部教授となる。思想史家ではあったが、彼には秘められたアンビション（野望）がある。彼の本当の狙いはスピノザ的汎神論の源流にあるギリシア的なコスモス思想の復権にあった。ユダヤ人であるはずの彼が、ユダヤ人スピノザの知恵を借りて、聖書的な創造信仰の呪縛から近代世界を解き放ち、ギリシア的な汎神論の世界を呼び戻そうとするのだから、人類の精神史とは皮肉なものである。「ユダヤ教とキリスト教が超世界的な創造者たる神に対する人間の関係に問題を集中してコスモスを軽んじるようになって以来、世界は世界史になってしまった」（『世界と世界史』前出四六頁）。このことがレーヴィットにとっては不満の種である。彼が取り戻したいと考えているギリシア的なコスモスとは、個々に生と死、発生と消滅を繰り返しながらも、全体としては常に変わらず、一切を包括して永遠に循環する自然という存在である。それは、自ずから生成し存在するものの全体として神的なものである。一切はそこから生じ、再びそこへと帰って行く。それは始めにして終わりであり、そしてまた始めである。変化や成長、退行や衰退、万物の生成流転はあるにしても、自然的コスモスには恒常の秩序と法則がある。「ギリシャの思想家たちにとって驚嘆すべきことは……この、いつも常に在り、非常に古く、永遠に若い自然界が、現に在るが如く在るということ、すなわち見事に秩序づけられていて、コスモス的であってカオス的でないという事実である」（同前四一頁）。この永遠のコスモスを観照することにおいて、人間はコスモスと一体となる。このような自然を指して古代の哲学者タレスは、「万物は神々に満ちている」と言ったのである（同前三〇頁）。神話を駆逐しロゴスによって自然を説明しようとしたアリストテレスでさえ、自然（φύσις Physis）とは、「各々の事物のうちに、それ自体として、それの運動の始まり［始動因］を内在させているところのその当の事物の実体のことである」と見なしたのである（アリストテレス『形而上学　上』出隆訳、岩波文庫、一九五九年、一六一頁、またR・G・コリングウッド『自然の観念』平林康之・大沼忠弘訳、みすず書房、一九七四年、一二六頁参照）。

　レーヴィットは、聖書的な創造信仰と結びついた近代の自然科学が、こうした神的なコスモスを非神話化し、世界を世俗化してしまったことを嘆く。理性を備えた人間を神の形として特別視する人間中心の世界観が、自然の世俗化を推し進めてしまったと彼は見る。この見方は聖書的創造信仰に対する単純な誤解なのだが（後述）、彼はこの偏見に基づいて、思想史家としての一線を踏み越え、理性的な人間中心主義の世界観をこう揶揄《やゆ》する。「じっさい、われわれ［人間］が唯一の理性的な被造物であり創造の傑作であると仮定するのは、一匹のしらみが、自分の居所を一人の人間の頭だと認識する能力がないために、毛髪の森に生気を与えているのは自分だけだと思いこんでいるのと同じくらい、馬鹿げたことであろう。しらみは、自然にとって自分の存在が無限に重要だとうぬぼれて満足しているので、他の被造物はすべて、自分（しらみ）の種族を目ざしていないかぎり、むなしいものだと考えている」（同前七五―七六頁）。

レーヴィットはスピノザを過大なまでに評価する。スピノザが理解した自然とは、現にあるすべてのものをあるがままに肯定する自然主義の立場であり、それは後のニーチェの表現に従えば、「存在の永遠の肯定」という立場になる（同前二三〇頁）。そしてこれをレーヴィット自身も自らの世界観として肯定するのである。

c　しかし私たちは問わざるをえない。それは果たして適切な世界の読み方なのだろうか。人間は自然の中に有用物ばかりではなく、「暴風雨、地震、病気など」、少なからず有害物が存在することを見出さざるをえない。スピノザもそのことを認めはする。しかしそれを悪しきものと見なすのは、自然を人間中心に考えようとするからだとされる（「エティカ」前出一一九頁）。スピノザは、悪とは人間中心主義から生まれた錯視であると見なすことによって悪のリアリティーを否定する。しかしそんなことで問題は本当に解決されるのだろうか（拙著『自然、歴史そして神義論』日本基督教団出版局、一九九一年、六一―六三頁参照）。

汎神論の行き着く先は自然主義である。そして自然主義は、現実に襲い来る人生の荒波を乗り越えることはできない。なぜなら自然主義は、たとえ問題があったとしても、すべてをただあるがままに受け入れる絶対の現状肯定であり、最大の諦念主義だからである。自然をあるがままに受け入れる立場においては、いかに「エティカ（倫理）」と名付けようとも、真の意味での倫理は成り立たない。自然即神である世界にあっては、自己は神の分身ないし道具であって、自己の立場で自己であろうとすることが、あるがままに肯定される。「自分自身を保持しようとする努力は、徳の最初にして、しかも唯一の基礎である」（「エティカ」前出二八六頁）。しかしそうなると、自我と自我がぶつかり合った時に、双方の現状肯定は自己正当化のぶつかり合いになる。それもまた肯定すべきことなのだろうか。

【ノート120】日本人の霊性とアニミズム

こうした汎神論的自然主義の世界観は、海のかなたの西洋において現れ出た精神史上の一エピソードと見て済ますわけにはいかない。それはむしろ日本人の抱く古くからの素朴な自然主義に非常に近い世界観だからである。

a　民俗学者折口信夫は、日本人の原初的な自然観の根底に、霊魂（アニマ）の遍在という考え方があると見ている。霊魂は人間の内なる生命力であるが、それは人間に限らず、生きとし生けるものに宿ると考えられている。すなわちそれは、「此世界の人間に来り宿るたましひは、実は、他の世界に棲息する動植物其他のものに内在して居るたましひと、同じものであるといふ考へであった。だから、そのたましひが、人間の体内に這入ると言ふ事は、その常在所である他界の身体が持つ力、即、動植物の持つ力を、享《う》ける事であると考へた」（「原始信仰」『折口信夫全集19』中央公論社、一九九六年、一三頁、傍線原著者）のである。

折口によれば、この霊魂思想は常世《とこよ》・他界観念と深く関わっている。「日本の固有信仰の中にも、国土のうち或は海のあなたに楽土があって、其処から周期的に任意に、神或は霊的なものが来訪すると考へる根柢には、祖先が死後その世界に去って、其処に個性を失った霊魂となって集まってゐるものと見た所から出てゐる事が考へられる。……この他界から来るものに、霊的な鳥を考へることが多かった。天つ雁《かり》がねは空を飛ぶからではなく、空からの使者として言った名である。その雁は又、海のあなたの常世から来るものと信ぜられてゐた。かう言ふ風に、霊魂の鳥が他界に去り、又他界より来ると言ふ信仰が強く行はれたのは、日本人の来世が、まづ海のあなたに考へられた事を見せてゐる。恐らくとうてむ〔氏族の象徴的祖先として祀られた自然界の事物〕としての動物・植物・鉱物を持った人間の他界身は、鳥であり獣であり、木草であり、水・風・光線であって、之が現世に姿を現す時は、夫々の動・植・鉱物である」（「来世観」『折口信夫全集20』中央公論社、一九九六年、七五頁、傍線原著者）。海の彼方のニライ・カナイから来訪するとされる沖縄の神祭りの伝承の中にもそれが伺える。

驚くことに、霊魂（生気）はただ命あるもの（生物）に宿るのではない。事物を通しても現世に出現する。「たましひ」とは「たま」の活動を意味しており、それは神力の宿る「玉」としてしばしばご神体になる。暴風雨の一夜が明け、忽然と海岸に貝や石が現れる。それは海の彼方の常世の国から出没した神の化身であり、これが各地に残る神像石《カムカタイシ》信仰なのだとされる（「石に出で入るもの」『折口信夫全集19』三六頁以下）。貝の首飾りには「玉」の力が宿っている。おそらくこれと同じ理由からであろう。雷鳴とどろく嵐の後、森の中に忽然と姿を現す人面や獣の顔かたちに似た山の岩が、ご神体として崇められることもある。こうした霊魂遍在の自然観が根底にあるので、仏教もまた日本にあっては「草木国土悉皆《しっかい》成仏」（一切の有情、すなわち生きとし生けるものは仏性を持つが故に、ことごとく皆成仏する）という教えに生まれ変わる。こうした素朴な霊魂思想は一般に「アニミズム」と呼ばれる。一八七一年に著されたイギリスの人類学者E・B・タイラー（E. B. Tylor）の古典的研究がその端緒である（邦訳は『原始文化』比屋根安定訳、誠信書房、一九六二年）。

b　山折哲雄は二〇一一年三月一一日の東日本大震災を契機に、地震や津波に対して早くから警鐘を鳴らしていた自然科学者寺田寅彦の自然観に改めて注目した。寺田は、日本人が自然の慈愛と峻厳さの両面を久しく実体験してきたことによって、とにかく自然に順応しようとする日本人の態度が培われてきたと見ている。「日本ではまず第一に自然の慈母の慈愛が深くてその慈愛に対する欲求が充《み》たされやすいために住民は安んじてその懐に抱かれることが出来る。という一方ではまた、厳父の厳罰のきびしさ恐ろしさが身に沁《し》みて、その禁制に背き逆らうことの不利をよく心得ている。その結果として、自然の十分な恩恵を甘受すると同時に自然に対する反逆を断念し、自然に順応するための経験的知識を収集し蓄積することをつとめて来た」（寺田寅彦著・山折哲雄編『天災と日本人　寺田寅彦随筆選』角川文庫、二〇一一年、一二三―一二四頁）。そしてこの自然への順応主義は、無常観と結びついて「天然の無常」という独特の心理を生み出すに至った。「山も川も樹も一つ一つが神であり人でもあるのである。それを崇めそれに従うことによってのみ生活生命が保証されるからである。……思うに仏教の根柢《こんてい》にある無常観が日本人のおのずからなる自然観と相調和するところのあるのもその一つの因子ではないかと思うのである。鴨長明《かものちょうめい》の方丈記を引用するまでもなく地震や風水の災禍の頻繁でしかもまったく予測し難い国土に住むものにとっては天然の無常は遠い遠い祖先からの遺伝的記憶となって五臓六腑《ごぞうろっぷ》に浸《し》み渡っているからである」（一三五頁、傍点筆者）。これは、自然に歯向かわず、自ずからなる自然をそのあるがままに受け入れる態度である。こうした深層心理の根底に、「山も川も樹も一つ一つが神であり人でもあるのである。それを崇めそれに従うことによってのみ生活生命が保証される」とする汎神論的な世界観が流れていることは否めない。

五　自然は救いとなるか

「現象はまことに多種多様だが、
それは永遠なる一者が顕われた姿にほかならぬ……
ああ　讃歎するためにこそ私の生は存在する」（W・ゲーテ「パラバーゼ」『ゲーテ全集第一巻』片山敏彦他訳、人文書院、一九六〇年、二八三頁）。

自然は疲れた精神をいたわり、傷ついた魂を癒してくれる。失われた生気を回復させ、荒れすさんだ心を和らげてくれる。だから詩編も神の造られた自然を喜び歌う。

「朝と夕べの出で立つところには、喜びの歌が響きます。あなたは地に臨んで水を与え、豊かさを加えられます。神の水路は水をたたえ、地は穀物を備えます。あなたがそのように地を備え、畝《うね》を潤し、土をならし、豊かな雨を注いで柔らかにし、芽生えたものを祝福してくださるからです。……あなたの過ぎ行かれる跡には油が滴っています。荒れ野の原にも滴り、どの丘も喜びを帯とし、牧場は羊の群れに装われ、谷は麦に覆われています。ものみな歌い、喜びの叫びをあげています」（詩編六五・九―一四）。

「主は泉を湧き上がらせて川とし、山々の間を流れさせられた。野の獣はその水を飲み、野ろばの渇きも潤される。水のほとりに空の鳥は住み着き、草木の中から声をあげる。……主の木々、主の植えられたレバノン杉は豊かに育ち、そこに鳥は巣をかける。こうのとりの住みかは糸杉の梢。高い山々は野山羊のため。岩狸は岩場に身を隠す」（詩編一〇四・一〇―一二、一六―一八）。

しかし自然に生気を与えているのは、自然を創造した主なる神である。そのことに気づかなければ、人間は自然というものをあまりにロマン主義的に理想化するか、あるいは再び迷信めいた自然崇拝に迷いこむことにもなる。自然を謳《うた》い上げた詩人たちの中に、しばしばそのような過度な思い入れが表現される場合がある。

a　ドイツの詩人ゲーテにとって、自然は躍動する魂と生気で満ちている。

「きみら［世界の魂よ］はまだ形ととのわぬ大地を速《すみ》やかに摑《つか》み／若々しい創造の力をふるう／やがて大地は規則正しい躍動のうちに／生気を帯び／いよいよ生気に満ちてくる／……さて一切のものが神のような大胆さで／みずからを超えて成り出ようとする／産む力なく見える水も緑となり／微塵の一つ一つも命を得る／……やがて暖かい光に浴そうとして、形さまざまな生物がうごめき出し／そしてきみらは美しい野の上に／はじめての男女の一対として眼をみはる／……こうしてきみらは感謝とともに最美の生を、宇宙より享《う》けて宇宙に返す」（「世界の魂」前掲書一九四頁）。

詩人にとって神は世界を超越している遠い存在ではなく、自然に内在する力である。

「ただ外部にあって世界をつき動かす神とは何だろう／その指先で宇宙を廻転させる神とは何だろう／世

界を内部から動かしてこそ本当の神だ／自然を自己の内部に宿し／自己を自然の内に宿らせ／その内部に生動し存在する一切がつねに／彼の力を現じ／彼の精神を体してこそ本当の神だ」（「序曲」前掲書二八二頁）。

「無限界を一つの流れが／くり返しつつ永遠に流れるとすれば／幾千の蒼穹が力強く／一つに閉じて結ぶとすれば／すべての物の内部から生の歓喜がほとばしる／最も小さな星からも最も大きな星からも――／そしてすべての衝迫もすべての格闘も／神の内部の永遠の憩いに他ならぬ」（「パーリアの感謝」前掲書二九二頁）。

b　イギリスの詩人ワーズワースもまたヒースの花咲く丘を歩き、傷ついた心を癒す。

「泉よ、牧場よ、丘よ、森よ／自然との愛が裂かれるなど不吉な予感は捨てよう。／わたしは心の奥底で自然の力を感ずる。／わたしは一つの歓びを失ったが／より恒常的な自然の支配のもとで生きる」（「幼少時の回想から受ける霊魂不滅の啓示」山内久明編『対訳ワーズワス詩集』岩波文庫、一九九八年、一二五頁）。

今や傷心の詩人は自然の崇拝者を自称してはばからない。

「それははるかに深く浸透した何ものかに対する崇高な感覚で／それが存在するのは落日の光の中であり／円い大洋であり、新鮮な大気であり／青空であり、人の心の中であった。／それは湧き起こる衝動であり、精神であり／思考する主体と、思考の対象すべてを促し／万物のなかを駆けめぐる。／それゆえに変わることなく／わたしは愛し続ける――牧場、森、山／この緑の大地から眺め見る／眼と耳によって得られるあの偉大な世界を。／……わたしは自然と感覚の言語のなかに／わたしの最も純粋な思考の錨《いかり》、育《はぐく》み手／導き手、わたしの心の守護者、わたしの／全精神存在の神髄を見いだして満足する。／……よもやあなたが忘れることはあるまい／……久しく自然の崇拝者（a worshipper of Nature　直訳すれば「自然の礼拝者」）であったわたしが

／自然を崇めるためにこの地に来たのだということを」（「ティンターン修道院上流数マイルの地で」同前、六三、六七頁）。

だが、こうした汎神論的ロマン主義にはいくつかの落とし穴がある。

第一に、私たちは知らなければならない。自然はそれ自体で神的な治癒力を持つわけではない。癒しが起こるとすれば、それは、まさに自然を通して働かれる聖霊なる神の業なのである。神が働かれるがゆえに、自然の中で私たちの心と体もまた本当に癒される。「主よ、あなたがいやしてくださるなら、わたしはいやされます。あなたが救ってくださるなら、わたしは救われます。あなたをこそ、わたしはたたえます」（エレミヤ一七・一四）。

第二に、汎神論は思わぬ帰結をもたらす。「おそらく汎神論は地上の秩序を貶《おとし》めず、むしろそれを輝かしいものにするだろうと私たちは思うかもしれない。しかし汎神論はいつも地上の事物の価値を低める結果をもたらしてきた」（P. J. Hefner, The Creation, in: C. E. Braaten/R. W. Jenson (ed.), *Christian Dogmatics*, Vol.1, Philadelphia, 1984, p.307）。奇妙に聞こえるが、汎神論は地上の有限な事物のリアリティや価値を、それが神と同一であるか一致している程度に応じて評価するので、観察者の判断でとても神的とは思えない醜悪な部分はリアルなものではなくなる。非本質的で周辺的な部分は神的ではないとして切り捨てられる。しかしそのようにして切り捨てられる部分、感情や身体や物質存在に依存している部分こそ、実は地上の生の営みにとって不可欠で中心的なもののはずなのである。

第三に、汎神論にあっては倫理が成り立たず、破綻《はたん》せざるをえない。すべて成り行くままであるなら、弱きを助け強きをくじく自己犠牲的英断は起こりようがない。次の言葉をよく味わうべきであろう。「自然（Natur）の法律は、隣人愛も正義も、弱者のために尽力することも知らない」（J. Ebach, Schöpfung in der hebräischen Bibel, in: G. Altner（Hrsg.）, *Ökologische Theologie*, Stuttgart 1989, S.105）。

第四に、アニミズム的霊性や汎神論のヴァリエーションは現代においてもなお消滅していない。聖書的な啓示の思想が不在である地域では、特にそれが常民の心性となってしまっている。その底流には自然主義がある。しかし、自然の大災害、天変地異に直面して、自然主義はなお持ちこたえられるのだろうか。「天然の無常」はすべてを諦《あきら》めて受け入れる諦念《ていねん》とどう違うのだろう。そして諦念には未来に対する希望はあるのだろうか。

第五に、自然はどこまで人間を贖い救えるのかという一番重大な問いが、最後に浮上してこざるをえない。「自然の内に内在し自然と完く一致し自然其者に外ならないといふ抽象的な神に対して、我々は如何にして祈願し礼拝し、之と霊的にもせよ交りを結び誡命と啓示とを受けかくて我々自身の道徳と生活とを築き、更に霊魂の救ひと平安と歓喜とを求め永遠の望みを期待することが出来るでせうか」（石原謙「人格的宗教と汎神論」『石原謙著作集第一一巻』岩波書店、一九七九年、五五五頁）。詩編はこう問いかける。「命ある人間で、死を見ないものがあるでしょうか。陰府の手から魂を救い出せるものがひとりでもあるでしょうか」（詩編八九・四九）。「魂を贖う値は高く、とこしえに、払い終えることはない」（詩編四九・九）と。

最後の点についてもう一言添えよう。魂を贖い救う神を求めて、アウグスティヌスは探求を続けた。自然に向かって彼は問いかけた。あなたがそれですかと。「私は地にたずねてみました。すると地は、『それは私ではない』といいました。地にあるすべてのものが、同じことをうちあけました。海と淵とその中をうごめいている生物にたずねてみました。するとそれらは答えて、『私たちはあなたの神ではない。私たちの上にあるものにたずねてごらん』といいました。そよ吹く風にたずねてみました。するとすべての空気が、そのうちに住む者たちともろともに、『〔万物の根源は空気だと言った〕アナクシメネスはまちがっている。私は神ではない』といいます。天と日と月と星とにたずねてみましたが、『私たちは、君のさがしている神ではないよ』といいます。そこで私は……これらすべてのものにむかって、『君たちがそれでないなら、せめて私の神について語ってくれ。せめてそれについて何ごとかをいってくれ』といいますと、それらのものは大声をあげて、『それこそはわれわれを造りたもうた方である』とさけびました」（アウグスティヌス『告白』10・6・9、前出三三四頁）。人間の魂と体を、そして被造物としての自然を贖い救うことのできるお方は、人間と自然を創造された神だけなのである。

幕間のインテルメッツォ（間奏曲）

一〇〇　ギリシア的教養を誇る人々に対してまっ向から信仰を弁証したアレクサンドリアのクレメンスは、『雑録』にこう述べる。「さて信仰とは、活力に欠けた孤独なものであるべきではなく、探究とともに進歩を遂げるべきものであるとわれわれは主張する。私は、人が探究を完全にやめてしまうことはけっして認めない。というのも主が『探究せよ、そうすれば見出すであろう』〔マタイ七・7〕と言っているからである」（「ストロマテイス」5―1―11『中世思想原典集成1　初期ギリシア教父』平凡社、一九九五年、二九七頁）と。

一〇一　ひるがえって、どうも私たちの信仰は活力を欠いているような気もする。紋切り型の決まり切った平板な理解に甘んじて、それ以上深く探究しようとは思わない。しかし、それでは信仰は進歩せず、孤独な自己満足になってしまう。せっかくともし火がともされたのに、「それを器で覆い隠す」（ルカ八・一六）愚かな人になってしまう。その人は、「持っていると思うものまでも取り上げられる」（八・一八）。そう私たちの主は言われた。

一〇二　そうなっては大変だ。神学徒たる者、額に汗してさらなる探求にいそしむべし。とはいえその額の汗が、生半可の知識ゆえの冷や汗でないことを祈る。

あとがき的命題集

命題一六五　自然はすべて神の造られた地上世界の現象であり、恐るべき崇拝の対象ではない。むしろそこで創造主なる神の御業をこぞってほめ讃えるべき、命あるものの共生の舞台である。

命題一六六　聖書の創造信仰は人々を迷信や呪術を伴う自然神話から解放する。崇めるべき方は創造の神である。

命題一六七　神話は、人間とその世界に真剣に関わって人格的に対峙する本当の主権者を知らない。聖書の創造信仰とは創造者信仰である。

命題一六八　聖書の初めにある「初めに」という言葉は、神が世界を創造する前には、神以外には何も存在していないということを宣言している。神はまったくの初めに、まったくの無から、世界を創造したのである。

命題一六九　言葉による無からの創造の教理によって、創造者と被造物を区別しないあらゆる一元論的、汎神論的な思弁が退けられる。世界は神から流出した神の分身ではない。

命題一七〇　自然は疲れた精神をいたわり、傷ついた魂を癒す。しかし自然はそれ自体で神的な治癒力を持つのではない。癒しが起こるとすれば、自然を通して働かれる聖霊なる神の業である。神が働かれるがゆえに、自然の中で私たちの心と体も本当に癒される。

命題一七一　自然の大災害、天変地異に直面して、自然主義はなお持ちこたえられるのだろうか。自然はどこまで人間を贖い、救えるのか。人間の魂と体を、そして全自然を救うことのおできになる方は、自然を創造された神だけである。

第三章　グノーシス・シンドロームの克服

一　混沌、闇、そして深淵

「初めに、神は天地を創造された。地は混沌であって、闇が深淵の面にあり、神の霊が水の面を動いていた。神は言われた。『光あれ』」（創世記一・一―三）。

創世記一章の原型となった伝承は、バビロン捕囚の終わる頃まとめられたと推定されている。だからその語り部P（祭司資料の頭文字）がバビロンの新年祭を知らなかったはずはない。祭りの四日目、マルドゥクに仕える神官によって天地創造の叙事詩が朗々と吟唱される。暴れ神ティアマットを打ち倒した神々の中の神、勇士マルドゥクの偉業がほめ讃えられる。ティアマットの率いる軍勢の中に、自然の猛威を暗示させる怪獣が出てくる。竜頭さそり獣もその一つで、これは原初の大水を象徴している（『エヌマ・エリシュ神話』）。ティグリス・ユーフラテス両河に挟《はさ》まれたバビロンの人々は、竜のように襲いかかる恐るべき大河の氾濫を何度も経験している。そのたびに街は激流に呑み込まれ、多くの死がもたらされた。原初の大水の破壊力はすさまじい。栄華を誇る大いなる都も一瞬にして人の住まない廃墟となった。このイメージは同時代の預言者エレミヤによって、バビロン滅亡の預言にも用いられている。「混沌の海がバビロンに襲いかかり、バビロンは高波のとどろきに覆われた。町々は廃墟となり、乾ききった地、荒れ地となる。そこは住む者のない土地となり、人の子ひとり通らぬ所となる」（エレミヤ五一・四二―四三）。

原初の大水、混沌の海、底知れぬ闇……。得体の知れない不気味な力に脅かされた時、人々がそこに魔神的なものを思い描いたとしても不思議はない。だから古代メソポタミアやカナンでは、神が原初の大水や混沌を表す海獣と戦って勝利するという様々な創造神話が流布していたのである。

そのような環境にあったにもかかわらず、聖書の語り手は神々の戦いというモティーフを前面に打ち出すことはしない。確かに聖書にも、詩的―象徴的な表現としてそのような神話的怪獣の名が登場することがある。たとえば詩編は創造者なる神の信頼に満ちた圧倒的な力をこう歌う。「あなたは誇り高い海を支配し、波が高く起これば、それを静められます。あなたはラハブを砕き、刺し殺し、御腕の力を振るって敵を散らされました。天はあなたのもの、地もあなたのもの。御自ら世界とそこに満ちるものの基を置き、北と南を創造されました」（詩編八九・一〇―一三）。それは、イスラエルの民が命からがら紅海を渡る時にも発揮された力である。「あなたは、御力をもって海を分け、大水の上で竜の頭を砕かれました。レビヤタンの頭を打ち砕き、それを砂漠の民の食糧とされたのもあなたです」（詩編七四・一三―一四）。しかしこれらの描写はあくまで生き生きとしたイメージを喚起する詩的―象徴的な表現であって、神に敵対する悪しき力の存在を二元的、対立的に前提しているわけではない。

だから「地は混沌（תֹהוּ וָבֹהוּ tohu wabohu）であって、闇が深淵（תְהוֹם tehom）の面にあり」（創世記一・二）という記述も、創造者に対立しうる固有な力をもった原理的存在が名指しされているわけではない。混沌は形なく空しい状態、生き物の住めない不毛な荒れ地、まったく何もない空虚な状態を指すもので、カオスという神の名ではない。また深淵（テホーム）も、確かに大いなる水かさ、洪水、深い海を指しているが、原初の水と結びついた神話的海獣を思わせる痕跡はない。一日目に光が造られ闇が退けられ、二日目に大空が造られて、大空の下と大空の上に水が分けられることにより、その中で生を享受することになる時間と空間が初めて被造物に用意されたのである。「それゆえ上下に分かれて秩序づけられた『水』にはもはや原始の大水の力はない！　それは慈雨となり、魚の住む海となり、人々の渇きを癒し、耕作地を潤して、『生命の家』に不可欠な水源になる。こうして『トーフー・ワボーフー』の荒れ地は耕地に変わって、被造物すべての『生の空間』が誕生する」（吉田泰「旧約聖書祭司文書の創造物語」月本昭男編『創成神話の研究』リトン、一九九六年、一〇三頁）。

聖書的語りが強調することは、神の創造の御業によって混沌と闇は退けられ、そこに光ある秩序が造り出されて、被造世界は虚無の深淵に没することから守られているということである。混沌も闇も、深淵も大水も、神と拮抗し対立する魔神的な力ではない。光の神と闇の神、善の神と悪の神を対等に並べて、世界をその闘争の舞台と見る二元論は、聖書の創造信仰によって退けられる。

しかもそのことを創世記一章の語り部Pは、理論的な世界観の問題として論じているのではない。確かさの崩壊したバビロン捕囚という、暗さにさらに暗さが増し加わる混沌たる真っ暗闇の時代のただ中で、その混沌に差し込んでくる上からの一条の光を見ているのである。「創世記一章は、世界がどのようにして成立したか、をしるしたものではない。そうではなく、世界と人間の存在の確かさがどこにあるか、という当時の緊急かつ根源的な課題に答えたのである」（左近淑『混沌への光』ヨルダン社、一九七五年、一九頁）。

【ノート121】混沌の語源について

混沌（tohu wabohu）の語源については、専門家の間で多くの詳細な研究がある。それを総覧した上で、津村俊夫は、ヘブライ語の tohu はウガリット語の thw(t) と同語源であり、「荒野」という基本的な意味を持つと結論づける（津村俊夫「創世記一章2節の所謂『混沌』について」『聖書の使信と伝達』山本書店、一九八九年、一二頁）。またヘブライ語の bohu はウガリット語の bny/bnw やアラビア語の bahiya と同語源であり、家具や物のないテントまたは家が「空っぽの状態」を意味するのではないかと推論している（同前一五頁）。それが重なった tohu wabohu は、草も生えていなければ、動物もいない、何もない不毛な地を指しており、そこに植物が生え、生き物が生まれ、動物や人間が住むようになるということを伝えているのだとしている（同前二七頁）。

しかし語源的探求は、イスラエルが周囲の言語から借り受けた表現手段の由来を解明するにすぎず、イスラエルに特有な使用法を解明するまでには至らない。重要なのは道具の由来ではなく、道具の使用法の解明である。それはテキスト全体の神学的理解に関わる問題である。津村氏も結論としてこう述べている。「ヘブル語の談話構造から判断すれば、創一2は3節から始まる出来事（Event）への状況設定（Setting）であって、出来事そのものの叙述ではない。従って、『光』が造られる前に『地』や『水』が造られていた（または造られていなかった）のかということは物語の語り手の関心事ではない。著者または語り手の意図は、初めに『荒野のような地』があったということを積極的に言おうとしているのではなく、むしろ『地』が『まだ』我々が知っているような地ではないこと、すなわち『何もない状態の地』であったことを経験的な普通のことばを用いて読者または聴き手に予備知識として提供しているだけなのである」（同前二八頁）。

二　混沌からの創造ではなく

「神である方、天を創造し、地を形づくり、造り上げて、固く据えられた方、混沌として創造されたのではなく、人の住む所として形づくられた方、主は、こう言われる。わたしが主、ほかにはいない。わたしは隠れた所で、地の闇の所で、語ったことはない。ヤコブの子孫に向かって、混沌の中にわたしを求めよ、と言ったことはない。わたしは主、正義を語り、公平を告知する者」（イザヤ四五・一八―一九）。

創造は、混沌と闇を退けて秩序ある世界を造り出す神の行為である。しかしそれは、あたかも建築家が材料を組み合わせて建物を造る時のように、形のない材料から形のある構造物を製作したということではない。あくまで何もない無からの創造であって、材料である混沌からの創造ではない。混沌をそのような形なき質料として考える場合、世界を思わぬ方向に解釈することになりかねない。

無秩序の形なき質料がまずあって、範型としてのイデア（理念）にならってそれを加工して世界を創造したとする考えはギリシア思想に遡る。プラトンの「ティマイオス」には、材料を加工して世界を製作する宇宙の構築者としてデミウルゴス（Δημιουργός）が登場する。デミウルゴスは厳密な意味で無から有を造り出す創造者ではなく、無秩序の物質から秩序ある理性的な宇宙を作り出す工作者であり、いわば手仕事をする職人にすぎない。彼は材料がなければ何もできない。構築者はイデアにならって、「できるだけ、劣悪なものは一つもないことを望み、こうして、可視的なもののすべてを受け取ったのですが、それはじっとしていないで、調子外れに無秩序に動いていましたから、これを、その無秩序な状態から秩序へと導きました」（『プラトン全集12』種山恭子訳、岩波書店、一九七五年、三二頁）。宇宙の生まれる前にすでに火、水、土、空気が存在したのであるが、それらは「まだ比率も尺度もない状態」で、「まったくのところ、何ものたりとも神不在の場合にはさぞやかくあらんというような［混沌とした］ありさまだった」のであり、「これを神がはじめて、形と数を用いて形づくったというしだいなのです」（同前八六頁）。

ところが、このギリシア的な思想がキリスト教の解釈の中にも入り込んでくる。すなわち、創世記一・二の「混沌」を形ノナイ物質（informis materia）と理解し、神はまず無からこの材料を造り、その秩序のない巨大な物質の塊から、その中に潜在していた世界の可能態を取り出して、形あるものに仕立て上げたとする解釈が繰り返し生じたのである。しかし、「そのことは［聖書テキストに対する］一つの暴力行為を意味している」（K. Barth, *KD* III/1. S.110. 吉永正義訳該当書一八二頁）。創造者に対して独立した仕方で相対して立っているような、創造行為に先立つ素材としての実在などは存在しない。もしこの点に少しでも曖昧さを残すなら、そこにひそかに二元論が入り込んできて、世界の理解を大きく揺るがす反世界的な思想の温床になってしまう。

反世界的な二元論とは、新プラトニズム、マニ教、グノーシス思想、マルキオン主義のことである。世界には悪や災いが渦巻いている。いったいこうしたものはどこから来たのか。反世界的な二元論者は、創造行為に先立つ素材にその原因があると見た。デミウルゴスが材料に用いた「混沌」こそ悪しきものの元凶であって、そのような物質世界から魂が脱出することを救済と見なしたのである。

G・エーベリンクは言う。「グノーシス的―二元論的解釈によれば、創造それ自体がすでに堕落として遂行されたものであって、それは贖いを呼び求めている。その場合に当然のように前提されていることは、二つに引き裂かれた被造物の理解である。すなわち、被造物は精神的な中核に従えば永遠であるが、肉体を持ったことで時間の悲惨さの中に呪縛されている。この思考法は、霊的な人間は肉体の中にいわば生きながらに埋められているとするギリシア的なソーマ（身体）＝セーマ（墓場）理解に始まり、生への意志それ自体がすでに苦の原因にして、救済の必要な理由と見なす仏教的な見方に至るまで、被造物の生命に対するペシミスティックな根本態度として、広く散在して現れている」（G. Ebeling, *Dogmatik des christlichen Glaubens* Bd.I, Tübingen 3.Aufl. 1987, S.318）。もちろん、古代地中海世界に出現した歴史現象としてのグノーシス主義が、世界中に広まったわけではない。しかし反世界的二元論という思考法は、ペシミスティックな世界観に共通して見られるものであり、現代にあっても様々なスピリチュアル運動の中に姿を変えて現れ出る。もしそれを「グノーシス・シンドローム（症候群）」（O・マルクヴァルト）と呼ぶとすれば、聖書の創造信仰は今日もなお形を変えて出現するグノーシス・シンドロームの克服をもたらすものとなる。

【ノート122】グノーシス・シンドローム（症候群）

a　グノーシス主義と呼ばれる現象は混交宗教的なもので、非キリスト教系からキリスト教系のものまで多様な形態を持っている。一九六六年シチリア島メッシーナで開かれた「グノーシス主義の起源に関する国際学会」では、その定義として、①反世界的二元論であること、②人間の内に神的火花としての本来的自己があること、③人間に自己の本質を認識させる救済の啓示者が存在すること、以上の三点が挙げられた。しかし、マルキオン派のように②の神的火花を持つ本来的自己という主張はなくても、明らかにグノーシスの影響圏にあるものもあって、定義は一応の目安にすぎない（筒井賢治『グノーシス　古代キリスト教の〈異端思想〉』講談社、二〇〇四年、一八四頁）。C・マルクシースはさらに詳細な定義をほどこす。①彼岸的で至高なる神の経験、②広範囲の神的イメージの導入、③悪しき物質的世界の中で、認識者（グノーシス者）が自己を異質な者として経験すること、④デミウルゴスとしての創造神の導入、⑤自らの内に眠る神的火花、⑥上から到来し、再び帰還する救済者を通して獲得される認識（グノーシス）、⑦神的火花の認識を通した救済、⑧精神と物質など人間論における様々な二元論、というものである（C・マルクシース『グノーシス』土井健司訳、教文館、二〇〇九年、三四―三五頁）。

いずれにしてもグノーシスは、基本的に神と世界、光と闇、霊と肉という対立的な二元論の傾向を持つが、その成立において二種類の淵源を指摘する者もいる。H・ヨナスによれば、一つはイラン型で、最初から対立する光と闇の二つの原理を前提にするものである。マンダ教やマニ教がこれに相当する。この世は闇に呑み込まれた悪の充満する世界である。そこに投げ込まれた光の世界の子らは、魂の故郷を慕って嘆く。「私は心のなかで考える、どうしてこんなことになったのか、と。私の場所、私の住居から、私を育てた両親の家から、私を連れ去り捕囚の身としたのは誰か。罪深き者たち、虚ろな住居の息子たちのところに私を連れてきたのは誰か。来る日も来る日も争いを起す反逆者たちのところに私を連れてきたのは誰か（G328）」（H・ヨナス『グノーシスの宗教』秋山さと子・入江良平訳、人文書院、一九八六年、九六頁）。肉体の牢獄を脱して、何とか光の支配する天上の世界に戻らねばならない。覚醒の呼び声が聞こえる。救済者が到来し、解脱の知恵（グノーシス）を授けて魂を異郷の牢獄から助け出す。

もう一つの淵源はシリア型で、善悪二元論の対立は、一にして全である神的存在からの堕落と流出に起因すると見なすものである（同前三一二頁）。代表としてヴァレンティノスとその弟子プトレマイオスやバシレイデース、ナグ・ハマディ文書などにその傾向が見られる。プトレマイオスによれば、至高神プレパトールとエンノイアの両対の神を筆頭に、一五対、併せて三〇の神々がそれぞれの領域を充たしている。この神的充満（プレーローマ）の最後の層のうち、ソフィアが至高神プレパトールを認識しようと一線を踏み越えて転落しそうになり、自らの情念パトスを捨て去ることで辛うじて踏みとどまる。この捨てられたパトスから形を得て生じたものが人間とこの世界である。堕落したとはいえ神的存在からの流出なので、霊魂にはなお光の粒子が残存している。それが救済者の呼びかけに応えて覚醒し、悪しき物質世界を後にしてプレーローマに帰還する。

b　古代のグノーシスの歴史研究は専門筋に委ねるとして、今〈思想の問題〉としてグノーシス・シンドロームについて語ることは、問題を過去化させないという点で意味のあることである。グノーシス・シンドローム（症候群）とは、①世界を否定的に見ることによって、世界の疎外を肯定化し、②創造を悪しきデミウルゴスの責に帰し、③この悪しき創造神に対立する新しい救済神を待望する二元的なメシアニズムとして特徴づけられる思想傾向を指す（Odo Marquard, Das gnostische Rezidiv als Gegenneuzeit, in: *Gnosis und Politik. Religionstheorie und Politische Theologie* Bd.2, hrsg. von J. Taubes, München Paderborn Wien Zürich 1984, S.31. 拙著『自然、歴史そして神義論』日本基督教団出版局、一九九一年、三四三頁以下参照）。そのような思想傾向は古代世界に限らず、現代に至るまで出現し続けている。

思想史家H・ブルーメンベルクは、このグノーシス・シンドロームをキー・コンセプト（鍵概念）として西洋の全精神史を読み解こうとする。自ずから成り行く自然をあるがままに肯定するギリシア的コスモスの世界観は、新プラトニズムの登場によって揺らぎ始める。形相（Form）と質料（Materia）の二元論的対立が激化され、世界への信頼が薄らいでゆく。精神は神格化される一方で、物質は悪魔化（Dämonisierung）する。これを徹底したものがグノーシスであるが、中世カトリシズムはこうしたグノーシス・シンドロームに対して、世界の安定性を再確立しようとする戦いであった。いみじくもA・ハルナックの言うように、カトリシズムはマルキオンに対抗して自己を形成したのである。そのまさに確立期、二元論のマニ教から脱出したアウグスティヌスの回心が起こる。それは個人史のエピソードを超えて、中世の始まりを画するエポック・メイキングな象徴的出来事だったのである。

しかしブルーメンベルクによれば、このグノーシス・シンドロームの最初の克服は失敗に終わった。グノーシス・シンドロームにおける創造と救済の二元論的対立は、アウグスティヌスにあって、普遍的原罪と絶対的予定、捨てられた者と選ばれた者、地上の国と神の国という二元論へと姿を変えて持ち越され、自然と超自然という二元論の枠組みの中に温存されたのである。

これに対して近代とは、中世のカトリシズムが第一のグノーシス克服に失敗した後を受けて行われた、第二のグノーシス克服を意味する（H・ブルーメンベルク『近代の正統性Ⅰ』斎藤義彦訳、法政大学出版局、一九九八年、一四〇頁）。そこでは地上世界が人間理性によって自らの活動舞台として取り戻され、そのまま肯定される。その舞台の上に主役として躍り出た人間の理性はのびのびと自己主張をし、世界に意味を付与する神の役割を代行する。近代世界の人間は安定した世界への信頼を取り戻し、科学技術をもって所与の世界を意のままに作りかえるデミウルゴス（造物主）にまで昇進したのである。

しかしまさにこの点に近代の抱え込んだ宿命的な問題がある。今や近代世界にあって、技術をもって創造する人間がデミウルゴスとして、悪の問題の一切を背負わせられてしまう。超越も救済も知らず、意味への問いを封殺してきた技術的人間にとって、それはあまりにも重すぎる荷物である。技術革新によって本当に現在の苦悩の問題は、いつか必ず克服されると信じてよいのだろうか。ブルーメンベルクが中世の呪縛から解き放った元気のよい近代のプロメテウス、または世界を意のままに造り変えようとする近代のデミウルゴスは、いつしか疲れ切った近代のシジフォスへと変貌しないであろうか。

科学主義が行き過ぎると、今度は逆に、過度の精神主義、反物質主義、スピリチュアリズムが起こってくる。ポスト・モダン思潮の流行、ニューエイジ・ムーヴメント、新々宗教などは、グノーシス的終末論の変形と見られうる。それは物質的な科学的世界観に対する反動である。もしドイツ観念論を指して用いられたO・マルクヴァルトの的確な表現を借りるなら、そのような過度な「精神」への思い入れは反物質主義的なグノーシスの復権であり、「二度克服されたグノーシスの、その第二の克服における復讐」（Vgl. Odo Marquard, *Schwierichkeiten mit der Geschichtsphilosophie*, Frankfurt a.M. 1973, Suhrkamp Taschenbuch 1982, S.16）なのである。グノーシス・シンドロームは依然として克服されてはいない。混沌の闇を退けて世界を創造された方が、同時にその虚無的なるものの脅かしに自ら対峙し、世界を救済し完成される方であるという救済史的な認識、ただそれだけがグノーシス・シンドロームの克服となる。

三　神の祝福

「神は被造物を確かに神的なものとしてお造りにならなかったが、しかしまた無神的なものとしても反神的なものとしてもお造りにならず、むしろご自身との一致および平和の中で、したがって、神の計画にしたがって、神のもろもろの行為の舞台および道具に、その喜びの対象としてまたこの、神の喜びにあずかるようにと、創造し給うた」（K. Barth, *KD* III/1, S.112. 邦訳該当書一八六頁）。

a　聖書の創造信仰は、あらゆるペシミスティックな反世界的態度を退け、被造世界への明るい基本的信頼を造り出す。第一日目に神が「光あれ」という言葉を語ることによって、深淵の面を覆う恐るべき闇は退けられた。そして二日目に原初の大水もまた退けられる。「神は言われた。『水の中に大空あれ。水と水を分けよ』。神は大空を造り、大空の下と大空の上に水を分けさせられた。そのようになった」（創世記一・六―七）。天に大穴が開き、上の水と下の水が合流して大地を呑み込む混沌の大水は、少なくともノアの洪水が起こるまでは押しとどめられている。「御言葉によって天は造られ、主の口の息吹によって天の万象は造られた。主は大海の水をせき止め、深淵の水を倉に納められた」（詩編三三・六―七）。

この原初の大水が退けられて、被造物の生の空間が保証されていることは、五日目に鳥と魚の創造によって、見まがう余地のない仕方で確約される。「神は言われた。『生き物が水の中に群がれ。鳥は地の上、天の大空の面を飛べ』」（創世記一・二〇）。海と空は、もはや得たいの知れない恐るべき疎遠な領域ではない。そこは生き物が棲息し、魚が泳ぎ、鳥の舞う安全な生の場である。「あのところで魚が、ここで鳥が、あのように生き生きとそれぞれ彼らの場所で、すなわち、これらの、人間にとってあれほど無気味な場所で、動きまわっていることは、信頼を呼び起こすことである」（K. Barth, *KD* III/1, S.192. 邦訳該当書三一三頁）。しかも注目すべきことに、聖書テキストは突然海にうごめく「大きな怪物」（創世記一・二一）に言及する。しかし今やこの海獣は完全に非神話化され、神の御手の中で戯れるものとなっている。だからここをルターが、「神は大いなる鯨を創造された」と訳したことは非常に意義深い。それは時にヨナを呑み込んで嵐の海から助け出す神の救済の道具ともなる。「海も大きく豊かで、その中を動きまわる大小の生き物は数知れない。舟がそこを行き交い、お造りになったレビヤタンもそこに戯れる」（詩編一〇四・二五―二六）。

そして創造の業が一日終わるたびに、「神はこれを見て、良しとされた」という言葉が繰り返される。そこには世界の創造が神の良き意志の反映であることが、判を押したように明確に示されている。さらに生き物に対しては、「神はそれらのものを祝福して言われた。『産めよ、増えよ、海の水に満ちよ。鳥は地の上に増えよ』」（創世記一・二二）の祝福の言葉が響きわたる。創造された世界は神の祝福のもとにある。これほどグノーシス的な世界観と対極にある見方はない。

b　しかし、ここで私たちはさらに踏み込んで問う。それではなぜ聖書は、初めに混沌と闇、そして深淵について語ったのだろう。それでは、聖書もまた起源的な二元論の構図を持っていたということにならないだろうか。また詩編は、なぜかつて退けられたはずの闇、そして原初の大水の恐ろしさを、何度も繰り返し描写するのだろう。「神よ、わたしを救ってください。大水が喉元に達しました。わたしは深い沼にはまり込み、足がかりもありません。大水の深い底にまで沈み、奔流がわたしを押し流します」（詩編六九・二―三）。「それは大水のように、絶え間なくわたしの周りに渦巻き、いっせいに襲いかかります。愛する者も友も、あなたはわたしから遠ざけてしまわれました。今、わたしに親しいのは暗闇だけです」（詩編八八・一八―一九）。

よく理解せよ。確かに、創造者なる神と対等に渡り合うことのできる闇の原理や混沌の力の存在を聖書は語らない。そのような起源の「絶対的な二元論」について、聖書は何も知らない（*KD* III/1, S.137. 邦訳該当書二二六頁）。聖書が語ろうとしていることは、混沌の闇は、ただ「神が、創造へと踏み切り給うことによって、通り過ぎ給い、それを軽蔑しつつ神が看過し給うた可能性」であり、「それらを実現しないで自分の背後に捨てるように、看過し給うた可能性」であるということである（*KD* III/1, S.119. 邦訳該当書一九七頁）。

しかし、だからと言って被造物の存在は、もう自動的に存在することが保証されているようなものではない。存在することが自明であるような自存的存在は神のみであり、被造物はこの神に絶対的に依存し、神の良き意志によってたえず無に陥ることから守られ支えられている動的存在である。この存在論の動的な性格（ダイナミズム）をよく理解する必要がある。

神は「光あれ」によって混沌の闇を退けたが、その実現しえない可能性を想起させるものとして昼に対して夜を創造した。それはすなわち、「神は世界を、それが混沌からして攻撃され、脅かされている姿全体の中で、持ち、支えようと欲し給うということ」（*KD* III/1, S.141. 邦訳該当書二三二頁）を意味する。神は混沌の闇に、「世界の縁《へり》のところで脅かすものであるという性格以上のものを認め給わず」（*KD* III/1, S.141. 邦訳該当書二三二頁）、その実在を認めない。しかし夜の闇はなお光の実在が自明のものではなく、創造者の恵みなしに自動的に朝が来るものではないことを示唆するのである。それは聖なる神の裁きという面をも含み持っている。「光を造り、闇を創造し、平和をもたらし、災いを創造する者。わたしが主、これらのことをするものである」（イザヤ四五・七）という言葉も、この意味で理解しなければならない。

原初の大水を暗示する海の現実存在もまた、被造的世界の縁にあって、「いかに被造物は危険にさらされていいるかということ、また被造物にとっていつくしみ、助け、救助、解放が必要であるということが明らかになる」（*KD* III/1, S.159. 邦訳該当書二六二頁）ために、混沌の海との近親性を持たされているのである。

c　要するに、聖書の創造信仰は、起源の絶対的二元論を知らないが、恵みの勝利による克服された二元論を語っている。それは、神と被造物とを質的に区別しつつ、神の被造物としての一元論がただ恵みの勝利によってだけ現実のものとなっていることを示すためであり、可能性としての二元論を恵みによって克服し続ける動的な一元論なのである。

私たちはここで、神が混沌の闇を退け、原初の大水に限界を定めていることが、どれほど恵みの奇跡であるのかということをよく理解する必要がある。被造物の実在、それは徹頭徹尾奇跡である。断じて自ずから生成する自明なものではない。「あなたがたはわたしを恐れないのか。わたしの前におののかないのか。わたしは砂を置いて海の境とし、これを永遠の限界として、越えることができないようにした。波はさかまいても、勝つことはできない。鳴りわたっても、これを越えることはできない」（エレミヤ五・二二　口語訳）。聖書的語りが「限界」ということにいかに関心を示しているかを、多くの箇所が証ししている。「深淵は衣となって地を覆い、水は山々の上にとどまっていたが、あなたが叱咤されると散って行き、とどろく御声に驚いて逃げ去った。……あなたは境を置き、水に越えることを禁じ、再び地を覆うことを禁じられた」（詩編一〇四・六―九）。「海は二つの扉を押し開いてほとばしり、母の胎から溢れ出た。わたしは密雲をその着物とし、濃霧をその産着としてまとわせた。しかし、わたしはそれに限界を定め、二つの扉にかんぬきを付け、『ここまでは来てもよいが越えてはならない。高ぶる波をここでとどめよ』と命じた」（ヨブ三八・八―一一）。

【ノート123】言葉による無からの創造――二つの教理的効果

言葉による無からの創造には、両にらみの二つの教理的効果がある。

まず第一に、前章で見たように、それはあらゆる汎神論的一元論を退ける。世界は神からの流出ではなく、言葉によって無から創造された、神とは異なる実在であり、神と世界との質的差異が明確にされる。この点に第一の教理的効果がある。

しかしまた他方で、この教理は、あらゆる反世界的二元論を退ける。神が世界をご自身の言葉によって無から創造したことにより、神と世界を対立させたり、材料としての混沌に反神論的な意味を持たせることはできなくなる。いわんや創造神とは別の救済神を考えることはできない。神と世界とは、区別を堅持しつつ、創造主とその被造物として正しく関係づけられる。この点に第二の教理的効果がある。

こうして言葉による無からの創造という教理は、神と世界との区別を撤廃する一元論に対しても、また区別を対立にまで先鋭化させてしまう二元論に対しても、二重の意味で一線を画す働きをしているのである。

四　見よ、極めて良かった

「聖書の最初の数章はモーセ五書、トーラーの構成部分として起草されている。そのモーセ五書の中心には、イスラエル史の基礎にあるエジプトからの解放とシナイにおける神との出会いの記事がある。この構想の大胆さは、小さい民の限られた歴史が世界と人間とを造ったその同じ神の導き、救い、保護の歴史として述べられるという点にある。……神の大いなる行為の経験を伴い、罪と赦しのドラマを伴い、高さと深さを、神の言葉と人間の応答を伴うこの小さい民の道は、人類におけるまた宇宙における神の働きから出ているのであり、その道はもう一度神の普遍的働きへと還流するのである」（C・ヴェスターマン『創造』西山健路訳、新教出版社、一九七二年、三二―三三頁、傍点は筆者、若干訳し直している）。

世界を否定的に見るペシミスティックな見方に対して、聖書の創造信仰は世界をどこまでも肯定する。それは被造物自身の自己肯定ではない。あくまで創造者なる神が世界を祝福し、肯定していることに基づいている。「神はお造りになったすべてのものを御覧になった。見よ、それは極めて良かった。夕べがあり、朝があった。第六の日である」（創世記一・三一）。

それでは、被造世界の中に何の不条理も否定的なものもないと言うのだろうか。それは違う。聖書は被造世界を脅かす混沌の闇を、どの世界観よりもリアルに見つめている。そしてそれは、被造物の中で最後に造られた人間が、その転倒した自由の中で、創造主の退けた混沌の闇の可能性に手を伸ばすことと無関係ではない。

だから「見よ、それは極めて良かった」は、人間の視点から見てのオプティミスティックな世界観なのではなく、あくまでも神的な判断の啓示である。そしてこの神的な判断の啓示には、遥かに救済史のドラマとそのクライマックスが見据えられている。

創造信仰を救済の出来事と結びつけて語り出したのは、捕囚期の語り部Pと同時代の預言者第二イザヤである。今や起こりつつあるバビロンからの解放が神の新たな創造の業として力強く物語られる（O. H. Steck, Deuterojesaja als theologischer Denker, in: *Kerygma und Dogma* 15.Jahrgang, 1969, S.280–293）。「お前たちはわたしを誰に似せ、誰に比べようとするのか、と聖なる神は言われる。目を高く上げ、誰が天の万象を創造したかを見よ。それらを数えて、引き出された方、それぞれの名を呼ばれる方の、力の強さ、激しい勢いから逃れうるものはない」（イザヤ四〇・二五―二六）。創造者はまたイスラエルの贖い主でもある。「ヤコブよ、あなたを創造された主は、イスラエルよ、あなたを造られた主は、今、こう言われる。恐れるな、わたしはあなたを贖う。あなたはわたしのもの。わたしはあなたの名を呼ぶ。水の中を通るときも、わたしはあなたと共にいる。大河の中を通っても、あなたは押し流されない」（イザヤ四三・一―二）。かつてイスラエルの民がモーセに連れられて奴隷の家を後にした時、目の前で両側に切り裂かれた紅海の水。あれは原初の大水だったのだと、イメージ豊かに物語りつつ、その出エジプトの再現が今祈り求められる。「奮い立て、奮い立て、力をまとえ、主の御腕よ。奮い立て、代々とこしえに、遠い昔の日々のように。ラハブを切り裂き、竜を貫いたのは、あなたではなかったか。海を、大いなる淵の水を、干上がらせ、深い海の底に道を開いて、贖われた人々を通らせたのは、あなたではなかったか」（イザヤ五一・九―一〇）。

民の背反と反逆の故に、祝福された良き創造の日々が呪われた苦役の日々に転落したとしても、神はその民を見捨てず、罪の悲惨さから贖い出す。混沌の闇に対する恵みの勝利として起こった創造は、既に恵みによる贖いを先取り的に内包している。

確かに混沌の闇は、神によって退けられた可能性である。しかしそれは、被造物の愚かさによって、存在を脅かす可能性ともなる。「そのことは確かに起こることができる。被造物はそのように愚かであることができる。それは、理解し難い反逆の過ちを犯すことができ、……神が憎まれたもの［混沌の闇］を愛し、それと共に創造者なる神の愛の代わりに神の憎しみを自らの身に招くという過ちを犯すことができる。したがって、被造物にとって洪水と闇、形なく、むなしく（tohu wabohu）が、しのびこみ、また鋭い危険となることができる」（K. Barth, *KD* III/1, S.120. 邦訳該当書一九九頁）。神の創造的な言葉は、被造世界の中で、まさに人間によって忘れられ、軽蔑されるということが起こりうる。人間がその相対的な自由の中で、神に対応した仕方でその自由を用いないということによって、「創世記一・二の影をいわば呪文で呼び出すことができる。それであるからあの過去が、その本性に逆らってまた現在と、また未来となることができる。それが、神が創造の冒険でもってご自分のものとして引き受け給うた否定することのできない危険である」（*ibid.*, S.120. 邦訳該当書一九九頁）。

神を否定する者たちは、罪の闇を自らの内に引き寄せる。「いずれも同じ闇の鎖につながれたのだ。吹く風の音、葉の茂る枝に飛び交う鳥の心地よい歌声、力強く流れる水の調べ、崩れ落ちる岩石の乾いた音、跳びはねる動物の気配、凶暴な野獣のうなり声、山の洞窟にこだまするやまびこ、これらが彼らを恐怖で金縛りにした。全世界は輝かしい光に照らされ、何の妨げもなく活動していた。それなのに、彼らの上には、夜が重くのしかかっていた。彼らを包み込もうとする暗闇の前ぶれが。しかし彼らは闇よりも、自分自身を重荷に感じていた」（知恵の書一七・一八―二一）。

しかし、神は神話に対して、それが現実となることを許さない。造られた世界が形なく空しいものになることを許さない。神は被造物の離反を真剣に受け止める。ただしそれは、恵みの業を貫徹するという仕方においてである。「神の言葉に背を向け遠ざかった世界に対する裁きは、事実、ただ、神によって造られた世界の唯一の場所で、ただ、唯一の被造物の身に対してだけ、実際に遂行されるであろう。……神の創造的な言葉そのもの、ご自身の御子がゴルゴタの十字架の上で、『わが神、わが神、どうしてわたしをお見捨てになったのですか』と呼ばわるであろう瞬間は、創世記一・二で示されているすべてのことが現実となるであろう憤りの『しばし』（イザヤ五四・七）であるであろう。地上におけるそのほかの暗闇とのすべての類比にもかかわらず、ほかの瞬間にはそのようなことは決してないのである。……神はあの唯一の被造物、人間イエスを、全世界に与えられた約束、……あの闇の可能性からしてはもはや攻撃されない、新しい形態の中でのその始まりであるであろうという約束のしるしへと高めるであろう」（*ibid.*, S.121. 邦訳該当書二〇〇―二〇一頁）。要するに、あの「見よ、それは極めて良かった」は、ご自身の御子イエス・キリストを贖い主として、また聖霊を完成者としてお遣わしになる救済の歴史を見据えて、語られているのである。人間は、「ただキリストにおいて彼に向けられた神の御顔の故に」（G. Ebeling, *Dogmatik* Bd.I, op.cit., S.315）、世界を神の被造物として肯定することができる。

神から離れた人間は、人生においてしばしば深淵を味わう。どこまでも深い混沌の闇が行く先を塞《ふさ》ぎ、底知れぬ奈落に落ちて行く感覚だけが残る。しかし旧約の詩人は祈るべき方を知っている。「深い淵の底から、主よ、あなたを呼びます。主よ、この声を聞き取ってください。嘆き祈るわたしの声に耳を傾けてください。主よ、あなたが罪をすべて心に留められるなら、主よ、誰が耐ええましょう。しかし、赦しはあなたのもとにあり、人はあなたを畏れ敬うのです」（詩編一三〇・一―四）。そして「豊かな贖い」が主のもとにあることを知る時、絶望は希望に変わる。「主は、イスラエルを、すべての罪から贖ってくださる」（詩編一三〇・八）。

新約の語り部は、その贖い主として御子が被造世界に到来したことを証しする。新約の使徒たちもまた、存在を脅かす大水の恐ろしさを知っている。そしてまさにその恐ろしさに直面しているただ中で、主イエスはご自身を創造主から遣わされた贖い主、すなわち混沌と闇からの解放者として示される。「イエスは起き上がって、風を叱り、湖に、『黙れ。静まれ』と言われた。すると、風はやみ、すっかり凪になった」（マルコ四・三九）。これについてバルトは述べる。「イエスの最も手にとるように明らかなメシア的な力の行為は、イエスが王的な自由の中で海の上を歩み給うということ、また、嵐とその荒浪をその言葉によってしずめ給うということから成り立っている」（K. Barth, *KD* III/1, S.166. 邦訳該当書二七三頁）。

闇もまたイエスの到来によって変えられる。「セイルから、わたしを呼ぶ者がある。『見張りの者よ、今は夜の何どきか。見張りの者よ、夜の何どきなのか』。見張りの者は言った。『夜明けは近づいている、しかしまだ夜なのだ。どうしても尋ねたいならば、尋ねよ、もう一度来るがよい』」（イザヤ二一・一一―一二）。残念ながら見張りの者は、まだ旧約においては真剣な意味で朝を告げることができない。深淵を覆う闇が本当に退けられるのは、贖いの出来事が現実のものとなった時である。だがその時には闇もまた最も濃厚なものとなる。「昼の十二時になると、全地は暗くなり、それが三時まで続いた」（マルコ一五・三三）。しかし安息日が終わり、イースターの朝が明けると、恐るべき深淵の闇はもはやない。静かな夕べがエマオの村に訪れる。神が闇を「夜」と呼ばれた、あの平安な憩いの時がやって来る。二人の弟子たちと共に復活の主がおられる（ルカ二四・二九）。夕べに憩いという肯定的な意味が取り戻されるのは、罪と死を滅ぼした復活の主が夜も共におられることによってである。「夕べがあり、朝があった」。

幕間のインテルメッツォ（間奏曲）

一〇三　古代の文書は粘土板に文字を刻んで作られた。くさび形文字はきわめて複雑で、その数は五百種を下らなかった。高い知性と訓練が必要で、書記は幼い時から神殿付属の学校で養成された。

一〇四　シュメールの文書庫から、書記を目指す生徒の様子を記した文書が見つかった。その少年は粘土板を読み、昼食を取ってから粘土板の用意をし、文字を書く練習をさせられる。なかなか合格に達しないので、先生からたっぷり絞られた。少年の両親は、担任の先生を家に招いてご馳走し、贈り物をした。すると先生の態度が変わり、成績が水増しされたと書かれている。現代の話ではない。紀元前二千年頃のことである。

一〇五　今や我々は文字をパソコン画面に打ち込んで、紙さえ使わない。粘土板の時代からすると、人類の進歩は驚くほどである。しかし、もっと驚くことは、少年の両親のしたことが今もって全然変わらないということである。哀れなるかな、人類の進歩！

あとがき的命題集

命題一七二　聖書の民のまわりでは、神が原初の大水や混沌を表す海獣と戦って勝利するという神話が流布していた。にもかかわらず、聖書的な語りによれば、混沌も闇も、深淵も大水も、神と拮抗し対立する魔神的な力ではない。

命題一七三　創造は、混沌と闇を退けて秩序ある世界を造り出す神の行為である。しかしそれは、あたかも建築家が材料を組み合わせて建物を造る時のように、形のない材料から形の整った構造物を製作したということではない。あくまで何もない無からの創造であって、材料のある混沌からの創造ではない。

命題一七四　反世界的な二元論は、創造行為に先立つ素材に悪や禍の原因を見た。この誤った二元論は、造物神デミウルゴスが材料に用いた混沌こそ悪しきものの元凶であり、そのような物質世界から魂が脱出することを救済と見なした。

命題一七五　言葉による無からの創造を説く聖書の創造信仰は、あらゆるペシミスティックな反世界的態度を退け、被造世界への基本的信頼を作り出す。そして神の祝福の言葉が響きわたる。「神はこれを見て、良しとされた」。創造された世界は神の祝福のもとにある。これほどグノーシス的な世界観と対極にある見方はない。

命題一七六　起源の「絶対的な二元論」について、聖書は何も知らない。だからと言って被造物の存在は、自動的に存在することが保証されている自存的存在ではない。聖書は、神と被造物とを質的に区別しつつ、神の被造物としての一元論が、ただ恵みの勝利によってだけ現実のものとなっていることを物語る。

命題一七七　「見よ、それは極めて良かった」は、人間の視点から見ての楽天的な世界観ではなく、神的な判断の啓示である。この神的な判断の啓示には、救済史のドラマとそのクライマックスが見据えられている。来たるべき贖い主、御子イエス・キリストを見据えてだけ、「極めて良かった」に唱和することができる。

第四章　自然科学の説明を越えて

「神学者は、自然の歴史は一回的で繰り返さないという、科学上の『大きな物語』に特別な関心をもっています。なぜなら、それは神学自身の神の歴史に対応しているからです。その歴史は『ビッグバン』以来、拡張を続けるコスモス（宇宙）の発展であり、また『時間という樹』の中での生命の進化です」（J・モルトマン『科学と知恵——自然科学と神学の対話』蓮見和男、蓮見幸恵訳、新教出版社、二〇〇七年、八〇頁）。

一　宗教と科学

宗教と科学の対立という構図は、幸いなことに今や前時代的なものになりつつある。確かにそのような対立の構図で見られてしまう時代が長く続いたのは事実である。自然科学的な世界の見方が一般に流布するにつれ、次第に聖書の創造物語は語りの力を失っていった。近代に入り、自然科学がキリスト教信仰に影響を及ぼしたいくつかのエポック・メイキング（画期的）な出来事がある。それは事件と呼んでよいほどに、近代世界に大きな影響を及ぼした。

A・マクグラスはそれを三つ挙げている（A・マクグラス『科学と宗教』稲垣久和・倉沢正則・小林高徳訳、教文館、二〇〇四年、一三頁）。

①一六世紀と一七世紀のコペルニクス、ケプラー、ガリレオ地動説

天動説から地動説へ。この「コペルニクス的転換」は、まさに中世のアリストテレス＝プトレマイオス的宇宙像と結びついた地球中心の世界像をくつがえす一大革命をもたらした。ただし彼らは特に反聖書的な思想を唱道しようとしたわけではなく、ただ聖書の字義通りの読み方からは自由になって、数学に基づく理論と観測に基づく検証をもって自然を読み解こうとしたのである。「コペルニクスの地動説に対する宗教裁判の法廷闘争において、ガリレイは救いのために与えられた言葉の書物［聖書］を読むだけではなく、神がその創造の御業においてわれわれに下さった自然の書物も読まねばならないと力強く宣言したのである」（C・F・フォン・ヴァイツゼカー『科学の射程』野田保之・金子晴勇訳、法政大学出版局、一九六九年、一五六頁）。救いに関する書物は遠ざけられてはいない。ちなみにコペルニクスの代表作『天球の回転について』は一五四三年に著されている。編集者はルター派の神学者A・オジアンダーである。

②一七世紀と一八世紀のニュートン力学

ニュートンは初めから反キリスト教的な物理学を企てたわけではない。むしろ彼は、絶対空間と絶対時間を通して有神論的な世界観を基礎づけようとしたとも見られる。しかし力学の法則によって説明された世界は、宇宙が一定の法則によって動く偉大な機械であるという機械的な世界観をもたらした。これは理神論（Deism）を正当化する理論になる。すなわち、神は世界の創造者であるが、ひとたび創造したあとは、世界を運動の法則に委ね、もはや世界に干渉することはないとする立場である。ちなみにニュートン『自然哲学

の数学的諸原理』は一六八七年に著されている。

③一九世紀のダーウィン進化論

ダーウィンはエディンバラで医学を学んだ後、牧師になるためにケンブリッジに入学し、そこで自然神学の論理に感化された。森で拾った精密な機械がもし時を正確に刻む時計であれば、その機械には必ず時計職人がいるだろう。そのように、精巧に造られた世界には必ずその造り手がいる。この「ペイリーの『自然神学』の論理は、ユークリッドと同じぐらい多くの喜びを私に与えた。……［私は］その長い論法に魅了され、確信に満たされた」（F・J・アヤラ『キリスト教は進化論と共存できるか？　ダーウィンと知的設計』藤井清久訳、教文館、二〇〇八年、二七―二八頁より引用）とダーウィンは自伝に書いている。彼の関心は当初、このペイリーの説では説明できない生物の欠陥、機能障害、奇異で残酷な現象をいかに科学的に説明するかという課題にあった。しかし軍艦ビーグル号に乗船し、自然誌学者として世界一周旅行に出かけ、アルゼンチンで絶滅種の化石を発見し、ガラパゴス諸島で数種の小鳥フィンチを観察するうちに、次第に自然淘汰に基づく進化論という思想が頭をもたげてきた。ダーウィンの踏み越えた一線は、生物の複雑な組織や機能が、創造者の作用因に訴えることなしに、自然それ自身の選択として起こるとした点にある。突然変異による機能変化によって、より環境に適合的な種が出現し、生存競争に勝って種を保存する。彼はそれを、トーマス・マルサスの『人口論』などを参考にしつつ、自然科学の理論へと仕立て上げていった。ちなみにダーウィン『種の起源』は一八五九年に著されている。

【ノート124】自然科学とカルヴィニズム

近代のキリスト教がすべて自然科学を反信仰的なものとして排斥したわけではない。これは特記するに値する史実である。むしろ逆に、キリスト教信仰が自然科学的探求の精神を推し進めるエートスの担い手となった面がある。「一六六六年から一八八三年の時期に、パリの科学アカデミー（Académie des Sciences）の外国人メンバーを主として研究した本の中で、アルフォンス・ドゥ・カンドール（Alphonse de Candolle）は、プロテスタントがローマ・カトリックより、はるかに人数において勝っていたことを見出した。ドゥ・カンドールは、人口の割合を基に見積もれば、メンバーの六〇％はローマ・カトリックで、四〇％がプロテスタントとなるはずだった。ところが、実際の数はカトリックが一八・二％で、プロテスタントが八一・八％だったことが判明した。……ロンドン王立協会の初期のメンバーはピューリタンたちで占められていた」（A・マクグラス『ジャン・カルヴァンの生涯　下』拙訳、キリスト新聞社、二〇一〇年、二五九頁）。

この点で重要な貢献をしたのは、A・マクグラスによれば、カルヴァンの聖書解釈論である。神は人間の有限な能力に見合う仕方でご自身を啓示する。創世記第一章の六日にわたって行われた創造とは、素朴な人々の理解水準に合わせた語り方にすぎない。この適応（accomodatio）の理論［聖書とは、神があえて小さく貧しい人間の理解力に適応させて書かれたものである］により、字義的直解主義が乗り越えられる。そもそも聖書の主題は自然科学の主題とは異なっており、別段対立するものではない。聖書はあくまでイエス・キリストにおいて行われた神の救いの業を中心に語っている書物であって、自然科学の知識を提供しようとしてはいない。ピエール・オリヴェタン（Pierre Olivétan）による新約聖書の翻訳（一五三四年）に添えたカルヴァンの序文には、一五四三年になって書き加えた次の一節が見出される。「聖書全体の目的は私たちをイエス・キリストの知識へと導くことである。そして彼を知るようになり、この知識が含むすべてを知るようになったなら、そこで私たちは立ち止まるべきであり、決してそれ以上学ぶことを期待すべきではない」（OC 9.815）。こうして自然科学は神学的な制約から事実上解放されたのである。

カルヴァンは自然の科学的研究を積極的に奨励した。「幸いな生の究極目的は神を認識することに置かれるのであるから、この幸いに近づくのを遮られる者が一人もないように、神は……世界の内にある全ての御業において御自身を啓示し、日に日に御自身を明らかに示したもう。……神の驚くべき知恵を我々に証しする徴は、天にも地にも数え切れない。ここで言うのは天文、医学、全ての諸分野で研究対象と定められている深遠な事象だけでなく、最も粗野な人、無学な人でも目を開く限りこの証明を受け入れずにおられない程はっきりしたもののことである。確かに、これらの学芸を修めまた味わった者は、学問の助けを得て、他の人以上に神の知恵の秘密を洞察するように促されることを私は認める」（*Inst.* I.5.1–2. 渡辺信夫改訳版、傍点筆者）。

こうしてカルヴァンは特に天文学（天体）と医学（人体）の研究を聖書の研究と共に推奨した。以来カルヴィニズムは、創造信仰に基づく自然探求心の揺籃となる。カルヴァンの影響を受けて告白されたベルギー信条（一五六一年）第二条によれば、自然は、すべての造られたものが、大小を問わず、神の見えない部分を文字として私たちに示す、目の前に繰り広げられた最も美しい書物なのである。

ガリレオの地動説を真っ向から否定し、宗教と科学を対立図式に持ち込んだのは、マクグラスによれば当時のカトリック教会である。そこには聖書解釈の問題が介在していた。カトリックでは聖書よりも教会の教理が優先する。中世カトリックの世界観は、地球中心の天動説とプトレマイオス的な宇宙論に支えられていた。ローマ・カトリックの正統な教えを変更することは、いかに微々たるものであれプロテスタントへの譲歩であり、一気にプロテスタントに水門を開くことになる。それでガリレオ説は神経過敏症的に異端視されたのである（マクグラス『科学と宗教』前出二五頁）。

このように、確かに自然科学が聖書的信仰を脅かすかのように見えた時期があった。しかし、近年特に天文学の分野で、宗教と科学は互いにその知見を交流しつつある。自然界の謎を解明しようと果敢に挑み続ける現代の物理学者たちは、ついに宇宙の成り立ちを数値・数式にして提示するまでに至っている。その結果は神学的に興味深い。最近の定説によれば、宇宙は今からおよそ一三七億年前（一八〇億年前と幅を広げる理論もある）、驚くほど高密度、高温、高圧となった原子核の大爆発、いわゆるビッグバンによって誕生したというのである。それは無からの創造という聖書的教説に限りなく近い。一九四八年にロシア人物理学者ジョージ・ガモフの打ち出したこの見解は、一九六四年にアメリカ・ニュージャージーにあるベル研究所の若い天文学者たちが偶然拾った宇宙のノイズ（騒音）によって裏付けられた。ビッグバン直後の光が引き延ばされたとすると、それは観測されたノイズの波長とほぼ一致する。物理学者たちはそこからさらに進んで、宇宙誕生の、文字通り天文学的数字の並ぶ瞬時の発端から、現在の宇宙に至るまでの壮大なスケールの歴史を描いてみせる。そのシナリオに誰もが圧倒されるのは、それほどまでに極小のミクロ的宇宙から目がくらむほどのマクロ的宇宙が出現してきたという不思議さの故である。

宇宙誕生から最初の10^{-43}秒という、現時点でこれ以上はその謎に迫れない「プランク時間」後、10^{-36}〜10^{-34}秒間にすさまじい超急膨張（インフレーション）が起こった。それは、砂粒が一瞬のうちに観測上最大の数百億光年の大きさにまで膨れ上がる、想像を絶するような規模の拡大であり、それがこれまた想像を絶する超短時間に起こったのである。そして10^{-27}秒後に物質の元となる素粒子が誕生し、これが激しくぶつかって灼熱状態になった。素粒子は粒子と反粒子のペアから成るので、互いに相殺しあう運命にあるが、宇宙誕生から10^{-10}秒後までに、原因は分からないが、粒子の数が反粒子の数を上回り、その結果反粒子は消え、物質の元となる粒子が残ったとされる。そして10^{-5}秒後にクォークが結びついて陽子と中性子が誕生し、1秒後には電子、陽電子が出そろったと見られている。こうしてわずか1秒の間に宇宙は形を成し、3分後にヘリウムと水素の原子核ができ、それが三八万年後、膨張のため温度が下がった時点で原子になったと推測されている。ここからやがておびただしい銀河系を含む数え切れない天体が誕生してゆくことになる。

一部の物理学者たちは、並の推理小説よりおもしろいこの宇宙創世のシナリオを、あくまで宇宙の自動的な自然生成という観点から読み解こうとする。しかし、その場合になお多くの謎が残る。いったい何が原因でそのような超急膨張が起きたのか。そのエネルギーはどこから来たのか。粒子が反粒子を上回って残った原因は何なのか。こうした問題が説明できない。さらに、ビッグバンを引き起こした原子核はなぜそもそもそこに存在していたのか。果たして子宇宙を生み出す母宇宙がさらに先に存在したのか。宇宙の多重発生を言うにしても、その母宇宙のさらに遡る母宇宙の系譜を無限に遡るのでは、その成り立ちを説明することにはならない。あるいは一番最初に、時間も空間もない真空がダーク・エネルギーを帯びていて、それが放出されたと説明するにしても、そのエネルギーはいったいどこから来たのか。結局またそれも一番最初とはならないだろう。この問いを遡って行けば、あのトマス・アクィナスがそうしたように、どうしてもそもそもの始まりを一番最初に設定した方を想定する以外にないのではないだろうか。ここでトマスにおいて多少曖昧だった点を明確にして言えば、存在の系譜の外に立つ超越者なる創造の神を想定するほかないのではないだろうか（神学小径Ⅱ・2・3）。

存在の系譜の外に立つ創造の神に、苦しみの果てに出会った者がいる。それが知恵文学の中のヨブである。「わたしが大地を据えたとき、お前はどこにいたのか。知っていたというなら、理解していることを言ってみよ。……光が住んでいるのはどの方向か。暗黒の住みかはどこか。光をその境にまで連れていけるか。暗黒の住みかに至る道を知っているか。……すばるの鎖を引き締め、オリオンの綱を緩めることがお前にできるか。時がくれば銀河を繰り出し、大熊を小熊と共に導き出すことができるか。天の法則を知り、その支配を地上に及ぼす者はお前か」（ヨブ三八・四、一九―二〇、三一―三三）。このヨブに対する根本的な神の問いかけは、現代の自然科学者たちにもまた向けられていると言わざるをえない。

創造についての聖書的な語りの底流には、この超越者に対する畏敬の感覚があり、被造物の認識の限界をわきまえる深い知恵がある。「見よ、神は山々を造り、風を創造し、その計画を人に告げ、暗闇を変えて曙とし、地の聖なる高台を踏み越えられる。その御名は万軍の神なる主。……すばるとオリオンを造り、闇を朝に変え、昼を暗い夜にし、海の水を呼び集めて地の面に注がれる方。その御名は主」（アモス四・一三、五・八）。本当はそのことをヨブも知っていたはずなのである。「神は自ら天を広げ、海の高波を踏み砕かれる。神は北斗やオリオンを、すばるや、南の星座を造られた。神は計り難く大きな業を、数知れぬ不思議な業を成し遂げられる。神がそばを通られてもわたしは気づかず、過ぎ行かれてもそれと悟らない」（ヨブ九・八―一一）。ヨブは苦しみにあえぐ中で、この神を見失っていた。私たちの理性が気づかず、それと悟ることのできないお方、その方こそ、時空を超えて、計り難く大きな業、数知れぬ不思議な業を成し遂げられる創造の神である。

二　驚愕の時計職人

「宗教の心理学的起源に関する彼〔R・ドーキンス〕の議論には、『おそらく』や『かもしれない』という表現が散在しており、それは確固たる証拠がないことを示す言葉の指標となっている。……その議論は、注意深く『可能性があるかもしれない』（could be）という表現で始まり、考察に向けて不十分な仮説を進める。しかし、それらはすぐに大胆にも『である』（is）という表現になる」（A・E・マクグラス、J・C・マクグラス『神は妄想か？――無神論原理主義とドーキンスによる神の否定』杉岡良彦訳、教文館、二〇一二年、七一頁）。

自然の中に数学的美を発見し、数式をもって自然の法則を解明した時、人は驚異の念に打たれる。まるで完成された芸術品のように、自然はその姿を人間に垣間見せる。その時、人がそもそもの最初に、そのような秩序と法則をもった世界を措定した方を想定することは自然である。それは、先述のように、ヒースの丘で拾った懐中時計から腕の良い時計職人を想定することと同じである（神学小径Ⅱ・3・1）。しかしこの想定は、聖書的な語りが提示する創造の神のダイナミズムを射程に入れるまでには至らない。ぜんまい仕掛けの時計を造った理神論の神は、一度ぜんまいを巻いた後は、時計が自動的に時を刻むに任せる。そうなると次第に自然法則は神の御手を離れ、世界の運行も世界自らの運動に委ねられる。やがて神は不要になり、お払い箱になって捨てられる。理神論の行き着くところは、結局のところ無神論である。

理神論が無神論になる典型的なケースは、生物学者R・ドーキンスの所論の中に現れている。彼は新ダーウィン主義者を自任する。今ある地球上の生物は突然変異を伴った自然淘汰の末に進化した存在であると述べる点で、彼は古典的なダーウィン主義の忠実な継承者である。ただそれを分子レベルにまで掘り下げてDNA理論を駆使して説明する点で、彼は「新」ダーウィン主義者なのである。ペイリーの場合、時計職人は創造主なる神であった。これをドーキンスはくつがえす。時計職人とは実はDNAであり、生命体はすべてこのDNAの乗り物にすぎない。つまり、時計職人であるはずの神は、本当は不在だというのである。

【ノート125】無神論の伝道師ドーキンスとDNA信仰

時計職人とは実はDNAであり、生命体はすべてこのDNAの乗り物にすぎないと、ドーキンスは声高に主張する。この仮説に基づいて彼はラディカルな宗教批判を展開し、今や自他共に認める「無神論の伝道師」となっている。彼の著作はセンセーショナルな反応を期待する一種のサイエンス・フィクションに類するもので、まともな対論は不要に思われるが、現代の思潮に与える影響を無視するわけにもいかないので、最小限論評しておくことにする。

A　ドーキンスの主張

a　ドーキンスもまた生命の不思議さに感動しており、その驚愕《きょうがく》を隠さない。「あなたが私の言葉を理解するのに使っている脳には、約一〇〇〇万キロニューロンの神経細胞がずらりと並んでいる。これら何十億もの神経細胞の多くはそれぞれに一〇〇〇を越える『電線』をもっていて、それで他のニューロンとつながっている。さらに、分子遺伝学のレベルでは、体にある一兆以上もの細胞のどれ一つをとっても、私のコンピューターがもっている情報全体のおよそ一〇〇〇倍の正確に符号化《コード》されたデジタル情報を含んでいるのである」(『盲目の時計職人』中嶋康裕他訳、早川書房、二〇〇四年、八頁)。しかしその驚愕はただ科学の時間を楽しみにする教室の少年のような驚きにとどまり、人生の根源的な問いへと向かうことなく、創造者なる神への畏怖には至らない。「[フレッド・]ホイルは、地球上に生命が起源する確率は、台風がガラクタ置き場を吹き荒らした結果、運よくボーイング747が組み上がる確率よりも小さいと言った」(『神は妄想である』垂水雄二訳、早川書房、二〇〇七年、一六九―一七〇頁)。それほど生命が誕生することは驚きだと言うのに、決して彼は世界の不思議さから時計職人を推定することをしない。代わりに彼が説明理論として持ち出すのが、自己複製子としてのDNAである。

b　宇宙において最大とも言いうるきわめて重大な変化が起こった。それは、自己複製能力を持つ存在の誕生である。「生命の爆発の起爆剤となった重要な決定的現象とは何だったのだろう？　私は自己複製する存在の発生だと述べた。だが、同じ意味でそれを遺伝という現象――『類は類を生む』とも言える過程――の始まりだと言ってもよいだろう」(『遺伝子の川』垂水雄二訳、草思社、一九九五年、二〇〇一〇一頁)。遺伝子は自分を取り巻く物質を利用して、自分とそっくりな複製を作ることができる。それにはコピーするときに起こりがちな些細な欠陥の写しまでも含まれる。その突然変異のゆえに、生命進化の歴史が始まる(同前六頁)。ドーキンスの主張はとどまるところを知らない。「二〇億年前、ミトコンドリアの遠い祖先は自由生活をするバクテリアだった。ほかの種類のバクテリアと一緒にミトコンドリアは大きめの細胞を住み家に選んだ。その結果できた(原核の)バクテリアの共同体は、われわれが自分たちのものと自称している大きな(真核の)細胞になった。われわれ一人一人の体は、相互に依存する一〇の一四乗の真核細胞の共同体なのである」(同前七一頁)。そしてこう断言する。「タコはネズミとは似ても似つかないし、この両者はカシノキとはまったくちがう。だが基本的な化学組成の点では、それらはかなり画一的である。……われわれはすべて同一種類の自己複製子、すなわちDNAとよばれる分子のための生存機械であるが、世界には種々さまざまな生活の仕方があり、自己複製子は多種多様な機械を築いて、それらを利用している。サルは樹上で遺伝子を維持する機械であり、魚は水中で遺伝子を維持する機械である」（『利己的な遺伝子』日高敏隆他訳、紀伊國屋書店、増補新装版、二〇〇六年、二九頁）。

c　DNAは進化の川をとうとうと流れ下る。そこには目論見、合目的性をもった意識があるのではないかと思わせるような法則がある。それは生存本能であり、種の保存である。「遺伝子は、自分の生存機械が生涯に出逢うあらゆる危険を処理するにさいしての、そのプログラムの成功不成功によって裁かれる。その判事は生存という法廷の情容赦のない判事である。……ともあれ、生存機械と生存機械のための決断をおこなう脳とにとってもっとも重要なのは、個体の生存と繁殖である。……だから動物たちは、食物を見つけつかまえるために、自分がつかまって食べられないために、病気や事故を避けるために、不都合な気候条件から身をまもるために、異性をみつけて交尾に誘うために、自分たちが享受しているのと同じようなことを子どもたちに授けるために、いかなる労をもいとわない」（同前九〇頁）。私たちはクジャクやゴクラクチョウの美しさに感嘆する。「ナイチンゲールの歌声、キジの尾、ホタルの光、熱帯スズメダイの虹色の鱗、これらはみな、感覚に訴える美しさを最大化している。だが、それは人間を喜ばせるためなのではなく、まったく偶然に人間の好みに合っただけなのである」。すべてを支配しているのはただひとえに利己的遺伝子のサバイバル（生き残り）作戦である（『遺伝子の川』一七四―一七五頁）。

中には働き蜂や蟻に見られるように、群れのために自己を犠牲にする生命体もある。しかしそれはあくまで「互恵的利他主義」というものであって、「ぼくの背中を掻《か》いておくれ、ぼくは君の背中を掻いてあげるという原理」（『利己的な遺伝子』二五四頁）であって、結局は種の繁栄のためであり、それを通してDNAは存続するのである。

d　とはいえ、知的存在者である人間を見ると、これほど複雑で精巧な生命体が、本当に突然変異の連鎖によって出来上がったなどと言えるのだろうか。ドーキンスはしかし、それは累積的な自然淘汰の結果なのだと説明する。「小さな断片のそれぞれは、小さなありえなさをもつが、それほどはなはだしくありえないわけではない。こうした小さなありえなさをもつ出来事が非常に多数集まってひとつながりになれば、その累積による最終産物は、実際、とんでもなく非常にありえないもの、偶然が到達できる範囲をはるかに超えるだけのありえなさをもつことになる」（『神は妄想である』一八二頁）。「長い長い時が経ってからみると、はるか遠くの目的に向かう進歩のようなものが達成されているかに見えたとしても、これはつねに数多くの世代が短期的な淘汰を経たことによって起こった付随的な結果なのだ。累積的な自然淘汰という『時計職人』は、未来について盲目であり、長期の目的は何ももっていないのである」（『盲目の時計職人』九五頁）。

e　この仮説に立ってドーキンスは言い放つ。「自然淘汰は、盲目の、意識をもたない自動的過程であり、何の目的ももっていないのだ。自然淘汰には心もなければ心の内なる眼もありはしない。将来計画もなければ、視野も、見通しも、展望も何もない。もし自然淘汰が自然界の時計職人の役割を演じていると言ってよいなら、それは盲目の時計職人なのだ」（『盲目の時計職人』二五頁）。つまり、自然は無目的であり、善悪もない。自然にそれを求めようとするのは、人間の迷妄だということになる。「自然の事象には善も悪もなければ、残酷も親切もなく、ただひたすら非情――何の目的意識もなく、あらゆる苦しみに無関心――なのかもしれない。われわれ人間は目的意識が頭から離れない。何を見ても、これは何のためにあるのかと思い、その動機、つまりその目的の背後にあるものは何だろうと思わずにはいられない」（『遺伝子の川』一四〇頁）。

多くの者は次のようなドーキンスの発言に驚くだろう。「平均的にみて生存に適さない遺伝子――それが宿る体を乱視にする傾向があるため、その体の持ち主は槍投げがあまりうまくないとか、肉体を魅力的にしないために、それが宿る体の持ち主は結婚できそうにないなど――は、遺伝子の川から姿を消してゆくことになるだろう」（『遺伝子の川』四八頁）。彼の放言は止まらない。「見境のない物理的な力と遺伝子の複製しかない世界では、傷つく人もいれば、幸運に恵まれる人もいて、そこには理由も何もなく、正義などというものもない。われわれが観察する世界の特徴は、実際にいかなる設計も目的もなく、善も悪もなくて、ただ見境のない非情な無関心しかない世界に当然予想される特徴そのものなのである。……DNAは何も知らず、何も気にかけない。DNAはただ存在するのみであり、われわれはそれが奏でる音楽に合わせて踊っているのである」（『遺伝子の川』一九三―一九四頁）。しかし、本当にそれが世界の真実なのだろうか。

彼によれば、悪や苦痛の問題に悩んで「神義論」的問いを発することは無駄であり、無用なことである。「悪と苦痛は、遺伝子の生き残りに関する計算においては、どんな形にせよ、まったく考慮に値しない」（『進化の存在証明』垂水雄二訳、早川書房、二〇〇九年、五四二頁）。とはいえ、その彼でさえ、痛みはどこから来るのか多少は気にかかるようだ。「痛みは、生命にまつわる他のあらゆることについてと同じく、ダーウィン主義的な工夫の一つであり、苦しんでいる当事者の生き残りの可能性を改善するという役割を果たしている。脳には、『もし痛みの感覚を体験すれば、いましていることが何であれ、それをただちに止め、二度とするな』といった経験則が生得的に組み込まれている」（同前五四二頁）。

B　ドーキンスの誤り

a　ドーキンスは、生命現象に対する驚愕をペイリーと共有しながら、それとは真逆の結論を出した。時計職人はいないと。確かに時計は感心するほど精巧に出来ている。だがその時計は長い時間をかけて自動的に自らをそのようにこしらえたのであって、もしそこにプログラムがあるとすれば、それは適者生存の法則であり、それにたまたま合致したDNAという自己複製子こそ、自己自身の時計職人にほかならないというわけである。

この立場からドーキンスは神の存在も、知的存在となるまでに進化した人間の脳細胞が編み出した観念の増殖にすぎないと見なす。彼はミメーメ（模倣）というギリシア語をもじって、模倣する遺伝子をミーム（meme）と呼ぶ。どうやらフランス語の même（記憶）にも掛けているようである。知的な脳細胞を支配する自己複製子は文化を模倣し、これを繁殖させ、生存価値としてウイルスのように脳から脳へとそれを伝えていく。神の観念もそのようなミームの一種だとドーキンスは言う。「現世の不公正は来世において正されるとそれ［宗教］は主張する。……これらは、世代から世代へと、人々の脳がかくも容易に神の観念をコピーしてゆく理由の一部である。人間の文化が作り出す環境中では、たとえ高い生存価、あるいは感染力をもったミームという形でだけにせよ、神は実在するのである」（『利己的な遺伝子』二九八頁）。生物分子学の領域を踏み越えた何とも粗雑な立論だが、この論法は宗教の心理学的還元主義とほとんど大差がない。これについて私たちはすでに批判的に考察しておいた（神学小径Ⅱ・8・2）。

b　ドーキンスは初めから神の観念を脳細胞の作り出した幻想だと決めつけている。しかしこのような神は、皮肉なことにまさしくドーキンス自身の作り出した幻想の神であり、彼が必死に否定しようとしている神とはドーキンス自身の想定上の神でしかないことに、ドーキンスは気づいていない。ここには明らかに科学的知見の越権行為がある。科学的知見はこの世界の現象の分析に関わる。世界内現象は時間と空間に制約されており、その枠内で原因と結果の対応関係を探り、そこから一定の法則を導き出す。そして実験によってその正しさを証明するものである。しかし、神の存在は時間と空間を超えた実在であり、この世界からの類推によってその在・不在を論じることは明らかに越権である。究極の問いは科学を超えている。「究極の問いに関する科学的『証明』については疑問の余地はあり得ない。つまりわれわれはその問いには答えることができないか、あるいはわれわれは科学以外の根拠に基づいてその問いに答えなければならないかの、いずれかである」（A・E・マクグラス、J・C・マクグラス『神は妄想か？』前出四三頁）。もちろん、そのように見ることによって、神については何も語ることはできないとする不可知論に陥る必要はない。「科学以外の根拠」とは啓示の知恵ということであり、その啓示の知恵に基づいて世界を見る見方は、科学が対象としている世界と同一である。その限りで、啓示の知恵と科学の知見とは対立するものではなく、また無関係に分離しているものでもない。むしろ啓示に基づいて科学的探究を推し進めることは、新しい知の統合をもたらすことになる。自ら生物分子学者でもあった神学者A・マクグラスはこう述べる。「科学と宗教は、その対象と方法が相互に浸透し合うために、相互交流する可能性を提供している」（同前五一頁）と。

c　ドーキンスが辛辣な宗教批判を繰り返す動機は、宗教はテロリズムや暴力を生み出すとする持論にある。もちろん宗教的原理主義がそうした政治的熱狂主義と結びついて暴力の温床になるケースを私たちも知っている。だからこそ、宗教は自己批判の契機を持たざるをえず、多元主義的な現代社会の中で、寛容の美徳をもって普遍へと開かれた特定主義の路線を歩まなければならない（神学小径Ⅱ・9・4【ノート90】）。

しかしまた逆に、無神論もまた暴力を生み出し続けてきた事実に目をつぶるわけにはいかない。「ソビエト連邦の歴史は、莫大な数の教会の焼失とダイナマイトによる破壊にあふれている。無神論は暴力や抑圧に手を染めることはなく、暴力と抑圧は宗教と関わりをもつのだとする彼［ドーキンス］の答弁書は、まったく受け入れがたいものであり、また重大な盲点を示唆している」（A・E・マクグラス、J・C・マクグラス『神は妄想か？』九九頁）。それ故問題は、有神論、無神論を問わず、暴力を生み出しかねない人間本性の罪の問題にどのように対処すべきかということである。少なくとも私たちは、キリスト教的「宗教」のあり方を、神の新しいあり方としてのキリストの和解と平和の基準からたえず検証し吟味しうる視点を持っているのである。

【ノート126】宗教と科学――四つのモデル

ここでキリスト教が自然科学にどのような態度で関わってきたのかを整理しておこう。I・G・バーバーによれば、その関わり方には四つのモデルが考えられる（I・G・バーバー『科学が宗教と出会うとき――四つのモデル』藤井清久訳、教文館、二〇〇四年）。

a　対立モデル

宗教と科学を単純に対立として見る見方は一般的に根強い。このような対立図式は、J・W・ドレイパーの『宗教と科学の闘争史』（一八七四年）やA・D・ホワイトの『科学と宗教との闘争』（一八九六年）などの本のタイトルによって煽《あお》られ、それがいつのまにか定着するようになった。「ヴィクトリア朝イングランドで多くの人々は、人間が『猿の子孫である』という主張を、人格的価値の否認であると考えた」（バーバー前掲書二八頁）。しかし対立モデルは単純すぎる。どちらの立場に立つにしても、実際は初めからある先入観に立って他を受けつけない排他的な議論を展開しているだけのことが多い。したがってこのモデルに対しては、次のように言うのが至当であろう。「それゆえ対立は、実は科学と宗教との間にではなく、唯物論的信念と有神論的信念という二者択一的な基本的信念の間にある」（同前八〇頁）と。

b　独立モデル

これに対して、宗教と科学は互いに異なったアプローチをもって対象に関わるものであることをわきまえるべきだとする立場がある。たとえば、アメリカの神学者L・ギルキーは、自然科学は how という問いに関わり、神学は why に関わる学問であると定義する。前者は自然の領域を実験と定量観測によって取り扱い、後者はその自然の究極的な起源と目的を象徴的言語を用いて取り扱う（L. Gilkey, *Maker of Heaven and Earth*, NY: Doubleday, 1959）。両者はそもそも異なった言語ゲーム（L・ヴィットゲンシュタイン）を行っているのであり、無理に対決させる必要はない。宗教儀礼や礼拝実践の中には、科学によっては汲み尽くしえない物事の起源と意味と目的に関する深い真理が横たわっている。創造物語を語り継ぐ宗教的共同体は、その大いなる物語を通して、今も混沌へと壊滅しかねない世界に、常に新たな意味付与と秩序づけを行っているのである（神学小径Ⅱ・3・2、また一般に分かりやすく書いたものとして、拙著『大いなる物語の始まり』教文館、二〇〇一年、四〇―四九頁をも参照されたい）。

c　対話モデル

しかしただ両者のアプローチの違いを認め合い、並列させるだけでは、無関係・没交渉になる恐れもある。そこでさらに進んで両者の間で積極的な対話を行おうとする立場が現れる。先述した近年の宇宙論との対話はその一例である。「近年の宇宙論では、宇宙には始まりがあったというのが有力説である。もし宇宙がある時点で存在し始めたとするならば、それには原因があるはずである。神のほかに、その原因を考えることができるであろうか」（マクグラス前掲書一〇〇頁）。

そもそも科学的なデータは理論から自由なものではなく、理論に依存していることが科学者によって自覚されてきている。データの選択には解釈が含まれている。そこから理論が構成される場合、類比やモデルが重要な役割を果たす。その意味では同じように、見えざる神を比喩や類比、モデルを通して表現してきた宗教的真理認識（神は私の「羊飼い」のような方である！）の方法に近いのである。「科学的理論が実験的データを解釈し関連づけるのとまったく同じように、宗教的信仰が、［個々の］体験を解釈して関連づける」（H・ロルストンの言葉、バーバー前掲書五三頁より引用）。また現在の物理学においては、観測対象から観測者を分離することはできず、相対性理論が明らかにしたように、基本的な数値さえ観測者の参照枠組みに依存している。科学者の参与の仕方が鍵を握る。これも宗教的真理認識と共通している。神学的認識も、信仰によって対象に参与することなしには成立しないからである（バーバー前掲書五三頁）。

d　統合モデル

この対話モデルをさらに推し進めた立場が統合モデルである。世界の事象を分析すればするほど、偶然や突然変異、自然の選択という概念だけですべてを説明することに限界を感じる科学者たちが増えている。ある科学者たちは言う。百個のアミノ酸から成るタンパク質の鎖を作る場合、選択すべき二〇個のアミノ酸があるとして、仮に一秒間に一〇億回の割合で手当たり次第に鎖を組み立てるとしても、すべての可能な組合せを重ねるためには、宇宙の歴史の何倍もの時間がかかる。それを偶然から作り出したいと望むことは、廃品置き場で山のような金属部品を無作為にかき混ぜることで、完全な飛行機を作りたいと望むことに似ている（バーバー前掲書一七八頁）。しかし、ある水準ではでたらめな出来事でも、より高い水準の集合体では統計上で規則性を示すことがある。この意味で、神を自己組織化システムの設計者と見なすことができるし、その方が説得力を持つのである（同前一八〇頁）。

もちろんその際に自然法則が否定される必要はない。むしろ自然法則の秩序ある制定も、神の創造の御業として称揚することができる。イエズス会の科学者W・ストゥーガーは、神は自然法則を通じて働き、意図的目標を達成するための道具としてこの自然法則を用いるとする。そこでは特別の介入は必要ない。しかし人間の創造は特別であり、その救い、すなわち赦しと和解には、キリストの人格を通しての啓示という特別な手段が用いられたのである（同前一六三頁）。同じく改革派の物理学者H・ヴァン・ティルは、バシレイオスとアウグスティヌスの教えに基づいて、神はすべてのものを直接現在の形に創造したのではなく、種子的原質を与え、時間の経過の中で特定の生命形態の配列を現実化する力を世界に与えたとする。神は潜在的可能性に満ちている世界を創造された。自然は発展的な経綸として創造された。しかしこの目的を持つパターンを認識できるのは、科学よりも広い文脈においてのみである。そこでは啓示的な働きかけが意味を持つ。理神論のように神の働きを閉め出す必要はない（同前一六四頁）。ヴァン・ティルによれば、これはすでに教父たちの神学に見られた考え方である。ニュッサのグレゴリオスは、創世的段階は瞬間的であるが、形成的段階は漸進的で、時間を通じて展開すると考えた。またアウグスティヌスも、潜在的可能性をもった被造物の創造について語っている。トマスの第一原因と第二原因の区別もこれに相当する。

全米科学アカデミーが公にした次のような文章がある。「宗教と科学とは、世界についての異なった疑問に答える。宇宙に目的があるか否か、あるいは人間存在に目的があるか否かは、科学にとっての問題ではない。……したがって、科学者の多くを含む多くの人々は、強い宗教的信仰をもつと同時に、進化の発生を受け容れる。……ユダヤ教―キリスト教の枠内で、多くの人々が、進化のプロセスを通じて神が働いておられることを信じている。すなわち神は、絶えず変化している世界と、それを通じて長い時間に被造物が環境的変化に適応できる仕組みとの、両方を創造されたと」（National Academy of Sciences, *Teaching about Evolution and the Nature of Science*, Washington DC: National Academy Press, 1998, p.58）。この文章の前半は独立モデルであるが、後半は統合モデルである。そしてこの確信は次のような表明に最も顕著に集約される。「宗教的信仰者は、現代科学の素晴らしい業績のなかに、信仰への脅威ではなく、神の栄光の現れを見るべきである」と。

ただしこの統合モデルには、性急な統合の危うさもまたつきまとっている。よく神学的吟味をしないままに進化論を取り入れ、結果として聖書の神信仰から逸脱していくケースがある（ベルグソン、ティヤール・シャルダン、プロセス神学など）。聖書的語りから遊離してあまりに自由に思想を展開することは悪い神学になりかねない。また逆に、聖書的創造記事を科学的に立証し、進化論を否定する反証を試みる「創造科学（クリエーション・リサーチ）」と呼ばれる運動もある（神学小径Ⅱ・3・2【ノート77】参照）。これは逆に悪い科学になりかねない。そのような脆弱なエセ科学的知識の上に聖書的神信仰を築くことはできないし、その必要もない。それ故、こうした統合モデルには、常に注意深い神学的な吟味が不可欠となる。

三　二つのセンス・オブ・ワンダー

「なぜ今の私たちは父なる神について考えたがらず、あまりにわずかしか考えることがないのだろう。その理由は、私たちにとって自然が非神話化され、脱魔術化されたことにある。近代の自然科学的な人間として、私たちの眼にはかえって幾重にも［先入観の］覆いがかけられてしまっており、自然の営みの中に、もはやこれらすべてを造られた方の働きを見るということがなくなっている。はっきり言えば、すべての事象の背後に全能なる創造の神がおられることを、私たちはすっかり忘れてしまっているのである」（K. J. Wallner, *Wie ist Gott? Die Antwort des christlichen Glaubens*, Illertissen 2010, S.100）。

a　「目を上げて、わたしは山々を仰ぐ。わたしの助けはどこから来るのか。わたしの助けは来る、天地を造られた主のもとから」（詩編一二一・一―二）。ところが現代人は、目を上げても、天の父を思い浮かべることはしない。「主を畏れることは知恵の初め」（箴言一・七）。そうであるはずなのに、いつしか人間の理性能力を信じることが知恵の初めになってしまった。しかしそこにはどこか大きな勘違いがあるのではないだろうか。「わたしは知恵。熟慮と共に住まい、知識と慎重さを備えている」（箴言八・一二）。この聖書的な知恵は、畏れを知らず自然界を物的対象として切り刻み、知的好奇心に基づいて自然現象に介入する、ルネッサンス的万能の夢見る理性のことではない。それは創造者なる神を畏れ敬い、自らの分際をわきまえつつ、その御業を称揚する知恵である。

そのような知恵の起源について聖書はこう告げる。「永遠の昔、わたしは祝別されていた。太初、大地に先立って。わたしは生み出されていた、深淵も水のみなぎる源も、まだ存在しないとき。山々の基も据えられてはおらず、丘もなかったが、わたしは生み出されていた。大地も野も、地上の最初の塵も、まだ造られていなかった。わたしはそこにいた、主が天をその位置に備え、深淵の面に輪を描いて境界とされたとき、主が上から雲に力をもたせ、深淵の源に勢いを与えられたとき、この原始の海に境界を定め、水が岸を越えないようにし、大地の基を定められたとき。御もとにあって、わたしは巧みな者となり、日々、主を楽しませる者となって、絶えず主の御前で楽を奏し、主の造られたこの地上の人々と共に楽を奏し、人の子らと共に楽しむ」（箴言八・二二―三一、傍点筆者）。すなわち、この知恵（חָכְמָה hokmah）は神的な起源を持つ。そして神的な起源を持つ知恵だけが、神の創造について語る資格を持っている。

新約聖書の教会は、死から命が、それ故無から有が創造されるという、容易には信じがたい未知の出来事に遭遇した。〈イエスの生と死、そして復活〉の歴史である。初代教会はこの未知の出来事と遭遇して、この不思議な方の存在において神的知恵（λόγος）が肉体を取って宿られた（ヨハネ一・一四）ことを悟ったのである。幼子に宿ったのはそのような神的起源を持つ知恵である。「幼子はたくましく育ち、知恵（σοφία）に満ち、神の恵みに包まれていた」（ルカ二・四〇、傍点筆者）。その幼子イエスが成長して語った言葉はこうである。「わたしは口を開いてたとえを用い、天地創造の時から隠されていたことを告げる」（マタイ一三・三五、傍点筆者）。要するに、創造の秘義に関わる知恵は、厳密な意味でただ上から到来するという仕方でしか訪れない。人間の知識がどれほど進歩しようとも、この事情に変わりはない。

b　世界をただ自ずから成る自然と見るのか、それとも創造者なる神の被造物と見るのか、それは世界の見方に大きな違いをもたらさざるをえない。海洋学者のレイチェル・カーソンは、自然に対する驚きを「センス・オブ・ワンダー（a sense of wonder 驚きの感覚）」と呼んだ。「人間を超えた存在を認識し、おそれ、驚嘆する感性をはぐくみ強めていくことには、どのような意義があるのでしょうか。……わたしはそのなかに、永続的で意義深いなにかがあると信じています。地球の美しさと神秘を感じとれる人は、科学者であろうとなかろうと、人生に飽きて疲れたり、孤独にさいなまれることはけっしてないでしょう。たとえ生活のなかで苦しみや心配ごとにであったとしても、かならずや、内面的な満足感と、生きていることへの新たなよろこびへと通ずる小道を見つけだすことができると信じます。……鳥の渡り、潮の満ち干、春を待つ固い蕾のなかには、それ自体の美しさと同時に、象徴的な美と神秘がかくされています。自然がくりかえすリフレインのなかには、かぎりなくわたしたちをいやしてくれるなにかがあるのです」（R・カーソン『センス・オブ・ワンダー』上遠恵子訳、新潮社、一九九六年、五〇頁）。

もし現代人がそれを失っているのであれば、今日の生態系危機に直面して、それを取り戻さなければならない。しかし、驚きの感覚は、慣れによってすぐに薄れるものである。現象を解明し、因果法則を理解すれば、自然はもはや驚きの対象にはならない。先述したようにあのドーキンスでさえ、最初の動機は自然現象に対する驚きである。しかしそこからは生への畏敬は生まれなかった。カーソンの言うセンス・オブ・ワンダー、すなわち「生命の神秘に目を見張る感性」は、その背後におられる創造者なる神への畏れによって支えられる時にこそ、最もよく開花する。そして、それがなければ、人類はやがて歯止めのない生命操作に突き進むだけである。生への驚きから生への畏敬へ。それは神への畏敬を伴って初めて効力を持つ。

c　畏敬（Ehrfurcht）とはそもそも、哲学者O・F・ボルノーによれば、愛や友情といった直接的な人間の感情に比べ、これまであまり注目されてこなかった人間の感情であるが、尊敬や敬意、敬愛、驚嘆と結びついて、人間存在の深みから湧き起こる不可欠の基本的な感情である（『畏敬』岡本英明訳、玉川大学出版部、二〇一一年、一二頁）。

しかし、人に対する尊敬であれ、自然に対する驚嘆であれ、それはまだ畏敬（Ehrfurcht）にはなっていない。畏敬は、冷静さと客観性を特徴とする尊敬とは違い、対象により強く惹かれ、温かな感情で結びついている。しかもそれでいて同時に、対象に「粗野な厚かましさ」をもって近づくことにある種の物怖《お》じを感じ取る（同前五五頁）。この両義的な敬愛（Ehr）と畏れ（Furcht）の緊張が畏敬の特徴である。こうした感情は、R・オットーの言う聖なるものの示現に際して起こるものであるが（神学小径Ⅱ・6・3参照）、厳密に言うと、神に対しては崇拝がふさわしい言葉である。これに対して畏敬は、「この世において神的なものの作用として感じられるものに対する適切な態度」（同前五六頁）である。

ここでボルノーはゲーテの言葉を引用する。「自然は誰にでも、生涯に必要とするものをすべて与えます。……しかし一つだけは誰も持って生まれてくることはありません。しかしそれは、人間があらゆる面に向かって人間であるために、最も重要なものなのです。……それは畏敬です！」（ゲーテ『ヴィルヘルム・マイスターの遍歴時代』下1章）。そのように、畏敬は人間の本性に与えられなければならない一段と高度な意識なのであるが、それは教育によって身に付けさせることのむずかしい感情である。そしてゲーテによれば、まさにそこに、「あらゆる真の宗教の仕事」がある。

注目すべきことに、ボルノーはこの畏敬を生の概念と結びつける。生は弱く、傷つきやすい。すぐ暴力にさらされる。しかしその生の傷つきやすさに直面する時こそ、逆説的ではあるが、畏敬の感情が生まれる瞬間でもある。生に対する冒瀆はタブー（禁忌《きんき》）を支える感情的基盤である。立木の損傷は生命の損傷であり、他人の財産を奪う悪事以上のものとして人間に感得される。繊細で形あるもの、高貴なる生への畏敬は、粗野な暴力が奮われることとの中でかえってその神秘的な力を発揮する（ボルノー前掲書八六頁）。

ボルノーは言う。「我々は、畏敬の念を引き起こすこの一般的なものを『生』（Leben）として特徴づけるのが、恐らく最も手っ取り早いであろう。その際に、ここでは生は生物学的な意味ではなく、我々を支え、そして我々が我々の現存在のあらゆる瞬間にそれに密接に結びついているすべてを司る神的な生として理解されるべきである」（同前七三―七四頁）。少しもどかしい言い回しだが、こうも言われる。「我々は畏敬の念を、より明確な意味では、信仰を目に見える形で表している象徴（シンボル）に対して抱くのである」（同前五六頁）と。

要するに二つのセンス・オブ・ワンダーがある。一つはただ自ずから成る自然現象に対するセンス・オブ・ワンダーであり、もう一つは創造主なる神への信仰を土台にしたセンス・オブ・ワンダーである。前者は一時的な驚異や驚嘆にとどまり、いつしか慣れが生じ、薄れて消滅する運命にある。後者は創造者への感謝と讃美に高められ、礼拝の中で繰り返し新たにされ、永続的な心の習慣（habits of the heart）となる。果たして私たちはどちらを選ぶのだろうか。

幕間のインテルメッツォ（間奏曲）

一〇六　明治の時代、文明開化の勢いは留まるところを知らず、西洋の科学は人類の混迷を救うやに見えた。『福音新報』主筆植村正久は、こうした風潮を揶揄《やゆ》する。「科学の福音は力ある時代の声にあらずや。野に呼べる人あり。曰く、人格の発達と社会の清福を宣伝する科学の福音に耳を傾けよ。来たりて新たなる人類の救い主の立てるを観よ。……人類のまさに信奉すべき者は科学の救い主にあらずや。……理性をもって汝が最大の教師とせよと」。

一〇七　畳みかけて植村はこう問う。「知識の救い主果たして人心最奥の要求を満足せしむるか。科学の福音果して霊魂を救う宗教なるか。……いわゆる科学の進歩は必ずしも人心より不義不潔を一掃するにあらず。……有神的の観念なき科学は万有の現象を研究するのみ、その本体に透徹すること能わざるなり。……種物原始論や、生理的心理学や、社会学の研究や、電気工学や、注射療法や、果して人心最奥の苦痛を解釈して、霊的生命を鼓動する活力あるや否や。科学の福音は理性にパンを与えん、されど心情に向けて石を与うるをいかんせん」（『植村正久著作集5』新教出版社、一九六六年、七二頁）。植村はさらに美術の福音も倫理の福音も、キリストの福音にはとてもかなわないと力説している。

一〇八　されば我ら、科学の福音でも、倫理の福音でも、美術の福音でもなく、キリストの福音を宣べ伝えるべし。むべなるかな。しかるに一言申し添えれば、キリストの福音の泉には、科学（真）も倫理（善）も美術（美）もまた深く湛えられている。ただ私たちがそれを、うまく汲み出せないでいるだけである。

あとがき的命題集

命題一七八　自然科学が聖書的信仰を脅かすかのように見えた時期があった。しかし、近年の物理学は宇宙の始まり（ビッグバン）について語る。それは無からの創造という聖書的教説に限りなく近い。

命題一七九　しかし、宇宙創世のシナリオを自動的な自然生成という観点から読む場合、多くの謎が残る。いったい何が原因でそのような超急膨張が起きたのか、そのエネルギーはどこから来たのか。この疑問に答えるには、存在の系譜の外に立つ超越者なる創造の神を想定する以外にない。

命題一八〇　懐中時計から腕の良い時計職人を想定するように、人は創造者を想定する。しかしぜんまい仕掛けの時計のように、世界の運行は自動的に自然法則に委ねられたとなると、神は不要になる。理神論の行き着くところは無神論である。

命題一八一　自然科学は how という問いに関わり、神学は why に関わる学問である。世界の根拠と意味と目的は、科学によっては答えられない。まさにその問いに答えようとしているのが、神の創造についての聖書的語りである。

命題一八二　自然法則が否定される必要はない。むしろ自然法則の秩序ある制定も神の創造の御業である。神は自然法則を通して働く。しかし神の働きは自然法則以上のものである。

命題一八三　神的な起源を持つ知恵だけが、神の創造について語る資格を持っている。初代教会は神的知恵（ロゴス）が肉体を取って自然世界に宿られたことを経験し、それを証しした。創造の秘義に関わる知恵は、ただ上から到来するという仕方でしか訪れない。

命題一八四　二つのセンス・オブ・ワンダー（驚きの感覚）がある。一つはただ自ずから成る自然現象に対するセンス・オブ・ワンダーであり、もう一つは創造主なる神への信仰を土台にしたセンス・オブ・ワンダーである。前者は一時的な驚異や驚嘆にとどまり、いつしか慣れが生じ、薄れて消滅する運命にある。後者は創造者への感謝と讃美に高められ、礼拝の中で繰り返し新たにされ、永続的な心の習慣となる。

※神学小径Ⅱあとがき的命題集八九―九三も参照されたい。

第五章　開かれた創造

一　創造のダイナミズム

「主よ、あなたは至高、至善、いとも力あり、いとも全能なる方、……たえずはたらきながらいつも休み、集めながら足らぬことなく、はこび、みたし、まもり、造り、はぐくみ、仕上げ、さがしもとめつつ、しかも何一つ欠けたまわない」（アウグスティヌス『世界の名著14　告白』1・4・4、山田晶訳、中央公論社、一九六八年、六二頁）。

「それゆえ私たちは心をひらいて、自分たちのあわれさと、自分たちにそそがれるあなたのあわれみとを告白いたしますが、それは、あなたがすでに始められた業をつづけて、私たちを完全に自由にしてくださり、私たちがもはや自分自身においてあわれな者でなくなり、あなたにおいてさいわいな者となるためなのです」（同前11・1・1、三九八頁）。

アウグスティヌスは、捉えどころのない〈時〉の不思議さに捉えられてしまった。アウグスティヌスは思案する。昼夜合わせて二四時間、最初の一時間は残りの時間を未来に控えている。最後の一時間は残りの時間を過去としている。その中間にある任意の時間も、自分の前に過去の時を、自分の後ろに未来の時を持っている。さらには、一時間そのものが分によって経過していく。時間を、これ以上極微の部分に分割できないところまで細分化して手にしたものが現在だとすると、つかみどころのない川のように迅速に、現在は未来から過去へと流れ去るのだから、現在という時など本当にあると言えるのだろうか。過去とはもはやないものであり、未来とはまだないものである。では、もし現在がいつもあるとしたら、それはもはや時間ではなく永遠になってしまう。それなら、永遠とは異なる造られた世界が現在あるという事実は、いかなるものによって保証されているのだろうか（『告白』11・14・17―23、前出四一四―四一九頁）。

時を巡るこのアウグスティヌスの問いは、現在の世界もまた神の創造的な現在の業によって支えられているという確信によって初めてよく答えられる。時間もまた神によって造られたものであり、世界は、世界より前から存在した時間においてではなく、時間と共に造られたものである（『アウグスティヌス著作集第一三巻　神の国（3）』11・6、泉治典訳、教文館、一九八一年、三三頁）。そして世界はその同じ神による現在の創造的な業によって、時間のただ中で今確かに存在しているのである。

神の創造の業は、一度限り世界を創造して終了した過去の出来事ではない。「神は自然法則を定めた後、世界がそれに従って運行するに任せ、もはや世界の進行に関与しない」とする理神論（Deism）の神は、聖書の語る神の姿ではない。天地を造られた神が、同時に今私たちを見守る神でもある。「どうか、主があなたを助けて、足がよろめかないようにし、まどろむことなく見守ってくださるように。見よ、イスラエルを見守る方は、まどろむことなく、眠ることもない」（詩編一二一・三―四）。慈しみに満ちた主の御業は「朝ごとに新たになる」（哀歌三・二三）。安息日に癒しの業を行った主イエスを非難する頑迷なユダヤ人たちに向かって、主は言われた。「わたしの父は今もなお働いておられる。だから、わたしも働くのだ」（ヨハネ五・一七）と。神は創造の御手を毎朝新たに私たちに差し伸べておられる。神の創造的な業の故に、大地は潤い、生命で満たされる。「荒れ野に水が湧きいで、荒れ地に川が流れる。熱した砂地は湖となり、乾いた地は水の湧くところとなる。山犬がうずくまるところは、葦やパピルスの茂るところとなる」（イザヤ三五・六―七）。「ごらん、冬は去り、雨の季節は終った。花は地に咲きいで、小鳥の歌うときが来た。この里にも山鳩の声が聞こえる。いちじくの実は熟し、ぶどうの花は香る」（雅歌二・一一―一三）。最初に語られた「産めよ、増えよ、地に満ちよ」という祝福の言葉が実際に被造物において実現してゆくのも、引き続いての創造の神の御業である。生命の誕生は自然の自己増殖や自生による自然発生なのではない。神こそが、「あなたを造り、母の胎内に形づくり、あなたを助ける主」（イザヤ四四・二）なのである。

このことを伝統的な教義学は「継続的創造（creatio continua）」という言葉で言い表してきた。それは、神の創造のダイナミズムを表すものである。最初の創造に続く世界の保持は神の継続的創造であり、単に最初のものの反復と保存ではなく、そこでは新しいものの創造もまた起こる。神の造られた世界には、進化し発展してゆく動的プロセスも含まれている。

J・モルトマンは物理学者たちの言葉を借りて、神の創造された世界は「開かれたシステム」であると言う（J. Moltmann, *Zukunft der Schöpfung*, München 1977, S.138）。もし初めの創造（creatio originalis）と共に時間が始まるのだとすれば、創造は初めから変化すべきものとして定位されていることになる。なぜなら時間は変化するものにおいて認知されるからである。そうであれば、創造は未来に向かって開かれているものである。創世記一章（P典）において創造は安息の未来に向かっており、創世記二章（J典）の創造物語もアブラハムの祝福を目指している。原初の創造は無からの創造であるが、それは、その後に始まる歴史の可能性に対する諸条件の創造なのである（J・モルトマン『科学と知恵』蓮見和男・蓮見幸恵訳、新教出版社、二〇〇七年、六〇頁）。

創造は初めの創造で終了したわけではない。そこから今度は歴史の創造が開始される。初めの創造において神の創造行為を指して用いられたバーラー（בָּרָא bara）という言葉は、預言者たちによって、歴史における神の予期しない救いの創造を指しても用いられている。「初めからのことを思い出すな。昔のことを思いめぐらすな。見よ、新しいことをわたしは行う。今や、それは芽生えている」（イザヤ四三・一八―一九）。歴史的創造は被造世界の保持を意味しているが、ただ一切の変化も進展もなく最初の形をそのままに、いわば丸ごと冷凍保存するということではなく、被造世界を脅かす虚無的な力から世界を守り、神との交わりの歴史を朝ごとに新たに更新し、被造世界の完成をもたらす神の将来へと向かう力動的なものである。そこでの継続的創造は、確かに最初の創造とは異なって無からの創造（bara）ではなく、すでに創造されたものを基にしての創造（עָשָׂה asah）ではあるにしても、それでも神による創造の業の刷新と新たなる展開であり、単なる維持ではない（J・モルトマン『創造における神』沖野政弘訳、新教出版社、一九九一年、三〇九頁）。

それ故、神の創造はまた終末における新しい創造（creatio nova）へと続く約束の歴史を実現するものでもある。「見よ、わたしは新しい天と新しい地を創造する。初めからのことを思い起こす者はない。それはだれの心にも上ることはない。代々とこしえに喜び楽しみ、喜び踊れ。わたしは創造する」（イザヤ六五・一七―一八）。創造はこうして、初めの創造（過去）、歴史の創造（現在）、新しい創造（未来）という仕方で被造世界に関わり続ける、三位一体なる神のダイナミックな業として描かれる。そこには未来へと開かれた変化と進展があり、その意味で確かに進化がある。

二　進化のプロセス

「出エジプト記における『燃える柴』の物語で神は自らの名を明かすが、その際自分を『私は有る者である』と定義する。聖書学者はそれを『私は有るであろう者であるだろう』と訳したほうが正確だと述べている。……おそらく神も動詞なのだろう。しかも、『神は存在する』と主張する動詞ではなく、神が自己を全うするプロセスを表現する動詞なのである。……不思議なことにそれは、たとえば量子物理学者の言語と同時代的なのだ。なぜなら、物理学者たちはもはや原子や電子を物のようにではなく、むしろプロセスの痕跡のようなものとして考えているからである」（N・フライ『創造と再創造』高柳俊一訳、新教出版社、二〇一二年、九七頁）。

神による世界の創造を、一度限り閉じられたシステムではなく、未来へと向かって開かれたシステムとして理解することは、今なお継続している創造の業を力動的に理解するように私たちを促す。その結果、創造は進化の過程（プロセス）として立ち現れてくる。しかし、この理解には慎重な熟慮が求められる。あまりに短絡的に創造を進化と結びつけてしまうと、いくつかの点で問題が生じてくる。

たとえば、フランスの思想家アンリ・ベルグソンは、創造的進化を主張して、進化のプロセスと創造のダイナミズムを同一視しようとする。自然それ自体の中の内在的な力であるエラン・ヴィタール（eran vital 生の躍動）が、自然自体の目的論的進化の原動力であると見なされる。「生命は、その起源以来、同じただ一つの躍動の連続であり、この躍動が種々異なる進化系統に分岐したのである。一連の追加によって、何ものかが成長し、何ものかが発展してきた。この追加は、その一つ一つが創造であった」（『ベルグソン全集第四巻　創造的進化』松浪信三郎・高橋允昭訳、白水社、一九六六年、七四頁）。この進化の原動力としての生命の躍動は、無からの創造ではないが、物質という材料と格闘しつつ進化を促す生命力である。「われわれの言う生命の躍動は、要するに、創造の要求のうちに存する。生命の躍動は、絶対的な仕方で創造することはできない。というのも、それは、物質に、すなわち自分の運動とは逆の運動に、出会うからである。けれども、生命の躍動は必然性そのものたるこの物質をわがものにし、できるだけ多くの不確定と自由とをそこに導きいれようとする」（同前二八五頁）。このように見る時、この生命の躍動は神的な性格を帯びる。「神は、不断の生命であり、行動であり、自由である。また、このように考えるならば、創造は一つの神秘ではない。われわれが自由に行動するやいなや、われわれは自己のうちに創造を体験する」（同前二八三頁）。しかし、これは一種の「ロマン主義的な汎神論」であり、そのような見方では、聖書の創造信仰は実質的に解体されてしまう（A・E・マクグラス『科学と宗教』稲垣久和・倉沢正則・小林高徳訳、教文館、二〇〇四年、四五頁）。

この危うさは、同じ考えをさらに徹底して推し進めたロシアの思想家ニコライ・ベルジャーエフの中にくっきりと表れ出る。「世界はその本性からして神的である。人間はその本性からして神的である。世界過程は神性の自己開示であり、世界は神性の内に自己を実現していく。神は世界と人間に内在しており、世界と人間は神に内在している。人間の内に成就することはすべて、神の内に成就する。神的な自然と神的ならぬ自然という二元論は、存在しない。つまり、世界と人間に対する、神の完き超越性は存在しない」（『ベルジャーエフ著作集Ⅳ　創造の意味』青山太郎訳、行路社、一九九〇年、一一頁）。

ここに至って創造者と被造物の区別は取り払われ、産み出す自然（natura naturans）と産み出される自然

（natura naturata）とは渾然《こんぜん》一体となる。今や進化する自然のプロセス全体が神的自然と見なされ、汎神論は発展史的汎神論へと変貌を遂げる。しかし、それがどれほど力動的であったとしても、それはもはや聖書的な創造信仰とは似て非なるものである。「聖書の創造者なる神は、無限に続く生産の中で自分自身を展開していく世界原理ではない」（K. Barth, *KD* III/3, S.6. 吉永正義邦訳版一一頁）。

【ノート127】プロセス神学と進化論

創造を力動的に捉えようとする試みに、A・N・ホワイトヘッドの影響を受けたプロセス神学がある。聖公会の牧師の息子ホワイトヘッドは、イギリスでは数学者として名を成したが、アメリカに渡り、哲学者として独自の思想領域を開拓した。少し難解だが、要約する。彼は近代の人間が自己を周囲から独立した主体と見なし、まわりの自然を客体視し、その結果自然が機械のように見られてきたことに異議を唱える。彼は死せる自然を廃し、自然全体を相互に関連しあう「有機体」と見ることを要求する。個の存在が相互に他を含みながら、それぞれ多様にして独自な価値と目的を関係の中で実現する場が、すなわち生きた自然である。

そのような生きた自然は静的に固定した現実ではない。すべての実在は過程（プロセス）の中にある。いや現実性そのものが動的な過程である。万物は生成流転する（『ホワイトヘッド著作集第10巻　過程と実在（上）』山本誠作訳、松籟社、一九八四年、三六二頁）。そこでは、実体がまずあって、それから他の実体との間に関係が生じるのではない。むしろ関係は実体にとって内部的（internal）で本質的なものであり、関係が出来事となることにおいて実在が生起する。これは「私たちは互いに肢体である」というパウロの洞察を、普遍的（宇宙的）真理の位置にまで拡大したものである（J・B・カブ&D・R・グリフィン『プロセス神学の展望』延原時行訳、新教出版社、一九九三年、三三頁）。このような世界をホワイトヘッドは、相互依存性の原理（the principle of relativity）と呼ぶ（『ホワイトヘッド著作集第5巻　相対性原理』藤川吉美訳、松籟社、一九八三年参照）。この相互依存性の原理は、大乗仏教の龍樹や華厳仏教の言う「縁起」の考え方に近い。現実世界にある一切の事物は実体としての性格を持たない。あるのはただ関係だけであり、相互の関係が出来事として生起するのである（田中裕『現代思想の冒険者たち　第2巻　ホワイトヘッド――有機体の哲学』講談社、一九九八年、二七―二八、一三五頁）。

しかし問題は、単に世界が生成の中にあるということではない。ホワイトヘッドの思想の特異な点は、神も、また生成の中にあるという主張にある。神とは人格的な存在であるよりは、一切の形あるものを創造する純粋な「創造活動（creativity）」そのものだとされる。この創造活動としての神は、歴史の中で具体的に世界と密接に関わり、自らもまた生成のプロセスの内にいる。世界は神の影響を受けるが、神もまた結果として世界から影響を受ける（『過程と実在（上）』前出五三頁、『過程と実在（下）』山本誠作訳、松籟社、一九八五年、六一五頁）。神は世界の歴史と共に進化していく。世界が新たな段階へと進展することは、神の本性の中にも新しいものが付け加わることを意味するからである。ホワイトヘッドの神は、「不動の動者」［他から動かされることなく、他を動かす者］であるアリストテレスの神とはまったく違い、現実的な実在となるために世界を必要とする。「神はいっさいの創造に先立つのではなく、いっさいの創造とともにある」（『過程と実在（下）』前出六一二頁）。伝統的な有神論によれば、神は永遠的、絶対的、独立的、不変的である。しかしプロセス哲学においては、神は時間的、相対的、依存的、可変的である。そのようにして被造物に寄り添う神的相対性（the divine relativity）は、神の資質として「賞賛すべき」ものなのである（カブ＆グリフィン前掲書六六頁）。

どうしてだろう。なぜ神の相対性は賞賛すべきものなのか。それは、伝統的な絶対神とは違い、神がその力を強制的にではなく、あくまで説得的に行使することを意味するからである。神は被造世界を力ずくで支配しようとはしない。被造物に対する神の創造的影響は強制的、高圧的ではなく、あくまで説得的なものである。神的な力よりも神的な愛の方が優先する。私たちがもし本当に他者を愛するなら、他者を支配しようとは思わないだろう。それと同様に、神の愛は支配的ではなく、説得的なのである（カブ＆グリフィン前出七五―七六頁）。

この神の説得的な関与のもとで、被造世界は継続的に創造されてゆく。それ故、創造のプロセスは部分的に被造物において自己―創造的なものとなる。被造物は造られた存在なのであるが、しかし同時に、与えられた素材から自ら自由に選択し、自己自身を創造する主体でもある。神は現時点では未来の世界を完全に統御しているわけではない。なぜなら、神の力は説得的であって支配的ではないので、有限な存在は自分たちに向けられた神的意志に即応せず、一致しないことがありうるからである。即応が不完全である限り、この世には悪が存在することになる。しかしそれは神のせいではなく、被造物の自由の使い方に起因する。被造物の自由の行使は自分自身の未来はもちろんのこと、他者の機会にまで影響を及ぼす。

ホワイトヘッドの有機体の哲学で何よりも強調されることは、相互依存と相互参与である。それは人間のあり方だけではなく、自然界全体のあり方にまで拡大して理解されている。自然の全体が私の内に参与しており、私は自然の内に参与している。私たちは皆、自然の歴史が進展してゆく全過程への参与者である（カブ＆グリフィン前出二二二頁）。

このようなホワイトヘッドの思想に影響を受けて展開されたプロセス神学者たち（Ch. Hartshorne, J. B. Cobb, Jr., D. R. Griffin など）は、被造世界を動的なプロセスと見なし、決定論を廃して進化論を全面的に取り入れる。そこでは、神もまた被造世界と同様、動的なプロセスと見なされる。しかし、まさにそこでプロセス神学は、聖書的な神信仰から逸脱してしまう。神もまた時間の中に巻き込まれ、超越の契機を失ってしまう。果たしてそれは本当に「神」と呼びうるものなのか。被造世界の動向に左右される神に、悪の許容された世界を贖い、救済する力が本当にあるのだろうか。悪は「説得」によって本当に克服されうるものなのだろうか。

三　創造の未来

「私にとって、地球は、自らを越えて〈神である主、今おられ、かつておられ、やがてこられる方、全能者〉（黙示録一章八節）の体となっている」（P・テイヤール・ド・シャルダン『新訳　神の場――内面生活に関するエッセイ』美田稔訳、五月書房、二〇〇六年、一八九頁）。

確かに、自然の創造は過去に閉じられたものではなく、現在もダイナミックに継続しており、未来に向かって開かれたものである。自然の歴史は進行する。ではいったいこの進行はどこまで続いて行くのだろう。私たちがしばしば自然史の中に見るものは、進化と発展という良い面ばかりではない。抵抗と衝突、停滞と退行、欠陥と機能不全、そして崩壊である。では、創造の未来においては、こうしたマイナス面は進化によって乗り越えられ、未来は明るくバラ色に輝くのだろうか。果たして自然史の究極的な到達点は、進化による自然の完成になるのだろうか。

聖書はこの点で、被造世界の困窮について語る。被造物は「虚無に服して」（ローマ八・二〇）おり、「滅びへの隷属」（同八・二一）に陥って、「共にうめき、共に産みの苦しみを味わっている」（同八・二二）。自然史の進展がそのまま自動的に自然の完成に至るわけではない。自然史は実は滅亡史（Unheils-geschichte）であったという驚愕の事実がいつ判明しないとも限らない。それ故、自然史のただ中に救済史（Heils-geschichte）が興されねばならない。聖書的な語りの示すところに従えば、救済史（アブラハム契約）の存在によって自然史（ノア契約）は存続し、この救済史の成就によって初めて自然史も完成に至るのである。

要するに自然は直線的、連続的には神の国へと進化しない。もし自然がそのまま神の国に進化するのであれば、救済史は必要なく、イスラエルの選び、イエス・キリストの到来、十字架と復活の出来事、救いを伝達する教会の存在は無用になる（U. Kühn, Schöpfung als Heilsprozeß? Zu den schöpfungstheologischen Entwürfen von D. Sölle und J. Moltmann, in: *Theologische Literaturzeitung* 112. Jg.2. 1987, S.88）。人間はまだ進化の途上にある未完成な人格だから罪を犯すというのだろうか。もし進化の段階がもっと進むなら、将来は罪を犯すこともなくなるのだろうか。それではキリストの十字架は必要ないことになる。「もしも自然がそれとして恵みであるならば、どうして恵みは人間の身に対して恵みとして出会うはずがあろうか。……そして恵みが啓示される時、確かに自然はやんでしまうことはないが、しかしそこには、自然のただ中で、自然以上のことがあるのである。そこでは自然そのものが恵みの舞台となる」（K. Barth, *KD* II/1, S.572. 邦訳版一二八頁）。自然は神の国の比喩であり、カルヴァンが言うように神の栄光の舞台（theatrum gloriae Dei）であるが、比喩がそのまま神の国に、舞台がそのまま栄光に発展することはありえない。「救済とは、世界が何らかの方向に向かって発展してゆくとか、世界の中で我々が何らかの方向に向かって進化してゆくことを意味しない。むしろそれはキリストが再び来たりたもうことである」（K. Barth, *KD* II/1, S.85. 邦訳版一四三頁）。

自然史は神と被造物、そして神と人間とが交わりを持つことのできる契約の舞台であり、そこで自由なる愛の交わりが繰り広げられる劇場である。しかし、そこに不可解な仕方で罪が侵入してきた。罪はただモルトマンの言うような、創造の過程にあって進化を押しとどめる障碍だ（Moltmann, *Zukunft der Schöpfung*, ibid., S.129）というだけでなく、神の創造そのものを破壊する反神的で虚無的な力である。だからそれは、自然的存在の進化によってすぐれた種へと淘汰されて解決されるものではなく、罪からの贖いによって初めて克服されうるものである。確かに自然史は継続する創造のダイナミズムの中にある。しかしそれは、契約的な生が展開される場としての環境の変化であり、交わりの諸条件の変化であって、ひとたび開始された契約の歴史の変容ではなく、神の前における人間の本質の変容ではない。創造は決して自らが自らの完成品を作り出す自動的な「世界ノ生産工場（fabricatio mundi）」（H.-J. Kraus, *Systematische Theologie im Kontext biblischer Geschichte und Eschatologie*, Neukirchen-Vluyn 1983, S.216）ではない。「継続する創造の概念は罪に堕ちた世界の現実をも無視してしまう」（D. Bonhoeffer, *Schöpfung und Fall*, 3.Aufl. 1955, S.26.『創造と堕落』生原優訳、新教出版社、一九六二年）。この堕罪の現実から世界を救うのは、進化ではなく贖いなのである。

【ノート128】テイヤール・ド・シャルダンと進化論

イエズス会士で古生物学者であり、北京原人の化石の発掘調査にも加わったテイヤール・ド・シャルダンもまた、大胆に進化論をキリスト教神学に取り入れようとする一人である。彼の場合、プロセス神学とは違い、創造の神が創造された世界とただちに同一のものとは見なされない。進化を推し進めるのは神である。しかもそこにはキリスト論的目的論と呼ぶべきものがある。しかし結論を先取りして言えば、それは贖罪なきキリストの遍在的汎神論になっている。

ティヤールは自然科学者として地球上における生命の誕生を進化論的にたどる。まず珪石〔石英〕、水、炭酸ガスなどの基本物質が結合して、鉱物の世界の豊かな多様性が形成された。そのようにして地球は地核、岩石圏、水成圏、大気圏、成層圏を順番に織りなす中で、有機物の化学変化が生じ、ついに細胞が出現する。これは世界における精神作用をもった生命の起点と見なされるべき画期的なものである。しかしティヤールによれば、原子、極微分子、巨大分子という長い連鎖の中に、すでに自由な基本的エネルギーが一定方向に向かう複雑化の法則が見られ、それが生命開花の起源であると見なされる（P・ティヤール・ド・シャルダン『現象としての人間』〔新版〕美田稔訳、みすず書房、二〇一一年、九〇頁以下）。こうして生命体は増殖し、分岐し、進化して、今日の多様な生態系を形造ってきた。しかしこの進化は膨大な時の流れの中で少しずつ起こったので、中間的な形態の痕跡が残されているとは限らない。どんなものでも、その芽生えほど繊細で消えやすいものはない。「真に新しいものがわれわれのまわりで芽を出し初めても、未来における開花を見なければ、そのはじまりに気づかないので、われわれにはそれを見分けることができない」（同前一三三頁）。

ティヤールが重視するのは、進化のプロセスが単に適者生存の法則によるのではなく、また外的な環境や条件に絶対的に支配された決定論によるのでもなく、むしろ「より高次の内在的自発性」（同前一七一頁）によっているという点である。それは、脊椎動物に始まる神経系と脳の発達と関わりがある。人間においてついにこの発達は思考力の誕生として画期的な段階を迎える。ここに言う思考力とは、「意識によって得られる、自己を自らのうちに向けて曲げながら〔＝内省しながら〕、独特の堅固さと価値を有する一個の対象としての自己を把握する能力」のことであり、「ただ知るだけではなく、自己を知ることであり、またたんに知識を有しているというだけではなく、自分自身が知識を有しているということを知る力」のことである（同前一九〇頁）。まさにこの能力のおかげで、人間は抽象的、論理的に考え、推理に基づいて取捨選択でき、数学や芸術を産み出し、愛の不安を抱き、夢見ることができる、豊かな内面生活を営むことが可能になったのである。

この思考力の発生は、生命の最初の出現とまったく同じように「連続の不連続」(同前一九六頁)として現れてくる。進化の過程は連続しているのだが、その過程においてどうしても革命的な飛躍が必要となるからである。いずれにせよ、この精神圏の成立(ヒト化)において進化の過程は極まる。とはいえそれは、気の遠くなるような長い期間にわたって準備されてきた、いかにわずかずつ進行してきたかを認めざるをえないような進化である。「人間は世界のなかにしずかに登場してきた」(同前二一四頁)のである。

長い期間をかけての人間の静かな登場によって、他の生物には見られなかった驚くべき共同社会の精神的組織化が行われ、法律、所有権、婚姻制度、道徳が出現する。産業が興され、貨幣経済が進展し、政治が行われる。そしてテイヤールは、この精神的進化が、今や現代社会を地球規模で一体化させる方向に向かわせていることを予見した。「電磁波の発見という生物学上の驚くべき出来事のおかげで、各人は今や海と大陸の全体に同時に現存しており、地球と同じような広がりをもっている」(同前二八六頁)。生物の進化は人類という統一ある意識となるまでに至った。つまり宇宙は人格化したのである。「人間は……宇宙の秘密をとく鍵」(同前二〇頁)である。「人間の生成発展の歴史そのものが宇宙の生成発展の歴史の頂きを飾る、進化の時々刻々の頂点に立つことになるだろう」(同前二三頁)。

そしてテイヤールによれば、キリスト教の中心には人格的な神という思想があり、その人格的な神の本質が現れ出たものがキリストである。アルファ点において世界を創造した神は、進化の最終的な地点、すなわちオメガ点において世界を浄化し完成する。その時、キリストが宇宙を統合し、一つに帰せしめる原理となる。「宇宙生命力の原理であるキリストは、人間の世界に人間の姿で現われたので、自ら加わっている意識群全体の上昇運動を自己に服従させ、浄化し、つかさどり、活気づけることができたし、またつねにこのような働きがつづいている。キリストは、統合と昇華という永続的な行為によって地球の精神的作用全体と一体になる」（同前三五七頁）。

テイヤールは、古くさい聖書的使信は果たしてどこまで現代世界に通用するのかを自問自答する。「福音書が伝えるキリスト、地中海という文化圏の中で想像され愛されたキリストは、途方もなく拡大した現代の宇宙全体を掌握し、そのかなめとなることができるのだろうか。宇宙は旧約聖書に描かれたヤーウェよりはるかに広大で、はるかに親密で、はるかに魅力に満ちたものに見え初めているのではないか。それはキリスト者の信仰を吹き飛ばし、キリスト者の神を圧倒してしまうのではないか」（『新訳　神の場――内面生活に関するエッセイ』前出九―一〇頁）と。しかし彼は答える。いやそんなことはないと。キリストとは、実は進化の究極であるオメガ点であり、進化の主であり、宇宙のキリストなのである。

完成された宇宙は、キリストのプレローマ、すなわち神性の満ちあふれる豊かさ（エフェソ一・二三、四・一三、コロサイ一・一九）に到達するであろう。信仰の眼は、それを遍在する神の場として感知できる。「この世は神が創造したものであり、さらに人の姿をとったキリストを迎えたのであるから、真実を見抜く眼をもつ人にとって、世俗的なものは何一つ存在しない。それどころか、どんな被造物のうちにも、完成しつつあるキリストに引き寄せられている選ばれた存在の一片を見抜ける人にとって、すべてのものが神聖なのである。……信仰の眼で認めさえすれば、自分の仕事のうちに天国がほほ笑みかけ、呼び招いているのを発見するだろう。そうすれば聖堂を出て騒々しい街の中へ入っていても、やはり神のうちに浸り続けていることに気づくだろう」（同前四〇―四一頁、また一三八頁も参照)。パンとぶどう酒がキリストの体と血に聖変化するように、テイヤールにとって宇宙はキリストの体へと聖変化する。それは、いわば宇宙の聖餐化である。神はキリストにおいて受肉し世界化する。そして世界はキリストにおいて神聖化される。

しかし、このようなテイヤールの大胆な主張には、神学的に見て慎重に吟味すべき点がある。

第一に、世界は精神圏へと進化し、それ故ヒト(人間)化し、最終的に受肉のキリストになるというテイヤールの主張は、進化を救済と同一視しすぎている。それに呼応して、自然と神の国とが直線で結ばれている。しかし私たちは、自然の国を神の国へと短絡的に結び合わせることはできない(M. Geiger, Zukunft und Geschichte in der Weltschau Teilhard de Chardins, in: *Geschichte und Zukunft*: Theologische Studien 87, 1967, S.53)。むしろ私たちは新天新地を語る新約聖書の最後の巻ヨハネ黙示録に基づいて、「到来する神の国は自然の歴史を根底から変革する(revolutioniert)」(H.-J. Kraus, *Systematische Theologie*, op.cit., S.256)と言わなければならないだろう。人間がキリストに似たものとされることは終末時において起こる救済の業であるが、それは、人間がキリストに成ってキリストが消えることを意味しないし、世界全体がオメガ点としてのキリストに収斂《しゅうれん》されることを意味するわけでもない。

第二に、テイヤールはあまりにも無批判に進化論を取り入れたために、自然淘汰もそのまま肯定してしまう結果となった。その進化論的完成論には厳密な意味で贖罪論が欠けている。テイヤールはより大きな進化の故に、自然的破局をも有意義と見なしてしまった。この点をモルトマンは批判する。「第一次大戦中の彼の手紙には、この大量殺人という無意味性に動揺させられた友人たちに対し、自然の進化のために畏敬にみちた貢献の一つとして戦争の積極的理解に立ち帰るよう努めた。一九四五年八月六日、広島に最初の原爆が投下された時、このチームワークによる自然科学の超頭脳の成果が人類にもたらした科学技術的進歩に対する熱狂的な驚きでもって、テイヤールの心は満たされたのである。広島の、また今日も放射線被害で死んでゆく幾十万の死人については、その場合テイヤールは考えてもみなかった」（J・モルトマン『イエス・キリストの道』蓮見和男訳、新教出版社、一九九二年、四五三頁）。この一点だけ取っても、私たちはテイヤールの進化論的宇宙論に賛同するわけにはいかない。「贖い主キリストなしの進化のキリストは、残酷で感情をもたない淘汰するキリスト、弱者に対する思いやりのない歴史的世界の裁判官、犠牲者には何の関心も示さない生の飼育係以外の何ものでもない。……キリストが進化と共に考えられるべきならば、キリストが進化の救済者とならざるをえない」（同前四五五―四五六頁）。この点でモルトマンの批判に私たちも賛同する。

幕間のインテルメッツォ（間奏曲）

一〇九　しばしば現代の政治家は、「そんな神学議論はいい加減やめにしよう」と口にする。抽象的な観念論を揶揄してのことである。

一一〇　いったいこの政治家は神学をどこで学んだというのだろう。神学校の入試面接で顔を見た覚えはないのだが……。

一一一　しかし本当は、神学議論こそ隠された世界の秘義に関わるものなのである。世界は神によって造られた存在なのだから。

一一二　それでも神学者は口にしない。「そんな政治談義はいい加減やめにしよう」とは。むしろこう言う。「本当は神学的洞察に基づいた政治談義こそ、人権、平和、環境、経済、暮らしに必要なのだ」と。

一一三　哀れなるかな神学者。笛吹けど踊らず。馬耳東風の世の中。だがそれは先刻承知の上。聞く耳のある者は聞くべし。光あるうちに、そして世界が滅びてしまう前に。

あとがき的命題集

命題一八五　神は創造の御手を毎朝新たに私たちに差し伸べておられる。「産めよ、増えよ、地に満ちよ」という祝福の言葉が実現してゆくのも、神の継続的な創造による。それは、最初の創造の単なる保存ではなく、進化し発展してゆく動的プロセスである。

命題一八六　しかし、進化する自然のプロセス全体を、神的自然の自己生産・自己増殖と見なすことはできない。聖書の創造者なる神は、無限に続く生産の中で自分自身を展開していく世界原理ではない。神を被造世界と同じ動的プロセスと見なすことは、神を時間の中に巻き込み、神の超越を見失う結果となる。

命題一八七　自然史の進展がそのまま自動的に自然の完成に至るわけではない。救済史（アブラハム契約）の存在によって自然史（ノア契約）は存続し、この救済史の成就によって初めて自然史も完成に至る。自然は直線的、連続的には神の国へと進化しない。もし自然がそのまま神の国に進化するのであれば、救済史は必要なく、イスラエルの選び、イエス・キリストの到来、十字架と復活の出来事、救いを伝達する教会の存在は無用になる。

命題一八八　確かに自然史は継続する創造のダイナミズムの中にある。しかしそれは、契約的な生が展開される舞台の変化であって、人間の本質の改善・変容ではない。

第六章　創造の根拠

一　永遠の決意

「被造物はわけもなく、ただ偶然に存在するのではない。被造物はただ単にそこにあるだけでなく、それは意味深い仕方でそこにあるのである。……神の自由な愛からして、被造物は意味と必然性を持っており、神の意図、計画、秩序の担い手であるという賜物を受け取る」（K. Barth, *KD* III,1, S.260-261. 吉永正義訳該当書四一九―四二〇頁）。

なぜ神は世界を造られたのか。そのような問いは詮索好きの好奇心によるものなので、顧みるに値しないと、そう突き放すこともできるだろう。だが神学者H・ヴァーグナーは、それは違うと言う。人間は動物とは異なり、意味を求める存在である。創造の根拠や理由を問うことは、意味への問いと結びついている。逆に言えば、世界が何の理由もなく存在しているのであれば、私がまじめに生きる意味などないということになる（H. Wagner, *Dogmatik*, Stuttgart 2003, S.412）。果たして私たちは、ただ本能の赴くままに命を浪費し続ければよいのだろうか。

ところで、この「何のために」という問いに答えるには、ただその用途を説明するだけでは十分ではない。物理学者C・F・フォン・ヴァイツゼッカーは、自然神学のための由緒ある講座ギフォード・レクチャーの中で次のように語った。「生命というものは機械的には説明できない。……生命は一種独特な現象である。原因は何かというのではなく、〔使用〕目的は何かという方向から解明するのがわかりやすい。鷲の目、犬の鼻、ライオンの歯がどのようにしてできたのかは、けっして説明できないだろう。それに反して、これらの器官がどういう〔使用〕目的のためにあるのか、これは容易に説明することができる。いわゆる生き物の範囲では、ただ何の〔使用〕目的でということだけで、どうして、なぜ、という説明はえられない」（『科学の射程』野田保之・金子晴勇訳、法政大学出版局、一九六九年、一八七―一八八頁）。ヴァイツゼッカーは、いくら使用目的を尋ねたとしても、ただ結果として現れた機械的用途からその存在理由を推測しているだけでは、「何のために」の問いにまだ答えたことにはならないと言う。自然科学は、自然現象の構造と用途を説明できるかもしれない。しかしその存在の本当の意味と目的は説明できない。ヴァイツゼッカーの用いたたとえは分かりやすい。自分は今講演をしている。「講演とは何か。それは音波以外の何物でもない。しかしこの音波は意味をもち運ぶものである。……あなた方は、音波のためにここにきたのではなく、音波のもち運ぶ『意味』のためにきたのだ」（同前二〇〇頁）。

では、なぜ神は世界を造られたのかという問いに、適切に答える道などあるのだろうか。古代のギリシア教父オリゲネスは言う。「神が造ろうと望まれたもの……をはじめに造られた時に、神には、ご自身……の外《ほか》には、創造の動機は何ひとつなかった」（オリゲネス『諸原理について』小高毅訳、創文社、一九七八年、一七六頁）と。確かに、創造の根拠と理由は神ご自身以外には分からない。このことは神学的思索の出発点である。「これは何者か。知識もないのに、言葉を重ねて、神の経綸を暗くするとは。……わたしはお前に尋ねる、わたしに答えてみよ。わたしが大地を据えたとき、お前はどこにいたのか。知っていたというなら、理解していることを言ってみよ」（ヨブ三八・二―四）。それ故、創造の根拠が示されるとすれば、それはただ神ご自身がそれを人間に示される啓示によるほかなく、その啓示としての神の言葉を真剣に受け止める信仰によってしか、創造の根拠と世界の意味を問う問いに、適切に答えることはできないことになる。

「確かに、創造者のこの目的をもった行為と世界の目的性は、私たちが感じ、経験するものから直接読み取ることはできない。……ある科学者たちは、宇宙は最終的な熱死か冷死へと運命づけられており、宇宙は無意味だと結論づける（S. Weinberg, *The First Three Minutes*）。しかし、もしイスラエルの民と共に神が歩まれた道と、イエス・キリストにおいてその道が決定的に確証されたということを、私たちの主要な解決の糸口として受け取るなら、私たちは、創造は目的を持っていると告白することへと導かれる。神は偶然や気まぐれによって［世界を］創造するのではなく、神の言葉によって神の言葉のために創造する。聖書によれば、イエス・キリストが、初めに神と共にあった言葉であり、それによってすべてのものが造られたのである」（D. Migliore, *Faith seeking Understanding*, Michigan 1991, p.105）。

こうして私たちは、聖書がなぜ以下のように述べているのかを、はじめてよく理解することができるようになる。「信仰によって、わたしたちは、この世界が神の言葉によって創造され、従って見えるものは、目に見えているものからできたのではないことが分かるのです」（ヘブライ一一・三）。世界が無意味なものではないことを理解させるものは、科学の説明ではなく、創造の信仰である。「信仰にとって世界は、神を知らない人間の眼に映じるのとは別ものになる。信仰が私たちの内に目覚める時、私たちはまったく一新された世界（第二コリント五・一七）を見る」（Wilhelm Herrmann, *Dogmatik* §30, 1925, S.49. Vgl. F. Mildenberger / H. Assel, *Grundwissen der Dogmatik*, 4.Aufl., Stuttgart / Berlin / Köln 1995, S.121）。

　では、そのようにして私たちに示されるものは何だろう。創造についての聖書的な語りの特徴は、神が言葉によって世界を造られたという点にある。「御言葉によって天は造られ、主の口の息吹によって天の万象は造られた」（詩編三三・六）。言葉は、それを語る知恵ある者の存在とその意志を前提している。神の発する創造的な言葉は、神ご自身の内なる知恵と意志に基づく永遠のご計画から発せられたものであり、それは、いかなる人間の知恵や意志、計らいや企てをも打ち砕いて進展する。「主は国々の計らいを砕き、諸国の民の企てを挫かれる。主の企てはとこしえに立ち、御心の計らいは代々に続く」（詩編三三・一〇―一一）。つまり、創造の根拠は神ご自身の永遠のご決意の中にある。

　このことを神学的に言い表したものが神の聖定（decretum Dei）という教理である。神の創造の業は、神の本質がいつの間にか外に洩れて流れ出したものではない。それでは世界は神の一部になってしまう。創造は「むしろ出来事である。……すなわち、それは神的な決断と決定の遂行において起こっている」（O. Weber, *Grundlage der Dogmatik* Bd.1, Neukirchen-Vlyun 6.Aufl. 1983, S.510）。この創造の出来事性と、それに先立つ神の永遠のご決意を強調したのが、古改革派の教義学者たちであった（たとえばJ. Wollb, *Compendium*, Cap.III. Th. v. Beza, *Summa totius Christianismi*, Opp.I.II, 1570, 170. Amandus Polanus, *Syntagma Theologiae Christianae*（1609）, Hannover 1625, S.236aff. など）。神の聖定において重要なことは、永遠における神の内的な意志の行為である。時間の中で起こることは行き当たりばったりのでたらめな混沌なのではなく、神の自由なる決断の中で永遠の昔から秩序づけられ確立されている。

聖書はこの世界で起こる出来事について、それが神の計らいと企て、計画と定めに基づいていることを強調する。神の聖定とは、この事情を教理的に表現したものである。「これもまた万軍の主から出たことである。主の計らいは驚くべきもので、大いなることを成し遂げられる」（イザヤ二八・二九）。「その謀《はかりごと》は偉大であり、御業は力強い」（エレミヤ三二・一九）。「あなたは、わたしの内臓を造り、母の胎内にわたしを組み立ててくださった。……わたしの日々はあなたの書にすべて記されている、まだその一日も造られないうちから。あなたの御計らいは、わたしにとっていかに貴いことか」（詩編一三九・一三、一六―一七）。「ああ、神の富と知恵と知識のなんと深いことか。だれが、神の定めを究め尽くし、神の道を理解し尽くせよう」（ローマ一一・三三）。

二　愛の横溢

「創造は愛の実現である。その愛とは、愛するだけの価値があるから初めて対象に出会い、そこで愛が目覚め、生じるのではなく、愛される対象（すなわち世界）を愛するに値するものに自ら造り変える愛である。……ルターがハイデルベルク討論の中で語っているのは、まさにこのような神の愛（amor Dei）についてである」（W. Härle, *Dogmatik*, Berlin 1995, S.423）。

では、なぜそもそも神は、自分とは異なる存在である世界をお造りになる決心をされたのだろう。神は世界を必要としておられたということであろうか。世界がなければ神は独りぼっちで寂しく、困ることになったのだろうか。もちろんそんなことはありえない。「世界とその中の万物とを造られた神」は、「何か足りないことでもあるかのように、人の手によって仕えてもらう必要もありません」（使徒一七・二四―二五）。そもそも聖書によってご自身を証ししておられる神は、唯我独尊の孤独な神ではなく、ご自身の内に父と子と聖霊の豊かな交わりを持つ神である。神は無為な神ではなく、すでにご自身の中で自由に愛する神であり、愛において自由に行為する神である。「神は活動的であるために、世界を必要とはしない。神は自己自身、父、子、聖霊の間での相互関係において、生命的である」（W. Pannenberg, *Systematische Theologie* Bd.2, Göttingen 1991, S.18）。

それ故、世界の創造は愛の欠乏としてではなく、むしろまったく反対に、愛の充ち溢れとして起こる。「父・子・聖霊なる神。その神的存在の豊かさの中に在《いま》す神。……御自身で十分であって、他のものを必要と為給《なしたま》わぬ神。愛であるためにも、他の相手を必要と為給《なしたま》わぬ神。……そのような神が、われわれ人間のために在すのである！　神がわれわれの創造者また主であろうと欲し給うたということがすでに自由な恵みであり、神の愛の横溢《おういつ》であった」（K. Barth, *KD* IV,1, S.40-41. 井上良雄訳該当書六七頁）。それ故、私たちはこう言うことができる。三位一体の本質そのものである「神の愛が、世界の起源である」（W. Pannenberg, *op.cit.*, S.34）と。

時間と共なる世界の創造は、三位一体の神の、外ニ向カウ（ad extra）愛の業であるが、しかしそれは、永遠の三位一体の神の、内ニ向カウ（ad intra）愛の業に根拠を持っている。父なる神は聖霊の絆において御子を永遠に愛される。「御子は父の愛の永遠の対象である」（R. A. Muller, *Post-Reformation Reformed Dogmatics*［*PRRD*］

IV, The Triunity of God, Michigan 2003, p.266)。しかしそれは閉鎖的に自己完結する愛の終着点ではなく、むしろ他者へと向かい、他者をもこの交わりに参与させずんば止まない永遠の愛の運動の出発点である。それ故、「御子は父の愛の第一の対象である」(W. Pannenberg, *op.cit.*, S.36. 傍点筆者)と表現する方が適切であろう。御子への愛がさらに充ち溢れることによって、世界は創造される。「被造物に対する父の愛は、永遠の昔から御子を愛される愛と競合するものではない。むしろ被造物は、父が御子に永遠に身を向けることの中に組み入れられることを通して、父の愛の対象となる」(*ibid.*, S.36)。この意味で、御子は創造を仲介する仲保者の役目を果たしている。「永遠の御子はすべての被造物的現存在の存在根拠である」(*ibid.*, S.39)。

三　契約的な交わり

「契約的交わりは神の内的生命である」(J・I・パッカー『ピューリタン神学総説』松谷好明訳、一麦出版社、二〇一一年、四三五頁)。

とはいえ、神的愛の自然的流出によって世界が自ずから生じたわけではない。新約聖書の語りが世界を表す際に、自ずから成るという自存性を匂わすギリシア的な自然「フュシス(φύσις physis)」という言葉を避けて、「被造物(κτίσις ktisis)」という言葉を用いたのも、神と世界との質的差異を明確にするためである(W. Trillhaas, *Dogmatik*, Berlin/New York 1980, S.143)。世界の創造はあくまで神の内なる決意によるものである。そのことを言い表すために、神学的伝統が聖書的語りの中から注意深く選び出した言葉が「契約(בְּרִית berith, διαθήκη diatheke)」である。

K・バルトは創造論を構築するにあたり、この契約という考え方に改めて注目した。周知のようにバルトはブルンナーとの激しい神学論争を通して、創造世界から神を類推する一切の自然神学的萌芽を摘み取った人間である（神学小径I・16・2【ノート64】）。果たしてそのような神学者に創造論が書けるのだろうか。それがバルトに寄せられた大方の疑問であった。それを見事に払拭してバルトに創造論を書かせることを可能にしたものが、この契約を強調する古改革派の神学的遺産である。

契約とは、神と被造物（人間）との間の特別な関係と交わりを意味する。それは自然に生じ自然に消えゆくものではなく、特別な決意と選びによって創始され、保持され、貫かれる命の絆である。一七世紀の契約神学者たちは、神と人間との関係をこの契約締結の歴史として捉え、そこに壮大な歴史のパノラマを描いた。最初に神はアダムと業の契約を結び、不文律として神への従順を人類の良心に刻んだ。しかし人間の不従順の故にそれが破棄されると、アブラハムと恵みの契約を結び、神の民にモーセの律法（シナイ契約）を与えて、明文法を通してさらなる従順を呼びかけた。それも民の背反によって破棄されるや、ついにキリストによって新しい契約がもたらされ、彼の死と甦りに与る教会が興され、神の国における交わりへと続く救済の道が敷設されたのである。そこでは契約がもっぱら救済の根拠としてのみ注目されていた。バルトの新しい点は、この契約をさらに遡らせて、創造の根拠として注目したことである。

バルトによれば、契約は創造の内的根拠である。そもそも契約がなければ創造は生起しないのである。これに対して創造は契約の外的根拠である。創造が実際に起こらなければ契約もまた現実化しないからである。しかもこの契約とは、特にイエス・キリストの故に結ばれた契約であり、それに対応して創造も、特にイエス・キリストの故に生起した創造なのである。

　ここで重要なことは、何よりもまず永遠の昔に父なる神が聖霊の絆において御子イエス・キリストと結んだ契約があって、この原契約の故に、神的愛の充ち溢れとして、さらに被造物との契約が結ばれ、世界が創造されるに至ったという秘義的洞察である。御子こそ、創造の前提となる契約の礎《いしずえ》である。「神御自身における一切事物の始原として、創造者としての意志と業の根柢をなし・それに先立つ神の第一の永遠の言葉は、イエス・キリストと呼ばれる」（K. Barth, *KD* IV,1, S.54. 井上良雄訳該当書八八頁）。そして、「イエス・キリストが神の第一の永遠の言葉の内容と形であるということは、次のようなことである。すなわち、一切事物の始めに――あらゆる人間と全世界との存在の始めに、人間との神の契約があるということである。神の創造の意志においてさえ、その意義及び根柢として、契約が先立っているということである」（*ibid.*, S.56. 前掲書九〇頁）。

　なぜイエス・キリストが創造の前提となる契約の礎とならねばならないのだろう。それは、「人間は、人間として……神と契約を結ぶという要求権や請求権を持ってはいない」（*ibid.*, S.56. 前掲書八七頁）からである。被造物は、創造者に対して契約を結ぶことを要求できるような対等の相手ではない。いやそれだけでなく、この契約は、自由なる被造物として造られた人間によってたえず破棄される可能性に脅かされている。この危険を見越してもなお被造物を代表する人間と創造の契約が結ばれるのだとしたら、それは、神自ら人間の過失を請け負う覚悟と決意の下においてでなくて何であろうか。「人間となって人間的な罪の担い手となるべきこの神の御子を念頭において、神は人間を、そして人間と共にその世界全体を、彼らを創造される前に永遠からして愛されたのであり、それら全体の卑しさ、神的ではない姿、いやそれどころか神に敵対するあり方にもかかわらず、またそのような姿全体の中で、創造されたのである。それはひとえに神が、彼らの罪のために捨てられ、殺される者として神の永遠のまなざしの前に立たれるご自身の御子において、彼らを愛されたからである。そして再び、人間となって神的な似姿の担い手となるべきこの神の御子を念頭においい、て、神は人間に、そして人間と共にその世界全体に、彼らを彼らの創造者として創造される前に永遠からして、あれほど多くの栄光を与えようとしたのであり、その栄光は彼らの悲惨さを覆い隠し、いやそれどころかぬぐい去ることになるほどの未来の栄光のたとえであった。それはひとえに神が、彼らが義とされるために選ばれ、甦られた方として神の永遠のまなざしの前に立たれるご自身のみ子において、彼らに栄光を与えようとされたからである」（*KD* III,1, S.53-54. 吉永正義訳該当書九〇頁、訳文・傍点は筆者）。神の創造の決意の中には、すでに救済の決意が含まれており、それ故、その契約は御子を礎にしている契約なのである。「キリスト教使信は、それがすかし絵を見るように、『神われらと共に』という救済の出来事を通して、神における一切事物・世界・人間の根柢と始原を眺める場合——すなわち救済に対しての人間の根源的な定めと人間に対しての救済の根源的な定めを、すでに神の創造の時における意志の意味及び根柢として、眺める場合、イエス・キリストを意味している」（*KD* IV,1, S.7-8. 邦訳版三二頁）。

聖書の証しする神は、無意志・無軌道な荒ぶる自然神ではなく、明確な意志と計画をもった契約神である。「そもそもの最初から——天地の創造の時以来、人間の契約神（Bundesgott）となり、われわれの契約神となり給うた方——そのような方としてではなく神のことを考え、そのような方以外の神を考え、そのような方以外のものを神として認識し・畏れ・愛そうとするならば、われわれはそのことによって、神を見失い、またそのことによって明らかに背叛と罪を犯すことになるであろう」（*ibid.,* S.56. 前掲書六五頁）。もちろんただ神が意志と計画を持っていることが、世界に対する神の愛を保証するわけではない。「イエス・キリスト御自身が、この神の永遠の意志の内容であり、神と人間の間の契約であり給う」（*ibid.*, S.56. 前掲書九一頁）ことによってだけ、そしてその時にのみ、「神の意志の一切の出来事は、神の『博愛』（テトス三・四、新共同訳では「人間に対する愛」）に由来する」（*ibid.*, S.56. 前掲書六〇頁）と言うことができる。

教義学者ヨェストはこう述べる。「神の交わりの意志、人間と共にあろうとする神の意志こそ、そもそも神が人間の現存在を欲し、それを実現する実在根拠（Realgrund）であり、神が人間に被造物としての生命を与える動機である。創造の内的根拠としての契約というバルトの命題は、いずれにしてもそのように理解し評価することができる」（W. Joest, *Dogmatik Bd.1, Die Wirklichkeit Gottes*, Göttingen, S.167. 傍点筆者）。要するに、神は私たちが存在することを強く願っておられるのである。このちっぽけでつまらない存在を、かけがえのないものとして欲してくださる。どうしてそう言えるだろうか。その理由を知ることができるのは、肉の脆さを取って人となられた神なるキリストの出現によってである。キリストの啓示が創造者と被造物との共在（神、我らと共にいます）を正しく理解させる認識根拠となる。それ故、ヨェストはこう続ける。「この神の交わりの意志がキリストにおいて啓示されたということが、自分たちはどこか知らないあるところから命を得ているのではなく、他でもなくこの「イエス・キリストの父なる」神から命を与えられているのだと私たちが知る認識根拠である」（*ibid.*, S.167. 傍点筆者）。

ところで、バルトはこの洞察をたった一人で思いついたわけではない。H・ブリンガーに始まり、C・オレヴィアヌスを経て、J・コッツェーユスにより集大成された契約思想の流れの中で多くの契約神学者たちが一致して強調したことは、契約が時間に先立つ永遠の三位一体の中に不動の根拠を持っているという契約聖定論である（G. Schrenk, *Gottesreich und Bund im älteren Protestantismus, vornehmlich bei Johannes Coccejus,* ［1923］1967, SS.91–93. H. Faulenbach, *Weg und Ziel der Erkenntnis Christi. Eine Untersuchung zur Theologie des Johannes Coccejus,* Neukirchen-Vlun 1973, SS.151–155）。

　彼らは贖いの業が永遠の三位一体における父と子の契約に基づくものであり、それをゼカリヤ書六・一三から示唆を受け、「平和の協約（pactum salutis, the counsel of peace）」として語った（Witsius, *Exercitations*, XIV. xvii. vgl. R. Muller, *op.cit.*, S.267）。契約の歴史はすでに神の永遠の中で始まっている。「いかに契約の教理が、創造されるまでは存在しなかった物にではなく、神の本質存在そのものに根ざしているかが明らかになる時にのみ……この契約理念は神中心的に考えることができるのである」（G・ヴォス『神の契約』松田一男訳、聖恵授産所出版部、一九八六年、三八―三九頁）。教理史家H・ヘッペはこうした思想がすでにあの『ハイデルベルク信仰問答』の著者の一人オレヴィアヌスの著作の中にあったことを指摘する。「オレヴィアヌスの贖いの教理は、その重心を、父と御子との間の〈救いの契約と協議（pactum et consilium salutis）〉の教理のうちに持っている。……この関係は、すでに永遠において結ばれていたものであって、父は永遠から御子を肉体となられる言として以外に見ておられず、したがって、彼の神秘的からだを形成する選ばれた信者たちと結合されているかたとして見ておられる、といった性質のものである」（H. Heppe, *Dogmatik des deutschen Protestantismus* Bd.II, Nabu press, 2011, S.218f. G・ヴォス『神の契約』四二頁参照）。P・ファン・マーストリヒトは、永遠において父と御子との間で結ばれた契約こそ歴史的契約の原型をなすものであり、時間の中で選ばれた罪人との間に結ばれた契約はすべてその模型であると見なした（Peter van Mastricht, *Theorectico-Practica Theologia*, Lib.V, Cap.I, vii–xi, 1698. J・マーレイ『神の契約』松田一男訳、聖恵授産所出版部、一九八六年、一二三頁参照）。一七世紀正統主義の神学者たちは、人間の救いに関する事業はすべて永遠の昔に父と御子との間で取り決められたものと見なすことをもって、救われる条件に人間が関与する余地を残すアルミニウス主義を潔癖なまでに斥けたのである（E. Leigh, *A System or Body of Divinity*, London 1662, p.546. J・マーレイ『神の契約』一二五頁参照）。

ここで注目すべきことは、バルトがさらに一歩踏み込んで、この永遠の契約を救済にのみ関連づけるのではなく、創造とも結びつけた点である。「創造と契約の関連性の認識を堅固につなぎとめる決定的な繋留（Verankerung）は、創造者なる神は父、子、聖霊なる三位一体の神であるという認識である」（K. Barth, *KD* III/1, S.51. 邦訳版八六頁）。そのようにして契約は、聖霊において父と子が取り結ぶ関係の絆となる。

しかしバルトは、コッツェーユスのように、この契約を永遠の三位一体における父と子の契約として明確に表現することに対しては突如慎重になる。「業の契約の第二の廃棄［恵みの契約の措定］を、コッツェーユスは、一つの時間以前の出来事の発展として――すなわち父なる神と子なる神の間の永遠的な自由な契約（pactum）の発展として理解した。すなわち、父が神の義を代表し、子が神の憐れみを代表し、子が一切の人間の仲保者及び保証者の役割を引き受け給う契約の発展として、理解した」（*KD* IV.1, S.63. 邦訳版一〇一頁）。このようなコッツェーユスの考えに対してバルトはこう述べる。「しかし問題なのは、父の『位格』と子の『位格』との間における取極めという、神の内部における協定についての考え方である。それではまるで、三位一体の神の第一位格と第二位格が二つの神的主体として、さらにまた互に交渉し互に義務を負わせ合う法的主体として、考えられなければならないかのようである。そのようなものは、改革派の正統主義において理解され述べられたような神の三様のあり方（Seinsweise）についての教説という三位一体論の正しい理解においては、何ら支持されない神話論である。神は一人であり給う。神が最高の・究極的には唯一の法的主体として考えられる場合にも、一人の法的主体であり給う。……われわれがそれを時として『協定』と呼ぶ場合にも、その協定の当事者として、父の位格が一方的に立ち、子の位格が他方に立つのではなく、父・子・聖霊なる一人の神が一方に立ち、人間という神とは異なった現実が他方に立つのである」(*ibid.*, S.56. 前掲書一一〇頁)。

しかしどうなのであろう。まだ存在しない、神とは異なった被造物と、父なる神はいったいどのような契約を結ぶというのだろう。むしろ御子はまさに、まだ存在しない被造物の代表として父の前に立つ方ではないのだろうか。むしろそのことを繰り返し述べてきたのが当のバルト自身ではなかっただろうか。御子はまさにマコトニ神ニシテマコトニ人(vere Deus, vere homo)となるべき方であり、神の中でやがて父の前に立つ人間を代表し代理することを選び取られたお方である。「われわれはここで三位一体の第二の『位格』そのものへ――すなわち『抽象化サレタ』永遠の御子或いは神の言葉へ、従っていわゆる『受肉以前のロゴス(logos asarkos)』へと、後退してはならない」(*ibid.*, S.56. 前掲書八八頁)と言っていたのは、バルト自身ではなかっただろうか。父の前での御子を創造契約の請負人として考えることは、三位の一体性を破ることにはならず、むしろ聖霊による愛の絆を一層強めることを意味する。「契約の内的根拠は、全くただ神の自由な愛だけである。もっと正確に言うならば、神がご自身のもとで、父が、人間的性質の主および担い手としての、その限り全被造物の代表者としての、み子との契約として結び給うた永遠の契約だけである」(K. Barth, *KD* III/1, S.106–107. 吉永正義邦訳該当書一七七頁)。父と子の契約とすると三位の一体性が壊れるとバルトが危惧したのは、上記の言葉(神の三様のあり方!)がいみじくも物語るように、彼の三位一体論が唯一神の三変容に近い様態論的傾向を持っていたためと見られる。私たちはむしろバルトの不徹底を乗り越えて、永遠の契約に関する他のバルト自身の言葉をもってバルトを徹底させる方向に進むべきではないだろうか。彼はこう書き記した。「永遠の父の御子として・また処女マリヤの御子として、神と人間の間の契約の仲保者・和解の出来事の執行者と成るべき・またそのような者であるべきイエス・キリストは、神の豫定の働き（Prädestinationsakt）によって先在し給う。恵みの契約が歴史の中でその方において執行され啓示されたその彼が、同時にその恵みの契約の永遠の根拠でもあり給う」（*ibid.*, S.56. 前掲書一一一―一一二頁）。まさにそれ故に、御子なるキリストこそ創造契約の請負人なのである。ここはバルト自身の言葉で締めくくろう。「〈神はイエス・キリストにおいて、われわれ人間のために、みずから人間となり給うた〉という最後の事実が、もし真実であれば、〈神はわれわれ人間のために在すということが、すでに創造において、また創造と共に、神の積極的な根源意志である〉という最初の事実の認識も、不可避である。もし、神がわれわれ人間のために、みずから人間となり給うたのであれば、われわれは『わたしはあなたがたの神となる』というあの言葉を、最後の言葉であると共に最初の言葉として受け容れることによって、神の心の中をうかがい知ることが出来る。またうかがい知らなければならない。（神御自身が、御心をわれわれに示し給うたのである。）その場合には、われわれは神のことを、このような契約をわれわれと結び・打ち建て給うた方としてより他、考えることは出来ない」（*ibid.*, S.39. 前掲書六五頁）。

【ノート129】 K・バルトと契約神学

少年カール・バルトはバーゼル近郊にある叔父の牧師館をよく訪ね、その教会の塔に登って遊んだ。「うす暗い教会の塔の廻り階段を手さぐりで登っていた時、思わず手すりだと思ってつかまったのが鐘引きの綱だった。そして彼もびっくりするような、大きな鐘の音が、彼の頭上で、しかも彼だけでなく、だれも気づかぬ者はないほどの大きな音で鳴りひびいた」。後にザーフェンヴィルの牧師館で説教者の苦闘から書き下ろされた『ローマ書』（一九一九年）が予期せぬ反響を巻き起こした時、彼はそれをこの少年の頃の体験になぞらえた（E・ブッシュ『カール・バルトの生涯』小川圭治訳、一九八九年、新教出版社、三一、一七一頁）。一九二一年、戸惑いの中で彼はゲッティンゲン大学神学部に新設された改革派神学のための教授職に招聘される。一気に学問世界の最前線に立たされた彼は、「堂々と馬にまたがってとまではいかなくとも、少なくともアカデミックな驢馬《ろば》になんとか乗って大学へ乗りこむことができるようになるまで、夜となく昼となく研究をつづけ、古い本や新しい本のページをあちこち開いたりした」。「［朝の］七時の講義にもっていくものが［明け方］三時から五時の間にやっとでき上がったということも、一度や二度のことではありませんでした」と当時を振り返っている（バルト書簡、前掲書一八二頁より）。最初の数年、彼はまだ教義学の建設に取りかかってはいない。まだその準備ができていなかったからである。しかしいよいよ時は満ちる。「一九二四年の春休みは、私にとって忘れ難いものである。私はゲッティンゲンの私の書斎にすわっていた。私に与えられた課題は、初めて教義学の講義をするということであった。教義学の講義ができるか、またどのようにやればよいかという問いに、当時の私ほど苦しめられた人は、その後も久しく一人もなかったであろう。……私はいわば指導の先生ももたずに、独り広い荒野に立つことになった」（同前二二一頁）。その困り果てた彼の前に現れたのが、ハインリッヒ・シュミットのルター派正統主義とハインリッヒ・ヘッペの改革派正統主義に関する研究書であった（神学小径Ⅰ・10・1【ノート35】参照）。そして特にこのヘッペの本（H. Heppe, *Die Dogmatik der evangelisch-reformierten Kirche—Dargestellt und aus den Quellen belegt*, 1861）の中に赤糸のごとく織られていた契約神学の系譜こそ、やがてバルトに創造論を書かせることを可能にした神学的遺産だったのである。彼は当時を振り返る。「ヘッペの書物を見つけたのは、その時であった。もうほとんど消え去りそうに、ほこりにまみれ、見捨てられ、まるで対数表か何かのように読む気にもなれないまま、私の開いたほとんど各ページが堅牢で、不思議な書物であった。……だが私は、この好運をすぐのがしてしまうようなことはしなかった。私は読みに読み、研究し、考えぬき、ついにその労苦が報われることになった。ともかくそこでは、シュライアーマッハーとリッチュルによって方向づけられた神学文書で私が親しんできた空気の中においてよりは、はるかに意味深く自然に、宗教改革者たちを越えて聖書に至る道が通じている空気の中に私が引き入れられるのを発見した。……私は自分が、明らかに教会の領域内に、そしてさらに……それにふさわしい尊敬をうけるべき教会の学の領域内にいるのを知った」（ヘッペの本の再版に付されたバルトの序言、同前二二二頁より）。

　契約神学者たちは、創造者なる神と、被造物の代表である人間が契約を結ぶ歴史こそ、聖書の主題であると見た。そして創造は、まさにこの契約の歴史が始まる場の設定である。契約の歴史こそ創造の根拠にしてその目的なのである。バルトはこの見方を、啓示されたキリストを中心に捉え直した。「創造の意味は……神と人間との契約の歴史を可能にすることである。その契約の歴史は、イエス・キリストの中にその始まり、その真中、その終りを持っている」（K. Barth, *KD* III/1, S.44. 吉永正義訳該当書七五頁）。「人間そのものと全世界とに対して自由な神の永遠の言葉によって、神のもとにおいてすでに行われた契約締結によって、人間は存在する」（*KD* IV/1, S.53. 井上良雄訳該当書八六頁）。このような見方へのバルトの開眼は、ヘッペの研究書との出会いを抜きにしては考えられない。現に筆者はバーゼルのバルト・アルキーフ（バルトの書斎）を訪ね、当時の管理者H・シュテーヴェザント教授からこの書を見せてもらったが、ラテン文引用の至るところに赤線が引かれ、欄外には細かな書き込みがしてあった。まさに眼光紙背に徹し、熟読玩味した何よりの証拠である。

そもそも古改革派の伝統が神の内部に契約的な交わりを考えたのは、神と被造物との関係と交わりが三位一体の神の愛の交わりを根拠にしていることを示すためであった。そのことを、私たちはもう一度ここで銘記しなければならない。契約神学を受け継ごうとするピューリタニズムの研究家J・I・パッカーは、ヴィトジウス（Hermanus Witsius 一六三六―一七〇八年）著『神と人間の間の契約の経綸』の再刊に際して付した序文（一九九〇年）の中で、こう述べている。「神とはどなたか。神とは、その栄光のために御自分が愛をもって高く引き上げる契約の民をもつことを決意しておられる、三一の創造者である。なぜ神はそのように決意しておられるのか。……我々に言えることはせいぜい、そのような交わりの性質は、一体である神存在の内部における父、子、聖霊間の相互的な敬意と愛の関係に著しく一致しており、したがって、神の決意はいわば、永遠的な愛と喜びのこの範囲の拡大であるように思われる、ということである。契約的な交わりは神の内的生命である、という思想を強調することで、契約神学は三位一体の真理を他の場合よりも一層意義深くするのである」（J・I・パッカー『ピューリタン神学総説』前出四三四―四三五頁。傍点論者）と。

単一（unitas）の神からは、真の意味で創造の業は基礎づけられない。もし、細胞分裂のような自己増殖として世界が神から出現するとすれば、それは神からの世界の流出であり、それ故、神と世界との厳密な区別のない汎神論になるだろう。世界はもう一つの神か、その分身、すなわち「クローン」になってしまう。仮にそれが愛の充満として生起すると考えるとしても、真の他者を持たないために、その愛はナルシスト的な自己愛の拡大でしかない。

三一（trinitas）の神からしか自由なる被造物の存在とその存続は説明できない。神が三位一体的に愛する方であり、永遠の聖定において父が愛する御子を根拠として他者としての世界の創造を決意され、それを聖霊において実行されることによって、世界は初めてリアルに存在するようになる。

そこでは、他者である世界が神に創造を強いるのではない。「愛以外の何ものも神を創造へと向かわせるものはない。被造物は無から存在へと呼び出される。被造物が存在するから、神によって愛されるのではない。被造物は神によって愛されるが故に、存在するのである。造られたものはすべて、それを愛する愛によって創造されたのである」（B. Forte, *Trinität als Geschichte. Der lebendige Gott—Gott der Lebenden*, Mainz 1989, S.164）。

ところで、この秘義的な洞察は決して人間によって考案された思弁的なものではない。むしろそれは新約文書の創造思想に基づいている。そのことの持つ意味を次に解明しなければならない。

幕間のインテルメッツォ（間奏曲）

一一四　ＴＶ高校講座世界史の授業で、とある教師が物知り顔でこう説明した。「古代教会は、ギリシア語のたった一文字で分裂したのです」と。たった一文字とはｉ（イオタ）のこと。つまり御子は御父と同質（homo-ousios）なのか類縁（homo-i-ousios）なのかをめぐって激しい論争がなされたことを指している。

一一五　この先生はさらに薀蓄《うんちく》を傾けた。「宗教改革は、たかがパンとぶどう酒をめぐる論争のゆえに分裂しました」と。もちろんこれは聖餐論をめぐるルターとツヴィングリの論争を指す。

一一六　言葉にこそ出さないが、「ことほどさように、神学論争は無益で非現実的なのです」と言いたいのだろう。ああ、またしても。キリスト論も聖餐論も信仰生活の根幹に関わるというのに！

一一七　ここで私たちは声を大にして言わなければならない。「神学こそ実は、実学なのである。言葉の真の意味で」と。

一一八　物体の素粒子構造は、いわば物理学的な奥義の認識と言ってよい。もちろん、この専門知を知らなくても人は日常生活を難なく営める。

一一九　だが、日常生活の背後に横たわる神学的な奥義の認識は、本当はそれなしには、一度限りの人生を良く生きかつ死ぬことのできない、秘義的実践知なのである。

あとがき的命題集

命題一八九　創造の根拠と理由は神のみぞ知りたもう事柄である。だからもしそれが示されるとすれば、ただ神ご自身がそれを人間に示される啓示としての神の言葉を真剣に受け止める信仰によるほかない。

命題一九〇　世界が無意味なものではないことを理解させるものは、科学の説明ではなく、創造の信仰である。信仰にとって世界は、神を知らない人間の眼に映じるのとは別ものになる。信仰が私たちの内に目覚める時、私たちはまったく一新された世界（第二コリント五・一七）を見る。

命題一九一　「御言葉によって天は造られ、主の口の息吹によって天の万象は造られた」（詩編三三・六）。言葉は、それを語る知恵ある者の存在とその意志を前提している。神の発する創造的な言葉は、神ご自身の内なる知恵と意志に基づく永遠のご計画（聖定）から発せられたものである。

命題一九二　「世界とその中の万物とを造られた神」は、「何か足りないことでもあるかのように、人の手によって仕えてもらう必要もありません」（使徒一七・二四―二五）。神はご自身の内に父と子と聖霊の豊かな交わりを持ち、ご自身の中で自由に愛する神であり、愛において自由に行為する神である。

命題一九三　世界の創造は愛の欠乏としてではなく、愛の横溢として起こる。しかもそれは愛の自然的流出ではなく、神の決意としての契約に基づく。神の内的生命は契約的な交わりである。

命題一九四　創造の根拠として契約がある。御子がこの契約の礎《いしずえ》である。何よりもまず永遠の昔に父なる神が聖霊の絆において御子イエス・キリストと結んだ契約があって、この原契約の故に、神的愛の充ち溢れとして、さらに被造物との契約が結ばれ、世界が創造されるに至った。契約神学がたどり着いたこの見解は、世界を意味あるものとして読解する信仰の秘義的洞察である。

第七章　創造のロゴス

一　万物の理法

「万物はこのロゴスに従って生成している。……人々は理性を以て言動し、ちょうど国が法を以て強化するように、万物に共通なものを以て自らを強化しなければならない。……それゆえ共通のものに従わなければならない。しかるにこのロゴスが共通なものとしてあるのだけれども、多くの人間どもはめいめい、あたかも自分に特別な見識があるかのように、生きている」（ヘラクレイトス『初期ギリシア哲学者断片集』山本光雄訳編、岩波書店、一九五八年、三一―三二頁）。

古代ギリシアの賢人ヘラクレイトス（紀元前五四四―四八四年）は言った。万物は川の流れのように生成流転すると。一体彼の目の前にはどんな大河が流れていたのだろう。川は同じだが、その中に入る者には、後から後から違った水が押し寄せるので、人は同じ川に二度入ることはできない。ではすべてが流動的で捉えがたく、この世界に確かなものは何一つないのだろうか。ヘラクレイトスは考える。生成流転する万物を統御しているものが必ずあるはずだと。それが神的ロゴスである。ロゴスとは理性、理法、法則のことであり、また知恵や言葉をも意味する。このロゴスによって世界は無秩序や混沌状態を脱して、秩序と調和に満ちた美しい宇宙（コスモス）として現出する。

どうやらこれはギリシア人に共通する理解だったようである。アナクサゴラス（紀元前五〇〇―四二八年）もまた別の言葉でこう述べる。万物を最善の仕方で秩序づけるものとして神的なヌース（理性）が存在すると。「有ろうとしつつ有ったものも、かつて有ったが、今はないものも、現に有るものも、将来有るものも、凡てヌースが秩序づける」（前掲書六七頁）。この場合のヌースはロゴスとほぼ同義である。

この洞察をさらに推し進めたのがプラトン（紀元前四二七―三四七年）である。プラトンは、形なき混沌とした材料から形あるものを作り出す宇宙の製作者（デミウルゴス）について語る。この製作者が形あるものを作り出すためには設計図となるモデルがなければならない。その際モデルとなるものが、たえず生成するものであるか永遠に不動のものであるかによって、完成度に差が出てくる。もし宇宙が立派で美しいものだとすれば、それはこの製作者が永遠のイデア（理念）に注目したからにほかならない。「製作者が永遠のものに注目したということは、誰が見てもはっきりしているわけです。というのは、宇宙は、およそ生成した事物のうちの最も立派なものであり、製作者のほうは、およそ原因となるもののうちの最善のものだからです。そこで、このように生成したのですから、宇宙は言論と知性（理性）によって把握され同一を保つところのものに倣って、製作されたわけなのです」（プラトン「ティマイオス」29A『プラトン全集12』種山恭子訳、岩波書店、一九七五年、三〇頁）。製作者は「調子外れに無秩序に動いているもの」を統御して秩序を作り出す。「それは、秩序のほうが無秩序よりも、あらゆる点でより善いと考えたからです」（30A前掲書三二頁）。人間が理性によって身体を司《つかさど》っているように、宇宙もまた魂を備え、理性を備えた存在として構築され機能している（30C前掲書三二頁）。理性に則っているが故に、天体は衝突せず、規則正しく運行しているのである。

アリストテレス（紀元前三八四―三二二年）も自然界に備わっている合目的性について語る。「もし燕が巣を作り、蜘蛛が網を張り、また植物が、その果実のために葉を生やし、栄養をとるために根を上にでなく下におろしなどするのが、自然によってであるとともになにかのためにでもあるとすれば、自然によって生成し存在する物事のうちにこうした原因［目的因］の存することは、明白である」（アリストテレス「自然学」Ⅱ・8・199a『アリストテレス全集3』出隆・岩崎允胤訳、岩波書店、一九六八年、七六頁）。確かに世の中には偶然の成り行きと見えるものが多い。だが作為なく自然にそうなったように見えるものが、期せずして常に同一の行動パターンを取るとしたら、そこには行動を方向づける何らかの目的が働いているとしか言いようがない。このような意味でアリストテレスは目的因を考えたのだが、それはほとんどプラトン的なイデアに相当すると見られなくもない。とはいえ、どちらかと言うとアリストテレスの目的論的なロゴスは、天上界ではなく自然界そのものに内在している原理に近い。こうしてギリシア人は、一見混乱する現象の背後に、見えざる秩序の原理を思念する学問的な思考法を身につけていったのである。

やがてこの思考法は紀元前三〇〇年から紀元後一世紀以上にわたって続いたストア哲学を通して、さらに広くヘレニズム世界全般に浸透してゆく。宇宙を統御するロゴスは種のように蒔かれており、ただ程度が違うだけでどんな人間の中にも宿っている。ストア派はこれをロゴス・スペルマティコス（種子的なロゴス）と呼んだ。この種子的なロゴスが世界の根源的な統制力であり、世界理性であり、世界法則であり、世界の運行を司る摂理である。しかしこのストア派の神的なロゴスは、世界を超越しているものではなく、むしろ世界に内在している。この点はアリストテレスよりもさらに徹底して内在的であり、種子的ロゴスは物理学的原因や生物学的因子と呼ぶものに近い。この意味で、「ストア学派は有神論者でなくて、汎神論者である。世界がみずからを基礎づけるならば、〔つまり〕『自足的』であるならば、世界は神の場を占め、それ自身神である」（J・ヒルシュベルガー『西洋哲学史I　古代』高橋憲一訳、理想社、一九六七年、三三四頁）ということになる。使徒パウロがアテネ市民に訴えるために引用した詩人の句、「我らは神の中に生き、動き、存在する」、「我らもその子孫である」（使徒一七・二八）とは、このストア派の書物からのものである（『ゼウス頌歌』）。後に見るように紛れもなくこれが、新約の教会を取り囲む環境だったのである。

二　先在の知恵

「知恵はあなたと共にいて御業を知り、世界をお造りになったとき、そこにいました。知恵は、あなたの目を喜ばすものは何か、あなたの掟に適うものは何かを知っています。どうぞ、聖なる天から知恵を遣わし、あなたの栄光の座から知恵を送ってください」（知恵の書九・九―一〇）。

a　しかしこのようなロゴス思想とは別に、イスラエルには古くから、神が知恵をもって世界を創造し保持しておられるという捉え方があった。神の絶対性が強調されるにつれ、神が被造世界に直接関与することはせず、言葉を発することにより世界を創造し、知恵をもってこれを統治すると考えられるようになった。「御言葉によって天は造られ、主の口の息吹によって天の万象は造られた。……主が仰せになると、そのようになり、主が命じられると、そのように立つ」（詩編三三・六、九）。「主の知恵によって地の基は据えられ、主の英知によって天は設けられた」（箴言三・一九）。ここで御言葉と知恵は内容的に同じである。箴言はさらにこの創造の知恵が単なる人間の知恵ではなく、天地創造に先立って造られ、永遠の昔に神の懐にあった知恵であることを強調する。「主は、その道の初めにわたしを造られた。いにしえの御業になお、先立って。永遠の昔、わたしは祝別されていた。太初、大地に先立って。わたしは生み出されていた、深淵も水のみなぎる源も、まだ存在しないとき。山々の基も据えられてはおらず、丘もなかったが、わたしは生み出されていた。大地も野も、地上の最初の塵も、まだ造られていなかった。わたしはそこにいた。……原始の海に境界を定め、水が岸を越えないようにし、大地の基を定められたとき」（箴言八・二二―二九）。こうした創造の知恵を誉め称える讃歌は同時代にかなりの拡がりを見せている。箴言と同様、そこでは知恵が擬人法的に表現されている。「わたしはいと高き方の口から出て、霧のように大地を覆った。わたしは高い天に住まいを定め、わたしの座は雲の柱の中にあった。……この世が始まる前にわたしは造られた。わたしは永遠に存続する」（シラ書二四・三―四、九）。また賢者として名高いソロモン王の言葉を借りて、やはり創造の知恵が称揚される。「存在するものについての正しい知識を、神はわたしに授けられた。宇宙の秩序、元素の働きをわたしは知り、時の始めと終わりと中間と、天体の動きと季節の移り変わり、年の周期と星の位置、生き物の本性と野獣の本能、もろもろの霊の力と人間の思考、植物の種類と根の効用、隠れたことも、あらわなこともわたしは知った。万物の制作者、知恵に教えられたからである」（知恵の書七・一七―二二）。

さらに驚くべきことにソロモンの知恵の書にあっては、この創造に際して神と共にいた知恵（九・九）は、創造の業を請け負うばかりでなく、救済の業をも請け負うものでもある。洪水に際してノアを救ったのは知恵であり（知恵の書一〇・四）、ロトの一家を救ったのも知恵（一〇・六）、ヨセフを高官に抜擢したのも知恵であり（一〇・一三）、民をエジプトから救い出したのも知恵である（一〇・一五）。なぜ知恵が救済の役割をも担うのか。それは、知恵が世界の最初の創造に立ち会っていたからである。最初の創造に立ち会った知恵だけが、軌道を外れた世界の再創造に際して、正しいあり方を復興するノウハウを知っている。しかし知恵はあくまで擬人法的表現にすぎない。知恵が救いをもたらすと言っても、それは、知恵が善悪を見極めさせ、正しい道に立ち戻らせるという意味での救いであって、結局この思想は、神の知恵の具現化としての律法を遵守すべしという方向に民を向かわせることになった。

b　こうした中で、ヘレニズム的なロゴス思想とイスラエル的な知恵の思想を統合しようとする人物が現れた。アレクサンドリアのフィロン（紀元前二五―紀元後四〇年）である。フィロンはユダヤ人なので、当然ながらストア派のようにロゴスを世界内在的な原理や世界法則と見なすことはない。世界は神によって創造された世界である。神は絶対超越の神である。ではその神が世界とどう結び合うのか。そこでフィロンが着目したのがユダヤ的伝統にある先在の知恵である。神は世界と関係するために、両者を仲立ちする仲保的存在者を創造する。それが神のロゴスである。彼はそれをいろいろに言い換える。力、使者、天使、大祭司、神の初子、第二の神などである。人格になぞらえているが、あくまで擬人法の適用にすぎず、不可知である神それ自身とロゴスとは厳密に区別されている（K・シェンク『アレクサンドリアのフィロン――著作・思想・生涯』土岐健治・木村和良訳、教文館、二〇〇八年、一一六―一一七頁）。この神のロゴスはプラトンのイデアと同じように、被造物に先行する「範型（paradeigma）」（*De Somniis*, I-75）である。神はいわば、家や都市を建設する設計者が頭の中に設計図を思い描き、それを原型にして家や都市を建造するように、ロゴスに基づいて世界を創造する（*De Opificio Mundi*, 20『ユダヤ古典叢書　世界の創造』野町啓・田子多津子訳、教文館、二〇〇七年、一五―一六頁）。ロゴスはまた神が世界を創造する際の「道具（organon）」（*De Cherubim*, 127; *Legum Allegoriae*, III-96; *De Migratione Abrahomi*, 61; *Quod Deus Immutabilis Sit*, 57; *De Fuga et Inventione*, 95）と呼ばれている。

こうしてフィロンは、基本はあくまでヘブライ的な創造信仰に立ちながら、ヘブライ的な先在の知恵の思想と、プラトンのイデア論およびストア派のロゴス論とを統合しようとしたのである（平石善司『フィロン研究』創文社、一九九一年、九九頁）。しかし結果として彼の努力は、ユダヤ教のヘレニズム化（モーセ宗教のプラトニズム化）をもたらすことになってしまった。

三　宇宙のキリスト

「マタイは［彼の福音書をギリシア語で］『アブラハムの子ダビデの子イエス・キリストの biblos geneseos』という言葉で始める。それはふつうに（まったく当然のことながら）『イエス・キリストの系図の書』と訳される。しかし geneseos と genesis（創世記）との連想を見逃すことはできない。biblos geneseos がごく自然に創世記五・一『これは、神がアダムを創造された日、人類の系図の書（biblos geneseos）である』［七十人訳］をほのめかしていると見られる場合には特にそうである。このことは少なくとも、イエスが人類の新しい始まりを代表するというアダム・キリスト論を示唆している。創世記五・一自体は創世記二・四『これは、神が地と天を造られた日、成立した天と地の由来（biblos geneseos）である』に遡って、その響きを聴き取ろうとしている。以上のことはすなわち、マタイにとって、人類の新生におけるイエスの役割が、宇宙の主（cosmic lord）としての彼の役割に基づいていることを示唆していることになるだろう」（S. M. McDonough, *Christ as Creator: Origins of a New Testament Doctrine*, Oxford, 2009, p.20）。

こうした時代史的環境の中で新約の教会は、天地の造り主を特にイエス・キリストの父として宣べ伝えてゆく。その宣教の原動力は〈イエスの生と死、そして復活〉の歴史によってもたらされた創造の新しい認識である。初代キリスト者たちを満たしていたものは、復活の主を通して差し込んできた創造の朝の光だった。「死の悲しみが生命の創始者を束縛することはできない」（第一スコットランド信仰告白第一〇条）。闇と混沌を退けた創造の朝の光が御子を通して垣間見えた、まさにその瞬間に彼らは立ち会っていた。罪と死の闇を滅ぼして甦った御子の上に輝きわたったのは、無から有を造り出す創造の曙光にほかならなかった。彼らはまさに「神の似姿であるキリストの栄光」（第二コリント四・四）を見た。それは、この世の神にくらまされて「信じようとはしない人々の心の目」には見えてこない。しかし主の霊が臨んで覆いの取り除かれた人々には見える。「『闇から光が輝き出よ』と命じられた神は、わたしたちの心の内に輝いて、イエス・キリストの御顔に輝く神の栄光を悟る光を与えてくださいました」（第二コリント四・六）。突然雲の切れ間からまばゆい天来の光が大地を照らす。こうして復活の証人となった人々（使徒五・三二）は、自分たちの信じているキリストがただイスラエルを贖うメシアであるにとどまらず、永遠の昔から天と地をつなぐ「天のはしご」（創世記二八・一二、ヨハネ一・五一）となるべく定められていた方であり、創造者と被造物の間の永遠の仲保者（第一テモテ二・五）であることを理解したのである。そのような方は他のどこにも存在しない。

歓喜に満たされて彼らは新しい創造の讃歌をうたう。その中心におられるのは、「光よりの光」（ニケア信条）として世に到来し、死の陰の谷をくまなく照らす方、宇宙のキリストである。讃歌は①礼拝でうたわれ、②書簡につづられ、③説教で語られ、④福音として告知され、⑤やがて物語る教会《エクレシア・ナランス》のクレドー（信仰告白）となった。

①「御子は見えない神の姿。
すべてのものが造られる前に生まれた方。
天にあるものも地にあるものも、見えるものも見えないものも、
王座も主権も、支配も権威も、万物は御子において造られた。
万物は御子によって、御子のために造られた。
御子はすべてのものよりも先におられ、
すべてのものは御子によって支えられている」（コロサイ一・一五―一七）。

②「唯一の神、父である神がおられ、
万物はこの神から出、わたしたちはこの神へ帰って行く。
唯一の主、イエス・キリストがおられ、
万物はこの主によって存在し、
わたしたちもこの主によって存在している」（第一コリント八・六）。

③「神は……御子によって世界を創造されました」（ヘブライ一・二）。

④「初めに言があった。言は神と共にあった。言は神であった。この言は、初めに神と共にあった。万物は言によって成った。成ったもので、言葉によらずに成ったものは何一つなかった。言の内に命があった。命は人間を照らす光であった。光は暗闇の中で輝いている」（ヨハネ一・一―五）。

⑤御子こそ「神に創造された万物の源である方」（ヨハネ黙示録三・一四）。「御心によって万物は存在し、また創造された」（ヨハネ黙示録四・一一）。その御心こそ「肉において現れた」（第一テモテ三・一六）御子キリストにほかならない。

こうした聖書の文言に明瞭に表現されているキリストと創造との関係は、決して新約的使信の傍流でも欄外注でもない。フィリピ二・五―一一のキリスト讃歌にあるように、初代教会は勝利のキリストへの確信を復活の出来事から得ており、それが宇宙的キリストの信仰へと高められたことは自然の流れである（C・E・ガントン『キリストと創造』須田拓訳、教文館、二〇〇三年、二七―二八頁参照）。この復活の勝利の余韻が後述するように、福音書の奇跡物語の伝承力を支える背景にもなっている。イエスがガリラヤ湖の嵐を鎮め、悪霊を追放し、病める者を癒すのは、創造世界の秩序の回復であり、福音書の救済概念は創造の枠組みにおいて初めて正しく理解されるものなのである（H. H. Schmid, Creation, Righteousness and Salvation: "Creation Theology" as the Broad Horizon of Biblical Theology, in: *Creation in the Old Testament*, edited by B. W. Anderson, London: SPCK, 1979, pp.102–117)。

【ノート130】新約文書の創造論

E・ブルンナーは、創造についてのキリスト教的語りが、新約の証言から出発する代わりに、いつも決まって旧約の創造物語（創世記）から出発することを捨て切れないでいることにより、そのキリスト教的であるはずの語りが曖昧なものにとどまっていると指摘する（『ブルンナー著作集第3巻　教義学Ⅱ』佐藤敏夫訳、教文館、一九九七年、一七頁）。もちろん創造論にとって旧約は不可欠の文献である。しかし特にキリスト教的な創造についての語りが存在するのであれば、今やそのことが明瞭にされなければならない。「神はその言葉、ロゴスにおいてご自身をお語りになった。このロゴスこそ、神のご計画に従えば、世界の意味であり目的となるべきものである」（H. Wagner, *Dogmatik*, Stuttgart 2003, S.415）。そしてこの創造のロゴスとは、歴史の中に到来したイエス・キリストだということである。S・M・マクドナッフ（前掲書）の釈義を手がかりに、各伝承の要点を整理しておこう。なお創造の仲保という思想の背景を丹念に分析した研究として、以下の文献がすぐれている。H. Hegermann, *Die Vorstellung vom Schöpfungsmittler im Hellenistischen Judentum und Urchristentum*, Berlin 1961. F. Weiss, *Untersuchungen zur Kosmologie des Hellenistischen und Palästinischen Judentums*, Berlin 1966. R. Cox, *By the Same Word: Creation and Salvation in Hellenistic Judaism and Early Christianity*, Berlin 2007.

①コロサイ一・一五―二〇

このキリスト讃歌の原型を探り出し、その由来を新プラトニズムやストア派のロゴス思想に求める試みは、どれも十分な証拠に欠ける。むしろそうしたヘレニズム的環境の中で、ユダヤ的な知恵の讃歌や旧約の創造論を、御子キリストの仲保性という視点から読み直した可能性を指摘する方が自然であろう。

この讃歌では、「御子において（ἐν）」、「御子によって（διά）」というキリストの代理主権を表明する用語が多用されている。これは何でもない言い方のように聞こえるが、贖いの御業における御子の仲保媒介の決定性を表現する最も簡潔な用語として、新約聖書全体に浸透している言い回しである。「神はキリストによって世を御自分と和解させ……」（第二コリント五・一九）。その他使徒二・二二、ローマ五・一一、第一テサロニケ五・九、テトス三・六など枚挙にいとまがない（McDonough, *ibid.*, p.47）。

讃歌全体の構造には、最初の創造と新しい創造（贖い）との間に顕著な対照性が見られる。「御子はすべてのものが造られる前に生まれた方」（一五節）と「御子は初めの者、死者の中から最初に生まれた方」（一八節）。「万物は御子によって、御子のために造られました」（一六節）と「万物をただ御子によって、御自分と和解させられました」（二〇節）。「御子はすべてのものよりも先におられ」（一七節）と「こうして、すべてのことにおいて第一の者となられたのです」（一八節）。「御子は見えない神の姿であり」（一五節）と「御子は初めの者であり」（一八節）という提示表現の並行関係。これらは明らかに二つの出来事が重なり合うものであることを主張している。すなわち、御子は、この方によって神が初めに世界を創造された仲保媒介者だということ（一五―一七節）、そして御子は、この方によって神が世界を御自分と和解させられた仲保媒介者だということ（一八―二〇節）である。創造の仲保者と贖いの仲保者、最初の創造の代理人と終末論的な再創造の代理人とは同一の方なのである（McDonough, *ibid.*, p.173）。

「すべてのものが造られる前に生まれた方」（一五節）と「死者の中から最初に生まれた方」（一八節）と訳され

る最初の子（πρωτότοκος prototokos）は、メシア預言的に読まれる七十人訳詩編八八・二八に出てくる「長子」に相当する（McDonough, *ibid.*, p.184）。「わたしは彼を長子とし、地の諸王の中で最も高い位に就ける」（新共同訳八九・二八）。この詩編の文脈にあってメシア的なダビデ王が諸王の権力を打ち負かして勝利するように、「天にあるものも地にあるものも、見えるものも見えないものも、王座も主権も、支配も権威も」（コロサイ一・一六）御子の支配下にあることが示されている。そのように闇の力を退けて支配する方（コロサイ一・一三）は、創造に際しても混沌の力を退けた方でなければならない。すなわち、「あなたはラハブ［混沌を表す神話的怪獣］を砕き、刺し殺し、御腕の力を振るって敵を散らされました。天はあなたのもの、地もあなたのもの。御自ら世界とそこに満ちる基を置き、北と南を創造されました」（詩編八九・一一―一二）とある通りである。

②第一コリント八・六

第一コリント八章から一〇章にかけて扱われているのは、単に偶像に供えた肉を食べても構わないかどうかの問題ではない。それが問題にしていることは、神はいかなる媒体を通して世界に関わろうとしておられるのか、メシアを通してか偶像を通してかということである。御子は常に父の祝福を世に伝える媒介者である。「現に多くの神々、多くの主がいると思われているように、たとえ天や地に神々と呼ばれるものがいても」（第一コリント八・五）、本当に天と地を結ぶ方は十字架と復活を通して私たちを贖ってくださった主キリスト以外にない。古代世界で偶像に礼拝が捧げられていたのは、得体の知れない不気味で見えない神々の存在が恐れられていたからであり、それがしばしば超自然的な力の化身であるデーモン（ダイモーニオン）によって媒介されていた（McDonough, *ibid.*, p.159）。しかしまことの主（Lord）であるメシアの到来によって悪霊の支配（lordship）は完全に無効になったのである。そうである以上、「主の食卓と悪霊の食卓の両方に着くことはできません」（第一コリント一〇・二一）。私たちにとって本当の主である方はどちらなのか。それは、万物に命を与え、存在へと呼び出した方、そして悪霊の支配から私たちを贖い、死を滅ぼして甦りの命の初穂となられた方以外にはいないのである。

③ヘブライ一・二、一〇、また三・四、六、さらに一一・三

「神は……御子によって世界を創造されました」（ヘブライ一・二）。この世界を表す *αἰῶνας* aionas は空間的であるよりは時間的な方向づけを持っている。ヘブライ書では天と地、原型と模型、実在と影というようにプラトニズム的とも思えるような二元的な図式が用いられるが、それも空間的というより時間的な緊張において理解されるべきである（McDonough, *ibid.*, p.194）。「神が設計者であり建設者である堅固な土台を持つ都」（一一・一〇）とは来たるべき世であり、最初の揺り動かされるものが取り除かれた後に現れる「揺り動かされることのない御国」（一二・二八）の終末論的成就のことである。そして来たるべき世をもたらす代理的行為者は、最初の創造の代理的行為者でもある。それ故、世界は御子によって創造されたと冒頭で強調されるのである。

そして七十人訳詩編一〇一・二六（新共同訳一〇二・二六）を引用して言われる。「主よ、あなたは初めに大地の基を据えた。もろもろの天は、あなたの手の業である」（ヘブライ一・一〇）。明らかにここでの文脈上「主」とは御子イエスのことであるとすれば、「ヘブライ一・一〇以下は、おそらく創造に際してのイエスの役割に関して新約聖書全体の中で最も大胆な発言である」ということになる（McDonough, *ibid.*, p.205）。ヘブライ書にあって御子は大祭司として完全な贖いを成し遂げる方であるが、同時にこの方は神によって造られた家全体の統

治者でもある。「どんな家でもだれかが造るわけです。万物を造られたのは神なのです。……キリストは御子として神の家を忠実に治められるのです」（ヘブライ三・四、六）。御子の贖罪の業は宇宙的な次元を持っている（McDonough, *ibid.*, p.209）。

④ヨハネ一・一―五

「言は神であった。この言は、初めに神と共にあった」（ヨハネ一・一―二）。神が言と共にいない時期が考えられないほどに、神と言は一体である。このことを明示するためにヨハネが旧約の中に見出したものが、神は語るという表現である。アラム語旧約聖書タルグムの中に「語る」という動詞の名詞形が見られるので、「万物は言によって成った」と表現する際にヨハネに影響を与えたのではないかと見る学者もいる。しかしもっとストレートに、言葉による創造について語る他の旧約の箇所を挙げれば十分であろう。「御言葉によって天は造られ、主の口の息吹によって天の万象は造られた」（詩編三三・六）。

「光は暗闇の中で輝いている」（ヨハネ一・五）。ここで闇を退けるまことの光は創造の最初の光であり、その同じ光が今や「世に来てすべての人を照らす」（一・九）光ともなったのである。この光は「父の独り子としての栄光」（一・一四）であり、「世界が造られる前に、わたしがみもとで持っていたあの栄光」（一七・五）である。暗闇の世へと御子が到来した目的は、この栄光の輝きに弟子たちをも与らせ、彼らを光の子とするところにある（一二・三六）。

そのことはまた、「天地創造の前からわたしを愛して」（一七・二四）くださった父なる神の愛に、弟子たちを、そして「彼らの言葉によってわたしを信じる」（一七・二〇）すべての人々を与らせることを意味する。最後の晩餐の席上、イエスの愛しておられた弟子がイエスの「すぐ隣に（κόλπος kolpos）」（一三・二三）はべっていた。このすぐ隣とは懐《ふところ》という意味であり、この言葉はヨハネ福音書中、そのほかではただ一箇所でだけ用いられている。「いまだかつて、神を見た者はいない。父のふところ（κόλπος）にいる独り子である神、この方が神を示されたのである」（一・一八）。このことはすなわち、イエスの愛弟子は、御子が御父と分け持っている親密な交わりと同じ交わりをイエスと分け持っているということであり、御子を信じる者はすべてこの親密な愛の交わりを分け持つことになるということである（一七・二六）。創造の業が御子にも分かち与えられたのは、御子に対する御父の愛にほかならない。御父はすべてを我が手に独占しようとは思わない。むしろそれを御子と分かち合うことを欲する。ロゴスとしての御子は父の御心を喜んで実行する忠実な子であり、父の意志に沿って創造された世界を本来あるべき姿に戻すために到来した方である（McDonough, *ibid*., p.233）。

⑤ヨハネ黙示録三・一四（また四・一一も参照）

こうして最初の創造に立ち会った仲保者である方が、新しい創造の終末論的な完成者になる。今、冷たくもなく熱くもない中途半端なラオディキア教会の戸口に立って叩いている御子こそ、「神に創造された万物の源である方」（ヨハネ黙示録三・一四）なのである。

創造主には讃美の礼拝がふさわしい。「主よ、わたしたちの神よ、あなたこそ、栄光と誉れと力とを受けるにふさわしい方。あなたは万物を造られ、御心によって万物は存在し、また創造されたからです」（ヨハネ黙示録四・一一）。そしてこの創造主の讃歌は、ただちに屠られた小羊の讃歌に重なって行く（ヨハネ黙示録五・一二）。造り主の讃美と贖い主の讃美は礼拝の中では切り離しえない。

四　受肉者イエスの衝撃

「そもそもどのようにして、またなぜ、一人のガリラヤ出身のラビがそれほど明瞭に神の知恵と結び合わされることになったのだろう。どのようにしてそれほど簡単に神の知恵が、一つの抽象的な原理からつい先日現れた一人の人間へと移行するというのだろう」（McDonough, *Christ as Creator*, ibid., p.2）。

a　新約聖書のキリスト論的創造讃歌の背景として、多くの研究者たちがプラトンのイデア論、ストア派のロゴス論、ユダヤ教の先在の知恵、そしてフィロンのロゴス思想などを挙げる。しかしどれも十分ではない。なぜなら、そのどれを取っても、新約の創造讃歌とは一番肝心の点で違いが際立つからである。創造讃歌の中心におられるのは単なる理念や原理ではなく、それを実現するための手段や道具でもなく、明確に受肉して人格となった歴史のイエスである。

この意味でマクドナッフの指摘は鋭い。彼はキリスト讃歌の背景を明らかにした諸研究を概観した上でこう述べる。「最終的な、そして最も批判すべき問題は、彼ら〔研究者たち〕の議論にはイエス・キリストの存在感がどちらかと言うと希薄であるということである。このことによって私がはっきり言いたいのは、〔キリスト論的創造という〕教理が成立するための衝迫力（impetus）としての、イエスについての物語が無視されているということ、そして、この教理がその中で成長した母胎（matrix）としてのキリスト＝メシア思想が無視されているということである。研究者たちは皆『キリストの出来事』について少なくともほんの束の間言及はしているし、全員が新約聖書によって原資料に独創的な手が加えられていることを認めている。しかし、メシアなるイエスは彼らの研究の焦点とはなっていない」（McDonough, *ibid.*, p.7）。確かに新約の教団が自分たちの確信をヘレニズム世界で表明するに際して、ヘレニズムのロゴス論やユダヤの知恵の思想を表現手段として用いたとしても、中核にあるのはイエスのメシア性だということである。創造的な力の行使はイエスのメシア的支配の開始をしるしづけるものであり、イエスが統治を確立したのは彼自身がその創造に立ち会った世界なのである（*ibid.*, p.65）。この意味でマクドナッフは以下のラングカンマーの意見に同意する。すなわち、イエスを神の子と信じる信仰は、創造の仲保者としてのキリスト信仰よりも古い。イエスが持っていた父なる神の子であるという独自の主張こそ、創造の仲保者性という教理の成立にとって、決定的なモティーフとなったものである（H. Langkammer, Der Ursprung des Glaubens an Christus den Schöpfungsmittler, in: *Liber Annuus* 18, 1968, S.78）。

確かにキリストを創造の仲保者とする讃歌は（ヨハネ福音書は別として）主として使徒たちの書簡に見られるものであり、その方が共観福音書の成立より早い。しかしマクドナッフは、歴史のイエスの記憶は断片的ながらかなり正確に伝承されていたというR・ボウカムの研究（『イエスとその目撃者たち――目撃者証言としての福音書』浅野淳博訳、新教出版社、二〇一一年）を妥当な見方とする。そしてその福音書が保存しているイエスの記憶が描いているのは、荒れ狂う混沌の海を鎮め、損なわれた心と体を癒し、人間には覆しえない死の悲しみを覆して、世界に再び秩序を取り戻すただ一人の力ある方なのである。

「イエスは起き上がって、風を叱り、湖に、『黙れ。静まれ』と言われた。すると、風はやみ、すっかり凪《なぎ》になった」（マルコ四・三九）。ここには、混沌の脅かしから世界を守る方は、原初の闇と混沌を退けて世界を創造された神であるという詩編の創造讃歌がこだましている。「万軍の神、主よ、誰があなたのような威力を持つでしょう。主よ、あなたの真実は、あなたを取り囲んでいます。あなたは誇り高い海を支配し、波が高く起これば、それを静められます。あなたはラハブを砕き、刺し殺し、御腕の力を振るって敵を散らされました」（詩編八九・九―一一）。「主は嵐に働きかけて沈黙させられたので、波はおさまった。彼らは波が静まったので喜び祝い、望みの港に導かれて行った」（詩編一〇七・二九―三〇、また六五・八、一〇四・七、ヨブ二六・一一―一二なども参照）。舞台は小さなガリラヤ湖であったが、明らかにこの出来事の持つ宇宙論的な意義を福音書記者は伝えようとしている。福音書記者はこの口頭伝承を次のような弟子たちの問いをもって打ち切った。「いったい、この方はどなたなのだろう。風や湖さえも従うではないか」（マルコ四・四一）。問いの形でありながら、かえって創造の詩編を思わせる絶妙な暗示的効果が生じている。

安息日における病の癒しも、単に律法破りが目当てなのではない。むしろ病める者を癒す創造者の出現こそ、人間にとっての本当の安息日なのである。ゲラサ人の地で悪霊に取り憑かれた人間をイエスは癒す。その際ルカは、悪霊どもがイエスに、「底なしの淵（ἄβυσσος abussos）」へ行けという命令を出さないようにと願ったというやり取りを伝える（ルカ八・三一）。この言葉は宇宙論的な意味でまさに深淵を意味する。悪霊はいったん豚に宿るが、結局は湖の深淵に沈ませられる（McDonough, *op.cit.*, p.32）。教父のエイレナイオスは、シロアムの池で目の不自由な者に対し、イエスが「唾《つば》で土をこねてその人の目にお塗りになった」（ヨハネ九・六）とあることに注目し、最初の創造においても人間が土から造られていることに基づいて、ここに神の再創造の業を見た。七十人訳では塵（創世記二・七）と土は違う言葉だが、人間を粘土から造った陶器になぞらえる預言者たちの言葉はヨハネと同じ「土」である（イザヤ二九・一六、エレミヤ一八・六）。それ故、ヨハネは、シロアムすなわち「遣わされた者」という名の池の端に立つイエスを、創造者と同等の位置に置いているのである（McDonough, *ibid.*, p.36）。

確かにイエスは知恵の教師でもあった。町々村々を巡回しながら鋭い寸言をもって因習的な世の知恵を覆したし、たとえ話を用いて人々を新たな認識へと目覚めさせた。その意味でイエスは幼い時から神の知恵に満ちている方（ルカ二・四〇）として人々の目に映じたことは間違いない。しかしイエスの知恵ある言葉が人々の耳目を驚かせたのは、イエスが言葉を発することによって悪霊を追い出し、人間の精神の混乱を静めたからである。「人々は皆驚いて、互いに言った。『この言葉はいったい何だろう。権威と力とをもって汚れた霊に命じると、出て行くとは』」（ルカ四・三六）。

しかしイエスの力ある言葉と行為は、それだけで終わった過去のエピソードではない。イエスの力ある言葉と行為の記憶が物語る教会によって語られるたびに、それを聴く者のうちにそのつど新たな目覚めをもたらし、失意の人を立ち上がらせた。「彼を通して初代教会は新たに生まれ変わった。彼を通して新しい創造が起こった。この新しい創造の代理人（agent）は、最初の創造の代理人、すなわちかの神の知恵以外の誰でもないに違いない」（R. S. Barbour, Creation, Wisdom and Christ, in: R. W. A. McKinney (ed.), *Creation, Christ, and Culture: Studies in Honour of T. F. Torrance*, Edinburgh 1976, p.31）。そう人々が考えたとしても不思議はない。まさにこのようなイエスのメシア的再創造（re-creation）の言葉と行為が、遡って最初の創造（creation）におけるメシア的な仲保という考え方を醸成したのである。

b　この流れを理解するためには、捕囚後のイスラエルにおいて創造と贖いとがいかに密接な関係にあったかに注目しなければならない。「ヤコブよ、あなたを創造された主は、イスラエルよ、あなたを造られた主は、今、こう言われる。恐れるな、わたしはあなたを贖う。あなたはわたしのもの。わたしはあなたの名を呼ぶ」（イザヤ四三・一）。救いと贖いはイスラエルの造り主であるのみならず、「地の果てに及ぶすべてのものの造り主」（イザヤ四〇・二八）である方から来る。「あなたの贖い主、あなたを母の胎内に形づくられた方、主は言われる。わたしは主、万物の造り主」（イザヤ四四・二四、また四五・一八）。

詩編一九編は壮大なスケールで神の創造の業をほめ称える。「天は神の栄光を物語り、大空は御手の業を示す。……太陽は、花婿が天蓋から出るように、勇士が喜び勇んで道を走るように、天の果てを出で立ち、天の果てを目指して行く。その熱から隠れうるものはない」（詩編一九・二、六―七）。しかしこの前半（二―七節）に続く後半（八―一五節）では、主題は突然主の律法をほめ称えることへと変わる。「主の律法は完全で、魂を生き返らせ、主の定めは真実で、無知な人に知恵を与える」（一九・八）。一見すると、二つの別々の主題が無理やり接ぎ木されたかのような印象を与えるが、そうではない。神の創造された自然界の秩序と、主の掟を守ることによる人間界の秩序とは、切り離しがたく結びついている。天において太陽が定めを守って規則正しく運行しているように、地においても神は人間に定めを与え、それに則して歩むことで、無軌道に陥る過ちと的外れの罪（一九・一三―一四）から人間を守ろうとしているのである。「旧約聖書において創造と贖いがこれほど密接に結びついているという事実は、なぜ新約聖書の著者たちが旧約から新約に変わった時、贖いにおけるイエスの代理行為から遡って創造におけるイエスの代理行為へと移行することができたのか、おそらくその理由を十分に説明していると言えるだろう」（McDonough, *op.cit.*, p.51）。

救済におけるメシアの仲保的な業は、創造におけるメシアの仲保的な業を前提にしている。メシアが創造の仲保者でもあったからこそ、救済においても仲保者たりえたのである。たとえ御子によって成った世がその御子を知らず、また受け入れなかったとしても、御子はご自分が創造の仲立ちをしたご自分のものである世に来たのであり、まさしく「言は、自分の民のところへ来た」（ヨハネ一・一一）のである。

五　山川草木悉皆《しっかい》在主

「神のみ子は神ご自身の中で他者の原理的な真理（die prinzipielle Wahrheit eines Anderen）であり給う。この他者は神のみ子として神ご自身である。しかしまさに神ご自身が、み子の中で自分自身にとって他者となり給う」（K. Barth, *KD* II/1, S.356–357. 吉永正義邦訳該当書一一八頁）。

こうして新約の教会は、創造に御子が関わっていることを高らかに歌い上げた。でもなぜ御子が関わっているのだろう。教義学はこの点をさらに熟考する。創造に御子が関わっているのは、御子が三位一体の神の内部における他者性の原理だからである。神は唯我独尊的自己同一性の神ではない。ご自身のうちに自分とは異なる他者を持ち、その交わりを喜ばれる。そこに隣人愛の根拠がある。K・バルトによれば、神がご自身とは異なる世界を創造されるということは、神の自由な業である。そして被造物との関係で神の自由が確保されるのは、神の自由が起源的にその真理を、神の内なる三位一体的な生の中に、特に御子の存在様式の中に、持っているからである。「神にとって別様性が存在するために、別に世界が必要であるということはない。神はすべての世界に先立って、そのみ子の中で永遠から永遠にわたって、ご自身の中でまた別様性を持ち給う。……世界は、神のみ子が存在するが故に、存在する間に、存在する」（K. Barth, *KD* II/1, S.356–357. 吉永正義邦訳該当書一一八頁）。

同じようにパネンベルクも、御子を三位一体の神の中での他者性の原理（das Prinzip der Andersheit）と見る（W・パネンベルク『組織神学入門』佐々木勝彦訳、一九九六年、日本基督教団出版局、六一頁）。父は御子において他者を持つ。それ故に御子に基づいて世界が他者として創造される。この聖書的神思想の深みを捉え、それを哲学的な弁証法（Dialektik）の論理〈正→反→合〉にまで高めたのが、かつてチュービンゲンの神学生でもあった哲学者ヘーゲルである。「三位一体における御子が他者性の原理であることが、ヘーゲルの思想である。この他者性の原理こそ、神性に対してまったく他者である有限なるものの成立にとっての出発点になるものである」（W. Pannenberg, *Systematische Theologie* Bd.II, Göttingen 1991, S.42）。

だがヘーゲルは、父が子において他者を持つという聖書から得たこの深い思想を、絶対精神の自己展開という必然的なプロセスと見なしてしまった。その結果三位一体は、自意識を手本に考えられた一つの精神主体の自己展開として叙述されることになる。しかしパネンベルクによれば、御子は自由な主体性において父から自己を区別し、自ら進んで他者性の原理となるお方である。「彼〔ヘーゲル〕は御子をただ区別の論理的な契機としてだけ理解しており、自己区別の自由な原理として御子を人格的に理解してはいない」（*ibid.* S.46）。御子を他者性の原理と呼ぶにしても、単なる原理ではなく、三位一体の中での人格となった原理なのである。

創造においては、父からの御子のこの自己区別が決定的に重要となる（*ibid.*, S.36）。この御子の自己区別は、創造者とは異なる被造物の現存在の存在根拠である。「父にのみ栄光を帰する御子の自己区別が、被造物の他者性と自立性の出発点を形成している」（*ibid.*, S.37）。被造物の他者性と自立性は、断じて父からの離反と疎遠、放蕩息子の反抗を意味しない。御子は父にのみ栄光を帰し、どこまでも父に従順である。ところが人間は、創造者とは異なる自分の有限性を受け入れようとはせず、自分が神になろうとする。これに対して御子は、父の栄光に仕えることの中にご自身の使命と喜びを見出される。そのような御子の服従において、被造物の構造と定めは実現するのである（*ibid.*, S.39）。

それでは、自然に親しむ私たち日本人は、このような新約聖書の秘義的認識をどのように受けとめたらよいのだろうか。「山川草木悉皆《しっかい》成仏」という言葉がある。自然界の命あるものはもちろんのこと、山や川、草や木、国土全体にいたるまで、万物は皆悉《ことごと》く仏性に満ちているという認識である。これは元来天台宗が日本に入って密教化するにつれ、土着の神道の自然信仰と習合したところに生じたものだと考えられている。明らかに汎神論の立場であるが、新約聖書の称揚する創造のキリスト讃歌も、一見するとこれに近いように思えるかもしれない。

確かに「万物は御子において……御子によって、御子のために造られました」（コロサイ一・一六）もまた、万物が御子の中にあることを主張している。キリストは単に信仰者にとっての主ではない。信者であれ未信者であれ、キリスト者であれ非キリスト者であれ、知っているか知っていないかは別として、万物の隠れた根拠はキリストである。「キリストがすべてであり、すべてのもののうちにおられるのです」（コロサイ三・一一）。これは、先に「神関係の絶対」について語った事柄（神学小径Ⅱ・6・1、Ⅱ・9・4）の、さらにキリスト教的に先鋭化された啓示的認識である。世界の秘義としてキリストがおられる。

しかし、私たちはここで事柄を厳密に考えなければならない。「万物は御子において（ἐν en）造られた」という文言に基づいて、「世界は御子の体である」とまで先走って語ることはできない。宇宙をキリストの体と見なす神秘主義的な解釈（G. H. van Kooten, *Cosmic Christology in Paul and the Pauline School*, Wissenschaftliche Untersuchungen zum Neuen Testament, 2/171, Tübingen 2003）は、決してコロサイ書の神学からは生じない。なぜなら、キリストの体とはあくまで教会であって、「御子はその体である教会の頭」（一・一八）だからである。万物と御子との汎神論的な同一視は、その直後に「万物は御子によって（διά dia）造られた」（一・一六）と即座に語ることによって明確に退けられている（McDonough, *op.cit.*, p.185–186）。しかもさらに「御子のために（εἰς eis）」が続くことにより、終末論的な目的と完成への希望が示されている。現在的なキリスト汎神論が言われているのではなく、贖い主として到来した御子が実は万物の創造論的根拠にして終末論的目的でもあるということが言われているのである。

　先に触れた言い回しをあえてキリスト教的に言い直せば、啓示に基づく創造の認識とは、「山川草木悉皆《しっかい》在主」（さらに言えば在贖罪主）ということにほかならない。これは突拍子もない思弁であろうか。決してそうではない。「あなたがたはキリストのもの、キリストは神のもの」（第一コリント三・二三）。「天にあるものも地にあるものもキリストのもとに一つにまとめられるのです」（エフェソ一・一〇）。やがてそのことが万人にも分かる日が来るであろう。信仰はそのことを先取りする認識である。キリスト信仰が骨抜きになる万物復興説が言われているのではない。ただ恵みの選びを人間が限定することのできない、キリストの恩寵の広大無辺さを述べているのである。

　明治のキリスト者内村鑑三は一九〇九年にすでにこう述べている。「神がキリストを目的に、彼に在り、彼を以て万物を造り給へりと云ふ事は人類の実際問題として甚だ大切なる事であると思ふのである。……宇宙は仁者の理想に背きて暴力の専制に帰しつつある乎《か》、……『否なよ』と聖書は答ふるのである。神はキリストを目的に、キリストに在りて、キリストを以て宇宙万物を造り給へりと。即ち愛を目的に、愛に在りて、愛を以て宇宙を造り給へりと。宇宙の目的は愛、其《その》成りし手段は愛、其《その》原理と精神とは愛であるとのことである」（『内村鑑三全集16』岩波書店、一九八二年、四一七頁）。

幕間のインテルメッツォ（間奏曲）

一二〇　一八世紀初頭に部厚い哲学史をラテン語で書いたＪ・ブルッケルスは、その第一巻を「揺籃期」から始めた。二〇世紀の哲学者ヴァイシェーデルによれば、このラテン語の逐語的意味は「おむつを当てていた時代」になるらしい。

一二一　哲学の「おむつを当てていた時代」は先史時代に遡る。第一巻の扉には太古の熊が左手の爪を噛んでいる絵が描かれ、ラテン語で「彼自身がおのれの食物である」と記されている。つまり、哲学は何ら外来の糧（先行する学問）を必要とせず、自分自身の英知で十分であるとのことらしい。

一二二　ブルッケルスは最初の人アダムを取り上げて、彼から哲学が始まったのではないと言う。糧を得るため額に汗して働かねばならないアダムには、夕方にはもはや深遠な思想のための脳力が残っていなかったからである。確かに、余暇（スコレ）がなければ学問（スコラ）は誕生しない。

一二三　だが逆は必ずしも真ならず。余暇があれば学問が生まれるとは限らない。小人閑居して不善をなすの倣《なら》い。

一二四　「主を畏れることは知恵の初め」（箴言一・七）。神学はこの原点に帰るべし。以上、神学と余暇について。神学の「揺籃期」についてはまた今度。特にそのラテン語の逐語的意味については！

あとがき的命題集

命題一九五　新約聖書のキリスト論的創造讃歌の背景として、プラトンのイデア論、ストア派のロゴス論、ユダヤ教の先在の知恵、そしてフィロンのロゴス思想などを挙げることは、どれも十分ではない。なぜならそのどれを取っても、新約の創造讃歌とは一番肝心の点で違いが際立つからである。その讃歌の中心におられるのは理念や原理ではなく、それを実現するための手段や道具でもなく、受肉して人格となった歴史のイエスである。

命題一九六　創造的な力の行使はイエスのメシア的支配の開始をしるしづけるものであり、イエスが統治を確立したのは彼自身がその創造に立ち会った世界なのである。

命題一九七　「イエスは起き上がって、風を叱り、湖に、『黙れ、静まれ』と言われた。すると、風はやみ、すっかり凪になった」（マルコ四・三九）。ここには、混沌の脅かしから世界を守る方は、原初の闇と混沌を退けて世界を創造された神であるという詩編の創造讃歌がこだましている。

命題一九八　救済におけるメシアの仲保的な業は、創造におけるメシアの仲保的な業を前提にしている。メシアが創造の仲保者でもあったからこそ、救済においても仲保者たりえたのである。

命題一九九　創造に御子が関わっているのは、御子が三位一体の神の内部における他者性の原理だからである。しかもそれは三位一体の中で人格となった原理である。

命題二〇〇　「山川草木悉皆成仏《しっかい》」という言葉は、キリスト教的な啓示に基づいて言い直せば、「山川草木悉皆在主」ということになる。贖い主として到来した御子は、万物の創造論的根拠にして終末論的目的である。

第八章　創造のエネルゲイア

一　エネルギーはどこから？

「被造物の上に神から降り注ぐエネルギーはすべて、父から発出され、御子を通して広がり、聖霊において完成される」（Gregor von Nyssa, *Quod non sint tres dei*, *Gregorii Nysseni Opera* III 1, S.47f. Vgl. B. Nitsche, *Gott und Freiheit—Skizzen zur trinitarischen Gotteslehre*, Regensburg 2008, S.87）。

エネルギーがなければ運動は起こらず、物体は崩壊し、生命は燃え尽きる。それでは、この世界に動きが絶えたことがないという事実は、何を意味しているのだろう。円周四万キロメートルの巨大な物体である地球は時速千七百キロメートルの速度で自転しながら太陽のまわりを回っている。その地球の内部でマグマは煮えたぎり、海底プレートは移動をやめず、地上では今も無数の生命がうごめいているのだとすれば、一体そのエネルギーはどこから来るというのだろう。

聖書はエネルギーのそもそもの源を、創造における神の霊のダイナミックな働きの中に見ている。「初めに、神は天地を創造された。地は混沌であって、闇が深淵の面にあり、神の霊が水の面を動いていた」（創世記一・一―二）。「御言葉によって天は造られ、主の口の息吹によって天の万象は造られた。主は大海の水をせき止め、深淵の水を倉に納められた。全地は主を畏れ、世界に住むものは皆、主におののく」（詩編三三・六―八）。原初の水を覆い、無から有を造り出し、形なきカオスを秩序あるコスモスに変えたのは聖霊である。鳥が卵を抱くように聖霊は今も世界を抱いている。世界は聖霊のエネルギーで満ちている。現代にあって聖霊の神学を展開するピノックはそのように言い、改めて問いかける。「神学は神の遍在を否定することを考えようとしたことはなかっただろうが、聖霊の遍在を無視してきたかもしれない。『どこに行けば私はあなたの霊から離れることができましょう』（詩編一三九・七）。私たちは聖霊の遍在を完全に忘れたわけではないだろう。しかしおそらく、世界を維持する漠然とした力としてではなく、三位一体なる神の聖霊として、聖霊が現臨するということを忘れがちなのではあるまいか」（C. H. Pinnock, *Flame of Love: A Theology of the Holy Spirit*, InterVarsity Press, 1996, p.51）。

確かに私たちはそのことをあまり真剣に考えてはこなかったかもしれない。その理由は、カトリックもプロテスタントも両者を含め西方教会の神学が、長い間聖霊論をもっぱら救済論の文脈に集中して語る傾向にあったからである。この点でパネンベルクは、聖霊を主観的領域に狭める個人主義化の危険を精力的に回避しようと努めている。聖霊は風や創造の力、命に関わる聖書的な概念であり、その意味で、ニケア・コンスタンティノポリス信条が聖霊を「生命を与える霊」として告白してきたことは重要な意味を持っていた（W・パネンベルク『信仰と現実』佐々木勝彦訳、日本基督教団出版局、一九九〇年、三九頁）。ところがその後のキリスト教の歴史においては、聖霊がもっぱら救済論に限定されてしまい、聖化の霊として主観化し内面化してしまった（前掲書四七頁）。しかし本来聖霊は被造物を産み出し、神へと関係づける本源的な力なのである（パネンベルク『組織神学入門』佐々木勝彦訳、日本基督教団出版局、一九九六年、六四頁。同『自然と神――自然の神学に向けて』標宣男・深井智朗訳、教文館、一九九九年、一九五頁）。

モルトマンもまた、聖霊を贖罪の霊に限定する西方神学の傾向を批判する。それではヤハウェの霊（רוח ruah）とキリストの霊（πνεῦμα pneuma）が無関係になってしまい、創造における聖霊の働きと新しい創造における聖霊の働きの連続性が崩壊してしまう。罪の赦しという義認論は最初から新しい生の創造という霊の経験を伴っていたはずなのである（J・モルトマン『いのちの御霊』蓮見和男・沖野政弘訳、新教出版社、一九九四年、二八頁以下、二二二頁）。冒頭に触れたピノックもこうした西方神学の救済論的集中を見直すべきであると考える。救済における聖霊の強調は重要である。ただしそのことが、創造における聖霊の業の否定として理解されるべきではない。最初の創造がなければ新しい創造もありえず、贖罪は創造の回復ないしその成就であって、創造の否定ではない（Pinnock, *op.cit.*, p.51, 63）。

聖霊について聖書的語りは豊かな比喩的イメージを用いており、息、風、水、火、鳩など、そのほとんどを自然の素材から取っている。風そのものが聖霊であるなどと言っているわけではない（D. T. Williams, The Spirit in creation, in: *Scottish Journal of Theology*, vol.67 No.1, 2014, p.4）。あくまで聖霊は、自然に関与する神の創造的な力を担っている方であり、比喩的イメージはそのダイナミズムの象徴なのである（V.-M. Kärkkäinen, *Pneumatology: The Holy Spirit in Ecumenical, International, and Contextual Perspective*, Baker Academic, Michigan 2002, p.161. 神学小径Ⅱ・13・1参照）。

この聖霊の創造論的局面を自覚的に保持したのは、東方教会、ビザンティン神学の伝統である。一方で、東方教会の霊性は神の絶対超越を強調してやまない。神はその本性（οὐσία ousia）からすれば、「近寄り難い光の中に住まわれる方、だれ一人見たことがなく、見ることのできない方」（第一テモテ六・一六）である。したがって神について人間はただ否定的な仕方でしか語りえない。神は無限にして無窮であり、被造物に当てはまる述語をことごとく否定するという仕方でしか表現できない方である。しかし他方で、神はその働き（ἐνέργεια energeia）において被造物との交わりを持つことも強調される。神のエネルギアは万物に浸透し、万物を根底から支え動かしている。自然的事物は、それぞれの限定された形相のうちに、神のエネルゲイアを受容し、それを何ほどか顕現させていると見られている（谷隆一郎『人間と宇宙的神化——証聖者マクシモスにおける自然・本性のダイナミズムをめぐって』知泉書館、二〇〇九年、三八、五一頁）。すべてのエネルゲイアは父に由来し、子を通じて、霊において伝わっていく。ギリシア教父たちは、エネルゲイアが三位格のうち、どれか一つの位格に帰属するものとは考えていなかったとする指摘もある（V・ロースキィ『キリスト教東方の神秘思想』宮本久雄訳、勁草書房、一九八六年、一〇六、一一五、一一八頁）。しかし被造物に働きかける位格として聖霊が被造物に一番近いものであり、その意味で、神的エネルゲイアの伝達者として聖霊とエネルゲイアの関係をより緊密に考えることは決して不当なことではない。現に先の指摘をしたロースキィ自身も、別の箇所でこう述べている。「神はその本質から溢れ出て本質の外に現われ、本性的にほかのものに分ち与えられないものでありながらも自己を分ち与える。本質の外への神性のこの発出——神的充溢の氾濫——こそエネルギーである。それは神の霊によって神性の溢れが被造的受容者に注がれる限りで語られる、神に固有な存在様式に外ならない。だから聖霊降臨祭の聖歌は霊を『父から子を通じて注ぎ出る神性の流れ』と呼んでいる」（同前二九一頁）と。ギリシア教父を継承しビザンティン神学を集大成したグレゴリオス・パラマス（一二九六

―一三五九年）も、エネルゲイアの伝達者としての聖霊について述べていたとされる。「そして永遠にこの本性から流れるエネルゲイアは聖霊によってわれわれに伝達され、われわれを神化［神との交わりに参与］させ、三位一体の生命にわれわれを与らせる」（大森正樹『エネルゲイアと光の神学――グレゴリオス・パラマス研究』創文社、二〇〇〇年、一一一頁）。

しかし、神の本質（ウーシア）とは区別される働き（エネルゲイア）の強調は、神の絶対的超越性と神的単一性を損なうことにはならないのだろうか。この問いにオリゲネスは、太陽の本体とそこから放射される光線のたとえを用いて答えた。「往々にして、我々の眼は太陽の実体である光の本性そのものを眺めることはできないが、窓あるいは隙間を通って入り込んでくるその光線を見て、そこから物的光の火口即ち源泉の大きさを考察することはできるのである」（オリゲネス『諸原理について』I・1・6、小高毅訳、創文社、一九七八年、五六頁）。同じたとえを用いたのは大バシレイオスである。「太陽の光に譬えて言えば、それを享受するものにとって、その恵みは、あたかも自分のためにだけあるかのごとくであるが、しかし地と海を照らし、大気と一つに混じりあっている。聖霊がそれを受けるそれぞれのものに対する関係も同じである。ただそのものにだけ臨んでいるかのごとくでありながら、しかも、すべてのものに足りるだけの恩寵を、それぞれ全体としてそそぐ」（Basilius, *De Spiritu Sancto*, IX, 22.『聖大バシレイオスの「聖霊論」』山村敬訳、南窓社、一九九六年、八八頁）。このイメージを継承してパラマスもこう述べる。「神の神的で造られざる恵みとエネルゲイアは、太陽光線のイメージに従うなら、分かたれずに分かたれ、温め、照らし、生命を与えて、増大し、照らされた者に自身の輝きを送り、見る者の目に顕現する」（Gregorios Paramas, *Capita*, c.68. 大森正樹前掲書一五三頁参照）。太陽光線はその本源である太陽そのものから分離して考えることはできない。確かに地上に届く太陽の光は太陽そのものではない。太陽そのものなら、地上にあるものはことごとく焼き尽くされてしまう。とはいえ、太陽の光を太陽とは別物と見なす者はいないのである。

ところで、聖霊を神の創造的な力の担い手と見る見方は、東方神学にだけ特有のものではない。驚くべきことに、聖霊論の独自の展開が乏しいと見なされることの多い西方神学の雄カール・バルトの中に、同じ見方を発見する。バルトによれば、「神がまた……聖霊であり給うことによって、被造物にとって神は、神にとって被造物は、可能となり、耐えられうるものとなる。……被造物そのものの現実存在を……可能にし、被造物に対して存在することをゆるし、被造物をその現実存在の中で担うもの、被造物がその現実存在の中で頼るようさし向けられているものは、聖霊なる神である」（*KD* III/1, S.60. 吉永正義邦訳版一〇一頁）。ここには、創造世界に関与する神のエネルゲイアを聖霊論として展開することで、聖霊の位格の固有性をより明確にする神学的道筋が示されている。バルトは言う。「聖霊は、ただ単に神の永遠の生それ自身の中で父と子を一つにするものであり給うだけでなく、また世において神が行動なさる際の次のような神の実在――その中で被造物が神に向かって開かれ、能力あるもの、進んで行為するものにされるところの、神の実在――であり、その限り被造物と神との間を一つにするもの、永遠と時間を結びつけるもの、であり給う」（*KD* II/1, S.755. 吉永正義邦訳版四三四頁）。この意味で、まさに聖霊の位格は、神が被造物に働きかけるエネルゲイアの担い手なのである。

二　無の深淵の上で

「事実、神がその力（virtus）によって宇宙万物を結び、統合させているのでなければ、どうして我々は神のうちに生き、動き、存在している〔使徒一七・二八〕と言えよう。また『主は言われる、私は天と地を満たしているではないか』〔エレミヤ二三・二四〕と言われているように、神の力が天と地において万物を満たしているのでなければ、どうして救い主自らが言っておられるように、『天は神の御座であり、地は神の足台である』（イザヤ六六・一、マタイ五・三四）と言い得よう。したがって、万物の生みの親なる神が、宇宙万物をご自分の力の充満で満たし、統合させていることは、以上の説明から、何人にも容易に是認されることと思う」（オリゲネス『諸原理について』Ⅱ・1・3、前出一一九頁）。

創造の根拠となる三位一体なる神の内なる愛は、父と子の二人だけの我と汝の排他的な愛ではない。愛の絆としての聖霊は、愛する者と愛される者の愛を排他的な自己愛から抜け出させ、さらに第三者である新たな他者との交わりへと向けて開く主体である。サン・ヴィクトールのリカルドゥスは、三位一体の神のあり方の中に、新約聖書が特別な思いを込めて大事に語ってきたアガペー（ἀγάπη）としての愛の特徴を見ている。ギリシア語エロース（ἔρως）に相当するラテン語アモール（amor）としての愛は愛の対象を自己の内に取り込み、自分のものにしようとするので、外へと自己を開くことはない。そこには愛する者と愛される者二者だけの排他的関係しか存在しない。しかもその内実はまったく他者のいない我と我どうしの関係である。しかしギリシア語アガペーに相当するラテン語カリタス（caritas）としての愛は自己を外へと開き、愛の喜びの中に第三者をも招き入れ、喜びを増幅させる。それは自己中心的な愛ではなく、自己犠牲的、他者包含的な愛である（A. Ganoczy, *Der dreieinige Schöpfer. Trinitätstheologie und Synergie*, Darmstadt 2001, S.61）。

愛する者と愛される者の閉じた関係を外へと向かって開くもの、それが聖霊である。神の愛が聖霊によって外へと開かれるところから、被造物の創造が開始される。そして同じ聖霊が、それなしには自己閉鎖的になる被造物を神へと向けて開き、神に関係づける。「聖霊はそれ故、神の世界を人間の世界へ、人間の歴史を三位一体の歴史へと向けて開く方である。そして聖霊はそうすることによって、この両方の世界を一つに結び、父と子の愛において人間を一つにしようと働く方である」（B. Forte, *Trinität als Geschichte. Der lebendige Gott—Gott der Lebenden*, Mainz 1989, S.117）。

聖霊は永遠の内在的三位一体の中にあっては父と子を結び合わせる力の主体であるが、それ故に、そしてそのことに基づいて、経綸的三位一体において神と被造物とを結び合わせる力の源でもある（Pinnock, *op.cit.*, p.60）。御子は被造物のロゴスとしてすべての被造物が一つに統合される（エフェソ一・一〇）根拠である。そして「このこと［一つに帰せしめること］はただ聖霊によってのみ実現することである」（W. Pannenberg, *Systematische Theologie* Bd.II, Göttingen 1991, S.47）。パネンベルクは言う。「聖霊は一方では、被造物において超越的な神が創造的に現臨する原理であり、他方で逆に、被造物を神的な生命に、それ故、生命そのものに参与させる媒体である。……聖霊は、神との区別を損なうことなく、被造物が神と交わり、その生命に参与することの構成要素である」（Pannenberg, *ST* II, S.47）。

この意味で、聖霊の働きは被造物の存在全般を覆っている。モルトマンによれば、「すべての創造された現実はエネルギー論的に理解され、神の霊の実現された可能性として把握されねばならない」（J・モルトマン『創造における神』沖野政弘訳、新教出版社、一九九一年、三〇頁）。パネンベルクはこの点をさらに場の理論と結びつけて理解しようとする。「神の聖霊は、すべての被造物に浸透している力の究極的場」（W・パネンベルク『組織神学入門』前出六六頁、七〇頁）として考えるべきなのである。このように「力の場（Kraftfeld, field of power）」として聖霊を理解することは、事物の成り立ちについての近年の自然科学的な説明と不思議にも重なり合う。従来の物理学では、力は物体に還元されると考えられてきたのだが、マイケル・ファラデー以来の「場の理論」はこれを覆した。そこで示されたことは、むしろ物体の方が力の場に還元されるのであり、物体はその「場」におけるエネルギーの現実化として存立しているのである（パネンベルク『自然と神』前出六七頁、一八九頁。同『信仰と現実』前出五六頁、さらに詳しくは、神学小径II・13・1【ノート98】場とエネルギー参照）。

【ノート131】聖霊の働きと力の場

a　「神の霊は生命（Leben）に至って初めてその創造的原理であるというのではなく、もうすでに運動（Bewegung）の創造的原理なのである」（W. Pannenberg, *ST* II, S.99）。このように見ることでパネンベルクは聖霊論を創造論的に拡大する。その際に注目したのがマイケル・ファラデー（Michael Faraday）に始まる電磁場の理論である。「ファラデーは物体そのものを諸力の現象形態と見なした。諸力とは、それ自体もはや物体の属性としてではなく、物質的現象に先立って存在している独立した現実性として把握された」（Pannenberg, *ST* II, S.100）。こうした見方が現代物理学、特にJ・C・マックスウェルやA・アインシュタインの相対性理論の展開へとつながってゆく。

パネンベルクによれば、空間を満たしている霊という考え方は非常に古く、その発想の起源は遠くギリシアのアナクシメネスにまで遡りうる。それがギリシア教父たちによって場を満たす聖霊論として展開された。すなわち、聖霊が空間を満たし、あらゆる事物を結び合わせているのである。現代のファラデーやマックスウェル、アインシュタインらはこの古くからの考えを最先端の物理学的理論によって補完したものにほかならない（T. J. Whapham, Spirit as field of force, in: *Scottish Journal of Theology*, vol.67 No.1, 2014, p.16–20）。

物理学における場の理論の発見は、神学の領域においても見られる。パネンベルクが特に挙げるのはT・F・トーランスである。「T・F・トーランスは、おそらく最初の人間としてこの関連を示唆し、場という概念を神学の中に受け入れることを擁護する貢献をなした人である。『場についての私たちの理解は、それを構成する力ないしエネルギー、すなわち聖なる創造者としての神の霊によって決定づけられるだろう』（T. F. Torrance, *Space, Time and Incarnation*, 1969, p.71）」（Pannenberg, *ST* II, S.102, Anm.212）。また先に引用したケルッケイネンは、早くから「エネルギーの場」に言及していた神学者の一人としてK・ラーナーの名を挙げている（K. Rahner, Experience of Self, in: *Theological Investigations* 13, 1975. Cf. Kärkkäinen, *Pneumatology*, p.119）。

b　とはいえパネンベルクも、たとえ対象は同じであっても、物理学と神学ではその研究アプローチの仕方が異なることを十分自覚している。両者の原理上の違いは、物理学的な場の理論を直接神学的に解釈することを禁じている（Pannenberg, *ST* II, S.103）。もし単に表面的に関連づけるなら、「それは悪しき弁証学になってしまうだろう」（*ibid.*, S.103）。だから「物理学的な力の場がすなわち聖霊である」と短絡的に結びつけることはできない。自然現象のエネルギーと創造的な神的エネルギーとはただちに同一視されるべきものではない。しかしそれでも、エネルギーの本来的な源として、無から有を生じさせる神の創造的な力について語ることは、聖書的語りに即していると言えるだろう。

その際パネンベルクが神学的な認識として重要視するのが、神の内部における三位一体的な力の場である。前章で見たように、御子は三位一体の神の内部での自己区別における他者性の原理であった。父は御子において他者を持つ。それ故、御子は、神にとっての他者である被造物が創造されるに際して、創造の仲保者となったのである。では聖霊は三位一体の神の内部でどのような働きをしておられる位格かと言えば、区別されたものどうしを再び一つに結び合わせる「平和のきずな」（エフェソ四・三）である。それ故、御子が他者性（Andersheit）の原理であるとすれば、聖霊は、異なるものを結び合わせる関係性（Bezogensein）の原理である。御父と御子は聖霊によって一つに結び合っている。三位一体の神の内部における力の場は、聖霊のダイナミズムによって区別されたものの結合として成立している。その聖霊が、被造物どうしの間を結び合わせ、違いを認めながらも一つに統合する。そして被造物と神とを結び合わせるのも聖霊の力である。異なったものどうしが自己への執着を捨て分離を克服して再び合一することで成立する交わりは、被造物自身の力によるというよりは、聖霊の働き、すなわち三位一体なる神の第三位格に帰すべき神的な出来事である。創造のエネルギーを秘めた聖霊のダイナミズムが、はじめて被造物的な現存在の自立から生じる分離・対立を克服することができる（*ibid.* S.104）。そのような意味で、聖霊は単に創造論的な力の場に還元して済ますことのできない未来の可能性として、たえず分離を克服して神の国の将来へと向かう、終末論的エネルギーを秘めたものなのである（*ibid.* S.119）。

では、万物が聖霊のエネルゲイアによって成立しているというこの神学的認識は、私たちの世界の見方に何をもたらすことになるのだろう。それは、一切の固定した静的体系として世界を見ることがもはやできなくなるということである。被造物の存在は自らの力によって存立している自存的なものではなく、存在理由を自らの内に持つ、存在することが当たり前であるような自明なものではない。それはあくまで聖霊のエネルゲイアによって存立しているものであり、無の深淵の上に辛うじて存在しているようなものである。存在の背後には非存在がある。被造物は、ただ神が存在することを願われる神の良き意志の現実化として存立しており、存在すること自体が恵みの奇跡なのである。

そもそも外へと向かう聖霊の発出は自然的な流出（emanatio）ではない。それは、ディオニュシオス・アレオパギテースの言葉を用いれば、愛に基づく「めぐみふかい発出」（『神名論』2・5・49、2・11・72、『キリスト教神秘主義著作集　第一巻』熊田陽一郎訳、教文館、一九九二年、一五五、一六二頁）である。「神は自らに留まりつつ……衰えることのない力をもって万物に自らを与えてゆく」（『神名論』9・5・370、前掲書二三九頁）。「神の運動とは、神が万物をその存在へと導き保つこと、万物についてあらゆる仕方で配慮すること、限定され ぬ仕方で万物を包括し、万物に向かって配慮しつつ発出し活動することによって、万物に現存することを示す」（『神名論』9・9・379、前掲書二四二頁）。万物はそのようにして、神の良きエネルギーによって創造され保持され、非存在と無の力に抗して守られているのである。

創造は恵みであり、存在そのものが神からの思いがけないプレゼントである。ミグリオールはこう述べる。「神の恵みはアブラハムの召命やイエスの派遣において初めて働き始めたのではなかった。創造の行為において、神はすでに、自己を伝達し他者を肯定し交わりを形造る愛を表しておられる。この愛は神の永遠の三位一体のリアリティを規定している。［後に］イエス・キリストの伝道活動と犠牲の死において決定的に露わとなったのは、まさにこのことなのである」（D. Migliore, *Faith seeking Understanding*, Michigan 1991, p.101）。

確かに被造物は有限な存在であり、脆さと制約の中にある。被造物はたえず神の創造的な力に依り頼むことを必要としている。「若獅子は餌食を求めてほえ、神に食べ物を求める。……地はお造りになったものに満ちている。同じように、海も大きく豊かで、その中を動き回る大小の生き物は数知れない。……彼らはすべて、あなたに望みをおき、ときに応じて食べ物をくださるのを待っている。あなたがお与えになるものを彼らは集め、御手を開かれれば彼らは良い物に満ち足りる。御顔を隠されれば彼らは恐れ、息吹を取り上げられれば息絶え、元の塵に返る」（詩編一〇四・二一、二四―二九）。中でも人間は「土の器」（第二コリント四・七）にすぎないものとして自らを自覚する。神に依り頼み、存在そのものを神に負う存在であるが故に、存在すること自体がすでに恵みであることを感得するところに、人間の人間たるゆえんがある。「私たちは自分自身のものではなく、神のものである」（J. Calvin, *Inst.* III,7,1）。それは聖書的な創造信仰の表明である。「知れ、主こそ神であると。主はわたしたちを造られた。わたしたちは主のもの、その民、主に養われる羊の群れ」（詩編一〇〇・三）。

恵ミノミ（sola gratia）。これは確かに救済の恩恵について語られる宗教改革的な認識である。しかし私たちは、すでに創造論の文脈においてもこう語らなければならない。すなわち、「私たちは恵みによってのみ造られ、そしてまた恵みによってのみ義とされる。被造物としても、また赦された罪人としても、私たちはただひとえに恵みの受領者なのである」（D. Migliore, *op.cit.*, p.102）。

シュライアーマッハーは、人間は誰でも神に対する「絶対依存の感情」を持っていると言ったが、それもまたこのような動的な恵みの依存関係を表現したものとして解釈し直すことができる。神を人間の主観的感情に根拠づけることはできないが、彼の意図を動的な恵みの依存関係として捉え返すことは十分可能である。私たちはすでに〈神への問い〉の中でこういう見解に達している。「シュライアーマッハーの意図を積極的に活かす方向で言い換えるとすれば、神への絶対依存の原関係があるからこそ、神への絶対依存の感情が湧き起こるのである。ここでは何よりも神との関係の絶対性ということが重要な主題とならねばならない。被造物は創造主にその存在のすべてを負っており、その負っているということの自覚が絶対依存の被造者感情となって発露する」（神学小径Ⅱ・6・2、一一九―一二〇頁）。被造物は神に関係するという動性（dynamism）においてのみ存在する。神関係の消失は、すなわち無である。

三　神への関係と参与の霊

「創造は過去のある一時点において一回限り生起した現象ではない。……神は世界を存在へと呼び招いた。その呼び声はいまなお続いている。この現在の瞬間があるのは神が現臨しているゆえである。あらゆる瞬間は創造の行為である。一瞬間は終点ではない。開始を告げる閃光である。……時間は空間世界への神の贈り物である。……世界が創造されてゆく不断の驚異の証人であることは、所与のもののうちに大いなる贈与者を感得することであり、時間の源泉が永遠性であり、存在の秘密は時間の内なる永遠性にほかならないということを悟ることにほかならない」（A・J・ヘシェル『シャバット』森泉弘次訳、教文館、二〇〇二年、一三八―一三九頁）。

それ故、万物は生成と動きの中にある。間違ってはならない。それはあくまで聖霊のエネルゲイアのもとでである。単に自然的事物はその本性に従って自己実現を目指し、内在的な目的因に従って開花し、自ずから成就へと至るというのではない。アリストテレスの言う意味で、事物は可能態（dynamis）から現実態（energeia）を経て完成態（entelecheia）へと至るという目的論的な運動（κίνησις kinesis）を必然的に行うわけではない。その生成の目的論的運動の源は神の意志にある（『形而上学』下 9・1―106、出隆訳、岩波文庫、一九六一年、一九―五一頁、訳者注二五一頁）。

この万物の目的論的運動の向かうところを神との交わりへの参入（第一ヨハネ一・三）として捉えたのが東方教会である。たとえば証聖者マクシモス（五八〇―六六二年）は、すべての有限な事物は目的論的な運動（κίνησις）の中にあり、自らの存在の現実化という目的へと向かって動いていると見た。中でも人間の造られた本性は、超越的な神性への自覚的参与という究極の目的に向かって開かれている（谷隆一郎前掲書六―七頁）。東方教会ではそれを「神化」（神的生命への参与）と呼ぶ。被造物の運動は固有の活動である。しかしこの固有の活動は、固有の目標（σκοπός scopos）に従う場合にだけ、完全にそれ自体であることができる。そして固有の目標とは、神を追い求め、神との交わりに入ること、そのようにして、自分が創造された本来の目的、すなわちロゴス（存在の理法）を成就することにある（J・メイエンドルフ『ビザンティン神学』鈴木浩訳、新教出版社、二〇〇九年、二一〇頁）。

事物はただ在るのではなく、〈在ること〉から〈善く在ること〉へと向かわねばならない。善く在ることは、自らの在り様への執着とこだわりが消え去る時に実現する。自己への執着が突破され、無《な》みされる時、自己の力を超えた神的な働き（エネルゲイア）が現前している。このような自己をどこまでも超えゆく脱自的な運動（エクスタシス）こそ、神的生命へのより善き与《あずか》りを実現するものとなる（谷前掲書三五、三六、七八頁）。しかし人間が自己愛と傲《おご》りに取り憑かれてしまうと、人は神的なもの、超越的なものに対して心を閉ざし、神性の働き（エネルゲイア）ないし神的な霊（プネウマ）をもはや自由にかつ伸びやかに受容しえなくなる。いわば、人間本性が自己の存立根拠から切り離され、その内的生命が枯渇してしまうのである（谷前掲書九一頁）。

このような見方は、先のパネンベルクの見方とも重なり合う。被造物を神へと参与させるのは聖霊の働きである。では聖霊はどのようにしてそれを実現するのだろうか。被造物が自己への執着から脱け出し、まさに自己を脱して生命の自己超越的な運動をさせることによってである。パネンベルクはこの生命の自己超越を、ティリッヒに倣って脱自的参与（eine ekstatische Teilhabe）と呼んでいる。「この被造物の存立自体はただ神への参与によってのみ可能になる。……自己固有の有限性を超越して神に参与するものとしての被造物の生命は、被造物における聖霊の特別な業である」（Pannenberg, *ST* II, S.47）。

【ノート132】ヘブライ的存在論としてのハヤトロギア

a　日本の神学者有賀鐵太郎は、出エジプト記三・一四「あってある者（אֶהְיֶה אֲשֶׁר אֶהְיֶה）」という神の名の啓示に、ギリシア的存在論とは異なる独特のヘブライ的存在論が表示されていると見る。「あってある者（ʼehyeh ʼᵃsher ʼehyeh）」におけるʼehyeh は動詞ハーヤー（hāyāh ある、いる）の一人称単数未完了形であるので、正確には「わたしはある（いる）であろう」となる。しかしそもそもこの動詞は「生起する、生成する」という意味であり、生ける神の存在が生起と生成のただ中にあることを示している。しかもそこでは「わたし（ʼanôkhî）」という主語は用いられていない。いわばハーヤーすることの中に神の「われ」は隠れている。神の「われ」が存在して、それが働くのではなく、その働きのうちに神の「われ」は隠れつつ自らを啓示する。主体即働き、働き即主体である。しかしそれは単に現象的作用のうちに神が内在するということではない。現象は過去化する。しかし神のハーヤー的存在は、常に未完了を保つ将来的な創造的働きなのである（『有賀鐵太郎著作集Ⅳ　キリスト教思想における存在論の問題』創文社、一九八一年、一八九頁）。

間を結ぶアシェル（ʾ^{a}sher）は関係代名詞もしくは接続詞であり、前者に取れば「わたしはあるという、そのわたしはある」となり、後者に取れば「わたしはある、そして（それゆえ）わたしはある」になる。これがヘブライ的な神の啓示の出発点である。ハーヤーするとは常に完結しない、未来に開かれた、どこまでも生起的な動的存在を意味する。そして重要なことは、それがモーセに神の名として告げられたという点である。そのことはすなわち、『わたしはいる』ということは、神を『有ること』と定義しているのでなく、神がハーヤーする者としてモーセに関わり来ることを意味する」（同前一七二頁）ということである。

有賀によれば、YHWH（Yahweh）なる神名もHYH（hāyāh）から来たものと見ることは蓋然性が高い。hāyāhの使役形（未完了、男性三人称単数）はyahyehであり、使役の意味を持つ。その場合「彼はハーヤーせしめるであろう」となる。つまりヤハウェは単に自らハーヤー（生起）するばかりでなく、他者をハーヤー（生起）せしめる者でもある（同前一七五頁注47、一九〇頁）。

有賀が着想を得たのはT・ボーマンの研究書『ヘブライ人とギリシヤ人の思惟』（植田重雄訳、新教出版社、一九五七年）からである。ボーマンは丹念な言語分析の結果、ヘブライ語の動詞の動的性格を強調している。「住む」という動詞も、住まいや住居という静止状態に関わっているのではなく、住まうという主体的、意志的行為に深く関わっている。静止状態は運動の結果としてあるものであり、そこから新たな運動が始まる点でもある。そこで有賀は結論する。「それゆえ、ヘブライ語では『成る』とか『生起する』を離れた『有る』は考えられていない」（同前一八八頁）。

こうして明確になったヘブライ的な思考法を有賀は自らハヤトロギアと名づける。ギリシア的思考法はト・オン（存在）のロゴス（理）を問うオントロギア（存在論）であるのに対して、生起としてのハーヤーのロゴスを問うものだからである。私たちはここに、世界の神学界にあってきわめて独創的で重要な帰結を伴った神学的洞察の端緒を認めなければならない。有賀が明らかにしたのは聖書的な神の存在の有りように関してであった。そして今私たちは問う。この動的な存在理解を、私たちはさらに聖霊論を介して被造物の存在の有りようにも当てはめることができるのではないだろうか。

b　有賀のハヤトロギアを受け継ぎ、それを人間のあり方の倫理性（エティカ）にまで適用しようと試みているのが宮本久雄である。宮本は、自己に均質で斉一的な自同的世界を、自己完結し実体化した完了態の世界として批判する。それは自閉的な物語のもたらす自己同一性が支配する全体主義の世界である。そのような世界には他者が不在である。しかしそこにルーアッハ・プネウマ（気・風）が吹き抜け、差異化が起こり、自閉的な自同性が破られていくと、はじめて他者との共生に向かって存在が開かれる。ハーヤー的な神について語り、またそのハーヤー的な神と出会って、自らもハーヤー的になりゆく人間たちのドラマを物語る聖書的語り（ダーバール）との邂逅は、読む側にもハーヤー的な物語的自己同一性をもたらすものとなる。

宮本はハーヤー（一人称でエフィエー）的あり方を、その存在と行為が自己完結せず、たえず未完了態であり、自己を差異化し、脱自して他者との邂逅へと開かれたあり方と見なす（宮本久雄『存在の季節――ハヤトロギア（ヘブライ的存在論）の誕生』知泉書館、二〇〇二年、一四九頁）。出エジプト記が語る神のあり方は、神が歴史的世界に下降（ケノーシス）し、しかも奴隷の民のもとに到来するという驚異的な出来事を示している。神は自己から出てゆく（ek-stasis）存在である。この神のあり方はモーセをもエジプトにおける奴隷の民をも引き込んでいく（同前一五一頁）。このハーヤーなる神との契約的邂逅において語られる「十誡」も、ハーヤー的ダーバール（出来事となる言葉）の倫理として読み直さなければならない（同前一五五―一六六頁）。

もちろんギリシア教父たちは、神の本質（ウーシア）は人間には知られざるものであることを知っていた。モーセにおいてそうであったように（出エジプト三三・二三）、人間はただ神の背面を見ることしか許されない。しかしニュッサのグレゴリオスや後のグレゴリオス・パラマスが考えたように、ウーシアとしての神には達しえなくても、神はそのエネルゲイアにおいて他者と出会うのである。神のウーシアからエネルゲイアへの差異化的な自己脱自において、ハーヤーなる神は人間に出会うのであり、同時に出会った人間をもハーヤー的存在、すなわち他者へと開かれた未完了的な脱自的動態へと変革するのである（同前二一一頁）。

宮本は後に三人称的ハヤトロギアより一人称的エヒイェロギアの方が適切であるとして、そのような言い方を採用するが、その主張の内実にあまり変わりはない。自己完結的な自同的存在に風穴を開け、自己を超出し脱在してゆく動態がエヒイェとしての神のあり方であり、それは他者の自己超出をも促し、そこから他者支配的ではない相互恩恵的な関係を創出してゆく。その際、自同的存在にまさに風穴を開けるものが、ルーアッハ・プネウマ（風、気、霊、聖霊）なのである（宮本久雄『ヘブライ的脱在論――アウシュヴィッツから他者との共生へ』東京大学出版会、二〇一一年、二一一頁）。

有賀も宮本も特に聖書的な語りが動態的な存在論を提示していることに注目した。その試行は、創造論の文脈における聖霊の働きを重視することで、被造物の持つ神関係を動態的に捉えようとしている本書の主張とも重なり合う（「関係の絶対性」神学小径Ⅱ・6・1―3参照）。

【ノート133】三位一体の神の業としての創造

a　聖書の創造論は、三位一体の神への信仰と切り離すことができない。創造は三位一体の神の業であり、それ故、歴史の中での救済論、そしてまた終末における完成論と密接な関連にある。

従来、天地の創造はもっぱら全能の父なる神の業として考えられてきた。御子は罪から人間を贖うために人となって十字架につけられ、甦って新しい命の初穂となられた。そして聖霊が注がれ、私たちを御子の命に与らせる。この経綸的な三位一体論が使徒信条やニケア（ニカイア）信条の基本構造となっている。そこでは神的行為の役割分担（appropriatio 各位格への充当）が強調された。確かに肉を取って十字架にかかったのは父なる神ではないし、父に向かって「言葉に表せないうめきをもって執り成し」（ローマ八・二六）、御子の御名によって父に祈らせるのは聖霊である。その区別がないとサベリウス的な様態論的独一神論（モナルキア）になる。

しかし同時に「外に向かっての三位一体の神の業は分かたれない」ということも強調されてきた。これは内在的な三位一体において三位格の相互浸透（perichoresis）と併せて語られてきたものであるが、改めてこのことが外に向かっての神の業（opus Dei ad extra）に強調点を置いて語られなければならない。「わたしはアルファであり、オメガである。最初の者にして、最後の者。初めであり、終わりである」（ヨハネ黙示録二二・一三）。だとすれば、キリストは和解の担い手であるだけでなく、創造に際しては知恵の言葉として、また完成に際しても再臨の主として重要な働きを担っていることになる。聖霊もまた父と子の業を実現させ、神の目的を成就するためにたえず働いている「命を造り出す霊」（ニケア・コンスタンティノポリス信条）である。この意味でT・F・トーランスは、「父と子と聖霊の協働（coactivity）」にこそ、行為における存在（Being-in-Act）にして存在における行為（Act-in-Being）である方という、他に例を見ない聖書的な神の動的本質の特徴があると見ている（T. F. Torrance, *The Christian Doctrine of God, One Being Three Persons*, Edinburgh 1996, p.194）。そしてこの外へと向かう神の業が三位一体の三位格の相互浸透・相互協力において起こるが故に、外ヘノ業（opus ad extra）は常に愛ノ業（opus amoris）となる（B. Forte, *Trinität als Geschichte: der lebendige Gott—Gott der Lebenden*, Mainz 1989, S.149）。

このように創造を三位一体の神の業と見る見方は、実はすでに古代教父に見られるものである。エイレナイオスは、「人間は初めに神の両手によって、すなわち、子と霊によって造られた。彼〔父〕は彼ら〔子と霊〕に『人間を造ろう』（創世記一・二六）と言ったのである」と語る（エイレナイオス『異端反論』四・序・4、鳥巣義文訳、小高毅編『原典古代キリスト教思想史1　初期キリスト教思想家』教文館、一九九九年、一一一頁）。またバシレイオスは、「すべての造られたものの起源因は父であり、創造因は子であり、完成因は聖霊である」と表現している（Basilius, *De Spiritu Sancto*, XVI, 38. 前掲邦訳書一一三頁、ただし訳文は筆者）。

ガントンは、古代教父たちがそのように創造を三位一体論的に理解することによって三つの重要な貢献がなされたと見る。第一に、神が受肉者キリストを通して世界を造られたということは、神がご自身から世界を区別しつつ、しかも世界との関係に自ら入られたことを意味する。このことにより、神と世界を関係の中にあるものとして、区別しつつ関連づけて理解することが可能になる。第二に、その関係が人格的な関係であることが、特に御子の共存において明らかになる。第三に、創造は目的を持ち、方向性を持っていることが、特に聖霊の協働において明らかになる（ガントン『キリストと創造』前出九二―九三頁）。

b　「内に向かっての三位一体の業は分けられるが、外に向かっての三位一体の業は分けられない」（Opera trinitatis ad intra sunt divisa, opera trinitatis ad extra sunt indivisa）。この教理的命題はアウグスティヌスに由来すると常識的に理解されているが、厳密に言えばこれはラテン系西方教会の中で発展した定式で、しかもアウグスティヌスが主張したのは主として後半部分のみであった。外に向かう三位一体の位格の働きは分割できないという後半の主張を「アウグスティヌス的規準（regula Augustiana）」と呼び始めたのは、一七世紀のプロテスタント正統主義者クエンシュテット（J. A. Quenstedt）からだと見られている（Pannenberg, *ST* II, S.17）。

これに対して命題の前半部分は、働き（operatio）や行為（actio）が神の内部での三位格の区別に適用されるようになってから確立したものである。神の知性や意志の働きが神の内なる働きや行為として表記されるようになる。トマス・アクィナスによれば、この内的な行為が神の生命性を意味している。「生（vita）とは或る一つのはたらき（operatio）である」（トマス・アクィナス『神学大全2』Ⅰ・18・2、高田三郎訳、創文社、一九六三年、一三〇頁）。そして他の何者からも動かされず、自ら動き働くものこそ最高の生命であり、それはただ神においてのみ言われうるものなのである。「生というものは最も本来的な仕方において神のうちにある」（『神学大全2』Ⅰ・18・3、前掲邦訳書一三五頁）。

ギリシア教父においては、エネルゲイアは外へと向かう三位格の共通の働きである。パラマスが強調したように、世界に関わるエネルゲイアとしての神の行為は神の本質からは区別される。しかし神の内部にすでに行為的エネルゲイアを見る見方は、神が行為的であるために特に世界との関わりを必要としないという点で、大きな貢献をしている（Pannenberg, *ST* II, S.18）。世界との関わりのゆえに神は世界の創造者、救済者、完成者として行為する方になるのではなく、むしろすでに神ご自身が行為的存在であるがゆえに、神は世界の創造者、救済者、完成者となることを決意しておられるのである。

創造は外に向かっての神の自由な行為である。それは、神が被造物にご自身とは異なる自立した独自の現存在を許し、その固有の存在を喜んで恵み与える（gönnen）ことを意味する（*ibid.*, S.34）。外に向かっての行為がまったき自由において成立するのは、神ご自身がすでに内なる永遠において三位格相互の純粋行為（actus purus）として存在しているからである。

c　バルトは言う。「創造と契約の関連性の認識を堅固につなぎとめる決定的な繋留（Verankerung）は、創造者なる神は父、子、聖霊なる三位一体の神であるという認識である」（*KD* III/1, S.51. 吉永正義邦訳版八六頁）。ここには、神の永遠の聖定を三位一体論的に理解しようとする意図が汲み取れる。そしてそのことが、外に向かっての三位一体の神の業の根拠となる。

まず父なる神は、御子を生み、聖霊を発出させると共に、神と異なる実在（被造物）の起源でもある。しかし「創造主なる神は父であるという命題も、ただ『父』ということで、『子および聖霊と共なる父』が理解される時にだけ、支持しうるものである」（*KD* III/1, S.52. 邦訳版八八頁）。

そして、「まさに神がご自身において孤独ではなく、み子の永遠の生みの親であり、［御子が］永遠に父から生まれた者であり給う［両者の］自由と愛の中で、神は創造主として、また絶対的に、また外に向かっても、孤独でなく、むしろ自由の中で愛する者であるために、外に向かって身を向け給う」（*KD* III/1, S.53. 邦訳版八九頁）。そのことを端的に示す存在が子なる神である。そして、神はこの御子を念頭に置いて、人間を、また人間と共にその世界全体を、永遠からして愛されたが故に、彼らを創造されたのである。その場合、念頭に置かれている先取りされた御子とは、ゴルゴタの十字架とアリマタヤのヨセフの墓をご自分の栄光の座とする御子である（*KD* III/1, S.53–54. 邦訳版九〇頁）。

最後に聖霊なる神は、父と子の「両者相互の愛の原理」であり、「相手に向かってあり、相手と共にあるあり方の神」（*KD* III/1, S.59. 邦訳版一〇〇頁）である。そしてこうも言われる。「神がまた……聖霊であり給うことによって、被造物にとって神は、神にとって被造物は、可能となり、耐えられうるものとなる。……被造物がそれとして先在するのは、聖霊なる神の中でである。……被造物そのものの現実存在を可能にし、被造物に対して存在することをゆるし、被造物をその現実存在の中で担うもの、被造物がその現実存在の中で頼るようさし向けられているものは、聖霊なる神である」（*KD* III/1, S.60. 邦訳版一〇一頁）。

実はこの聖霊の働きについての言及は、『教会教義学』の創造論に至ってはじめて現れたものではない。すでに序説（プロレゴーメナ）の最初からあったものである。「神の霊、聖霊は……被造物に対し現臨され、この彼〔神〕の現臨によって彼自身に対する被造物の関係づけを実現し、その彼自身に対する関係づけによって被造物に生命を与えることのできる、神ご自身である。被造物は生きるためには創造主を必要としている。したがって、被造物は創造主への関係づけ（Beziehung）を必要としている。しかし、この関係づけを被造物は自分で造り出すことができない。神がその関係づけを、被造物の中での彼ご自身の現臨を通して造り給う。……被造物に対して現臨され、したがって、この関係づけを創造し、それとともに被造物の生命であるという神の自由、その神の自由における神、それが神の霊である」（*KD* I/1, S.473. 吉永正義邦訳版二九四頁）。

そこで結論としてこうなる。「われわれは父なる神、全能なる方、天と地の創造者を信じる時、イエス・キリストを信じる。第一の［父についての］信仰箇条のこれらの言葉は、それらが、その意味の、すべての特殊性の中で、第二の［御子についての］、また第三の［聖霊についての］信仰箇条の信仰告白を先取りしているのでないとしたら、何の意味ももたないであろう」（*KD* III/1, S.19. 邦訳版三二頁）。「イエス・キリストにあって、したがって、み子なしにではなく、神はご自身を、聖書と信仰告白によれば、万物の絶対主権的な主として、したがって、創造主として、認識すべく与え給う。……神はまた、聖霊なしに、父の名と創造主の名にあずかり給うことはできない」（*KD* III/1, S.52. 邦訳版八八頁）。

ヴェネツィアのサン・マルコ教会に、一連の天地創造の場面を描いたモザイク画がある。アウグスティヌス『告白』の邦訳版の一つはそれを挿絵に用いた（『世界の名著14　告白』山田晶訳、中央公論社、一九六八年）。なぜマニ教徒からキリスト者となったアウグスティヌスの『告白』に天地創造の場面が登場するのか。『告白』は若き日のマニ教との決別の自伝的物語であり、その決別は、他ならない三位一体の神による創造という聖書の啓示によって行われたからである。マニ教は悪の満ちたこの世の創造者を悪の根源と見なす。救済者はそれとは別の神である。創造された世界は否定される。しかし彼はその見方が偏狭なものであることを知る。『告白』の最後は創世記の解釈である。彼はそれをヨハネ福音書冒頭の光のもとで読み直す。「父なるあなたは……あなたと等しく永遠を共にする知恵、つまりあなたの子において、天地を造りたもうた。……私は、これらのものをお造りになった神の名のもとに父を、それにおいてお造りになった始原の名のもとに子をすでにとらえ、我が神が三位一体にましますことを信じつつ、聖なる御言葉のうちに探し、どうです、あなたの霊が水の上を漂っているのを見つけました。すなわちここに、三位一体なる我が神、全被造物の創造主である、父と子と聖霊とがましましたのです」（『告白』13・5、前掲邦訳書四八八頁）。このような意味で世界の創造は、父・子・聖霊なる三位一体の神の麗しい共同作業の成果なのである。三位一体の神のもとでこの造られた世界を眺める時、世界は人間の罪の故の痛みと悲しみを抱えつつ、すでに開始された同一の神の救済史の中にあることを信じることができる。

幕間のインテルメッツォ（間奏曲）

一二五　小説家辻邦生は『パリの手記』の中でこう書いた。「ピアニストが絶えずピアノをひくように、自分は絶えず書かなければならない」と。

一二六　彼にとっては書くことが、考えを深めるよすがでもあった。「くしゃくしゃになった紙をゆっくりのばしてゆくように」、小説家は文章を書き、それが大作となって結晶した。

一二七　「ちょうどロック・クライミングをする人が一つ一つ岩肌にハーケンを打ち込んでゆくように、私はこうして文章のなかに外在化されたものを手がかりに、前へ思考を進めることができるように思ったのだった」。

一二八　おそらくそれはトーマス・マンから学んだ創作技法であったのだろう。なべての述作に共通する心構えに違いない。

あとがき的命題集

命題二〇一 聖霊は「生命を与える霊」(ニケア信条)である。聖霊をもっぱら救済論に限定し、聖化の霊としてのみ主観化し内面化することはできない。聖霊は被造物を産み出し、神へと関係づける本源的な力である。

命題二〇二 神はその本性(ウーシア)からすれば「近寄り難い光の中に住まわれる方」(第一テモテ六・一六)であるが、その働き(エネルゲイア)において被造物との交わりを持つ。聖霊はすべての被造物に浸透している力の究極的な場である。

命題二〇三 御子が自己区別における他者性の原理であるとすれば、聖霊は区別された異なるものを結び合わせる関係性の原理である。

命題二〇四 万物は聖霊のエネルゲイアによって成立している。被造物は自分で存在することを可能にする自存的なものではなく、無の深淵の上に辛うじて存在している。被造物は、ただ存在することを願われる神の良き意志の現実化として存立しており、存在そのものが神からの思いがけないプレゼントである。

命題二〇五 聖霊は被造物に自己を脱して生命の自己超越的な運動をさせることによって、神との交わりに脱自的に参与させる。

命題二〇六 外に向かっての三位一体の神の業は分かたれない。御子が創造のロゴスとして仲保媒介の役割を果たすとすれば、聖霊は創造のエネルゲイアとして世に関わり、父と子の業を実現させ、神の目的を成就する。

第九章　天と地とそこに満ちるもの

一　地とそこに満ちるものは主のもの（詩編二四・一）

「まことに天と地にあるすべてのものはあなたのもの」（歴代誌上二九・一一）。
「天とその高き極みを、そのすべての軍勢を、地とその上にあるすべてのものを、海とその中にあるすべてのものを、あなたは創造された。あなたは万物に命をお与えになる方。天の軍勢はあなたを伏し拝む」（ネヘミヤ九・六）。

J・カルヴァンは、宇宙の美と形態を聖霊の業に帰す。聖霊はあらゆる物に命を吹き込む神である。「今我々の目に見える世界の美しさは御霊の力によって支えられている。……御霊こそあらゆる所に拡がって、万物を天においても地においても支え、動かし、生かしたもう。……しかも、御霊は万物の内に力を注ぎ入れ、本質と生命と運動とを吹き込むことにおいて明らかに神的である」（*Inst.*, I,13,14. 渡辺信夫改訳版一五一頁、傍点筆者）。生命はその活動の根拠を聖霊の力に負っている。まさに「聖霊は、すべての被造物がその命、活動、息つぎを負っている方である。……そのことは、私たちが、創造とそのあらゆる部分に対する感謝の心（a heart of thanksgiving）を発達させるのを助けてくれる」（Pinnock, *Flame of Love: A Theology of the Holy Spirit*, Illinois 1996, p.66. 傍点筆者）。この意味からすれば、「世界は聖霊のエネルギーで満ちている」（Pinnock, *ibid.*, p.77）という表現も言い過ぎてはいない。ただしそれは、世界と聖霊とが同一視されるような聖霊論的汎神論の意味で理解されてはならないだろう。宇宙は神的なものではなく、ただ聖霊なる神の力によって支えられているのである。

この聖書の示す創造世界は、人間が考えるよりもはるかに大きい。そこでは、人は人間中心主義の世界観を潔く捨てなければならない。確かに人は驚きと感謝をもってこう告白することができる。「神の霊がわたしを造り、全能者の息吹がわたしに命を与えたのだ」（ヨブ三三・四）と。だがこのことは単に人間にだけ当てはまることではない。同じヨブ記は言う。「獣に尋ねるがよい、教えてくれるだろう。空の鳥もあなたに告げるだろう。大地に問いかけてみよ、教えてくれるだろう。海の魚もあなたに語るだろう。彼らはみな知っている。主の御手がすべてを造られたことを。すべての命あるものは、肉なる人の霊も、御手の内にあることを」（ヨブ一二・七―一〇）。ピノックは言う。「こうしたテキストが語っているのは、聖霊が被造物に最も基本的なレベルで生命を与える方だということであり、まさに私たちの生命そのものが贈り物であって、自分のものだと権利主張することはできないということである」（Pinnock, *ibid.*, p.52）。

確かに、後に見るように人間は被造世界の中で特別の使命を与えられた存在である。しかしそれは、世界が人間を中心にして造られているなどということを意味してはいない。聖書はそのような考えを抱きかねない人間の思いを足下から突き崩す。「人の子らに関しては、わたしはこうつぶやいた。神が人間を試されるのは、人間に、自分も動物にすぎないということを見極めさせるためだ、と。人間に臨むことは動物にも臨み、これも死に、あれも死ぬ。同じ霊をもっているにすぎず、人間は動物に何らまさるところはない」（コヘレトの言葉三・一八―一九）。そもそも人間の登場は他の生命の誕生の最後のステージに当たる「六日目」のことであり、しかもそれは動物と同じ日である。神は人間のための神ではない。生命の誕生を喜び、これを保持するのは神ご自身である。「主は天を雲で覆い、大地のために雨を備え、山々に草を芽生えさせられる。獣や、烏《からす》のたぐいが求めて鳴けば、食べ物をお与えになる」（詩編一四七・八―九）。自分を特別視し、神に向かって抗弁する人間ヨブに対して神は言われる。「お前は雌獅子のために獲物を備え、その子の食欲を満たしてやることができるか。雌獅子は茂みに待ち伏せ、その子は隠れがにうずくまっている。誰が烏のために餌を置いてやるのか、その雛が神に向かって鳴き、食べ物を求めて迷い出るとき。お前は岩場の山羊が子を産む時を知っているか。雌鹿の産みの苦しみを見守ることができるか。月が満ちるのを数え、産むべき時を知ることができるか。雌鹿はうずくまって産み、子を送り出す。その子らは強くなり、野で育ち、出ていくと、もう帰ってこない」（ヨブ三八・三九―三九・四）。被造世界は人間の与り知らない神秘で満ちている。「鷹が翼を広げて南へ飛ぶのは、お前が分別を与えたからなのか。鷲が舞い上がり、高い所に巣を作るのは、お前が命令したからなのか。鷲は岩場に住み、牙のような岩や砦の上で夜を過ごす。その上から餌を探して、はるかかなたまで目を光らせている」（ヨブ三九・二六―二九）。

神との特別な関係と命の交わりを意味する「契約」という言葉すら、人間のためだけに使われるのではない。「その日には、わたしは彼らのために、野の獣、空の鳥、土を這うものと契約を結ぶ」（ホセア二・二〇）。救いが成就する終末論的な希望の中には、神のお造りになった被造物の平和が含まれている。「狼は小羊と共に宿り、豹は子山羊と共に伏す。子牛は若獅子と共に育ち、小さい子供がそれらを導く。牛も熊も共に草をはみ、その子らは共に伏し、獅子も牛もひとしく干し草を食らう。乳飲み子は毒蛇の穴に戯れ、幼子は蝮の巣に手を入れる」（イザヤ一一・六―八、また六五・二五参照）。まさに「主よ、あなたは人をも獣をも救われる」（詩編三六・七）方なのである。そして極めつきは何と言ってもノア契約である（後述第一五章）。

いずれにせよ聖書は、聖霊を通して行われた神の創造の業が、私たちの想像をはるかに超えてどれほど広く大きなものであるかを私たちに語っているのである。「主よ、あなたは天と地と海と、そして、そこにあるすべてのものを造られた方です」（使徒四・二四、また出エジプト二〇・一一、詩編一四五・五―六）。したがって終わりの日には人間だけでなく、もろもろの被造物もまた神をほめ讃える頌栄の輪に加わる。「また、わたしは、天と地と地の下と海にいるすべての被造物、そして、そこにいるあらゆるものがこう言うのを聞いた。『玉座に座っておられる方と小羊とに、賛美、誉れ、栄光、そして権力が、世々限りなくありますように』」（ヨハネ黙示録五・一三）。

二　一般恩恵と特別恩恵

「父は悪人にも善人にも太陽を昇らせ、正しい者にも正しくない者にも雨を降らせてくださるからである」（マタイ五・四五）。

神は聖霊において被造物に生命を与えるという自由を持つ。その神の自由は、人間が考えるよりもはるかに広大である。天と地と海に満ちるすべての被造物が聖霊の恩恵に浴している。人間もまた、救済史の中に参入した者であれ、まだ参入していない者であれ、この一般的な恩恵に浴している。キリストの恩寵に集中し自然神学的な恩恵を退けるバルトでさえこう言う。「われわれには、依然として、一般的な神の創造・保持・統治の恵みも、存在している。繰り返して言うならば、すでにそれ［創造］が恵みである」（K. Barth, *KD* IV/1, S.7-8. 井上良雄訳該当書一四頁）。

しかしこのことが本当に分かるのは、救済の恩恵に与った時である。だからバルトもすぐにこう続ける。「もちろんそのことがわれわれに認識されるのは、われわれが神とわれわれ自身を、神の意志と働きのあの内側の円の中で――神のあの唯一独特な［和解という］行為の光の中で、すなわち神の救済の光の中で――認識することによって始めて為されることである。あの存在の一般的な恵みも、それによって救済の機会が提供されているという一般的な恵みも、ここから出発して始めてわれわれには真実な感謝の対象となり得るし、真剣な義務負担の源となり得るし、また実際にそのようなものになる」（*KD* IV/1, S.7-8. 井上良雄訳該当書一四頁）。

確かに創造における聖霊の働きは普遍的であり、救済における聖霊の働きは歴史のプロセスにおいては限定的である。そこには一般恩恵と特別恩恵の区別がある。しかし両者は無関係なのではなく、まさに救済論的に関係づけられている。聖霊の普遍的な業は、教会によって語られる「福音を聴くための準備の働き（the preparatory work for hearing the gospel）」（Pinnock, *op.cit.*, p.63）である。よく注意されたい。それは福音なしに救いへと至るための準備ではない。あくまで福音を聴くための準備である。人は聖霊によって福音に出会うように招かれる。「イエスにおいて出会うものとは、聖霊の先立ちゆく招きの成就」（*ibid.*, p.63）なのである。御子の受肉が時間と場所に限定される一方で、そのユニヴァーサルな効果は、教会に働く聖霊のミニストリーを通して、歴史を越え、地の遠い果てにまで及ぶことが可能となる（*ibid.*, p.188）。「キリスト、すなわち唯一の仲保者は特定性を保持しているが、聖霊、すなわち神の現臨は、至るところで普遍性を保証している」（*ibid.*, p.192）。確かに聖霊は、すべての被造物を存在させ、その命を支え、一般的な恵みとして万物を満たしている方である。しかもその同じ聖霊が、信じる一人ひとりの心の内に働いて、キリストの救いに与らせる方なのである。それが聖霊の持つ特別の恵みである。

【ノート134】一般恩恵論の意義とその注意点

a　カルヴァンの中にあった被造世界の肯定という萌芽は、教理史上一般恩恵論という形で大規模に開花することになる。その担い手となった人々はA・カイパー、H・バーヴィンク、ヴァン・ティル、G・ヴォス、J・マーレーといったオランダ改革派の神学者たちである。

一般恩恵論の萌芽はカルヴァン自身の中にある。カルヴァンはそれを、創造された世界に働く聖霊の恵みとして捉えている。カルヴァンは学芸や技術に携わる能力を、創造者なる神が人間に与えて下さった賜物として受け止める。それは、時に異教徒の著作家の書物の中にも聡明な知恵として現れる。「我々が神の御霊こそ真理の唯一の源泉であると考えるならば、神の御霊を侮ろうとするのでない限り、真理そのものの現われ出るいずれの所においてもこれを却けたり軽んじたりしてはならない」（*Inst.*, II.2.15. 渡辺信夫改訳版二九七―二九八頁）。それは「御霊の賜物」である。もちろん聖霊の本来的な働きは信仰者の聖化に現れる。「神の御霊は信じる者の内にのみ住みたもうと言われるのは、神御自身が我々を宮として聖別したもう聖化の御霊を意味する」。しかし「神はこの同じ御霊の力によって一切のものを満たし、動かし、生かし、しかもそのことを創造の掟によって与えられたそれぞれの種類の固有性に従って行われる。主が、自然学や弁証法や数学やその他の種類の学科を我々が学ぶに際して、信仰なき人々の業績と勤務に助けられることを欲したもうとすれば、それを用いよう」(*Inst.*, II.2.16. 改訳版二九九頁)。

とはいえ、この一般恩恵としての理性の能力は、人間本性の全的堕落により、まことの神認識とそれに基づくまことの自己認識には導かず、それ故キリストにおける救いには導かない。それは「ちょうど稲妻の閃く夜に野原の只中を行くようなもので、一瞬閃く時には遠く広く見遥かすことができても、たちまち視界は消え失せ、一歩踏み出す前に闇の中に没してしまう。かように、この光は道を行くには全く助けにならない」(*Inst.*, II.2.18. 改訳版三〇一頁)。しかしそれでも、そうした賜物があるということは認めるべきであり、それを感謝をもって用いることが許されるのである。

b　この点を前面に押し出して、近代世界にカルヴィニズムの有効性を弁証しようとしたのが、ネオカルヴィニズムである。その代表的な人物A・カイパーがプリンストンで行ったストーン講義『カルヴィニズム』は、上田丈夫訳以来日本でも多くの人々に読まれるものとなった。カイパーは、「望遠鏡と顕微鏡と寒暖計とがオランダで発明され、実験科学がこの国で、その名称に相応しいものとなったという事実」(A・カイパー『カルヴィニズム』鈴木好行訳、聖山社、一九八八年、一八三頁)は、カルヴィニズムの影響と無関係ではないと指摘する。そのような「科学への愛」から科学大学としてのライデン大学が生まれたのだと、カイパーは多少感慨めいて述懐している。カイパーはライデン大学神学部の出身で、後に牧師として説教に力を入れ、長年『デ・スタンダールト』誌の編集長を務め、アムステルダム自由大学の初代学長、後にオランダの首相にもなった人物である。

そのカイパーによれば、カルヴィニズムを特徴づけるものは、神の予定と変わらざる摂理の信仰である。そしてこれが、自然現象の背後に法則を見出そうとする探求心を育むものとなったと彼は分析する。「神の予定の意味するところは、万物と全宇宙の存在と方向とが気紛れや偶然の引廻すものではなく、法則と秩序とに従うものであり、自然と歴史とのうちにその経綸を着々と実現しつつある意志が存在するという確信そのものであります」（カイパー前掲書一八五頁）。創造信仰がなければ、科学の可能性も開かれない。「特殊現象の実験的探求から進んで全般的なものへ、全般的なものから進んでこれを支配する法則へ、法則より進んで万物を統一する原理へと上って行く道が開かれるのは、宇宙万有の有機的相互関係を信ずる信仰がある場合のみであります」（前掲書一八八頁）。

そこでカイパーはカルヴァンの一般恩恵論に注目し、この教理の中に自然科学を肯定し推奨する理論的根拠を見出すのである。人間の罪にもかかわらず、この世界は一般恩恵によって罪の最終的な猛威から守られている。一般恩恵は、教会のみならず世界もまた神に属していることを私たちが忘れないようにさせてくれる。「神を求めようとするカルヴィニストは、暫くといえども神学と黙想という象牙の塔には立て籠もらず、また科学を卑しいものとして不信者の手の中に遺棄する様なことをせず、すべての業において神を知ることをその任務とし、全知力を傾けて、天的事物とともに地上の事物の深さを、探るべき使命を意識しております」（前掲書二〇三頁）。

もちろんキリスト教神学の中心は、教会によって知られる贖罪主なる神の認識にあるが、この特別恩恵は一般恩恵と対立するものではなく、むしろその成就として受け取られるべきなのである。この意味でH・バーヴィンクもまた言う。「特別恩寵は一般恩寵に取り囲まれておる。信仰によって我々に与えられる使命は地上の天職に於て我々に示されている使命と相互に相重なり、関係している。信仰に於て我々に明白になった選びは又この信仰を通じてその力を我々の全生活と関係せしめるのである。創造の神と再生の神とは決して二つの神ではない」（H・バヴィンク、H・カイパー『カルヴァンと一般恩寵』岡田稔・井上明夫訳、聖恵授産所出版部、一九八二年、四〇頁）。

c　カイパーの神学的主張は *De gemeene gratie*（1902）三巻本にまとめられている。このカイパーの一般恩恵論の展開について、近年のカイパー研究家ヘスラムはこう評価する。「近代の敬虔主義は、救いを個人の魂の贖いに狭く限定し、信仰を自然科学と対立的に捉える傾向に陥ってしまった。カイパーはこの狭さを克服する鍵を、このカルヴァンの一般恩恵論に見出したのだと。「かくして、伝統的なカルヴィニズム神学において主要な原理ではなかった一般恩恵の教理が、［カルヴィニズムの世界観を人間生活全般に適用するという］カイパーの目的の影響下に、最も重要で中心的な教理となった。この一般恩恵の教理がカルヴィニズム的世界観において中心となるとの主張は、カルヴァンの思想に暗に含まれていた原理を明確にする試みであり、ある意味では首尾一貫性がなかったカルヴァン神学の一側面に組織的な表現を与える試みでもあった」（P・S・ヘスラム『近代主義とキリスト教――アブラハム・カイパーの思想』稲垣久和・豊川慎訳、教文館、二〇〇二年、二三四頁）。

カイパーが目指したのは、「まず科学の宗教的な根源にさかのぼること、科学者の使命は彼の背後にある神の御心を考えることであると主張すること、科学を神が与えた努めであり、文化命令であると提示すること、科学は神の栄光を表わし得る、そして永遠の定めによって支配されている神の創造のわざへの参加であると主張すること」（ヘスラム前掲書一七九頁）であるが、それはまさにカイパーがカルヴァンの中から学んだことの展開であり、カルヴァンの創造論がなければなしえなかった主張なのである。
そしてさらに今ここでの文脈で言えば、聖霊論的な一般恩恵論は人間中心主義の狭さを打破する拡がりを持っていると言える。

d　しかし神学的によく吟味すべき注意点もある。しばしば一般恩恵論に対する批判として、それが全的堕落という教理を薄めることにならないかという危惧が提示される。その主な批判点は、一般恩恵の強調が予定説を反古《ほご》にし、選びの教理を換骨奪胎することにならないかというものである。代表者としてH・ヘックセマ（H. Hoeksema）やK・スキルダー（K. Skilder）の名を挙げることができる。もう一つは、それが自然神学の復興につながらないかという点であり、啓示によらない自然神学を徹底して退けたK・バルトの立場からなされる批判である。

第一の点で、もし一般恩恵の中に異邦人の美徳や善き行いが数えられ、それがあたかも福音なしに救いへと至る準備であるかのように受け取られるなら、確かに救いは、生まれながらの人間に足りない部分を補って完成させる程度のものでしかなくなるだろう。この点でカイパーには行き過ぎが見られなくはない。彼は『一般恩恵』の第一巻では、一般恩恵を、あくまで罪の破壊力の抑制として消極的に語っていたのであるが、第二巻に入ると、一般恩恵の持つより積極的な効用を語るようになる。それは単に罪を抑制するにとどまらず、人間の文化的生を向上し促進させることに効果を発揮するものとして評価されている。一般恩恵の「恒久的働きは、多くの程度の相違はあるが、神が自然ののろいと人間の心の罪を抑制されるということにある。これと対照的に、進展的働きは、神が、着実に、人間の生を災難に対してより徹底的に武装してくださり、内的には人間の生をより豊かにし、より十分に発展させてくださるもう一つの働きである」（Bd.II, p.602. C・ヴァン・ティル『一般恩恵　現代とキリスト教・小論叢書第九号』松田一男訳、日本基督教改革派教会西部中会文書委員会刊、一九七九年、二〇頁より）。しかし、一般恩恵はあくまで被造世界の保持に関わるにすぎず、断じて救済秩序（ordo salutis）の前段階を構成するものではない。このことをしっかり確認し続けるなら、この批判は乗り越えられるであろう。

第二に、キリスト啓示から独立した自然啓示を徹底して退けるというバルト的な命題を手放さず、一般恩恵の基礎づけとして、キリスト論的な創造理解を堅持することは十分可能である（本書第七章「創造のロゴス」参照）。そもそも一般恩恵論は、カルヴァンにおける神の主権性の強調に従った結果であると見られるが、さらに言えば、キリストの王権（the Kingship of Christ）の創造論的徹底と見ることもできる。実は当のカイパーも、ヨハネ福音書序文にあるロゴスとしてのキリストが、ただ救済の仲保者であるにとどまらず、さらに遡って創造の仲保者でもあることに注意を促していたのである（*De gemeene gratie* Bd.II, p.635. 渡辺公平『カルヴァンとカルヴィニストたち』小峯書店、一九七三年、八六頁参照）。このキリストの王権の改革派的な強調は、アムステルダム自由大学創設に際しての学長就任講演の中によく表現されている。「人間存在のいかなる領域であれ、すべてのものの主権者であるキリストが求めない領域は一つとしてない」（渡辺公平前掲書八〇頁参照）。

また既にカルヴァンにおいて一般恩恵が聖霊の一般的な働きとして受け止められていたことを想起するなら、一般恩恵は三位一体論的な神の救済史の中に適切に位置づけられるようになる。ただし一般恩恵はあくまで特別恩恵の舞台にすぎず、自己目的とはなりえない。そのことを確認し続けることが肝要である。

要するに、一般恩恵論がその目的としての救済論を見失うと、世界史は救済史を失い、世俗史に堕する。逆に、救済論がその舞台としての一般恩恵論を否定すると、救済史は世界史を失い、グノーシス主義に陥る。私たちはその両方の陥穽《かんせい》（落とし穴）を避け、一般恩恵論を認めつつ、そのただ中で救済史の意義を高調すべきなのである。一般恩恵は中心をキリストに持つ外心円であり、特別恩恵はその内心円である。中心としてのキリストは外心円（一般恩恵）に対しては創造の根拠であり、内心円（特別恩恵）に対しては救済の根拠である。そしていずれの同心円も、父から御子を通して発出した聖霊によって現実化する。この関連で神学小径Ⅰ・16・2【ノート64】、特に三〇〇頁の表をご参照願いたい。

e　さらに、同じオランダ改革派の流れの中でカイパーから影響を受けながらも、その問題点を鋭く見抜いて批判したのがファン・ルーラー［リューラー］（A. A. van Ruler）である。彼は『カイパーのキリスト教的文化の理念』（*Kuypers idee eener christelijke cultuur*, Nijkerk 1939）の中で、カイパーの中に二元論的傾向があることを指摘する（牧田吉和「A・ファン・ルーラーの神学的文化論の中心点――文化論におけるカイパー批判に関連して」『改革派神学』第29号、二〇〇二年参照）。ファン・ルーラーは、カイパーの主要な関心事が一般恩恵に基づいたキリスト教的文化の構築にあったと見る。しかし救いをもたらす特別恩恵を、カイパーがもっぱら個人の魂の内面的、霊的な事柄として理解したために、特別恩恵がどうしても個人の内面的敬虔の問題に矮小化される傾向を持ってしまったとルーラーは批判する。そこから一般恩恵と特別恩恵との間に二元論的な乖離《かいり》が生じてしまった。しかしそれではルター派における右の手の支配（教会）と左の手の支配（国家）の二王国説とさほど違わない結果をもたらしかねない（牧田吉和前掲論文二五頁）。カイパーもまた、特別恩恵の根拠としての「贖いの仲保者キリスト」について語るだけでなく、一般恩恵の根拠として「創造の仲保者キリスト」についても語る。しかし問題はカイパーの場合、創造から終末に至る中間時において、特別恩恵が個人の霊的な魂の問題にのみ関わるものと見なされるため、特別恩恵が社会や文化の次元に関わることがなくなってしまう点にある。

カイパーの一般恩恵には二つの面がある。一つは、一般恩恵が特別恩恵を準備する働きを持つ面、もう一つは、一般恩恵が創造の諸力を発展させる面である。ファン・ルーラーはそのいずれをも批判する。第一に、一般恩恵が特別恩恵のために何らかの準備的意味を持つという主張は到底受け入れられない。また第二に、一般恩恵がそれ自体で自立的な目的を持ち、創造の諸力を発展させるという主張にも賛同できない（前掲論文一二頁）。カイパーは一般恩恵の自立的発展も確かに特別恩恵の影響なしではないと言うが、それはきわめて限定的なものにとどまり、受肉と十字架はただ教会の閉鎖空間の中にのみ存在するものにすぎない。カイパーにおいては一般恩恵が特別恩恵から自立する傾向にあるため、一般文化の諸領域はそれぞれ独自の主権を持つとされる。まさにそこでは特別恩恵からの分離が起こっているのである。これに対してファン・ルーラーは、そのような二元論的傾向を生み出す一般恩恵と特別恩恵の区別そのものを取り払い、聖霊の働きのもとで世界の聖化が起こり、キリストが世界の中に形態を獲得するという方向で、キリスト教的文化の形成を志すのである。

ファン・ルーラーは異教世界の中にも神の働きを認める。「異教徒は、宣教師がイエス・キリストの福音を携えて彼のところに来てはじめて、誠実な生ける神に接触するわけではない。彼はもう長い間、神との接触のうちにあったのである」（A・ファン・リューラー『伝道と文化の神学』長山道訳、教文館、二〇〇三年、二一頁）。「生ける神の業は、教会を通しての神の働きよりも大きい」（同前二二頁）。ルーラーによれば、御子の受肉は、人間の罪という突発事故に対する神の応急措置として起こったものであり、それと同じように教会の存在も応急措置にすぎない。終末においては御子の受肉も教会の存在も不用になる（同前三八、一二四頁）。

教会は神の国の一形態であるにすぎず、神の国は教会よりも包括的であり、他の形態も持っている。「清められた心、聖化された生活、キリスト教化された文化、非デーモン化された国家」（同前七六頁）もまた御国の諸形態であり、そこにも、たとえ僕の形態にすぎないにせよ、キリストの形態が刻印されていると言う。だから創造された地上の実存には固有の意味がある。そのような地上の文化や諸制度をキリスト教化することこそ重要な課題なのである。もちろん、文化のキリスト教化とは言っても、それは部分的なものにとどまり、常に異教との混合であり続ける。しかしそれでよいのだとファン・ルーラーは言う。「われわれは、キリスト者たりうるために人間なのではなく、人間たりうるためにキリスト者なのである」（同前一二八頁）。「イエス・キリストの福音は、人間が必要としており、また自然的人間が生ける神との果てしない戦いにおいて切望している最も深くて本来的なものの実現である」（同前三五頁）からである。

確かにそのようにして福音を個人の内面的な心の問題に狭めず、文化や社会の問題にも及ぶものとして創造世界全体に広げることには意味があるだろう。また教会が自己目的化しないために、世に向かう教会の使徒的使命を鮮明にすることにも意義がある。しかしそれによって教会の存在理由が相対化される面は否めない。特殊恩恵を集中的に語る教会の存在なしに、果たして文化や社会、国家はそう簡単にキリスト教化するものなのだろうか。それはヨーロッパ的な社会構造を念頭に置いての楽観的な発言なのではないだろうか。もちろんルーラーも、「特殊啓示の特殊性を決して失わないよう、よく気をつけなければならない」（同前四二頁）と言う。「特殊性がある場合にのみ、宣べ伝えるべきものがある」（同前四三頁）からである。にもかかわらず、それを責任をもって担う語りの共同体としての教会の存在意義が真剣に顧みられているとは言いがたい。近藤勝彦はファン・ルーラーの伝道の神学を好意的に評価しつつも、その神学が高度に思弁的な性格を持っていることを指摘し、次のように評言する。「ファン・リューラーは異教の中で伝道する教会の戦いの状況に立ってはいない」

（近藤勝彦『伝道の神学』教文館、二〇〇二年、二三三頁）。また牧田吉和もファン・ルーラーに敬意を表しつつ、ルーラーが前提とする「キリスト教世界」が一度も存在したことのない日本の歴史的事情を顧慮する必要性を指摘している（日本カルヴィニスト協会編『カルヴァンとカルヴィニズム――キリスト教と現代社会』一麦出版社、二〇一四年、一五〇―一五八頁）。

f　結論として、一般恩恵を特別恩恵から切り離して独自に展開させることは避けなければならない。しかし二元論を警戒するあまり、一般恩恵論を否定すべきであろうか。現に福音の光がまだ届いていない領域が存在しているという事実がある。その領域を神の支配の及ばない反神的、悪魔的な領域としないためにも、一般恩恵を語ることには意味がある。私たちはむしろ、一般恩恵と特別恩恵の両者を伝道論的に結びつけるべきではないかと考える。一般恩恵は特別恩恵が及んでくることを待っており、それをもたらすものこそ、聖霊の力のもとで行われる物語る教会（エクレシア・ナランス）の説教行為である。一般恩恵が特別恩恵を準備することはできず、また一般恩恵が独自に発展して限りなく特別恩恵に近いものになるわけでもない。聖霊論的拡大をキリスト論的中心から切り離して行うべきではない。そうではなく、一般恩恵はまさに特別恩恵の聖霊論的な拡大と浸透によってはじめて完成し成就するのである。

三　人間の登場

「私たちは、唯一の神、全能の父、天と地と、見えるものと見えないものすべての造り主を信じます」（ニケア・コンスタンティノポリス信条)。

「天と地」あるいは「天と地と海」は神によって造られたもののすべてが生きる場所を言い表す聖書的な語り口である(創世記一・一、出エジプト二〇・一一、使徒四・二四、一四・一五、ヨハネ黙示録五・一三)。そして神の造られた万物には、見えるもののみならず、見えないものも含まれている(コロサイ一・一六、ヘブライ一一・三)。見えないものにあえて言及することで、神によって造られたこの世界には、人間によっては知られていないどれほど多くの被造物が存在するかが示されている。しかも天から遣わされる目に見えない天使でさえ、決して神的な存在ではなく、神によって造られた「奉仕する霊」(ヘブライ一・一四)である。天使を拝もうとする人間に対して、天使自らこう語る。「やめよ。わたしは、あなたやイエスの証しを守っているあなたの兄弟たちと共に、仕える者である。神を礼拝せよ」(ヨハネ黙示録一九・一〇)。

天も神によって造られたということによって、空想上の神々や諸霊は別として、唯一の創造主のほか地上を越えた空間に他の実在の神や主は存在しないということが言われている。天の領域も創造者なる神の御手の中にある。人間の運命を司る天体の運動などは存在しない。その意味で天は聖書の創造信仰によって見事に非神話化されている(K. Barth, *KD* III/1, S.20. 邦訳版三四頁)。

しかしまた地も神によって造られたということによって、地が天に対して無価値であるとか、軽蔑すべき忌まわしいものだとする蔑視も成り立たなくなる。人間の眼にどんなに貧弱で劣ったものに見えようとも、地もまた「天上の領域での明らかに最も栄光に満ちたものに劣らず同じように、創造者なる神のみ手のうちにあるからである」(K. Barth, *KD* III/1, S.20. 邦訳版三四頁)。

　ところで、宇宙空間としての「天」に対して、象徴的な表現としての「天」・「天の天」という言い方が存在する。その場合の「天」・「天の天」は神の住まい、御座を指し示している（創世記二八・一二、列王上八・二七、歴代下二・五、六・一八、ネヘミヤ九・六、詩編二・四、一一・四、六八・三四、イザヤ六六・一、申命記一〇・一四）。宇宙空間としての「天」は祭司資料の創造物語によれば「大空」であり、神の住まいとしての「天」とは区別されるべきものであるが、それでもなお「上方」を指示するという意味合いは欠けていない。つまり「まさにこのおおぞらこそが、今や［創世記一章］八節によれば、再び神ご自身によって、したがって、まことに信頼すべき仕方で、権威をもって、『天』と呼ばれる。人が、そこでおおぞらと（地から見て）おおぞらの背後に、おおぞらの上にある上なる世界全体のことを理解する時、人は読みこみをしてはいない」（K. Barth, *KD* III/1, S.156. 邦訳版二五七頁）のである。神の言葉は天においてとこしえに確立している（詩編一一九・八九）。神の慈しみは天のように高く大きい（詩編三六・六、五七・一一、一〇八・五）。天は人間にとって測ることができない（エレミヤ三一・三七、イザヤ四〇・一二）。「わたしは天に上り、王座を神の星よりも高く据え、神々の集う北の果ての山に座し、雲の頂きに登って、いと高き者のようになろう」と傲り高ぶるバビロンの王は明けの明星のように天から落ちる（イザヤ一四・一二―一四）。天は神の御座だからである。その神の御座から慈しみと祝福が注がれ、助けはやって来る（詩編五七・四）。「万軍の主は言われる。必ず、わたしはあなたたちのために、天の窓を開き、祝福を限りなく注ぐであろう」（マラキ三・一〇、また創世記四九・二五参照）。

　そのような天と地の間にあって、祭司資料によれば創造の六日目、いよいよ満を持して人間が登場する。人間は天と地の間に他の被造物と共に住む。「天は主の天である。しかし地は人の子らに与えられた」（詩編一一五・一六　口語訳）。人間にとって天が上にあるということは、祝福に満ちた限界づけを意味している。

「特に申命記と伝道の書〔コヘレトの言葉〕が好んで言っているように、『天の下』で生きるということは、まさに根源的に、本来的に、神によって置かれた条件のもとで、そのようにして、神の守りと支配のもとで、しかしまた神が裁きを行ない給うことができるということのもとで、生きることを意味している」（K. Barth, *KD* III/1, S.157. 邦訳版二五八―二五九頁）からである。

天と地の創造について聖書が語る場合、人間のことが初めから特に名指しされているわけではない。祭司資料は人間について最初のうちは沈黙している。しかしこの沈黙は天と地の間で他の被造物と共に生きる人間の定めを意味深く暗示する荘重な沈黙である。この沈黙を味わいつつ、私たちは次の秘義的な言葉に耳を傾けなければならない。「神の永遠のみ子と言葉《ロゴス》が天使でもなく、動物でもなく、まさに人間となることを欲し給うたということ、そしてほかのことではなく、まさにこのことが、永遠的な恵みの選びの内容であったということ、そのことは何故神はこの世界、天と地を創造されたかということ、何故また将来の世界は新しい天と新しい地であるであろうかということの根拠である。神の永遠のみ子と言葉《ロゴス》は、〔その方のゆえに〕神が人間を永遠からして愛され、〔その方のゆえに〕神がこの被造物、地の上、天の下にある人間の現実存在と本質を欲せられ、創造者として実在の中に措定されたところの方である」（K. Barth, *KD* III/1, S.18. 邦訳版三一―三二頁）。ではいったい天と地の間で、この〈人間〉とは何者なのだろう。

幕間のインテルメッツォ（間奏曲）

一二九　オランダのフローニンゲン大学は、ポーランドの生んだ偉大な宗教改革者ヨハネス・ア・ラスコについての懸賞論文を募った。若き学徒であったアブラハム・カイパーは、師の勧めもあってこれに応募することにした。
一三〇　だが困った。資料があまりにも乏しすぎる。おそらく三〇年戦争でほとんど失われてしまったのであろう。オランダ国内のみならず、ヨーロッパ中の図書館を探し回ったが、さしたる成果はない。諦めかけたちょうどその時、ある人が、大変な蔵書家である一人の老牧師を紹介してくれた。
一三一　約束を取り、一週間後に訪ねると、その老牧師は、机の上に山と積まれた蔵書を、きわめて事務的に指さした。「これが私の持っているア・ラスコとやらの人の本です」。目を疑った。手をつけられていない宝の山である。何とこの持ち主は、つい一週間前にア・ラスコの名前を覚えたばかりだった。
一三二　カイパーはこの時、人間は理性によって何でもできるとする彼の合理主義を卒業した。世の中にはもはや神の御手の業としか言い様のない不思議な導きがあることを、まざまざと体験したからである。彼の研究は見事に賞を射当てた。
一三三　思わぬ文献に出くわすということ、これは、すべての学究の徒に訪れる不思議な経験である。ただ私の場合、うっかりやり過ごしてしまう愚鈍さから、まだ完全に卒業しえていない。

あとがき的命題集

命題二〇七　世界の美しさは聖霊の力によって支えられている。聖霊は天と地とそこに満ちるすべてのものを支え、動かし、生かす霊である。

命題二〇八　聖書の示す創造世界は、人間が考えるよりもはるかに大きい。そこでは、人は人間中心主義の世界観を潔く捨てなければならない。洪水の後、神はすべての生き物と契約を結ばれた。終わりの日には人間だけでなく、もろもろの被造物もまた神をほめ讃える頌栄の輪に加わる。

命題二〇九　一般的な神の創造・保持・統治の恵みも存在している。しかしそれが恵みであることが分かるのは、救済の恩恵に与った時である。

命題二一〇　一般恩恵と特別恩恵は無関係なのではなく、救済論的に関係づけられている。御子の受肉が時間と場所に限定される一方で、そのユニヴァーサルな効果は、教会に働く聖霊のミニストリーを通して、歴史を越え、地の遠い果てにまで及ぶ。

命題二一一　宇宙空間としての「天」に対して、象徴的な表現としての「天」・「天の天」という言い方が存在する。その場合の「天」・「天の天」は神の住まい、御座を指し示している。

命題二一二　天と地の間にあって、祭司資料によれば創造の六日目、いよいよ満を持して人間が登場する。人間は天と地の間に他の被造物と共に住む。では人間とは何者なのか。

第一〇章　人間、この未知なるもの

一　人間の本質

「神ハ定義サレエナイ（Deus definiri nequit）と、そう〔古来より〕形而上学は語ってきた。……〔近代に入って〕人間が神の秘義に終止符を打つのに比例して、今度は人間自身が自分にとって謎になる。神の定義不可能性の代わりに、人間の定義不可能性が登場したのである。現代風の言い方で語ると、人間ハ定義サレエナイ（Homo definiri nequit）ということになる」（E. Jüngel, Der Gott entsprechende Mensch, in: *Entsprechungen: Gott–Wahrheit–Mensch*, München 1986, S.295）。

宇宙のただ中で、いったい人間とは何なのか。考えれば考えるほど、人間は自分が何であるのか分からなくなる。科学的知識が未熟だから分からないのだろうか。人間学の父と呼ばれる哲学者マックス・シェーラーは言う。「これまで人間が歴史のどの時代においても現代におけるほどに問題的となったことは、かつてなかったと言える」（M・シェーラー『宇宙における人間の地位』亀井裕・山本達訳、白水社、二〇一二年、一三頁）。確かに諸科学は人間をあらゆる角度から微細に分析する。しかし個別の専門科学は人間を生命現象の一部に解体するだけで、人間を人間たらしめている〈本質〉を解明するには至らず、かえってそれを覆い隠してしまっている。医学者アレキシス・カレルは人間について一冊の本を書いた。彼がその本につけたタイトルはこうである。〈人間、この未知なるもの〉。彼は言う。「解剖学、化学、生理学、心理学、教育学、歴史学、社会学、経済学といったものは、人間を研究し尽くしてはいない。専門家たちが言う人間というものは、具体的な、本当の人間からはほど遠いのである。それぞれの分野の技術によって得た概要を、寄せ集めたものにすぎない。……人間は自分たちを知ろうとして、全く涙ぐましい努力を続けてきた。しかし、これまで科学者や哲学者、詩人や偉大な神秘論者などが築き上げた知識の宝庫があっても、なおわれわれは、ほんのいくつかの局面を摑《つか》んだにすぎない。全体としての人間を把握しているのではない」（A・カレル『人間　この未知なるもの』渡部昇一訳、三笠書房、一九八〇年、三六―三七頁）。そこで重要なことは、他の生命体と比べて人間にのみ特有な〈人間の本質〉を明らかにする統合理論を見出すことである。

確かに人間は脊椎・哺乳動物系列の頂点に位置づけられる。直立歩行、脊柱の変形、頭蓋骨の均整、著しい脳髄の発達、直立歩行の結果としての器官変形、たとえば対置した親指、物を握ることのできる手、顎と歯の退行など、形態学的な特徴ならいくらでも数え上げることができる。しかしそれをどれほど続けたところで、形態学によっては人間の〈本質〉を浮かび上がらせることはできない。

先のシェーラーによれば、無機物になくて植物に備わっているものは「衝迫エネルギー」である。これは意識も感覚も表象も欠いた最も単純な生命運動であり、日差しに向かう衝動的なエネルギーであり、養分摂取、成長、生殖という生命現象として現れる（前掲書一六―一九頁。シェーラーはこれを「感情衝迫」と呼ぶが、中枢神経器官のない植物に「感情」という言葉を用いるには違和感があるので、他の箇所で用いられている「衝迫エネルギー」の方を採用しておく）。

この植物から動物の本質を区別するものは「本能」である。本能的行動とは、第一に個体の生命維持にとって必要な目標指向的行動であり、第二に一定の恒常的なリズムに従って展開するものであり、第三に種の保存にとって有意義な行動である（同前二三―二四頁）。それは動物の形態発生にあらかじめ組み込まれているものである。この本能は、高等動物に至ると、連合的記憶や条件反射という習慣的な行動となって現れ、さらには群居形態における模倣という知能的な行動となって現れる（同前三五頁）。

しかし人間の本質は、そうした生命現象の延長上に出現したものではない。そこには生命現象を外に立って規制する原理が登場しなければならない。シェーラーはそれを「精神」と名付ける。精神とは、有機体の衝動や本能に依存し拘束されていることから個体を自由にする力である。植物が依存し、動物が拘束されている環境世界から、人間は精神において超出し自由になる。この世界に対する開放性こそ、人間を人間たらしめる本質なのである。「人間の生成とは、精神の力によって世界［に対する］開放性へと高まることである」（同前五〇頁）。動物は環境世界の中に没入しており、かたつむりがその殻を持ち歩くように、おのれの環境世界を持ち運ぶことまではできるが、それに対して距離を持ち、これを対象化することはできない。確かに植物と違って動物は意識を持っているが、いかなる自己意識も持っていない。これに対して人間は、自らの環境世界に対向して超然とした態度を取ることができ、その中に埋没せず、自分の心と体を対象化することができる。衝動や本能に対しても、それらの奴隷であることをやめて、「否を言いうる者」（同前六八頁）ともなりうる。人間だけが衝迫エネルギーや本能を精神の活動へと「昇華する」（同前六九頁）ことができ、すぐれた学問や芸術作品を生み出すことが可能なのである。

そして何よりも精神は、本能に基づく実践的知能とは次元の異なる「理念化」をすることができる。たとえば私が腕に痛みを覚えたとする。どうしてこの痛みは生じたのか。どうしたらそれを取り除けるのかと考える。しかしそれがなかなか取り除けられない場合に、人間はさらに思案する。どういうわけか、この世界は一般に苦痛、禍、苦悩に満ちている。それは不可解な現実であるが、人間は自分の身に具体的に降りかかってきた苦痛の個別的体験を、この不可解な世界の普遍的な本質に対する個別の実例として理解することができる（同前六一頁）。そこから人間は考え始める。いったい苦痛は、そして苦悩そのものは、どこから、なぜ来るのだろう。救済への問いの萌芽がそこにある。

そのようにして人間だけが、環境世界の束縛に囚われず、世界についての意識とそれを超越した自己意識を持つことになる。そしてその意識の先にあるものが、シェーラーによれば神意識なのである。人間が世界と自己を超出する「まさしくその瞬間に人間は、おのれの中心をもまたなんらかの仕方で世界の外部、世界の彼岸に繫留《けいりゅう》せざるをえなかった」（同前一〇八頁）。その外部にあるものを包摂する最も普遍的な地平の絶対的中心として、神が意識されてくる。この人間学の父シェーラーの立論を受け止めて、パネンベルクはこう述べる。「したがってこの世界開放性［世界に対して開かれていること］の本来の意味は、世界全体を見渡すことを初めて可能にする神開放性［神に対して開かれていること］として特徴づけることによっていっそう正しく表現されるであろう」（W・パネンベルク『人間学——神学的考察』佐々木勝彦訳、教文館、二〇〇八年、七五頁）。こうしてシェーラーの言う、人間の持つ世界に対する開放性は、神への開放性に至らざるをえない。しかしシェーラーの場合、そこで言われる神とはあくまで「哲学者の神」にすぎず、歴史的受肉において自己を啓示した三位一体の神ではない（同前一一〇頁以下）。この点で私たちはシェーラーの哲学的人間学と別れ、神学的人間学へと歩を進めなければならない。

二　神の写像としての人間

「イエスはコインには誰の像と銘があるかと問うて、納税という普遍的な事柄に関わらない問題から究極的な存在の問題へと大胆に歩を進めたのだ。カエサルの像が入ったコインはカエサルの実在と権力を証している。このコインはカエサルの帝国とこの世界のものである。……［では］誰の像において私たちは作られたのか。私たちは誰のものなのか。……イエスはこの論争にあって、実在に関して何が真実であり、何が究極的に重要なのかという問いに心を向けている」（D・クラウス「現実としつづける」吉田忍訳『日本版インタープリテイション80号神の像』二〇一一年、四八—四九頁）。

イエスが皇帝の肖像と銘の刻まれたデナリオン銀貨をかざして、「皇帝のものは皇帝に、神のものは神に返しなさい」（マルコ一二・一七）と教えたやり取りには、目先の納税問題にはとどまらない深い含蓄がある。神の像として造られた人間は皇帝の奴隷ではなく、神のものであり、神のものは神に返すべきなのである。このやり取りは、イエスが明らかに祭司資料（P典）を踏まえていることを示している。P典の語り手は、人間は神にかたどり、神に似せて造られた存在であると語る（創世記一・二六）。いったいその文言は何を意味しており、どのように理解すべきなのだろう。

【ノート135】旧約のテキスト

a　創世記一・二六に用いられている二つの用語（我々にかたどり、我々に似せて）のうち、最初の צֶלֶם（zelem ラテン語で imago）は、旧約聖書に一七回登場する。五回は創世記（一・二六—二七、五・一—三、九・五—六）で、残りの一二回のうち一〇回は具体的に自然の事物を代理する存在（「模型」サムエル上六・五［二回］、六・一一）あるいは異教の神々の代理（「鋳像」民数記三三・五二、「像」列王下一一・一八、歴代下二三・一七、エゼキエル一六・一七、二三・一四、「偶像」エゼキエル七・二〇、アモス五・二六）などの表現に用いられている。残りの二回は詩編にあり、人間存在のはかなさを「影」（詩編三九・七）、夢のようにはかない「偶像」（詩編七三・二〇）として表現している。したがって、「代理」、「代表」、ないし見えない対象を見える現象として表す「像」ということがこの言葉の基本的な意味となる。

P典の語り手は異文化に取り囲まれている。「像」という用語もそこから借りてきた可能性がある。その場合、同じ用語を受け継ぎつつも、それを通して語り伝えようとした聖書の語り手独自の神学が明らかにされなければならない。たとえばバビロニアの創造神話においては、人間は粘土と神の血から神の像にかたどって造られたとされている（W. H. Schmidt, *Die Schöpfungsgeschichte der Priesterschrift*, Neukirchner Verlag 1964, S.137f. D. J. A. Clines, Image of God in Man, *Tyndale Bulletin* 19, 1968, p.79–80）。それ故人間は地上において神の血を受け継ぐ存在であり、神性の宿る場所である。

古代近東の文化にあって、この思想の象徴的存在と見なされたものが、地を支配する王の存在である。王は神の像として、神を代理する存在と見なされたのである。これは、エジプトやメソポタミアに広く見られる王の思想であり、カナンにもその影響が及んでいたと考えられる。古代エジプトで王として統治するファラオは太陽神の生きた像と見なされ、そのようにして神政政治が行われていたことが知られている（W. H. Schmidt, *op.cit.*, S.137–140）。

この王的権力の誇示は、領土内の至るところに王の立像が建てられることによって強化された。特に国境に建てられた像は、王の支配の及ぶ領域を示すものであり、神的な力を宿したものと見なされて臣下に服従を促す役割を果たしたが、それは単に王の名を思い起こさせるしるしにすぎないのではなく、統治者の魔術的な力を領土内に現に発散しているものであった。ダニエル書の記述によれば、ネブカドネツァル王はドラの平野に金の像を建てさせ、総督、執政官、地方長官、参議官、財務官、司法官、保安官、その他諸州の高官たちを像の除幕式に参列させ、楽器の演奏を合図に像をひれ伏し拝むよう指図した（ダニエル三・一—五）。それも今述べた王の像という思想と関わりがある。確かに祭司典の著者が神と神の像としての人間の関係を表現する際に、こうした古代オリエントの王と王の像の持つ関係が何らかの影響を与えている可能性をまったく否定することはできないだろう（K. Koch, *Imago Dei —Die Würde des Menschen im biblischen Text*, Hamburg 2000, S.18）。

しかしP典の語り手は、このような土着の異教的な王の神話伝承と対峙しつつ、いわば一種の「対抗神話（countermyth）」として、聖書の創造物語を提示したのである（Phyllis A. Bird, Male and Female. He Created Them: Genesis 1:27b in the Context of the Priestly Account of Creation, in: *Harvard Theological Review* 74［1981］, p.143）。そこでは王という支配者の特別な存在だけでなく、人間そのものが神の像として見られている。しかもそれは、神に代わって地を支配するためではなく、神に仕える僕として、全地を神に従わせるためにである。

いずれにしても、異教的観念にあるように、創造者と被造物との間があまりにも緊密になりすぎ、あたかも人間は神々の末裔として神の血を直接受け継いでいるかのような錯覚に陥る危険があるので、それを回避するためにいくつかの用語が重ねて用いられたのではないかと推定される。

b　その際に重ねて用いられたדְּמוּת（demut ラテン語で similitudo）は、旧約に二五回現れ、多くがエゼキエル書の神顕現的な文脈に見られる（エゼキエル一・五、一〇、一三、一六、二二、二六、二八、またエゼキエル一〇・一、一〇、二一、二二）。この重複表現は、そもそも人間が超越的存在を直接表現することはできないので、「そのようなもの（etwas ähnliches, something like）」として意味を弱めて間接的に表現する用法だと見なされている（W. H. Schmidt, *op.cit.*, S.133. C. Westermann, *Biblischer Kommentar. Altes Testament* Bd.I/1, Genesis, Neukirchner Verlag 1974, S.203. W. Gross, Die Gottebenbildlichkeit des Menschen im Kontext der Priesterschrift, *ThQ* 161, S.35, 44）。つまり demut は完全な同一性（Gleichheit）ではなく、あくまで近似性（Ähnlichkeit）を表現していると理解される（H. D. Preuss, damah in: *Theologisches Wörterbuch zum Alten Testament* Bd.II, Verlag Kohlhammer 1974, S.276）。

c　では、旧約聖書が異教的観念に対抗しつつ、神の像と相似性ということで言おうとしていることは何であろうか。創世記五・三には、順序は逆だが同じ重複表現が用いられている。この箇所から読み取れることは、アダムの存在のあり方がその子セトにも同じように見られるということである。そこから、子が父に似ているのと類比的な意味で、人間は神のあり方に似ているという素朴な結論が引き出されるようにも見える。しかしE・カーティスによれば、この箇所においてより根本的なことは、身体的・精神的な相似性（resemblance）というよりは、むしろ両者の間に親密な関係性（relationship）が成り立っているということである（E. M. Curtis, Image of God（OT）, in: *The Anchor Bible Dictionary*, ed. D. N. Freedman et al., Doubleday 1992, 3:390）。換言すれば、神の像が含蓄している内容とは、子が父と親密な人格関係を持ち、言葉を用いて対話する相手であるように、人間は神と親密な人格関係を持ち、言葉を用いて対話する相手として造られているということである。すなわち、人間は神に対応し応答する関係的存在であり、H・W・ヴォルフによれば、旧約聖書の人間論にとって、この神の像としての「神との対応関係」こそ、人間の自己理解を構成する不可欠の大前提なのである（H・W・ヴォルフ『旧約聖書の人間論』大串元亮訳、日本基督教団出版局、一九八三年、三一八頁）。人間は神に差し向かいの存在（das Gegenüber）であり、交わりにおいて対応する者（der in der Gemeinschaft Entsprechende）である。zelem の前に置かれたヘブライ語の前置詞 bº は、ギリシア語七十人訳では kata（～に従って）と訳されるが、ラテン語ヴルガタ訳では ad（～に向かって）と訳されている。すなわち、神はご自身の像へと向けて人間を造られたのであり、まさに人間とは神へと向けて造られた存在のことなのである。

d　ここで用いられている神の「我々」という一人称複数形をどう理解すべきかで、いくつかの説明がなされてきた（神学小径Ⅱ・14・3【ノート105】参照）。

第一に、古代オリエントに広く見られた「天上の会議」、「天の宮廷」という考え方が背景にあるとする解釈がある。神は天上の王として、そのまわりに集まる使いたちに話しかける。旧約聖書も天の宮廷の存在をほのめかす（列王上二二・一九―二三、ヨブ一・六、詩編八二・一、八九・六―七、イザヤ六・一―八、エレミヤ二三・一八）。これは、ヤハウェこそ神々の中の神であるという主張が背景にあると見なされている。しかし以下のフォン・ラートの説明も意味深い。「その奇妙な複数形（「われわれは……作ろう」）は、似姿性をあまりにも直接的に主なる神に結びつけることを防止しようとするものなのである。神は、彼の周りを取り巻く神的存在の群れと一緒になり、そのことによって複数性の中に身を隠す」（G・フォン・ラート『ATD旧約聖書註解（1）創世記』山我哲雄訳、ATD・NTD聖書註解刊行会、一九九三年、八〇頁）。

第二に、高位の者に対する限りない尊敬を表現する「尊厳の複数形（pluralis majestaticus）」であると見る解釈がある。しかしそのような用法が古代オリエントで存在したかどうかは確証されていない。ただし外典の第一マカバイ一〇・一九、一一・三〇にはそれに近い用法がある（K. Koch, *op.cit.*, S.15）。

第三に、行動を起こす前によく熟慮し、自らに言い聞かせるように心底決断する「決議の複数形（pluralis deliberationis）」と見る解釈がある。たとえば英語でLet's（Let us）～と言い表すようにである。まず言葉による意志の自己表明があって、それにもとづいて創造の行為が現実化する。先に神がご自身のうちで熟考し、決断し、それを言葉で表明した後に、人間の創造が起こる。したがって人間の創造は、神ご自身の深い人格的な関心事に基づいて行われたことである。神は創造者であるご自身と人格的関係を結び、交信することのできる（correspondable）存在として、人間を創造したのである。「神関係は、人間存在に付加された何かではなく、むしろ人間はそもそも神との関係の中で人間であるように意図されて、創造されているのである」（C. Westermann, *op.cit.*, S.217）。人間の存在はその本質が神関係であるように造られている。

この点で、神の像にまつわる王的支配という古代近東の表象にも変化が生じてくる。確かに像には、代理し代表するという意味合いがある。人間は地上において神を代理し代表して支配を行う。そのようなニュアンスは詩編八・五―九からも伺える。人間は王的「冠」を頭にかぶせられ、「造られたものをすべて治めるように」地上に置かれている。しかし、それはあくまでまことの創造者なる神の意向を受け、それを忠実に実行し、神の栄光に仕えるという意味においてである。そのためにこそ人間は、対話的神関係に置かれている。神の像としての人間は、我が物顔にふるまう暴君的な専制王なのではなく、地上において神の委託を受けて民の面倒を見る忠実な神の僕としての王なのである（後述）。

三　神との人格関係

「カルヴァンが、像を、常に鏡という言葉で考えていることは、疑いをいれない。鏡は、一つの客体を実際に反映する時にだけ、その容体の像を持つ。カルヴァンの思想においては、一つの像が反映作用と切り離されるようなことはない」（T・F・トーランス『カルヴァンの人間論』泉田栄訳、明玄書房、一九八〇年、四九頁）。

それでは、こうした神の像についての旧約聖書的な語りを、後の教会はどう受け止めて語り継いだのだろう。巨視的に眺望した場合、そこには大きく分けて二つの根本的な潮流を指摘することができる。一つは、神の像を人間としての存在構造にはじめから実体として賦与されている生得の性質ないし能力と見るもので、圧倒的に長い間、西洋の人間論を支配してきた考え方である。ここでは、人間が神にかたどられた彫像（sculpture）のように考えられている。もう一つは、神の像を被造物が創造主に対して持つ生きた関係として捉えるもので、宗教改革と共に入り込んできた考え方である。ここでは人間が神の栄光を映し出す鏡（mirror）のように考えられている。あくまで原像と写像との関係を人格的、動的に捉えるということがポイントとなる。

第一の流れにおいて、神の像ないし似姿は長い間、人間を動物から区別する「理性」として受け止められてきた。人間は生物学上の学名が示すようにホモ・サピエンス（知恵ある人間）であり、理性という生まれながらの特別な賜物を授けられている。この理性をもって人間は「海の魚、空の鳥、家畜、地の獣、地を這うものすべてを支配」し、「地を従わせ」ることができると考えられてきた。しかし、こうした神の像の実体的－静的な理解では、神との生きた関係がなくても、既得権益のように特別な能力が生来の人間に備わっているという誤解が生じやすい。一度そう造られたからには、神なしにも人間は偉大な存在であるかのように思いなしてしまう。

そこで第二の流れにおいて、神の像を関係的－動的に理解する立場が現れる。聖書は人間を、神との生きた人格関係にある動的存在として見ている。人間は神によって呼びかけられ、これに応答する存在である。もしそうしない場合に、本来の尊厳と栄光は地に落ち、人間は堕落と悲惨へと転落する。カルヴァンが言うように、人間が「神の像に創造されることは、神が、鏡においてながめるように、人間において神自身をながめたもうことができるような仕方で、人間が神と対面したり、人間が神に応答したりすることである」（トーランス前掲書七三頁）。ヘブライ語の「像（zelem）」も元来「鏡」という語義を持っている。つまり、この特別の人格的関係の中で人間は自由なる愛としての神のあり方を映し返すべき写像のような存在なのである。

【ノート136】神の像は実体か関係か

S・グレンツによれば、キリスト教的人間論の歴史は、神の像を人間の構造に備わったものとして実体的に理解する立場と、神との動的な人格関係において理解する立場とに大別される（Stanley J. Grenz, *The Social God and the Relational Self, A Trinitarian Theology of the Imago Dei*, Westminster/John Knox, 2001, p.142ff.）。

A　実体としての神の像

a　人間を人間たらしめるもの、それは人間に賦与された理性である。この理性が人間を、地上における神の像にしている。この考えの背後にはギリシア的な人間理解がある。アリストテレスによれば、人間は理性的動物である（Aristotle, *De anima* 3.3.427a19–427b9）。このあまねく広まった了解のもと、ギリシア教父たちは何の疑問も持たず、人間が動物から区別されるのは理性の所有という点であると見なした。そしてこの理性と結びついて、同様に神の像の実体として理解されたものが、本能とは区別される人間の自由意志である。すでに殉教者ユスティノスは両者を結びつけて人間の特徴と考えていた（ユスティノス「第一弁明」『キリスト教教父著作集第一巻』柴田有訳、教文館、一九九二年、1・10［二四頁］、1・28［四四頁］）。しかし何と言っても、後々までこのテーマに関して一番大きな影響を及ぼしたと考えられるのは、エイレナイオスである。

b　エイレナイオスの神の像論は、影響史的に見て重要な三つの含蓄を持っている。まず第一に、エイレナイオスは創世記一・二六に出てくるimagoとsimilitudoの区別を神学的に行った最初の発案者である。人間は構造的に形式的な神の像（imago）を実体として持っているが、聖霊によらなければ、内容的な類似性（similitudo）を持つことはできない（Irenaeus, *Adversus haereses* V, 6,1, in: *The Ante-Nicene Fathers*, 1:532）。人間の理性能力は罪を犯したことによって失われるわけではないが、罪を犯した人間は本当の理性を失っており、それ故神の義に逆らう、非合理的な生き方をしてしまう（Irenaeus, *Adversus haereses* IV, 4,3, in: *The Ante-Nicene Fathers*, 1:466.『キリスト教教父著作集第三巻II　異端反駁IV』小林稔訳、教文館、二〇〇〇年、一六頁）。すなわち類似性は失われているのである。この区別は、現代においてE・ブルンナーによって自説の展開のために援用された。すなわちブルンナーはこのエイレナイオスに基づいて、罪を犯した人間は、内容的な神の像を失うが、形式的な神の像を保持していると主張したのである。第二に、エイレナイオスによれば、まことの神の像はイエス・キリストである。キリストの受肉の目的は、神の像と相似性の成就を人間にもたらすことにある（Irenaeus, *Adversus haereses* V, 16,2, in: *The Ante-Nicene Fathers*, 1:544）。第三に、神の像と相似性の成就はあくまで終末論的なものであることをエイレナイオスは強調する。それは、創造者によって意図され、キリストによって啓示され、聖霊によって成就されるものである。信仰者はそれへと向かって成長していく旅の途上に置かれている（Irenaeus, *Adversus haereses* IV, 38,3, in: *The Ante-Nicene Fathers*, 1:522.「父がよしとみて命じ、子が奉仕し［実行し］、霊が養い育てる。人は日々進歩して完全性にまでたどりつく。すなわち、生まれざる方に近いものとなるのである」［上記邦訳版一五八頁］）。

c　アレクサンドリアのクレメンスもまたエイレナイオスにならって、人間の理性を神の像に結びつけているが、彼もまた神の像と相似性とを区別する。神の像は人類一般に賦与されているが、神の相似性は聖人によってだけ保持されている。ふつうの人間は完成にたどり着いた後に、相似性を受け取るとされる（Clemens of Alexandria, *The Stromata* 2,22, in: *The Ante-Nicene Fathers*, 2:376. Clemens of Alexandria, *The Clementine Homilies* 11,4, in: *The Ante-Nicene Fathers*, 8:285. ちなみに『ストロマテイス』は現在第5巻のみ邦訳あり。『中世思想原典集成1　初期ギリシア教父』秋山学訳、平凡社、一九九五年）。

d　こうした傾向はアタナシオスにおいても変わらない。アタナシオスによれば、人間もまた創造のロゴスにあずかっている理性的な存在者である。創造主は、被造物によって知覚されることを望まれたので、人間を造られた。創造主のロゴスは御子であるが、このロゴスである方を認識し、このロゴスを通して創造主を知覚して、幸福で祝福された生涯を送るために、人間は神の像にかたどられたのである（アタナシオス「言の受肉」、『中世思想原典集成２　盛期ギリシア教父』小高毅訳、平凡社、一九九二年、11・3［八二頁］、12・6［八四頁］など）。同様にニュッサのグレゴリオスも、人間の人格存在を「理性的動物」として捉えている。人間の魂は知的で合理的な点において完成を見る（Gregory of Nyssa, *Of the Making of Man* 8,5; 8:8, in: *The Nicene and Post-Nicene Fathers*, 2nd series, 5:394. *ibid.* 15.2（5:403）. この『人間創造論』は現在一―七章まで邦訳されている。『中世思想原典集成２　盛期ギリシア教父』秋山学訳、平凡社、一九九二年）。

ｅ　この流れはやがてラテン教父にも受け継がれる。その集大成となったのがアウグスティヌスである。神は人間を神の像として創造されたのであるが、その意味は、人間に理性と知性を持つ魂を賦与したということである。人間は「理性的精神」を持つという点で動物よりすぐれている（アウグスティヌス『神の国』12・24、『アウグスティヌス著作集第一三巻　神の国（３）』泉治典訳、教文館、一九八一年、一四五頁。『キリスト教の教え』１・22、『アウグスティヌス著作集第六巻』加藤武訳、教文館、一九八八年、四九頁）。そこでは魂が、人間に賦与された力であり、神を理解するための人間的な存在の構造と見なされている（アウグスティヌス『三位一体』10・13―12・19、『アウグスティヌス著作集第二八巻』泉治典訳、教文館、二〇〇四年、二九六―三〇二頁）。しかし特にアウグスティヌスが強調したことは、神の像としての理性と愛の意志は緊密に結びつくという点である（John Edward Sullivan, *Image of God: The Doctrine of St. Augustine and Its Influence*, Priority Press, 1963, p.195）。そして注目すべきことであるが、この魂のあり方の中にアウグスティヌスは、三位一体の神に対応する人間精神の三位一体的な構造、いわゆる「三位一体の痕跡」を認めているのである。すなわち、魂には、思い起こす記憶、理解する知性、愛する意志の三つの能力が不可分の仕方で賦与されている（アウグスティヌス『三位一体』前掲書14・8―14・11、四一三頁）。

いずれにしても、神の像理解はその後も、ここに敷設された軌道上を歩み続けることになる。ロンバルドゥスもトマス・アクィナスもこの伝統を受け継いでいる。その軌道を切り替える転轍機《てんてつき》が出現するには、宗教改革者たちの神の像理解の登場を待たねばならなかった。

B　関係としての神の像

a　人間に賦与された実体としてではなく、関係として神の像を理解するということは、焦点を名詞から動詞に移行させることを意味する。すなわち、人間は静的に神の像（image）であるのではなく、動的に神を映し出している（images 三人称単数）。神の像はその場合、人間がそれを賦与された後、自分の内に所有している能力ではなく、人間がまさにそうしている行為（act）を意味する。いわば鏡のように、創造主を映し出し、神の栄光をたたえる時に、人間は本来の人間になる（Paul Ramsey, *Basic Christian Ethics*, Charles Scribner's Sons, 1950, p.255）。神の像とはここでは神の映像のことである。曇りなく、歪められずに映し出しているかどうかが鍵となる。その時神の像は、神の前における人間の態度に関わる問題となる。

ルターの主張点は、義人は信仰によって生きるということにある。それはすなわち、人間は自分の内にあるものによってではなく、外にあるものによって生きるということを意味する。なぜなら内にあるものは、罪と死の故に完全に無力で腐敗しているからである。外から来る神の義によって、人間の神関係は新たにされ、神の前における（coram Deo）像としての自己となる。確かにルターも、理性が神によって最初の人間に賦与されたことを否定するわけではない。しかしそれは罪によってまったく損なわれ、失われている（M. Luther, *Disputatio de homine*, in: *WA* Bd.39-1, SS.174-177. M. Luther, *Genesisvorlesung*, in: *WA* Bd.42, S.45, 106）。神の像は、堕罪後のアダムにとっての失われた楽園のように、もはや「失われた宝（thesaurus perditus）」でしかない（M. Luther, *Genesisvorlesung, ibid.*, S.80-81）。被造物は罪の状態にあって、どんなに内なるものをもってしても、神を映し出すことには失敗しているのである。

しかし、この神の像は堕罪によって終止符を打たれたまま終わるわけではない。それは、キリストの贖いによって回復され、「御言葉と聖霊によって（per Verbum et Spiritum sanctum）」（M. Luther, *Genesisvorlesung, ibid.*, S.361）、信仰者をたえず新しい神関係に置き、神の前における態度と位置が神を映し出すようにさせる。原文のラテン語ではVerbumが大文字であることから、御言葉とはキリストを指していると考えられる。

b　D・J・ホールによれば、神の像を関係論的に理解する道を切り開くことにルター以上に貢献したのは、カルヴァンである（D. J. Hall, *Imaging God*, Michigan: Eerdmans, 1986, p.101）。トーランスが強調するように、カルヴァンは神の像について好んで「鏡」という言葉で考えようとした（T・F・トーランス『カルヴァンの人間論』前出四九頁以下）。神の創造の意図とは、創造者の栄光が、造られたものを通して輝き、被造世界が神の栄光の舞台ないし劇場となることである。その意味では、神が造られたものはすべて神の栄光を映し出す鏡であるが、その中でも特に人間は、もっとも明澄な鏡として創造されたのである。「自然のあらゆる秩序の中には、神の栄光をほめたたえるに十分な材料は揃っているけれども」、神の像として造られた人間こそ、「われわれが神の栄光をその中に想い見ることのできる明鏡」なのである（J・カルヴァン『旧約聖書註解　詩篇I』出村彰訳、新教出版社、一九七〇年、八一頁）。カルヴァンは、神の像をイコール人間の魂と見なすことに反対する。魂は神の本質からの流出ではないし、実体として神と人間の魂の間に質的一致が成立しているわけではない。この点でカルヴァンは、imago を魂の実体、similitudo をその性質として区別するような解釈を認めていない（J・カルヴァン『キリスト教綱要』I・15・3。『旧約聖書註解　創世記I』渡辺信夫訳、新教出版社、一九八四年、四七頁）。ただ人間は、神の栄光を映し出す行為においてのみ、神の像、すなわち神の鏡なのである。それ故、理性も意志も神の像を実体として構成するものではない。むしろ神を知って神に服従する信仰の行為において、人間は神の像になる。神との相似性は、人間が主へと関わる関係性の中にある。この意味での神への関係性は、人間が罪を犯すことによってはなはだしく腐敗し、恐ろしいまでに醜悪なものになってしまっている。罪ある人間の取る行為は、神への不信仰、不信頼、不服従である。そこからの回復はキリストにおける神の新しい創造の行為として遂行され、聖霊によって覆いが取り除かれることで、初めて明澄な鏡となる（第二コリント三・一八）。回復と言っても、実体の回復というより、関係の正常化なのである。

いずれにしても、宗教改革者たちによって確認されたことは、第一に、神の像は実体として人間存在の構造の一部に組み入れられた生得的なものではなく、神に関係する態度（ルター）、ないし創造者の恩恵に感謝と讃美をもって応答するあり方（カルヴァン）であるということ、第二に、それらは罪によって徹底的に壊滅されており、それ故第三に、キリストの贖いの業による新しい人間性の創造と、聖霊によるキリストへの参与と同一化を通して、新たに恵みとして与えられる終末論的な資質だということである。

幕間のインテルメッツォ（間奏曲）

一三四　ギリシアの数学者ユークリッドは、エジプトの王子に幾何学を教えていた。王子はできが悪く、飽きっぽい性格だった。

一三五　ある日、長々と続く解説に嫌気がさした王子はユークリッドに尋ねた。「もっと簡単に分かる方法はないのか」と。

一三六　ユークリッドは答えた。例の有名な答えだ。「殿下、学問に王道はありません」。

一三七　この名答は何ともありがたい。本書の長々とした説明にそろそろ嫌気がさしてきた方々にも応用が利く。読者諸賢、神学に王道はありません！

あとがき的命題集

命題二一三　人間は神にかたどり、神に似せて造られた存在である（創世記一・二六）。この神の形（像）ないし似姿は長い間、人間を動物から区別する「理性」として受け止められてきた。しかし、こうした神の像の実体的な理解では、神との生きた関係を抜きにしても特別な能力が生来の人間に備わっているという誤解が生じやすい。むしろそれは、人間が神との生ける人格的な動的関係に置かれていることの表現として理解されねばならない。

命題二一四　人間は神によって呼びかけられ、これに応答する存在である。人間とは、この特別の人格的関係の中で、神のあり方をふだんに映し返すべき写像のような存在なのである。

第一一章　アダムとキリスト

「終末論的に新しい人間とは、……その歴史的実在において神ご自身が自らを定義され、かつその自己定義の行為において人間をも定義されたところのかの人間、すなわちイエスにほかならない」（E. Jüngel, Der Gott entsprechende Mensch, in: *Entsprechungen*, op.cit., S.297）。

一　新しい人間

神の像としての人間という旧約聖書的な語りは、人間の尊厳を語る西洋の精神史を織りなす一筋の太い糸であった。しかし、聖書的な人間論はこのことに尽きない謎を秘めている。それは、新約聖書的な新しい人についての語りである。〈イエスの生と死、そして復活〉の歴史に直面した物語る教会が驚きをもって見つめ、そして語り始めたものは、「人間についての新しい教えというより、むしろ新しい人間についての教え」（E. Jüngel, *ibid.*, S.291. 傍点論者）であった。彼らは、人の子となられた神の子イエス・キリストこそ真の人間性の成就であり、神の像の完全な現れであることを見て取った。神の似姿性とは創造論的な起源を示すだけでなく、それ以上に終末論的な目標を示している。私たち人間はイエス・キリストの人間性に聖霊を通して参与することにより、初めて神の写像として造られた人間になる。

ルターは言う。「このパン種［マタイ一三・三三］は、突然すっかり発酵するのではなく、巧妙に慎重に時間をかけて、我々を、全く自分と同じものにし、新しくし、神のパンとするのである。……このような生活は……存在ではなく、生成であり、休息ではなく、訓練である。……すなわち、進行中であり、行われているのである」（「大勅書に対するルターの弁明と根拠」『ルター著作集第一集4』倉松功訳、聖文舎、一九八四年、三〇―三一頁）。同じように現代の神学者の一人もこう表現する。「人間であるということはすなわち、たえざる変化の中にあるということであり、人間存在であるということは生成を意味している」（T. Waap, *Gottebenbildlichkeit und Identität*, Göttingen 2008, S.40）と。神の像としての人間は今はまだ隠されている。「あなたがたの命は、キリストと共に神の内に隠されているのです」（コロサイ三・三）。

　神の像が終末論的なものであり、人間は自分を終末論的に理解しなければならないということは、すなわち、人間が自分自身からして自己を規定することはできないという事実を認めることである。人間の新しい存在は自分からは作り出せず、ただ神から来るものとして、いつでも感謝してそれを受け取ることができるだけである。人間が自分の経験知に基づき、あるいは自己の心理分析を通して自らに与えた自己像は、「古き我」として過ぎ去らせねばならず、私たちは神ノ前デ（coram Deo）の新しい自己を、朝ごとに夕ごとに神からの贈り物として受け取らねばならない（哀歌三・二二―二三）のである。「だから、キリストと結ばれる人はだれでも、新しく創造された者なのです。古いものは過ぎ去り、新しいものが生じた」（第二コリント五・一七）。

K・バルトは人間について論じるに当たり、キリスト論をその出発点とする。人間論を基礎づけるものとしてキリスト論がある。まことの神にしてまことの人間イエスが、すべての人間存在の根拠にして目標である。このバルトの神学的洞察はキリスト論的な選びの教説に基づいている。人間の存在論的規定は人間イエスの中に基礎づけられているということは何を意味するのだろう。バルトにとってこのことは何よりもまず、人間は存在論的に選びによって規定されているということを意味している。「人間存在は神の選びに基づいている。……［そして］人間イエスは神から選ばれた人間である」（*KD* III/2, S.170. 邦訳版二九四頁）。だとすれば、「人間存在であるということは、神によって本来的に第一に選ばれた方と共にあるということを意味している」（*KD* III/2, S.173. 邦訳版三〇〇頁）ことになる。イエス・キリストが起源的、本来的に選ばれた人間である。他のすべての人間は、ただ「彼にあって」（エフェソ一・四）選ばれ、存在している。それはイエス・キリストがただ単に人間であることの理想・模範・範例として存在しているということではない。すべての人間は、神の根源的な決断であるイエス・キリストの選びの中にその存在根拠を持っているということである（*KD* II/2, S.125. 邦訳版二〇九頁）。創造者なる神はただ自動的に人間に存在を与えているのではなく、非存在の脅かしと虚無的な暴力から守られた存在を与えようとしておられる。まさにそれ故に、非存在の脅かしと虚無的な暴力を打ち負かしうる唯一の方、イエス・キリストを選ぶことの中で、人間を選んでいる（*KD* III/2, S.172. 邦訳版二九七―二九八頁）。だからこそすべての人間は、虚無に抗してただこの方の生の領域の中で生きることが可能なのである。

「詩編八篇の『人間とは何か』という問いはキリストの中で答えられる」（M. Cortez, *Embodied Souls, Ensouled Bodies. An Exercise in Christological Anthropology and Its Significance for the Mind/Body Debate*, New York 2008, p.22）。たとえ

人間が自己矛盾に陥っても、なお神の恵み深い愛は、人間が人間であり続けることに耐えておられる（*KD* III/2, S.30–31. 邦訳版五四―五五頁）。この罪にもかかわらず存続する人間性は、契約的な関係に対する人間イエスの忠実さに根拠づけられている。彼はこの契約的な関係のためにこそ永遠に選ばれている存在である（Cortez, *op.cit.*, p.27）。イエスは、そしてイエスだけが、「契約を守る人間」である。それ故、「イエスの中での人間存在は、われわれの人間存在に対して神が向けられるあわれみの意味であり、権利であり、また根拠である」（*KD* III/2, S.56. 邦訳版九九頁）。

そして、このような一人の方が人間の領域に入り込んできたということは、すべての人間が、存在論的に決定的な仕方で、この聖なる他者に直面しているということを意味している。イエスはすべての人間にとって絶対的な「神的対向者」（*KD* III/2, S.160. 邦訳版二七七頁）である。こうして、人間であるということは、神の言葉が語られ、響き渡っている被造世界の特定の領域の中に、イエスと共にあるということを意味している。その場合、人間イエスはただ単に人々の間で神の言葉を語る存在だということではない。「人間イエス自身が神の言葉である。それであるから、人間イエスはあの神の呼びかけ、呼び出しの単なる担い手、道具ではない。むしろイエス自身がまさにこの呼びかけ、呼び出しなのである」（*KD* III/2, S.177. 邦訳版三〇六頁）。

けれども私たちはここで、さらに付け加えなければならない。確かに「イエスは、まことの神性が何であるかと同様に、まことの人間性が何であるかを私たちに示してくれる唯一の人間存在である」（C. Sherlock, *The Doctrine of Humanity*, Illinois 1996, p.18）。しかしそう言えるのは、イエスが理想的な人間だからなのではない。むしろここでは、まことの人間であるイエスが同時に神の子であるという点に意味がある。なぜならイエスの神の子性こそ、私たちが恵みにより養子として神の子供たちになることの根拠だからである。「受肉を、それをもって神の御子がまことの神であることを止めたかのように理解することは許されない。……キリストはむしろ、まさしく人の子としての以前と変わらずに神の御子なのである。キリストの神の子性は私たちがキリストによって受け入れられた神の子性から、以下の点で区別される。すなわち、キリストの神の子性は恵みからではなく、生まれながらに存在する。……彼は神の子として養子にされたのではなく、神の御子として生まれたのである（ジュネーヴ教理問答第46問）」（J・ロールス『改革教会信仰告白の神学』拙訳、一麦出版社、二〇〇〇年、一七九頁）。私たちが神の子供たちとなるために、まことの神の子であるイエスは私たちに先立っておられ、しかもまことの人の子として私たちと共におられる。それは私たちを、すでに用意されている王的人間の座にご自身と一緒に就かせるためである。

【ノート137】新約のテキスト（1）……キリスト論としての神の像

新約聖書にも、神の像としての人間という思想は継承されている（ヤコブ三・九、第一コリント一一・七）。しかしそこで直接言及されている内容は主要な線ではない。むしろ新約聖書が最優先的に高調しているのは、イエス・キリストが何よりもまず第一義的に神の像だということである。こうした言明はキリスト論の文脈に属している。

①第二コリント四・四―六

「神の似姿であるキリストの栄光」。ここにおいてキリストは、神の栄光が現れ出る場所であり、神の輝きを完全に映し出す存在という意味で、神の像とされている。この文脈では、栄光（δόξα doxa）と、それを映し出す像（εἰκών eikon）という対応関連が重要である。まさにこの意味での「神の像として、キリストは見えざる神ご自身が知られる場所である」（C. K. Barrett, The Second Epistle to the Corinthians, in: *Harper's New Testament Commentaries*, ed. Henry Chadwick, Harper and Raw, 1973, p.135）。使徒によれば、キリストはその苦難の生涯と十字架の死、そして死者の中からの復活を通して、見えざる神の栄光を輝かせているが、この世の神が人々の心の目をくらましているので、それが分からない。しかし今や光を創造された神ご自身が、「イエス・キリストの御顔に輝く神の栄光を悟る光」（四・六）をも与えてくださる。

②コロサイ一・一五―二〇

「御子は見えない神の姿」。この壮大な宇宙論的キリスト讃歌において、御子は満ち溢れる神性を余すところなく宿している存在として、神の像とされている。「キリストが神の像であると言うことは、彼において、神の性質と存在が完全に啓示されているということ、彼の中で見えざる方が見える方になっているということを言っている」（F. E. Bruce, The Epistles to the Colossians, to Philemon, and the Ephesians, in: *The New International Commentary on the New Testament*, ed. F. E. Bruce, Eerdmans, 1984, p.57-58）。すべてのものが造られる前に最初に生まれた方（πρωτότοκος prototokos）が、死者のうちより最初に生まれ、新しい創造の初穂となられた。この最初に新たにされた方の中で、神との和解の関係に移された人間の終末論的創造が実現している。それ故、キリストの中で、あの最初の創造における神の像の成就と完成が起こっている。しかもコロサイ書によれば、この方において起こることは、教会においても起こる定めである。なぜなら、教会はこの方を頭といただくその体だからである。

③ヘブライ一・一―四

「御子は、神の栄光の反映であり、神の本質の完全な現れ」。反映（ἀπαύγασμα apaugasma）とは、能動形に直せば光の放射・発散であり、したがって受動形は、それを受けて照り返すということである。現れ（χαρακτὴρ charakter）とは、刻印、証印、しるし（imprint）の意味であり、このしるしと、しるしによって指し示される方とのきわめて緊密な関係が成立している。コインの上に刻まれたしるしは、そのしるしによって指し示された価値を表す。その意味で、イエスは神が誰であるかを表す神の像である。しかしここで重要なことは、ただ存在論的にイエスが神を表しているということなのではない。ヘブライ書の主張点は、このキリストはご自身を完全な犠牲として捧げられた大祭司であるということであり、贖罪者キリスト論がその要にある。したがって、ここでのキリスト論は救済論と結びついている。すなわち、神を完全に表す者だけが、人間を完全に贖うことができる（S. Grenz, *op.cit.*, p.222）。

二　神に対応する人間

「人間の存在論的規定は、イエス以外のあらゆる人間の真中に、イエスというひとりの人間がいるということの中に基礎づけられている」（*KD* III/2, S.158. 邦訳版二七三頁）。

キリストが神のための新しい人間の実現であるということは、同時に私たち人間のための新しい人間の出現でもある。この点でユンゲルは、キリスト教的人間論のきわめて重要な鍵となる出来事について語る。

「終末論的に新しい、神に対応する人間についての語りは、神による人間の義認が出来事として起こることを含んでいる。この義認は、ただ信仰がそれを実際に定義づけ、かつ定義しつつ生起させる限りにおいて、ただ信仰の中でだけ『現実化』する」（E. Jüngel, *op.cit.*, S.293）。だが、なぜ神の像の規定に義認が登場しなければならないのだろう。それは、人間が事実上神のあり方を映し返すことを拒み、本来のあり方からはずれて人間の尊厳と輝きを失っているからである。

人間は曇った鏡である。「神の像に造られた人間は、神から離れ、神による規定からも離れたことにおいてその存在を転倒させてしまう」（T. Waap, *op.cit.*, S.41）。ところが今や、神に服従することをやめ、神への似姿性を失った人間たちのただ中に、神に対応する人間が出現したのである。罪を犯したアダムの代わりに、神の言葉を喜んで聴き、服従する人間がキリストとして出現している。神の像はこの方の人間性において見事に回復している。神に対応するこのただ一人のお方において、事実上神に対応していないあらゆる人間が、神に対応する本来の人間性に立ち戻ることができる（E. Jüngel, *op.cit.*, S.298）。

このことは、単に受肉の出来事について当てはまる真理なのではない。受肉はキリストの神性と人性の啓示であり、その意味でまことの人間性の啓示として決定的に重要な出来事であり続ける（C. Sherlock, *op.cit.*, p.76）。しかしその受肉は贖罪のために起こっている。ナゼ神ガ人トナラレタノカ（Cur Deus Homo）。その答えは不敬虔ナル者ノ義認（iustitia immpii）のためである。神に対応していない人間を神に対応する人間にさせるというこの出来事を、使徒パウロは「義認」と呼んだのである。それ故ルターが「人間についての討論（Disputatio de homine）」で述べたように、義認は人間の定義そのものに属している（E. Jüngel, *op.cit.*, S.298）。義認がなければ新しい人間性は誕生しない。十字架につけられた方の復活の中で、終末論的な神の像が輝き出したのである。それ故、私たちはイエス・キリストによって初めて本当に神の像になる。「人間が、もし神を真実に認識するまでは、また、その神認識において真の人間になるまでは、自己自身を真実に認識しないとするならば、その時には、キリストにおいて神と直面する再生させられた人間という立場からだけ、我々は、人間が神の像に創造された、という事実の意義を理解することができる」（T・F・トーランス『カルヴァンの人間論』前出四七頁）。

イエス・キリストは、私たちが成るべき将来の人間の原像である。そしてこのキリストによる義認の現実に与らせ、私たちをキリストに似たものにする過程が、聖霊によって行われる聖化である。この意味では人間の定義には義認のみならず、聖化もまた含まれると言うべきであろう。人間性について私たちがすでに知っていることが、ナザレのイエスを評価する尺度になるのではなく、むしろ逆に彼の人間性こそ、私たちの自己評価の尺度にならねばならない。ナザレのイエスは、「『人間であること』が真に意味することを示す神が与えた啓示」（E・スヒレベークス『イエス――一人の生ける者の物語　第三巻』V・アリバス、井原彰一訳、新世社、一九九九年、一二七頁）である。彼において「神を称賛する、対他存在の［他者のための］人間」（同前六〇頁）が生起している。イエスとは、神であることと人間であることとを、私たちがその相互関係において学ぶべき存在である（同前一三二頁）。この方において私たちは、人間が神に由来する存在であり、神に依り頼み、神的交わりに参与する存在であることを知る。この意味で、「歴史的イエスは、やはり、神という現実こそが人間の一生において最も重要なものではないのか、という問いにわれわれを直面させる人物」であり、人間を神に引き合わせる「触媒」的存在である（同前一八六頁）。しかもそれを、罪人の義認という出来事を通して行ってくださる点に、この方の無比なる特異性がある。そして、聖霊による聖化が最終的に目指しているものも、この方のあり方への参与なのである。

【ノート138】新約のテキスト（2）……終末論的ゴールとしての神の像

神の像について新約聖書は、ただキリスト論に集中して語るにとどまらず、それがほかならない、新しい人間性のためにこそ起こっているということを物語る。すなわち新約聖書は、この第二のアダムとしてのキリストに、信仰者が参与することによって、アダムの罪によって失われた神の像が回復されるという救いの道を、終末論的ゴールとして提示している。

④ローマ八・二九

「神は前もって知っておられた者たちを、御子の姿に似たものにしようとあらかじめ定められました」。新約聖書は、キリストが神の像であるという中心的メッセージをもって終わらない。このキリスト論は人間論への展開を持つ。キリストが神の像であるのは、そのことに失われた人間を与らせ、信仰者の新しい人間性を造り出して、最初の創造の時からの神の意図を成就するためである。ここでは、人間を御子の姿に似させることが、神の予定論的な意図であることが語られている。ローマ書八章のコンテクストから言うと、信仰者をそのようなプロセスに参与させるのは、聖霊の働きである。御子を死者のうちより復活させた方である同じ聖霊が、今や「死ぬはずの体をも生かして」（ローマ八・一一）執り成しの業を遂行することにより、神の像であるキリストに属する新しい人間が形造られる。それは終末論的なゴールとして設定されたものであり、信仰者はこの終末論的なオリエンテーションの中で、御子と同じ形になる（σύμμορφος summorphos）ことへと促される。

しかもそれは単数形の個人において起こることではなく、複数形の「多くの兄弟たちの中で（ἀδελφοῖς adelphois）」起こる。つまり、神の像において造られた人間は、はじめからキリストを長子とする人類的共同体として神の像になるようにと、あらかじめ定められていたのである（S. Grenz, *op.cit.*, p.231）。

⑤第一コリント一五・四九

「わたしたちは、土からできたその人の似姿となっているように、天に属するその人の似姿にもなるのです」。ここでは、アダムとキリストを対置させる典型的なアダム―キリスト類型論（ローマ五章）が土台となっている。ユダヤ教の黙示思想において復活は終末論的出来事であり、しかもそれは、神がその民を結集させる集団的な出来事である（エゼキエル三七章）。アダムとキリストはここで二つの団体的現実を代表する頭的存在と見なされている。一方には「自然の命の体」に属する滅び行く人類、他方には「霊の体」に属する新しい人間の共同体がある。「主に結ばれて」生きる者たちは、自分たちが神の像そのものである方に属していることを知って、最後の敵である死をもはや恐れることなく、終末論的希望において生きることができる。

⑥第一ヨハネ三・二

「しかし、御子が現れるとき、御子に似た者になるということを知っています」。ここでは、御子に似た者となるということが、御子の再臨に際しての将来的な事柄として、終末論的なゴールであることが明らかに示されている。「わたしたちは、今既に神の子ですが、自分がどのようになるかは、まだ示されてはいません」。しかし、そうなるであろうことを微動だにせず確信することができるのは、ヨハネの共同体の上に父なる神の愛がたえずあふれるばかりに注がれているからである（第一ヨハネ三・一）。

三　人間のメシア的召命

「聖書は私たちを、神と私たち自身を発見する巡礼の旅へと招いている。そしてアウグスティヌスが［三位一体論の8—14章で］展開したように、ただそのような霊的な旅（spiritual journey）に基づく時にだけ、古典的な哲学上のアドヴァイス『汝自身を知れ、そして自らに忠実たれ』がより深い真実のキリスト教的な意味を帯びるのである」（C. Sherlock, *op.cit.*, p.33）。

先のヴァープによれば、イエスにおいて啓示された人間は、バルトが強調するように、この方においてあらゆる人間が造られた始原的な原像（Urbild）であると共に、パネンベルクが強調するように（W・パネンベルク『人間学』前出六四一—六四七頁）、この方へと向けてすべての人間が造られている終末論的な目的像（Zielbild）でもある（Waap, *op.cit.*, S.544）。なぜなら「万物は……御子に向かって造られた」（コロサイ一・一六）からである。人類の歴史はイエス・キリストというまことの人間という目的像へと向かうように定められている。そしてこれは新約聖書の使信でもある。「わたしたちは皆、顔の覆いを除かれて、鏡のように主の栄光を映し出しながら、栄光から栄光へと、主と同じ姿に造りかえられていきます。これは主の霊の働きによることです」（第二コリント三・一八）。

しかもそのプロセスは神の永遠のご計画の中にある。「神は前もって知っておられた者たちを、御子の姿に似たものにしようとあらかじめ定められました」（ローマ八・二九、【ノート138】参照）。ここでは人間が単に始原に基づいて神の似姿であるということよりも、未来においてキリストの似姿になることが神の不動の決意であることが改めて強調されている（C. Sherlock, *op.cit.*, p.65）。「もし神があくまでも創造の目的を考慮して、人間に対する原初の意図を成就しようとしたもうならば、……その時、神の像は……終末論的に解釈されるべき予定という点から解明されなければならない」（トーランス前掲書九九頁）。最初のアダムの過誤を帳消しにしてくださった「究極のアダム」（第一コリント一五・四五）がキリストである。そして「わたしたちは、土からできたその人の似姿となっているように、天に属するその人の似姿にもなるのです」（第一コリント一五・四九）。アダム的人類は今や、元来その方において造られている正真正銘のキリスト的人類へと変えられてゆく。「実にアダムは、来るべき方を前もって表す者だったのです。……一人の罪によって、その一人を通して死が支配するようになったとすれば、なおさら、神の恵みと義の賜物とを豊かに受けている人は、一人のイエス・キリストを通して生き、支配するようになるのです」（ローマ五・一四、一七）。こうしてアダム的神の像は、キリスト的神の像に成る救いの歴史の中に置かれる。

ところで、この成り行く過程を単に終末時に起こることとして遠望するだけでは不十分である。完全に成就するのは終末時であるにしても、私たちはすでにその道の途上を歩み始めているのである。カルヴァンは言う。「わたしたちの至福と幸福とは、罪によって消し去られていた神の似姿が、わたしたちのうちに回復され、あらたにかたちづくられることにある。イエス・キリストが神の生きた姿であるのは、単にかれが神の永遠の言葉であるかぎりにおいてだけではなく、さらに、かれがわたしたちと共通にもっているその人間性においてでもある」（『カルヴァン新約聖書註解Ⅳ　ヨハネ福音書下』山本功訳、新教出版社、一九六五年、五五六頁）。

ここで次のことが注目される。すなわち、モルトマンはキリスト称号を原意に戻し、あえて「メシア」と表記する。イエスは神によって油注がれ、神の御旨を果たす、私たちのためのメシア的人間である。そして人間は、「私に従って来なさい」との呼び声に応え、メシアに信従する歩みの中で、メシア的人間の似姿に変えられてゆく道の上にいる。そのプロセスはすでに現時点で始まっている。いや厳密に言えばそれは、救いの善き業として神ご自身によって始められている（フィリピ一・六）。「メシア・イエスと同じかたちになるための人間のメシア的召命が、新しい創造の終末論的歴史の中へと人間を導いていく。すなわち、召命から義認へ、義認から聖化へ、聖化から賛美へと導いていく」（J・モルトマン『創造における神――生態論的創造論』沖野政弘訳、新教出版社、一九九一年、三三五頁）。人間の真のアイデンティティーは、この神の大いなる救済の物語の中で形成されていく。神の像としての人間の存在は、今ここでの終末論的な生成の中にある。

【ノート139】新約のテキスト（3）……現在的リアリティーとしての神の像

キリストにおける新しい人間性への参与は、終末論的ゴールであると同時に、現在のキリスト者の生をも方向づける新しい現実の始まりでもある。

⑦第二コリント三・一八

「わたしたちは皆、顔の覆いを除かれて、鏡のように主の栄光を映し出しながら、栄光から栄光へと、主と同じ姿に造りかえられていきます」。終末論的なオリエンテーション（方向づけ）は、すでに主の御名によって集められた共同体の中で、現在的リアリティーとして起こっている。今や覆いを取り除かれ、書かれた文字の中にキリストの御顔に輝く神の栄光を見ることができるようにされているのは、決して特別の使徒ではなく、「主の方に向き直った」者たちすべてである。「〔一八節の〕主語であるのはもはや使徒たちではなく、共同体である」（W. Schmithals, *Die Gnosis in Korinth*, 3.Aufl., Göttingen 1970, Appendix S.395）。「造りかえられる（μεταμορφούμεθα metamorphoumetha）」という言葉は、一人称複数受動態である。この言葉は新約聖書ではあまり多用されていないが、その数少ない使用箇所とは、主の山上の変貌の記事（マルコ九・二）であり、またローマ書での勧めの箇所（ローマ一二・二）である。主の霊の働きのもとで終末論的な力の働きが常に共同体の形成と結びついているということは、決して偶然ではない。主と同じ姿に造りかえられるという出来事は、共同体的・団体的（corporate）な性格を持っている。新しい人間性の創造は、「共同体－内－人格の変革（transformation of persons-in-community）」として起こるからである（S. Grenz, *op.cit.*, p.250）。

⑧コロサイ三・九―一一

「造り主の姿に倣う新しい人を身に着け、日々新たにされて」。使徒的勧告もこの共同体的な慰めと励ましの枠内にある。新約聖書の倫理においては、常に直説法は命令法と結びついている。すでにキリストを通して始まった終末論的な出来事は、新しい創造に与る共同体にとって、もはや後戻りすることのできない恵みの出発点である。共に目覚めて、そこが起点であることを感謝をもって受け止めることが、共同体の倫理である。それ故使徒はコロサイの共同体に対して、「新しい世へと召し出された、一回限りですべてにわたって効力を持つ出来事を、具体的に生きる」ようにと勧めるのである（Edward Schweizer, *Der Brief an die Kolosser*, *EKK*, Neukirchner Verlag 1976, S.147-148（ＥＫＫ新約聖書註解XII『コロサイ人への手紙』斎藤忠資訳、教文館、一九八三年、一六八頁。意味を明瞭にするため訳し直している)。この神の出来事への参与を表現しているのが、古い人間性の衣を脱ぎ捨て、神の像としての新しい人間性を着るというメタファーである。

⑨エフェソ四・二二―二四

「心の底から新たにされて、神にかたどって造られた新しい人を身に着け」。コロサイ書に対応するエフェソ書の箇所において、特に顕著であることは、この福音的勧めが、繰り返しイエス物語からエネルギーを汲み出しているということである。「キリストについて聞き、キリストに結ばれて教えられ、真理がイエスの内にあるとおりに学んだはずです。だから……」(四・二一)。この点についてグレンツはこう述べる。「洗礼を通して、エフェソの人たちはイエス・キリストに結びつけられたのであり、その結果、イエスの生涯、死と復活の物語は、彼らの新しいアイデンティティー形成にとって中心的な意義を持つようになっている。そしてイエスとの連帯とイエス物語は、彼らの人生のなお続く物語に形を与えることになる。このイエス物語が、[エフェソ書の]著者によれば、古い生活を脱ぎ捨て、新しい生活を着るということを構成しているのである」(S. Grenz, *op.cit.*, p.259)。

幕間のインテルメッツォ（間奏曲）

一三八　ルターは卓上語録でこう語り始めた。「プラトンは、神は無であり、しかもすべてであると論じた。エックや詭弁家たちは彼に従った」。

一三九　ルターは続ける。「だが、彼らが何も理解できなかったことは、それについて述べた言葉が示している。実は誰も彼の言葉を理解できないのである」。

一四〇　この最後の「彼」がプラトンではなく、「彼ら」つまりエックや詭弁家であったのなら、もっとルターの皮肉は冴えわたったことだろう。

一四一　書いたものが何を言っているのか本人も理解できない場合、その人の考えがあまりにも高尚にすぎるか、さもなくば、その人が事柄を自分でもよく理解していないかの、どちらかである。

一四二　本書が後者でないことを、私は心から願っている。

あとがき的命題集

命題二一五 神との相似性は、人間が罪を犯すことにおいて、はなはだしく腐敗し、恐ろしいまでに醜悪なものになっている。そこからの回復はキリストにおける神の新しい創造の行為をもって開始され、聖霊によって曇りが取り除かれることで、再び人間は明澄な鏡となる。

命題二一六 神の似姿性とは創造論的な起源を示すだけでなく、それ以上に終末論的な目的を示している。イエスにおいて啓示された人間は、この方においてあらゆる人間が造られた始原的原像（Urbild）であると共に、この方へと向けてすべての人間が造られている終末論的目的像（Zielbild）でもある。

命題二一七 人となられた御子の人格において、神に対応する人間が出現している。神に対応するこのただ一人のお方において、事実上神に対応していないあらゆる人間が、神に対応する本来の人間性に立ち戻ることができる。

命題二一八 受肉はまことの人間性の啓示である。しかしその受肉は贖罪のために起こっている。神に対応していない人間を神に対応する人間にさせるという出来事が義認である。それ故、義認は人間の定義に属している。

命題二一九 神の像としての人間は今はまだ隠されている。人間の真のアイデンティティーは、神の大いなる救済の物語の中で形成される。

第一二章　神を映し返す人間

一　奇蹟としての人間

「この宇宙には四千億もの太陽が、星があると申します。それぞれの星が平均十個の惑星を引き連れてゐるとすると惑星の数は約四兆。その四兆の惑星のなかに、この地球のやうに、ほどのよい気温と豊かな水に恵まれた惑星はいくつあるでせう。たぶんいくつもないでせう。だからこの宇宙に地球のやうな水惑星があること自体が奇蹟なのです。水惑星だからといつてかならず生命《せいめい》が発生するとはかぎりません。ところが地球にあると き小さな生命《いのち》が誕生しました。これも奇蹟です。その小さな生命が数かぎりない試練を経て人間にまで至ったのも奇蹟の連続です。そしてその人間のなかにあなたがゐるといふのも奇蹟です。こうして何億何兆もの奇蹟が積み重つた結果、あなたもわたしもいま、ここにこうしてゐるのです。わたしたちがゐる、いま生きてゐるといふだけでもうそれは奇蹟の中の奇蹟なのです。こうして話をしたり、だれかと恋だの喧嘩だのをすること、それもそのひとつひとつが奇蹟なのです。人間は奇蹟そのもの。人間の一挙手一投足も奇蹟そのもの。だから人間は生きなければなりません」（井上ひさし『きらめく星座』集英社文庫、一九八八年、一七七—一七八頁）。

舞台は浅草のとある洋楽レコード店。国家が戦争へとなだれ落ちる暗い時代のこと。脱走兵の兄を匿《かくま》い、非国民呼ばわりされる一家の汚名をそそぐため、満州事変で左手を失った傷痍軍人と美談まがいの結婚をした娘みさを。やがて彼女は子供を授かる。だが喜びもつかの間、夫の「幻肢痛」(失った肢体がまだ存在するかのように痛みを感じるストレス性の現象)はひどくなるばかり。兄も逃亡生活に疲れ果てている。戦争へと突っ走るこの国に生まれてくる子供に未来はないと絶望し、彼女は圧迫流産を試みる。枕に掲げた文章は、その彼女に、ひょうきんな広告文作成者(コピー・ライター)が語りかける長口上のせりふである。人間という存在をもし広告文で綴ったら、いったいどんなものになるものか。その台詞には明らかに劇作家自身の思いの丈が籠められている。

私たちをご自身にかたどってお造りになった神は、私たちに無関心な神ではない。むしろ大いに関心を持ち、熱意をもって関わろうとしておられる。カルヴァンは中世の神学者ベルナルドゥスの説教を引用する。「疑いもなく、人間とは無なのである。しかし、神が大いならしめたものがどうして全く無であろうか。兄弟たちよ、勇気を出そうではないか。我々は自らの心においては無であるとしても、神の御心の内には、我々に関する何かが隠されていることがあり得るのだ。おお、憐れみの父よ、おお、哀れな者らの父よ、どうして御心を我々に留められるのか」(J. Calvin, *Inst.*, III,2,25. 渡辺信夫改訳版四五頁、訳文は少し変更)。カルヴァンが共感をもってわざわざ引用したベルナルドゥスの説教の言葉は、私たちに詩編八篇を想い起こさせる。「あなたの天を、あなたの指の業を、わたしは仰ぎます。月も、星も、あなたが配置なさったもの。そのあなたが御心に留めてくださるとは、人間は何ものなのでしょう。人の子は何ものなのでしょう、あなたが顧みてくださるとは。神に僅かに劣るものとして人を造り、なお、栄光と威光を冠としていただかせ、御手によって造られたものをすべて治めるように、その足もとに置かれました」（詩編八・四―七）。驚くべき神の顧みは人間一般を包括するものであると同時に、個々の人間存在、この私の実存にも深く関わるものである。「あなたは、わたしの内蔵を造り、母の胎内にわたしを組み立ててくださった。わたしはあなたに感謝をささげる。わたしは恐ろしい力によって、驚くべきものに造り上げられている。御業がどんなに驚くべきものか、わたしの魂はよく知っている。秘められたところでわたしは造られ、深い地の底で織りなされた。あなたには、わたしの骨も隠されてはいない。胎児であったわたしをあなたの目は見ておられた。わたしの日々はあなたの書にすべて記されている」（詩編一三九・一三―一六）。

その視線には、ご自身のお造りになったものに対する神の愛と意志が籠められている。「神の像は、人間が注目することに関係を持つよりも、根本的には、神が注目したもうことに関係を持つ」（T・F・トーランス『カルヴァンの人間論』前出一一二頁）。このことから帰結されることはすなわち、「我々は、神の像を、どのような意味においても、神の存在の静的反映として考えてはならない。むしろ、それは、神の意志と神の言葉とに対する積極的応答による動的反映である。この動的反映は、『神が存在したもう、と認識することだけではなく、我々に対する神の意志を知覚すること』［*Inst.*, III,2,6］をも、必然的に伴わなければならない」（同前九六―九七頁）ということである。

つまり、人間が神にかたどられて造られているということは、神のあり方を映し返す存在であることが神の御旨だということであり、そのことを神ご自身が切に望んでおられるということである。人間はこの神の意志を知って御旨を実現するように、神からの促しを受けている。創造者の御旨を抜きにして、人間が自己を認識しようとしても、それはお門違いの探し物になってしまう。「神認識の内部においてのほかには、真どられた存在になるようにと望んでおられることはいったい何だろう。では、神が人間に、ご自身のあり方にかたの人間認識は存在しない」（同前一〇頁、神学小径Ⅱ・5・1参照）。

二　創造性、他者性、そして合一性の原理

「人間の真の自己認識は、人間の神認識の反映である」（T・F・トーランス前掲書九頁）。

歴史的啓示に基づく神についての聖書的な語りは、神が父・子・聖霊なる三つの位格の豊かな愛の交わりにおいて一人の神であるということである。三位一体の神が相互に交流し合い、愛の交わりを持っていることを、ギリシア教父たちは三位格の相互浸透（perichoresis）という用語で言い表してきた。そこから引き出されることは、神は永遠から永遠にわたって交わりと関係の中に存在する方であるということである。そうであれば、この神にかたどって造られた人間のあり方もまた関係の中にあるということになる。人間は神との関係、世界・隣人との関係、そして自己との関係の中を生きるように定められており、まさしく関係として存在しているのである。人間の共同体的生を基礎づけるものとして三位一体論がある。確かにこのことを確認することは重要である（拙論「三位一体論と共同体」『使徒的共同体』教文館、二〇〇四年、一三六―一五九頁）。

ところで、今日の三位一体論の議論では、そこまでで終わることが多い。すなわち、関係―存在としての神に対応する関係―存在としての人間を主張し、人間の共同性を確認して終わる。たとえばモルトマンはこう言う。「われわれは、人間の神の似姿性を、この神の相互内在の文脈において、つまり相互に必要とし

あい相互に浸透しあう交わりの関係として理解した。真の人間的交わりは、三位一体の像（imago Trinitatis）へと規定されている」（J・モルトマン『創造における神――生態論的創造論』前出三七五頁）。パネンベルクもこう語る。「神の三一論的生命と人間の神的似像性の対応は、事実、人間の共同体（交わり）のうちに、しかも神の国の共同体（交わり）のうちにその実現を見いだす」（W・パネンベルク『人間学』前出六七六頁）。ミグリオールもこう述べる。「共同体の中における存在（existence-in-community）という世界の構造は、神ご自身の三位一体の交わりにおける永遠の生を反映している。関係性は神によって創造された宇宙のしるしである」（D. Migliore, *Faith seeking Understanding*, Michigan 1991, p.105）。さらに東方正教会のジジウーラスもこう述べる。「人間が教会のメンバーであるという事実からして、人間は『神の像』になる、すなわち、神ご自身が存在するように存在し、神の『存在のあり様』を受け取るのである。……このあり様とは、世界、他者、神との関係性のあり様であり、交わりの出来事である。そしてそれが、なぜ交わりの出来事は個人の業績としては実現できず、ただ教会的事実として実現できるのかという理由である」（J. D. Zizioulas, *Being as Communion*, New York 1985, p.15）。確かに、神の似姿性の内容は三位一体の神の相互内在的な交わりの写しということであり、それは重要な見極めである。しかしそれ以上には進まない。今私たちは、さらにその先を問題にしたいのである。

三位一体の神にかたどって創造された人間の特徴は、ただ関係（交わり）の中にある存在ということに尽きない。三つの位格の相互浸透（perichoresis）を強調すると共に、それぞれの位格の担う働きの独自性、三位格の役割分担（appropriatio）にも注目する必要がある。もし三位一体の中の御子を他者性の原理として、また聖霊を合一性の力として理解することができるとすれば、そのことは、人間もまたこの御子のあり方と聖霊のあり方に参与して初めて、隣人愛を実現することになるということである。なぜなら隣人愛は、まさに他者性と合一性の成就において成立するからである。そして父なる神は、他者性と合一性の根源、すなわち自由なる愛（K・バルト）の源泉として、同時に自由なる創造性の根拠である。かつてアウグスティヌスは、人間の精神的能力として記憶・知性・意志という三位一体ノ痕跡（vestigia trinitatis）について語った。しかしそれは、人間の内部にある実体的な存在の類比としてではなく、あくまで三位一体の神に対応する関係の類比として捉え返すべきである。人間の中には三位一体ノ痕跡が残っていると考えるよりは、むしろ人間のあり方が三位一体ノ反映（specula trinitatis）であり、私たちはその将来的成就へと向かって聖化されていく過程に招き入れられているのである。

a　創造性の根源としての父

御父は、自らの中に御子と聖霊との交わりを持ち、御子を通して聖霊によって世界と関わりを持つ、自由なる愛において世界を創造する神である。この御父に対応して、私たち人間は、神と隣人との交わりと関係の中で、破壊的人間ではなく、創造的人間たるべく造られている。まさに私たちは工作的人間（homo fabel）である。破壊する喜びは暗い情念の炎であり、虚無的な人間の業である。しかし神によって無から有へと呼び出された人間は、存在を形造ることを喜び、何かを創造することに生きがいを見出す。古いものを壊す場合でも、あくまでそれは新しいものを造り出すためにこそある。私たちは「造り主の姿に倣う新しい人を身に着け」（コロサイ三・一〇）、後に見るように神の園の良き管理人になるのである。

しかし間違ってはならない。第一に、人間は創造者としての神の像を所有しているが故に、自分たちの思いのまま、能力に従って自在に創造力を発揮できると思い込むとしたら、それは誇大妄想である。特にこのことは生命倫理や環境問題の領域で繰り返し問われ続けなければならない倫理問題である。人間が創造者の代理人として地上で神を演じることは、善悪の知識の木から実を取って食べ、神のようになろうとしたアダムの罪である。人間が「第二の神」（N・クザーヌス）となることはありえないし、あってはならない。「彼は、仕事をする間に、第二の神となるのではない。また、彼が仕事をすることによって継続させ、補充し、完遂させるのは、神の業ではない。……仕事は……支配することではなく、むしろ神的な指示を実行してゆくこと」（K. Barth, *KD* III/4, S.596. 邦訳版四〇〇頁）なのである。人間はただ神の御心を映し返すという仕方でだけ、その分際に応じて創造の喜びを持つ。とはいえ、人間はいわば神の霊感を受けて創造する芸術家として造られているのである（人間が祈りをもって神の摂理の業に参与し協力する点については後述）。

第二に、父なる神はあくまで自由なる創造の神である。神の創造は強いられての業ではない。神は六日の間創造し、七日目に安息に入られた。その自由は人間においても対応している。自由なき創造の神に人間が対応する場合には、人間は自由なき創造へと呪われた存在になる。たえず時間に追われ、成果を追求し、業績を気にする活動的人間になる。しかしそれは、安息日を祝われた創造の神には対応しない。もしそのような創造的活動性だけが神の似姿として前面に出てくると、「安息日に『休息する神』、祝福し祝う神、創造を喜び、創造を喜びによって聖める神は、創造する神の背後に退いてしまう。それ故に、人間にとっても、人生の意味は労働と制作と同一視され、安息、祝祭日、生きる喜びは、役に立たない無意味なものとして追放される」（J・モルトマン『創造における神』前出四〇〇頁）ことになる。人間にも必然や強制によらない自由な創造と遊びが用意されており、労働から解放されて神と共に憩う安息日の自由が与えられている。確かに「わたしの父は今もなお働いておられる。だから、わたしも働くのだ」（ヨハネ五・一七）という主イエスの言葉は安息日の癒しに関わる文言である。とはいえこれは、三八年もの間病気で苦しむ者を癒すことこそ、本当に心と体に安息をもたらすメシアの業であり、人間に安息をもたらすことが神の自由なる良き業だということを意味している。イエスによる癒しと救いの業は安息を排除するのではなく、真の安息をこそ目指している。

b　他者性（隣人愛）の原理としての御子

父は御子においてご自身とは異なる位格を持つ。本書第七章五節で触れたように、御子は神の中において他者性を示す位格である。それ故、御子は他者となることの原理であり、他者へと身を向け、他者の立場に身を置くことを喜ぶ神ご自身のあり方である。「『見えない神の形』（コロサイ一・一五）であるみ子としての神の存在様式の中に、神ご自身の中での他者に対する関係と交わりの中での神の自由は、その起源的な真理を持っている。……神のみ子は神ご自身の中で他者の原理的な真理（die prinzipielle Wahrheit eines Anderen）であり給う」（K. Barth, *KD* II/1, S.356. 吉永訳該当書一一八頁）。

数え上げれば切りがないほど、イエスは律法の規定によって不浄とされた者たちとあえて食卓の交わりを持ち、「多くの徴税人や罪人」（マルコ二・一五）の友となった。そして、墓場を住まいとする「汚れた霊に取りつかれた人」（マルコ五・二）、医者に見放された「出血の止まらない女」（マルコ五・二五）、「道端に座って物乞いをしていた盲人」（ルカ一八・三五）、重い皮膚病を患う「外国人」（ルカ一七・一八）であるサマリア人など、多くの寄る辺なき人々を癒された。このイエス・キリストの振る舞いは、他者へと身を向け、他者の悲しみを負う神の姿を表している。そこには、多くの人のための生、他者のための生が、たとえ御子の神性を否定するラディカルな歴史批評学によっても決して否定されえない仕方で刻印されている。この「〜のために存在する有りよう（das pro-existente Sein）」（H. Schürmann, *Gottes Reich—Jesu Geschick. Jesu ureigener Tod im Licht seiner Basileia-Verkündigung*, Freiburg/Basel/Wien 1983, S.222）こそ、イエスの実存を特徴づけるものである。「多くの人のために」（マルコ一四・二四、マタイ二六・二八）、「あなたがたのための」（ルカ二二・一九、第一コリント一一・二四）という独特の言い回しが、歴史的事実もないのに急速に流布し定着したと考えることはできない。そこには、そのような解釈へといざなう、強烈なイエス自身の生と死の有りようが事実として存在したと見なければならない（拙論「終末論的メシアニズム」『物語る教会の神学』教文館、一九九七年、一四三―一四四頁）。

　そして、イエスにおいて他者へと向かう生き方は、敵をも赦し愛する愛となった（マタイ五・四三―四四）。ここに至って他者性（隣人愛）の原理は最も徹底した形を取る。敵対する他者を愛するためには、愛は十字架の愛という形を取らざるをえない。その極みにおいて自我の死が経験される。しかしそこから、他者と共なる新しい自己の復活が起こる。イエスの〈生と死、そして復活〉の歴史は、まさにそのような他者性の徹底として起こった、アガペーなる愛の弁証法であり、イエスはその愛の弁証法に私たちをも参与させようとしておられるのである。

　聖書の神はコンパッションの神である。神の属性としてのコンパッション（compassion）とは「憐れみ」である（神学小径Ⅱ・15・3・b）。他者と情熱《パトス》を共《コン》にすること、他人の喜びや悲しみを自分のもののように感じ、一緒に悩み、悲しみに寄り添い、他者ができない分、代わって何とかしてあげようとすることである。この神のコンパッションが具体的な姿を取ったのが、悲しみの人（a man of sorrow）となられたイエスである。御子は神の中にあって他者の立場に身を置くことの位格的原理である。他者のためにキリストがそうするのであれば、「行《い》って、あなたも同じようにしなさい」（ルカ一〇・三七）。これがキリストと結ばれて新しい人とされ（第二コリント五・一七）、御子を映し出す人間となる者の行動原理である。鈍感で他者の存在になかなか気がつかない私たちは、鈍く曇った鏡のように光を映し返すことができない。あるいは、自分だけが正しくて他者を裁き、怒鳴りつけ、ありとあらゆる卑劣なモラル・ハラスメントを行う。私たちは聖書の神の御前で「我に返って」（ルカ一五・一七）、本来の自己に立ち帰らせていただく以外にない。

c　合一性の力としての聖霊

父は聖霊において御子と一つになる。聖霊は、他者と自己とを結び合わせ、再び一つにする神ご自身のあり方である。

関係として造られている人間であるが、神との関係を失ったとたん、世界・隣人との関係も歪み、自己との関係も危機的となる。人間の中には他者との結合を阻む悪しき思いがある。この阻むものの存在にもかかわらず、神・世界・自己との関係を正しく取り結ぶことができるとすれば、それはひとえに合一性の原理である聖霊の力によって起こることである。聖霊は他者と自己とを結び合わせる力であるが、聖霊が働く時に人間の中で起こることは、脱自的－自己超越的な運動である。なぜならそれは、人間の内なる自然力ではなく、外からの恵みの力であり、それが人間の暗く冷たい石の心を照らして、他者性の原理である御子にかたどって造られた人間の心を新たに創造するからである。「わたしはお前たちに新しい心を与え、お前たちの中に新しい霊を置く。わたしはお前たちの体から石の心を取り除き、肉の心を与える」（エゼキエル三六・二六）。神の霊の働きかけなしには、私たちの心は隣人へと向けて開くことはなく、仮にかろうじて開いたとしても、神の新鮮な息吹なしにはすぐに息切れしてしまう。「主の霊のおられるところに自由があります」（第二コリント三・一七）。この自由とは、自分自身への囚われからの自由でもある。霊の脱自的経験がなければ、誰も自分自身への囚われから自由になることはできない。

そして霊の導きがなければ、私たちがコンパッションとしての御子のあり方に参与することも起こりえない。キリストトノ合一（unio cum Christo）が私たち人間にとっての真の人間性の成就であるとすれば、それをもたらすものこそ、合一の霊としての聖霊である。聖化の目標はまさにそこにある。

パネンベルクによれば、御子が他者性の原理だとすれば、聖霊は結合と参与の力である。特に聖霊は、被造物が自己を脱して神的な命に与るようにさせる脱自的参与（ekstatische Teilhabe）の原動力である（W. Pannenberg, *Systematische Theologie* Bd.II, Göttingen 1991, S.45–48）。同じようにシュヴェーベルもこう表現する。御子の位格が他者性を表示する原理だとすれば、聖霊の位格は交わりを表示する関係性の原理である（Cf. Chr. Schwöbel, God, Creation and the Christian Community: The Dogmatic Basis of a Christian Ethic of Createdness, in: C. E. Gunton, *The Doctrine of Creation*, Edinburgh 1997, p.157f.）。

d　確かに人間となられた神の御子イエス・キリストが、神の子供たちとなるべき私たち人間の直接の原像であり、かつ目的像である。福音伝道もそのことを目指している。「わたしの子供たち、キリストがあなたがたの内に形づくられるまで、わたしは、もう一度あなたがたを産もうと苦しんでいます」（ガラテヤ四・

一九)。神にかたどられて造られた人間の人間性は、何よりも人となられた神、御子の人間性にかたどられている。残念ながら私たちは、神に背を向けて生きる生き方によって、神の栄光を受けられず、神の義と愛の光を照り返すことができなくなってしまっている。先述のように、曇ったガラスが光を反射できないのと同じで、人間の本質も罪によって曇らされ、本来の輝きを失っている。ただキリストの人間性という義の衣を着ることによってだけ、アダム的人間は再び神の愛の光を受けて照り輝ける。だから私たちにとって、人間となられた神の子キリストの存在が決定的に重要である。

しかし、御子は永遠に父・子・聖霊の交わりの中におられる方である。御子の中に父の創造の力も聖霊の合一化する力も注がれている。それ故、御子を通して三位一体の神のあり方全体もまた私たちの内に映し出される。「人間についてのキリスト教信仰の見方は、それ故本質的に三位一体的である。創造が三位一体の神の歴史であるように、その最高の表現は、三位一体性に対する根本的かつ本質的な特徴によって刻印されている。人間は三位一体の神の像である」(B. Forte, *Trinität als Geschichte*, op.cit., S.178–179)。主なる神は言われた。「我々にかたどり、我々に似せて、人を造ろう」(創世記一・二六)。私たちは三位一体なる神の「我々」にかたどって造られている(『アウグスティヌス著作集第二八巻　三位一体』12・6・6、泉治典訳、教文館、二〇〇四年、三三六頁)。ただしどこまでも御子を媒介とし、信仰によりこの仲保者なる御子との交わりに与る時にだけ、そのことは起こる。「おおよそ信仰によりてこれと一体となれるものは赦されて義とせらる」(一八九〇年日本基督教会信仰の告白)。御子によって贖われた人間は、もはや奴隷の子ではなく、自由に創造する者であり、自分とは異なる他者へと向かう心を与えられ、違いを越えて一致する喜びの生へと招かれている。この意味において私たちは、キリストに基づき、聖霊の力によって、「三位一体ノ痕跡(vestigia trinitatis)」(アウグスティヌス）を自らの内に映し返す旅路の途上にいると言うことができる。「どうか、御父が、その豊かな栄光に従い、その霊により、力をもってあなたがたの内なる人を強めて、信仰によってあなたがたの心の内にキリストを住まわせ、あなたがたを愛に根ざし、愛にしっかりと立つ者としてくださるように」（エフェソ三・一六―一七、傍点筆者）。

【ノート140】三位一体論における他者性と合一性

a　自己が成長し発展するために他者性と合一性の契機が不可欠であることに気づいたのは、哲学者ヘーゲルである。異なる他者の存在は、自己を否定するものとして出現する、自分にとっては異質なものである。ヘーゲルは、この否定的な他者の存在こそ、自分がより大きな自己へと成長するために必要なスプリング・ボードだと考えた。こうして、他者の否定的契機を精神の自己展開の運動の中に肯定的に位置づけ、いわゆる正（These）→反（Antithese）→合（Synthese）へと展開する動的弁証法（Dialektik）の論理が生まれたのである。ヘーゲルは若き日にチュービンゲン大学の神学生だった。彼の弁証法がキリスト教の三位一体論を基にしていることは明らかである（神学小径Ⅱ・14・5参照）。

思想史家ヤーコプ・タウベスによれば、この論理を発見した若きヘーゲルはこう自負したという。「カントは旧約聖書であり、自分はドイツ観念論の新約聖書である」（Jakob Taubes, *Abendländische Eschatologie*, Bern 1947, S.149）と。カントでは、自己と他者との対立関係の克服は、良心の命令に従うべき道徳上の義務（律法）であった。それに対してヘーゲルは愛の弁証法に立つ。イエスの宗教はすでに律法を愛によって乗り越える道（福音）を示したものであった。道徳性は自己と他者との区別を絶対として静的に固定してしまうので、そこに限界を持つ。しかし愛には限界がない。愛は区別を越えて一致しようとする無限の精神の運動である。

父なる神はご自身の中で唯我独尊している方ではなく、自らの内に御子という他者を持つ。そしてこの御子において被造世界を創造し、自らの外に他者を定立させる。この意味で御子は神の中の他者性の原理である。御子はこの他者性を徹底させ、自ら他者に成り切るまでに自己を無にして受肉する。「キリストは、神の身分でありながら、神と等しい者であることに固執しようとは思わず、かえって自分を無にして、僕の身分になり、人間と同じ者になられました」（フィリピ二・六―七）。自ら他者を持とうとされることの中で、神は愛と交わりの神であることを示そうとされる。御子は父から区別されるが、その区別こそリアルな他者との関係と交わりを成り立たせており、関係と交わりにおける自己同一性を示している。「わたしが父の内におり、父がわたしの内におられると、わたしが言うのを信じなさい」（ヨハネ一四・一一）。そして神はその愛の交わりの中に被造物も参与させようとしておられる。「かの日には、わたしが父の内におり、あなたがたがわたしの内におり、わたしもあなたがたの内にいることが、あなたがたに分かる。……わたしを愛する人は、わたしの父に愛される」（ヨハネ一四・二〇―二一）。

しかし、人間の他者性は、一致へと至ることを阻もうとする罪の力に支配されている。罪はねたみや怒りによって愛の交わりを破壊する力である。したがって、自己区別から自己還帰へと至る道程には、和解と宥和という契機がどうしても必要になる。御子は十字架の死をもってこの和解と宥和を打ちたてる。御子のへりくだりはそこまで徹底しており、他者への愛は自己の死をも含むものとなる。先ほどのキリスト讃歌で、御子は「人間の姿で現れ、へりくだって、死に至るまで、それも十字架の死に至るまで従順でした」（フィリピ二・七―八）と強調される通りである。否定の契機は自己の死という徹底性を帯びる。そしてそのことを通して、和解と有和、真の一致がもたらされる。

では死の危機を乗り越えさせるものは何か。それが、父と子を結ぶ平和の絆としての聖霊である。

b　御子が神における他者性の原理であるとすれば、聖霊は、異なるものを一つに結び合わせる結合と一致、交わりと合一性の原理である。聖霊は三位一体の神の中で父と子を結ぶ「愛の絆」である（神学小径Ⅱ・14・4）。マリウス・ウィクトリヌスの言葉を再述しよう。「聖霊よ、あなたは二つのものを結び合わせる結合力（conexio）です。……そしてあなたは、第二の者に続いて第三の者として到来する帯（nexus）です。この帯は一つになったものからいかなる点でも離れることはありません。なぜなら、あなたこそ二つのものを一つにするお方だからです」（*Hymn.* III, *Z.*242ff., *CSEL* 83, 303. Vgl. W. Siebel, *Der Heilige Geist als Relationen. Eine soziale Trinitätslehre*, Münster 1986, S.76）。

そのような方として聖霊は、この交わりの中へとさらに被造物を参与させ、またそれに基づいて被造物どうしを結び合わせ、霊による一致をもたらす「平和のきずな」（エフェソ四・三）となる。聖霊はその意味で「一致の創始者（der Einheitsstifter）」（W. Siebel, *ibid.*, S.80）である。「父よ、あなたがわたしの内におられ、わたしがあなたの内にいるように、すべての人を一つにしてください。彼らもわたしたちの内にいるようにしてください」（ヨハネ一七・二一）。この御子の祈りは聖霊によって初めて実現する。御子を信じる者たちの群れを起こすのは聖霊だからである。「弁護者、すなわち、父がわたしの名によってお遣わしになる聖霊が、あなたがたにすべてのことを教え、わたしが話したことをことごとく思い起こさせてくださる」（ヨハネ一四・二六）。このようにして聖霊は、他者性の原理であるキリストに私たちを関係づけることを通して、自己と他者との対立を愛敵の精神によって克服したかのキリストの和解の精神に私たちを与《あずか》らせるのである。

宗教改革者J・カルヴァンも、聖霊は関係を構築する神的位格であると見ている。聖霊は、それによって私たちを神へと結合させる絆（vinclum）である（J. Calvin, *Inst.*, III,1,1）。父と子の救いの業を私たちに直接もたらすのは聖霊である。そして聖霊は、完全に関係喪失が支配するところに新たに関係を創始する。その時聖霊は、ただ単に関係における神（Gott in Relation）なのではなく、私たちのまわりに関係を造り出す関係としての神（Gott als Relation）と見るべき方なのである（M. Beintker, Calvins Denken in Relationen, in: *Zeitschrift für Theologie und Kirche* 99.Jg. He.1, März 2002, S.122）。K・バルトもまた後に遺稿集として著された講義でこう述べている。「聖霊は、父と子との生ける、永遠に生ける一体性における神ご自身、すなわち、根源［父］およびこの根源からの外在化（Ausgang）としての自己自身［子］との一体性における神ご自身である。さらに、聖霊は――聖霊が神ご自身における『平和の絆（vinculum pacis）』［エフェソ四・三］であり給うという事態に対応し、かつ、被造世界におけるこの事態の啓示として――、その結合する力における神ご自身である」（K・バルト『キリスト教的生I』天野有訳、新教出版社、一九九八年、一九九頁、訳文は少し変えている）。

そのようにして聖霊は私たちを神と隣人へと（より正確に言えば、神を通して隣人へと）結びつける霊的原理である。そしてそこで起こることは、何よりも自己超越という出来事である。聖霊は、自己閉塞の状態から他者へと自己を開け放ち、狭い自己の殻を打ち破って超越させ、新しい関係の創造へと高める。このことは、宗教学がこれまで霊的な経験を脱自的（ecstatic）な性格において捉えてきたことに合致する。エクスタシー（ecstasy）とは忘我の境地を意味するが、聖霊による霊的高揚は、古い自我にこだわり固まった状態から脱して（ek+sta-sis）新しい自己へと高められる自己超越の過程である。M・ルターは信仰の本質を、自己ノ外（extra se）に自己の拠って立つべき土台を見出す神信頼に見たが、まさしくこれは、霊的な自己超越によって神へと関係する人間のあり方を表現していることにほかならない。

W・パネンベルクは言う。生命体というものは、自己を外界に対して閉ざしてしまうと死んでしまう。生命は生きている限り、自己超越をし続ける世界開放的な存在である。しかしこの自己超越は、生命体内部の力によって自動的に行われるものではない。それは生命を吹き込む力によって起こる。そしてまさにこの命の息吹こそ、聖書が神の霊と呼ぶものなのである。「わたしの考えではこれが、聖書の伝統が神の霊の創造的作用について語ることによって意図している事柄である。……つまり聖霊は、永遠なる神（このお方は霊である）の生命に何らかの方法で参与させるために、被造物をそれ自身を超えて高める間にそれらに生命を吹き込む」（W・パネンベルク『組織神学入門』佐々木勝彦訳、日本基督教団出版局、一九九六年、六五頁）。ではこのように言うことで、汎神論（世界即神とする立場）に近づくことになるのだろうか。パネンベルクはそれを否定する。「なぜなら聖霊は常に超越的であり、被造物はそれ自身を超えることによってのみ、霊のダイナミックスに参与するからである」（同前六五頁）。

三　対応と応答……神の大いなる物語の中で

「今日、ふつう『自己認識』といわれるときには、たいていの人は、ああ、そう、自分の長所と短所を知ることだ……と受けとるでしょう。そう、いろいろと心理学的に自分の内部をいじくりまわして、無意識の底にはいりこんでいく。……人は終わりのない迷宮にはいりこむ一方です。もっと深みへ、もっと奥へ、と。心理分析などというものは、どこまでやってもきりがありません。……真の自己とは、自身の外にあるものです。……課題は外なる生がもたらしてくれる。外からこちらに近づいてくる。これがほんとうにだいじなことです。……世界が自分にさしだしてくるものに気づくこと［がだいじなことです］」（M・エンデ&子安美知子『エンデと語る』朝日新聞社、一九八六年、四三頁）。

「神がわたしたちを憐れみ、祝福し、御顔の輝きを、わたしたちに向けてくださいますように」（詩編六七・二）。三位一体の神にかたどって造られた人間は、この三位一体の神に構造的に対応し応答することで、本来の尊厳と輝きを取り戻すことになる。その時人間は神の有りようを照り返す存在となる。しかしこの照り返しは機械的に起こるものではない。それは、聖書と説教の言葉による迫りと促しがあり、その語りかけに人格的に呼応し応答するという「信仰の聴従（ὑπακοή πίστεως hypakoe pisteos）」（ローマ一・五）として起こる。したがって、そこで大事なことは聖書的な語りである。三位一体の神は、聖書的ナラティヴを通してたえず私たちに御子の他者性（他者のための生）をイメージさせ、憐れみとしての共苦（com-passion）の具現化としてのキリストの記憶（memoria Christi）を甦らせ、そして聖霊の合一させる力によって私たちがこの御子の他者性（他者のための生）を生きることを可能にする。

そのような聖書的語りに満ちている場所、それが物語る教会である。礼拝の中で神の言葉が語られ、かつ聴かれ、神の言葉への聴従が起こり、感謝と讃美の応答がこだまする時、そこにキリストの体が出現する。まさにキリストの体としての教会共同体は、「キリストが形づくられる」（ガラテヤ四・一九）場所であり、神の像（imago Dei）として形成される特別の共同体である。そのような共同体のナラティヴ（語り）の中で、個々人の個性もまたキリストの手足として育まれてゆくのである。

功利的個人主義の時代に、人間はどこまで息長く、隣人愛を実践できるであろうか。この問いに肯定的に答えるには、他者に身を向け、他者に寄り添い、他者に成りきった神の物語、そして、敵対関係をも乗り越えて、万物を一つにする壮大な三位一体の神の物語を知る必要がある。なぜなら、人間の自己はこの三位一体の神にかたどって造られた存在なので、この三位一体の神の物語の中に組み込まれてはじめて、他者と共に生きる本当のアイデンティティーを見出すことができるからである。神が人間によって究め尽くすことのできない「隠れたる神（Deus absconditus）」（イザヤ四五・一五）であるとすれば、人間もまた自分では本当のアイデンティティーを見つけられない「隠れたる人間（homo absconditus）」である。人間が本来の自己に立ち返るには、神の大いなる物語に出会わなければならない。その時にはじめて神と隣人と共にある、関係としての真の自己が静かに目覚め始める。

【ノート141】人格と人権

愛と信頼、相互配慮と自己犠牲の中に人格的な特質がある。現実の人間は互いを生かし合う共存的な関係の創出に常に失敗している。こうした非人格的な人間を、神の人格性にかたどって造られた本来の人格的存在に取り戻そうとするのが、聖書の宗教である。そこでは、孤立し自閉してゆく人間を神が共存的関係へと呼び戻し（創世記三・九）、契約の相手として召し出し（創世記一二・一、一五・一八、一七・二）、その相互内在の深みにおいて自由なる愛をもって応答する人格的存在となることが目指されている。与えられた隣人の他者性を尊厳ある人格として受容させるものは、他者の中にある神の形である（創世記九・六）。カルヴァンは言う。「大部分の人はそれ自身の価値によって評価すれば愛するに最も相応しくない。だが聖霊は、人はそれ自身の価値によって評価されるべきでなく、各々の内にある『神の形』すなわち我々に尊敬と愛を義務づけられている神の形が顧慮されねばならないと説く時、最良の理由を示して助けてくれる。……神はその人をあたかも御自身の代理として立て、あなたが神に義務づけられているその分だけ彼に対して善行を行うよう認めさせたまう。……我々を憎む者を愛し、悪に対して善を報い、非難に対して祝福を返すというような、困難であるばかりでなく人間の本性に真っ向から逆らう行為に至る道は一つである。その人の悪を思わず、彼の内に神の形、すなわち彼らの犯罪を取り消し・また抹殺して、その美しさと価値の故に彼らを愛し受け入れるように我々を引きつけるこの御形を読み取ることを、忘れさえしなければよいのである」（J. Calvin, *Inst.*, III.7.6. 渡辺信夫改訳）。

そしてこの私たちがかたどられた「神」とは、自らの内に他者を持ち、相互に認め合い、受け入れ合う神である。父と子が聖霊において一致する三位一体の神は、三位格の相互浸透（ペリコレーシス）においてすでに本質的に人格的である（H. Ott, *Wirklichkeit und Glaube. Zweiter Band: Der persönliche Gott*, Göttingen 1969, S.82–83）。異質なるものを受け入れる愛と信頼に満ちた共存関係のあり方を人格的と呼ぶなら、この神の三一論的ペリコレーシスの中に人格性の起源がある。神はこのご自身の人格的共存関係の中に、孤立と自閉へと向かう非人格的な人間を参与させようとしておられる。この三位一体の交わりの神こそが、教会と神の国という共同体形成の堅固な土台となる。

現代社会の関心事は人権にある。確かに人格論は人権論として社会倫理的に展開されなければならない。この点で大木英夫『人格と人権――キリスト教弁証学としての人間学』（教文館、上巻二〇一一年、下巻二〇一三年）はこの分野での記念碑的労作に数えられるであろう。その場合にも、人権論の中核に神学的な人格論が正しく位置づけられねばならない。人権とは、他者の人格を法的権利として政治的に認め保証することを意味するが、その異なる他者の人格を受容する成熟した精神は、本来贖われた人間性に由来するからである。人格は人権という外皮なしには観念的であるが、逆に人権は人格という内実なしには容易に形骸化する。

聖書は大胆に人格的な神について語る。神が人間と契約を結び、特別な交わりへと人間を抜擢し、名を呼ぶ（祈る）ことをお許しになる。神が人間によって人格化（擬人化）される（personifiziert werden）のではない。むしろ神こそがここでは「人格を造り出していく人格（die personifizierende Person）」（K. Barth, *KD* II/1, S.320. 吉永訳該当書五九頁）なのである。三位一体の神にかたどって造られた人間というキリスト教の教理の中に、人格と人権の永遠の基礎がある（神学小径Ⅰ・4・2）。

幕間のインテルメッツォ（間奏曲）

一四三　人間学の創始者マックス・シェーラーは言う。「ひとり人間だけが、生命体としての自己自身をこえて……一切のものをおのれの認識の対象とすることができる」。

一四四　そしてこう付け加えた。「そのようなものであればこそまた、人間には、自己自身の現存在をこえた超然たる態度をつねに含意しているあのイロニーとフモールが可能なのである」（『宇宙における人間の地位』前出五八頁）。

一四五　なるほど動物が笑っているのを見たことはあまりない。確かにドイツ語で言うフモール、つまりユーモアが人間にとっては大切だ。ユーモアのなさが人を攻撃的にしたり、有害で過剰な自意識をもたらすものだ。

一四六　「命じられたことを果たしたからといって、主人は僕に感謝するだろうか。あなたがたも同じことだ。自分に命じられたことをみな果たしたら、『わたしどもは取るに足りない僕です。しなければならないことをしただけです』と言いなさい」（ルカ一七・九―一〇）。この主の教えも、自分の業をユーモアをもって眺めなさいということなのだろう。

一四七　神学書を書く作業もまた然り。それでも結構、大変なのだが……。

あとがき的命題集

命題二二〇　人間は神のあり方を映し返す存在として造られている。人間はこの神の意志を知って御旨を実現するように、神からの促しを受けている。

命題二二一　三位一体の交わりの中にある神に対応して、人間は神との関係、世界・隣人との関係、そして自己自身との関係の中を生きるように定められている。

命題二二二　自由なる愛において世界を創造する父なる神に対応して、人間も自由において創造することを喜ぶように造られている。

命題二二三　他者へと身を向け、他者の立場に身を置く御子なる神に対応して、人間も他者へと身を向け、他者と苦楽を共にすることを喜ぶように造られている。

命題二二四　他者と自己とを結び合わせる聖霊なる神に対応して、人間も合一性を阻むものを乗り越え、一致することを喜ぶように造られている。

命題二二五　神の有りようを照り返すことは、聖書と説教の言葉を通し、その語りかけに応答するという「信仰の聴従」（ローマ一・五）として起こる。

命題二二六　人間が本来の自己に立ち返るには、神の大いなる物語に出会わなければならない。その時にはじめて神と隣人と共にある、関係としての真の自己が静かに目覚め始める。

第一三章　心と体、そして霊性

一　肉体の美とその脆さ

「自分の体を神に喜ばれる聖なる生けるいけにえとして献げなさい」（ローマ一二・一、傍点筆者）。

a　古代ギリシアの彫刻を見ると、誰もが思わず首をかしげる。そのいったいどこに、後のプラトニズムに見られる精神の優位と肉体の蔑視の傾向が潜んでいるのだろう。均整のとれた体、緊張をおびた筋肉、軽やかな全身の躍動。まるで地上に現れた肉体がそのままで神々しい輝きを放つかのようである。しかしその人体の完成形は、逆に人間が永遠の美を憧憬していることの証左ではないだろうか。移ろい滅びゆく死すべきものの対極に、永遠不変なる神々の形姿が思念され、敬慕されている。大理石の立像となって刻まれているものは、神々にも比すべき、理想的で完全な美の出現としての英雄の姿である。時の中で変化し老いて朽ちゆく肉体が意識されればされるほど、永遠の若さを理想の形で像に刻みたいとする欲求は自然に湧き起こる。そして永遠の美への渇望が、やがて変化する肉体を超えて永遠に変わらざる精神へと向かうのも、自然の成り行きなのだろう。

「プラトーンによれば、人は美をまず美しい容姿に見出すが、やがて肉体の美は別の存在の美の妹であることを見抜くようになる。移ろいやすく変化する美ではなく、常にそれ自身同じままであるような美を見ることができないとすれば、その人は非理性的であるからであろう。さてもし人がそういった美の存在に気づくならば、それぞれの美しい容姿を愛するのであり、ただ一つの美しい容姿にだけ愛を向けるようなことを軽蔑するようになるであろう。そして人が肉体の美よりはるかに高い魂の美に価値を求めるようになり始めると、美しい魂をもっているが、美しい肉体は僅かしかもたないといったような存在すら愛するようになるであろう」（T・ボーマン『ヘブライ人とギリシャ人の思惟』植田重雄訳、新教出版社、一九五七年、一三四頁）。もし不死なる魂の美が死すべき肉体の美よりもはるかに優ったものであるなら、肉体の存在はむしろ魂の美へと上昇する道を邪魔しているようにすら思えてくる。「なぜならわれわれが肉体を持ち、われわれの魂が肉体的な悪と離れがたく結ばれているかぎり、われわれは決して求めているもの、すなわち真実を、十分には獲得し得ないだろうから。肉体は、これを養う必要のためにわれわれに無数の面倒をかけるものだ。それに病気にでもなろうものなら、われわれの真実の探求は妨げられてしまう。そのうえ肉体は恋情や欲望や恐怖やあらゆる種類の空想や数々のたわごとなどで、われわれの心を満たすので、諺《ことわざ》にもいわれるように、われわれは肉体があるために、何ごとにつけ、瞬時も考えることができないというのは、正に本当なのだ。戦争も内乱も戦いも、みんな肉体とその欲望が起すものではないか」（プラトーン「パイドーン」66bc、『ソークラテースの弁明・クリトーン・パイドーン』田中美知太郎・池田美恵訳、新潮文庫、一九六九年、一二三頁）。そしてこのような見方の帰結が「肉体（ソーマ）がわれわれにとっての墓（セーマ）である」（プラトン「ゴルギアス」493a、『プラトン全集9』加来彰俊訳、岩波書店、一九七四年、一四〇頁）という命題に凝結する。

b　これに対して聖書的な語りはまったく対照的な方向を示している。そこには精神と肉体を二元的に対立させる発想はまったくない。そもそもヘブライ語の用法では、心、魂、霊、肉という言葉はどれも人間の生命そのものを意味しており、互いに入れ替わりがきくほどである。「主の庭を慕って、わたしの魂は絶え入りそうです。命の神に向かって、わたしの身も心も叫びます」（詩編八四・三、傍点筆者）。それは、類義語を併置することによって人間全体の輪郭を描き出そうとする立体的な思考方法である（H・W・ヴォルフ『旧約聖書の人間論』大串元亮訳、日本基督教団出版局、一九八三年、二八頁）。

バサール（בָּשָׂר basar）は骨とは区別された肉片を指す（創世記二・二一、エゼキエル三七・六）こともあるが、骨と並んで人間の体全体を表す場合がある（ヨブ二・五）。またそれは、神の前での人間存在そのものを意味することもある。「わたしの肉にはまともなところもありません。あなたが激しく憤られたからです」（詩編三八・四）。「それ［御言葉］は命となり、全身を健康にする」（箴言四・二二）。

このバサールは人間存在の弱さと脆さを表している。「肉なる者は皆、草に等しい」（イザヤ四〇・六）。したがって神に対してこの言葉は使われない。あくまでそれは、はかない人間の代名詞である。「神に依り頼めば恐れはありません。肉にすぎない者がわたしに何をなしえましょう」（詩編五六・五）。神の命の息吹が失われれば、肉なる者はたちまち消え失せる。「もし神が……その霊と息吹を御自分に集められるなら、生きとし生けるもの（basar）は直ちに息絶え、人間も塵に返るだろう」（ヨブ三四・一四―一五）。

しかしこのはかなさは決して肉体の蔑視を意味しない。肉体は神の良き被造物に属する。それは、この言葉が他の動物にも用いられていることからも分かる。その数は二七三回のうち一〇四回、三分の一以上にも上る（ヴォルフ前掲書六七頁）。

c　新約聖書において肉、体に当たる言葉にはサルクス（σάρξ sarx）とソーマ（σῶμα soma）がある。両者はそれ自体としては違いはなく、人間の存在全体を言い表している。どちらかと言えば、サルクスは地上の生物にしか用いられないが、ソーマは天上の星辰（天体）にも用いられ、より肯定的な意味合いを持っているとも見られる（G・タイセン『原始キリスト教の心理学』大貫隆訳、新教出版社、二〇〇八年、一〇八頁）。

到来した神について物語り始めた新約の教会は、その神がもたらした救済の光の中で人間を見つめ直している。救済以前と救済以後の区別がなされる。救済以前の人間のあり方が神に敵対している場合、ソーマは「罪に支配された体」（ローマ六・六）、「死に定められたこの体」（ローマ七・二四）、「死ぬはずの体」（ローマ八・一一）である。だからこそ体は贖われねばならない。そして御子の命の代価を支払って買い取られたソーマは、「聖霊が宿ってくださる神殿」（第一コリント六・一九）へと変えられ、「自分の体で神の栄光を現しなさい」（第一コリント六・二〇）、「自分の体を神に喜ばれる聖なる生けるいけにえとして献げなさい」（ローマ一二・一）と勧められるほど、新しい自己の基体となる。そのようにして贖われた者たちの集まりは「キリストの体」と呼ばれる。死からの救済も体からの霊魂の離脱ではなく、体の復活として起こる。

サルクスもそれ自体では単純に人間存在を表す場合がある。キリスト者は神の霊によって「石の板ではなく肉の（新共同訳では「人の」）心の板に」（第二コリント三・三）書かれた神の手紙である。またイエスの命が現れるのは「死ぬはずのこの肉（新共同訳では「身」）」（第二コリント四・一一）であり、この文脈ではサルクスとソーマは置換可能である（同四・一〇）。しかし人間の生き方が神に対して敵対的な関係に陥ると、サルクスは人間の否定的で抑圧的な反神的力を象徴するものとなる。「肉の思いは死であり、霊の思いは命と平和であります。なぜなら、肉の思いに従う者は、神に敵対しており、神の律法に従っていないからです」（ローマ八・六―七）。その場合人間は、「わたしは肉の人であり、罪に売り渡されています」（ローマ七・一四）と嘆かざるをえない。

しかし驚くべきことに、新約聖書の語りによれば、肉の救いは、神が肉を受け取ること、すなわち受肉を通して起こる。救いは肉からの離脱ではない。「つまり、罪を取り除くために御子を罪深い肉と同じ姿でこの世に送り、その肉において罪を罪として処断されたのです」（ローマ八・三）。ロゴスは清いソーマになったのではなく、サルクスになった。「言は肉となって、わたしたちの間に宿られた」（ヨハネ一・一四）。K・バルトは言う。「言（ロゴス）が肉となることによって……それ自体非常に問題的である人間の本質の上に何事かが起こる。……まさに肉の中にあってこそ今や偶然性、散漫、空虚、破滅した姿に対して抵抗がなされ、終止符が打たれるのである。まさに肉の中にあってこそ今や肉の性質が克服され、積極的に肉の造りかえが起こる」（K. Barth, *KD* III/2, S.404. 吉永正義邦訳書二九八頁、訳文は少し変更）。神は肉にある人間の存在を見捨てたまわない。たとえ私たちが罪の中に沈みゆく肉の人であったとしても、肉となったロゴスを通してその泥沼から救い出すお方なのである。

このように新約聖書の語りにおいても、人間はどこまでも体的な実存として捉えられている。「《ソーマ》が人間の本来的な『私』に対して外面的にくっついているものではなく、むしろ本質的に人間の本来的な『私』に属しているものである。従って人間は《ソーマ》を持つのではなくて、むしろ、人間は《ソーマ》であるとさえ言い得るほどだ、ということである」（R・ブルトマン『ブルトマン著作集4　新約聖書神学Ⅱ』川端純四郎訳、新教出版社、一九六六年、一二―一三頁）。

そのようにして人間には生命の器として体が贈り与えられている。それは神によって創造された精巧で神秘に満ちた、美しいものである。とはいえその器は、塵から成る「土の器」（第二コリント四・七）である。「人間は、地のちりから創造された。これは、特に、人間の高慢と自己礼賛を抑制するために、また、人間が神の像に創造されたという事実のなかに不当な読み込みをしないために、人間に世界のほかの被造物との親近性とを思い起こさせるように意図されたことであった」（T・F・トーランス『カルヴァンの人間論』泉田栄訳、明玄書房、一九八〇年、三一頁）。体において人間は自らの弱さと脆さを覚えざるをえない。「神は天にいまし、あなたは地上にいる」（コヘレト五・一）。私たちはこの痛み、疲れ、病み、老いゆく体を負うことにおいて、「人間は人間であって神ではない」ことをたえず知らされる。そしてそれだけ一層創造者なる神に頼るように仕向けられる。だから肉の傷つきやすさは、神に頼りゆく被造物の善良さに属している。もしそこを勘違いし、肉体の強さと美しさばかりを追い求め、神々にも比肩されうる英雄の立像を理想とするとしたら、それは愚かな悲劇である。むしろ人間は弱さを愛し、美しく老いることを学ぶことで、その器に神の宝を盛った「内なる人」（第二コリント四・一六）として輝くのである。

二　精神の力とその危うさ

「あなたに向かって両手を広げ、渇いた大地のようなわたしの魂を、あなたに向けます」（詩編一四三・六）。

a　旧約聖書が人間の生きた存在を表すもう一つの特徴ある呼び方はネフェシュ（נֶפֶשׁ nephesh）である。「主なる神は、土の塵で人を形づくり、その鼻に命の息（ネシャマー）を吹き入れられた。人はこうして生きる者［生きたネフェシュ］となった」（創世記二・七）。ただしこの言葉は体とは別個の独立した実体を表しているわけではない。むしろそれは、体の中で体と共に体を活かす生命力そのものであって、体なしに存在するものではない。したがってここでもこう言わなければならない。「人間がネフェシュを持っているのではなく、彼がネフェシュであり、ネフェシュとして生きるのである」（H・W・ヴォルフ『旧約聖書の人間論』前出三三―三四頁）。元来この言葉は人間の体の部首であるのどや首を指している。息を吸い、吐き出し、呼吸する器官であり、また飢え渇き、満たされるのをひたすら渇望する器官でもある。「渇いた喉に冷たい水、遠い地からの良い便り」（箴言二五・二五）。そこからしばしば苦しみあえぐ悩める人間のあり方を示す言葉ともなる。「涸れた谷に鹿が水を求めるように、神よ、わたしの魂はあなたを求める。神に、命の神に、わたしの魂は渇く」（詩編四二・二）。そこにはギリシア人のように、精神を肉体よりも優ったものとして称揚する思考法はない。

b　この言葉は旧約聖書のギリシア語七十人訳においてその数七五五回のうち六〇〇回がプシュケー（ψυχή psyche）と訳され（ヴォルフ前掲書三三頁）、それが新約聖書にも引き継がれている。しかもプシュケーは、単なる生物の生命原理にとどまらず、特に人間の生命活動を意味するものとして用いられている。それは「努力し、意欲し、何かへと向けられたものとしての『私』に固有なもの」（ブルトマン前掲書二八頁）である。人間の活動そのものなので、精神においても肉的な生き方が生じてしまう。これは奇妙に聞こえるが、決して形容矛盾なのではない。動物と違って人間の厄介なところは、高貴なはずのその精神活動において神に敵対してしまう（つまり肉的となる）ところにある。精神（理性、心）は肉体よりすぐれた別個の実体なのではない。新約の使徒は言う。「肉の望むところは、霊に反し、霊の望むところは、肉に反するからです。肉と霊とが対立し合っているので、あなたがたは、自分のしたいと思うことができないのです」（ガラテヤ五・一七）。これはプラトニズムの主張する霊肉二元論から来る対立ではない。肉的とは、人間の精神や心の有りようが神と隣人に対して閉じていて、自我の欲望に囚われ執着している様を表している。本来は高貴であるべき精神において傲り高ぶりが生じ、神を畏れず人を人とも思わず、他者の人格を平気で踏みにじる「肉の業」が行われる。この点でアウグスティヌスの洞察は鋭い。「朽ちる肉が霊魂を罪あるものとしたのではなく、かえって罪ある霊魂が肉を朽ちるものとしたのである」（『アウグスティヌス著作集第一三巻　神の国（3）』14・2、泉治典訳、教文館、一九八一年、二一七頁）。創造者との関係を失った時、人間の精神は高ぶりの中で罪を犯し、朽ちる肉の滅びを刈り取ることになる。要するに精神もまた肉的になる。この意味でルターの友人メランヒトンもこう言う。「聖書は『肉』という語によって人間の一部分である『からだ』ではなく、『魂』と『からだ』を含む人間すべてを指している」（メランヒトン「神学要綱」『宗教改革著作集第四巻』伊藤勝啓訳、教文館、二〇〇三年、一九八頁）。人間が神に敵対するとすれば、それは単に中世のカトリック神学者が言ってきた「感覚的欲望（appetitum sensitivum）」（Duns Scotus, *Sententia*, II, d.29,4）のなせる業なのではない。罪はその全人格において、そして特に精神のなせる業として起こるのである。

それ故、精神と体とは切り離しえない一体性の中にある。この点でK・バルトのよく考え抜かれた定式化は、その特徴を見事に表現している。すなわち、人間とは「体を伴った心（eine leibhafte Seele）」であり、「心を吹き込まれた体（ein beseelter Leib）」である。ただしバルトは、精神と体には秩序があると主張する。精神は支配し、体は奉仕するという秩序である。この秩序は、神と人間、キリストと教会、男と女の秩序の中にその類比を見出せるとバルトは言う（*KD* III/2, S.513. 邦訳版四九四頁）。しかし、神と人間、キリストと教会との間には主従の秩序があるとしても、男と女、精神と体の間にも同じように主従の秩序があると見なすことは明らかに行き過ぎである。必ずしもそのような類比を当てはめる必要はない。この点でモルトマンのバルト批判は当たっている（J・モルトマン『創造における神』前出三七〇頁）。

c　秩序の問題点を別にすれば、バルトの見方は現代の医学的見地とも合致する。現代医学も、人間を精神と体というそれぞれ別個の構成要素に分解するのではなく、人間の全体論的な見方（a holistic view）をより適切なモデルと見なしているからである。人間は多様な機能を持った統一体である。人間の人格は心身的統一体（a psychosomatic unity）であり、生気を与えられた体（an animated body）として見られるべきである。これは体の生理現象にすべてを還元する唯物論的な一元論に立つことを意味しているのではない（S. Grenz, *Theology for the Community of God*, Nashville 1994, p.160）。むしろ自然科学者のポーキングホーンが言うように、人間は「物理的な世界の中で行為することが可能であるのと同様に、理想や目的といった認識の世界に参与することも可能である」（J. Polkinghorne, *Science and Providence*, London 1989, p.33）ような、複雑で高度な存在として見られるべきなのである。

三　霊性の次元

「知らないのですか。あなたがたの体は、神からいただいた聖霊が宿ってくださる神殿であり、あなたがたはもはや自分自身のものではないのです。あなたがたは、代価を払って買い取られたのです。だから、自分の体で神の栄光を現しなさい」（第一コリント六・一九―二〇）。

a　ところで、旧約聖書は精神と体に加えてさらにもう一つ、人間の生命について語る特別の言葉を持っている。それが霊（רוח ruach）である。元来は風や息を表す言葉で、生命力そのものを意味するが、このルーアッハがヤハウェの口から出ると、そこに被造物の創造が起こる。「御言葉によって天は造られ、主の口の息吹によって天の万象は造られた」（詩編三三・六）。その創造者の息吹が人間に吹き込まれて、人間は生きる者となる。ネフェシュが呼吸の器官を意味するとすれば、ルーアッハは呼吸の息そのものである。しかもその出所は神である。ルーアッハは旧約聖書で三八九回のうち一三六回が神に関して用いられている（ヴォルフ前掲書七九頁）。「もし神が御自分にのみ、御心を留め、その霊と息吹を御自分に集められるなら、生きとし生けるものは直ちに息絶え、人間も塵に返るだろう」（ヨブ三四・一四―一五）。人間はそこまで神の命の息に依存している。まさにこの点で神関係は絶対である（神学小径Ⅱ・6・2）。もちろん神の息が吹き込まれたということで、人間が神的精神を受けたということが意味されているわけではない。人間の精神が神的なものだという思想は旧約思想の中にはない（Th・C・フリーゼン『旧約聖書神学概説』田中理夫・木田献一訳、日本基督教団出版局、一九六九年、二八〇頁）。とはいえ、霊の注ぎにおいて神関係が定立されることは間違いない。ヤハウェの霊が人間に注がれる時、預言のカリスマ（賜物）が与えられ、人は神の言葉を理解して語り（ヨエル三・一、民数記一一・二九）、神の御心を深く知り、神の栄光を讃美する人間となる。

b　新約聖書はこれをプネウマ（πνεῦμα）として表現する。それは神の霊であると共に、その神の霊によって呼び起こされる、神に応答する人間の霊でもある。プネウマがソーマやプシュケーと同じように人格を指す場合もあるが、その場合にも、特に神のプネウマに導かれて、神との関係と交わりを生きるように方向づけられた人間のあり方を指している（ブルトマン前掲書三二頁）。「神の霊によって導かれる者は皆、神の子なのです。……この［神の］霊こそは、わたしたちが神の子供であることを、わたしたちの霊と一緒になって証ししてくださいます」（ローマ八・一四—一五）。神の霊の働きかけがあって、私たちの中に神に応答する霊の働きも対応的に生じる。「神の霊以外に神のことを知る者はいません。わたしたちは、世の霊ではなく、神からの霊を受けました。それでわたしたちは、神から恵みとして与えられたものを知るようになったのです」（第一コリント二・一一—一二）。

C・トレモンタンによれば、この霊の次元こそ、諸々の哲学思想には知られていない、聖書の使信独自の思想である。「われわれが『霊』と訳すルーアッハでもって、聖書の人間学は、聖書に特有の一つの新しい次元を開く。これは超自然的次元であって、聖書の啓示に固有のものである」（C・トレモンタン『ヘブル思想の特質』西村俊昭訳、創文社、一九六三年、一七九頁）。人間の霊は神の霊との出会いが可能になる場所であり、いわば異国の地にある大使館のような存在であると彼は言う。その大使館があるおかげで、神の霊の内在が異質の者の侵入とはならないで済む（同前一八〇頁）。ただこのたとえは微妙でもある。誤解を防ぐ意味で言えば、大使館の建設もまた同時に神の霊の業である限りにおいて、このたとえは有効であろう。

【ノート142】人間の二区分法と三区分法

①二区分法（Dichotomism）

昔から人間の存在を精神と体、霊魂と肉体、見えない非物質的な部分と見える物質的な部分から成るものと見る立場がある。L・ベルコフは、古典的な代表者としてアタナシオスやテオドレトスの名を挙げ、またアウグスティヌスの影響を受けたラテン系の神学にその傾向が見られるとしている（L. Berkhof, *Systematic Theology*, Michigan 1949, p.191–192）。とはいえあまり単純な図式化は避けなければならないだろう。

二区分法は体（body）に対して、霊（spirit）と魂（soul）を区別しない。聖書の中に霊と魂の両者が交換可能な仕方で用いられている箇所があるからである。たとえば、「なぜうなだれるのか、わたしの魂よ」（詩編四二・六）と言われる一方、「塵は元の大地に帰り、霊は与え主である神に帰る」（コヘレト一二・七）と言われる。また「正しい人たちの霊」（ヘブライ一二・二三）と言われる一方、「証しのために殺された人々の魂」（ヨハネ黙示録六・九）と言われる。そして「魂（soul）も体も滅ぼすことのできる方」（マタイ一〇・二八）と言われる一方、「霊（spirit）のない肉体が死んだものであるように」（ヤコブ二・二六、新共同訳は「魂」）と言われる。

人間は不安に襲われると「心が騒ぐ」（ヨハネ一二・二七、一三・二一）。この精神的不安は体にも伝わる。嘲りとののしりの声に囲まれて「我らの魂は塵に伏し、腹は地に着いたままです」（詩編四四・二六）。人間の健やかさは心と体がそろって神の平安のうちにあることによって保たれる。「愛する者よ、あなたの魂が恵まれているように、あなたがすべての面で恵まれ、健康であるようにと祈っています」（第三ヨハネ二）。しかしこの立場はしばしば精神の優位に傾き、プラトン的二元論に陥りやすい。どうしても肉体を束縛されたものと見なして、それだけ一層自由なる精神の飛翔を高調することになりやすい。

②三区分法（Trichotomism）

これに対して、霊と魂とを区別する立場がある。その典拠とされる聖書は二箇所である。「どうか、平和の神御自身が……あなたがたの霊も魂も体も何一つ欠けたところのないものとして守り、わたしたちの主イエス・キリストの来られるとき、非のうちどころのないものとしてくださいますように」（第一テサロニケ五・二三）。「神の言葉は生きており、力を発揮し、どんな両刃の剣よりも鋭く、精神と霊、関節と骨髄とを切り離すほどに刺し通して、心の思いや考えを見分けることができるからです」（ヘブライ四・一二）。プシュケー（魂）は人格の座であり、人間の理性（知）、感情（情）、意志（意）を司る場所である。これに対してプネウマ（霊）は人間が神を知り、神と交わることのできる器官である。こうした考え方は、すでにエイレナイオスにその主張を見ることができる（Irenaeus, *Adversus haereses* V, 6,1; V, 9,1）。またオリゲネスも、人間は魂と体と生命気という要素から成っていると述べている（『諸原理について』小高毅訳、創文社、一九七八年、Ⅲ・四・1、二五一、三七九頁）。この生命気が命をもたらすプネウマである。ちなみに金子晴勇は、三区分法を確立した功績をオリゲネスに帰している（金子晴勇『ヨーロッパ人間学の歴史』知泉書館、二〇〇八年、八九頁参照）。同じ三区分法の考えはフィロンにも、またラオデキアのアポリナリオスにも見られる。

そして、宗教改革者M・ルターもこの三区分法を取り入れている。「聖書は人間を三つの部分に分ける。……

第一の部分の霊（Geist）は、人間の最高、最深、かつ最も貴い部分である。これによって人は理解しがたい、見えない、永遠なるものを把握する。……第二の、魂（Seele）は……からだに生命を与え、からだをとおして働くものと考えられ、そしてしばしば聖書においては、生命とおきかえられている。……そしてその作用は、理解しがたいものを把握することではなくて、理性が認識し、判断することを把握することである。……第三は、肢体をそなえた、からだ（Leib）である。その働きは、魂が知り、霊が信じるところを、実行し適用することである」（「マグニフィカート」『ルター著作選集』内海季秋・石井基夫訳、教文館、二〇〇五年、三〇八―三〇九頁）。ルターはさらにこれを分かりやすく、神がご自身をイスラエルに顕現する際の幕屋の構造になぞらえた。霊は至聖所であり、魂は聖所であり、体は幕屋の前庭である。ルターは良心の働きもこれに即して理解している（神学小径Ⅱ・4・2【ノート79】参照）。

しかしこの三区分法は「霊」の存在を、生まれながらの人間が備えている固有の資質と見なしており、この点で堕罪の現実がどこまで真剣に受け止められているのか、その堕罪の現実を乗り越える聖霊の作用がどこまで新しい創造として考え抜かれているのかが疑問となる。この点についてバルトはこう述べる。「そうなるとわれわれは、古代教会においていわゆる霊魂三分説（Trichotomismus）と言われているものに反対して下された決断に、くみしなければならない。……われわれは、一つの人間的実在の三つの側面あるいは三つの要素について語ることもできない。人間的実在は精神であり、そしてまたからだである。しかし人間的実在はまたさらに霊でもあるということはできない」（*KD* III/2, S.426. 邦訳版該当書三三八頁、訳文は少し変更）。その点をしっかり押さえた上で、しかし私たちはそのバルトと共にこう言うことができるであろう。「むしろ人間的実在に霊が付け加わってくることによって、すなわち人間的実在が霊を受け、……それであるから霊によって見離されないで、むしろ霊によって基礎づけられ、規定され、限界づけられることによって、人間的実在は精神とからだである」（同前）。

c　北欧の詩人的思想家キルケゴールは人間のあり方に深くメスを入れる。「人間は心的なものと身体的なものとの綜合である。しかし、綜合は、二つのものが第三のものにおいて統一されるのでなければ、考えられない。第三のものが精神［霊］なのだ」（「不安の概念」『キルケゴール著作集10』氷上英廣訳、白水社、一九六四年、六五頁）。そして人間はこの精神［霊］において永遠なる神との関係を持つ。人間が本能のままに感性に身を任せる動物でない限り、人間は永遠を意識する。「神は……永遠を思う心を人に与えられる」（コヘレト三・一一）。ところが多くの人間はこの精神の規定［霊性］を欠落させたまま日常性に埋没している。「すべての人間はだれでも、霊魂的肉体的な統合［心身の綜合］として精神［霊］であるべくおかれている。これがその［地下室・一階・二階から成る］家の造りである。ところが彼は好んで地下室に住みたがる、いいかえれば感性の規定のもとに住みたがる。しかも地下室に住むことを好むだけならまだしも、だれかが『どうせあいているものならお二階にお住みになっては。もとよりご自分のお家のことだし』といって勧めでもしようものなら、むかっ腹をたてかねないほどに地下室がお気にいりなのである」（「死にいたる病」『キルケゴール著作集11』松浪信三郎訳、白水社、一九六二年、六四頁）。

人間をこの地下室から引き出すものが霊の働きである。バルトによれば、霊とは、何よりもまず神が人間に立ち向かう働きのことである。それは、人間が神と関係し交わることを可能にする根拠であり、人間自身の内からは出てこないものである。もし人間が神との交わりを持っているとすれば、それは霊の働きかけが先行しているからである。「人間はただ、霊が人間に繰り返し与えられることによって、霊を持つことができるだけである」（*KD* III/2, S.431. 邦訳版三四七頁、訳文は少し変更）。そして「人間は、彼自身が霊によって所有されたものであることによって、霊を持つ」（*KD* III/2, S.426 邦訳版三三七頁）と言うべきなのである。

では人間は霊によって所有されることによって、主体性を失うのであろうか。そうではない。聖霊は人間をほかでもなく主体とする原理そのものである（*KD* III/2, S.437 邦訳版三五八頁）。聖霊によって人間の自由なる霊が目覚め、神に応答しえない人間の中で神に応答する奇跡が実現する。「聖霊において、神は、ご自身を現前せしめ、ご自身をそれら特定の人間たちの霊――聖なるものでは全然ない霊――に証言し給う」（『キリスト教的生I』天野有訳、新教出版社、一九九八年、一九八頁）。そのようにして不可能なこと、「わたしの霊が祈っている」（第一コリント一四・一四）というような事態が実現する。まさにそのことが起こるのも、「聖霊の交わり」（第二コリント一三・一三）が出来事となることによってなのである（同前二〇二頁）。

霊性とはこのような神との霊的交わりを意味する。「霊的生活とは、父なる神と子なる神に関係づけられ、聖霊なる神に全体的に依り頼む生であり、あり続ける。己れ自身の内に根拠を持ったり己れ自身の力によって維持され更新されたりする生ではなく、徹頭徹尾この神に投げ出された生、ただこの神にのみ由来するのと同様に、ただこの神によってのみ絶えず新たに保証される生であり、あり続ける。この意味において中心を外に持ちつつ（ek-zentrisch）生きる限り、かつ生きることによって、キリスト者は霊的に生きる」（同前二〇八頁）。

まさにこのような霊における身心の統一が完全な姿で現れた人間がすなわち、イエス・キリストである。イマゴ・デイの原像であり目標としてのイエス・キリストこそまことの人間であり、私たちは聖書を物語る教会の宣教を通してこのキリストとしてのイエスに出会い、聖霊の力によってこの方のあり方（アガペーとしての他者のための生）の中に組み入れられる。そしてアガペーの愛に満たされて、神と人とを愛し返す人格的な存在に生まれ変わる。その時、人はキリストの限りない優しさに包まれて、身も心も神のシャローム（平安）に浸《ひた》され、身心の健やかな統合を得る。もし愛の霊性がなければ、すぐさま人間は心身のバランスを崩し、たちどころに一方へと偏った生き方に傾く。精神を軽視して肉体の健康志向に陥るか、肉体を軽視して精神の貴族主義に陥るか、いずれかである。キリストとしてのイエス物語によって喚起され、聖霊によって神のアガペーとシャロームの中を神と隣人と共に歩むこと、それがすなわち、洗礼的実存として知られる特にキリスト教的な霊性の到達点である。

d　今、殊更に「霊性の到達点」と記した。なぜなら、「霊性の出発点」もまた存在するからである。それは、逆説的に聞こえるが、霊性の飢饉において露わとなる。一九九五年にロンドン教会の図書館からカルヴァンの説教メモが発見された。ジュネーヴからの亡命者のものだと推測されるイザヤ五五・一―二についての説教である。飢饉に遭えば、別に勧められなくても人は水を求め、食物をむさぼる。そうであるのに、なぜわざわざ、「さあ、渇いている者たちは皆、水のもとに来なさい」と勧められているのだろう。魂を養う霊的な食物が本当は不足しているというのに、私たちはそれに気づかず、必死に求めようともしていないからである。「私たちの哀れな魂は飢えているのに、助けも癒しも求めようとしない！」（『霊性の飢饉』野村信訳、教文館、二〇〇一年、四四頁）。実に空しいもので満ち足りて、まるでロバか牛のように目先の食欲にしか頭が向かない（同前五四、八七頁）。しかし重要なことは自分が「無一文の「銀を持たない」者」（イザヤ五五・一）

であることを知ることである。自分の窮乏を告白し、恩恵を神に求めることである（同前七〇頁）。自分に満ち足りている人間よりも、神に物乞いをせざるをえないほど貧しい人々にこそ、神は語りかける。「口を広く開けよ、わたしはそれを満たそう」（詩編八一・一一）と。要するに、「わたしの魂はあなたを渇き求めます。あなたを待って、わたしのからだは、乾ききった大地のように衰え、水のない地のように渇き果てています」（詩編六三・二）と告白する魂の飢餓感、それこそが霊性の始まる出発点なのである。この魂の飢餓感を真に癒す方（ヨハネ四・一三、七・三七―三八）がこう言われる。「心の貧しい人々は、幸いである、天の国はその人たちのものである」（マタイ五・三）。この貧しさから天の国へと向かう霊性の旅（a spiritual journey）が始まる。魂の飢餓感は霊性の欠如を意味しない。むしろ逆に、目先のレンズ豆で魂の飽和状態に達するエサウ的生き方（創世記二五・三四）こそ、霊性の危機である。霊性とは、この世の評価ではなく、神の祝福を求めてやまないヤコブ的な求道の精神にほかならない。

植村正久は「霊性の危機」という文章の中で、偉大な思想家ジョン・ステュアート・ミルにまつわるエピソードを紹介する。ミルはある時、人生の空しさに襲われ、厭世観に取り憑かれてしまった。その時、一冊の本と出会う。幼い時に父を失って、けなげに母や幼い弟妹を支えるため、一身に働いたマルモンテルという人の伝記である。読んでみると、忘れかけていた感動が甦る。己の幸福をまず第一に求めても、本当の幸福は味わえない。むしろ少年のように、愛する人のためにひたむきに生きる時にこそ、自分もまた幸福である。ミルの中に再び生きる勇気が湧いてきた。霊性は目覚め、鹿の谷川を慕うように神を求め始める出発点に立ったように見えた。ところが、「惜しむべし彼は前途なおはるかなるにもかかわらず、路傍の茶店に憩いて熟睡せり。しかれども日暮れて路遠く目覚めて茶店のわが長居すべき故郷にあらざるに驚かされざるを得んや［驚きを禁じ得ないだろう］」（『植村正久著作集1』新教出版社、二〇〇五年、一五七頁）。私たちもまた、ミルのように茶店に立ち寄って熟睡せず、前途はるかに霊性の旅路を進み行くことが求められる。

C・ゲシュトリッヒによれば、人間の魂とは、体とは別個の固定した実体ではなく、人間が真の自己に出会うまでの、真理を求めてやまない生命全体の動的プロセスのことである。魂とは生まれながらの自己意識ではなく、真実の自己を求めるアイデンティティーの旅そのものなのである（C. Gestrich, *Die Seele des Menschen und die Hoffnung der Christen. Evangelische Eschatologie vor der Erneuerung*, Frankfurt/M 2009, SS.124ff.）。そしてこの魂の自己発見としての霊的な旅は、究極的には私を罪と死から贖う方としての永遠なる神との関係にまで至らざるをえない。そこに至る時、断片的たらざるをえない私たちの地上の生も、死線を越えて有意味なものとなる（M. Hailer, Über die Seele. Theologische Überlegungen mit pädagogischen Nebenabsichten, in: *Theologische Zeitschrift* Jg.69, He.1/2, 2013, S.105）。人間の自己同一性は自己自身の中にゴールを持つのではなく、私が誰であるかを最もよく知る神の御手の中にある。それを悟った時、私たちは皆こう語るだろう。「わたしは絶えず主に相対しています。主は右にいまし、わたしは揺らぐことがありません。わたしの心は喜び、魂は踊ります。からだは安心して憩います」（詩編一六・八―九）と。

幕間のインテルメッツォ（間奏曲）

一四八　人文主義者ピコ・デッラ・ミランドラは、一四八六年、ローマでの公開討論会に臨んだ。世界中の対立する見解を集めて和合させようとの大胆な企画だった。その時彼は弱冠二四歳。物怖じ知らない年齢だった。彼の用意した提題の数、実に九〇〇。

一四九　ピコの演説草稿によれば、全宇宙の創造を終えた神は、その美を賛嘆することのできる存在を付け加えることを最後に思い立ち、自由意志を持って神から完全に独立した知的人間の創造へと向かったのだとの主張。この人文主義者の自信みなぎる演説は、後に「人間の尊厳についての演説」と呼ばれるようになった。

一五〇　だが教皇インノケンティウス八世は突然討論会を中止させた。内容に若干異端的要素が含まれていたためだが、俗説に、九百もの提題を読むのに億劫《おっくう》がったせいとも言われる。天才肌と呼ばれたピコは三一歳で世を去った。薄命だったから天才と呼ばれたのか、本当に天才だったから薄命だったのか、真相は分からない。

あとがき的命題集

命題二二七　精神と体とは切り離しえない一体性の中にある。人間とは体を伴った心であり、心を吹き込まれた体である。

命題二二八　救済以前の人間のあり方が神に敵対している場合、肉的な生き方となる。そのような生き方からの救済は、体からの霊魂の離脱ではなく、体の贖いと復活として起こる。

命題二二九　人間の霊は神の霊との出会いが可能になる場所であり、人間が神と関係し交わることの原理である。しかしそれは人間自身の内からは生じない。聖霊によって人間の自由なる霊が目覚め、神に応答しえない人間の中で神に応答する奇跡が実現する。

命題二三〇　霊における心身の統一が完全な姿で現れた人間がイエス・キリストである。教会の語るキリストとしてのイエス物語によって喚起され、聖霊によって神のアガペーとシャロームの中を生きること、それがすなわち、特にキリスト教的な霊性である。

命題二三一　魂の飢餓感は霊性の欠如ではなく、むしろその出発点である。自らの空虚さを知って、そこから、イエス・キリストにおいて魂の癒し手である神を知ることへと向かうところに、霊性の旅が始まる。

第一四章　男と女、そして霊性

一　命の恵みを共に受け継ぐ

「神は御自分にかたどって人を創造された。神にかたどって創造された。男と女に創造された」（創世記一・二七）。

a　男であること、そして女であること、それは、人間がこの世界で生きてゆくために定められた創造者なる神の意志である。第一の創造物語（創世記一章）では、そのことが「産めよ、増えよ、地に満ちよ」という神の祝福と結びついている（創世記一・二八）。神は新しい生命の誕生に人間を関与させる。生命の誕生がひとえに神の恵みであることの証人となるように、人間は招かれているのである。もちろん、生殖と結びついた祝福は他の生き物にも語られている。「神はそれらのものを祝福して言われた。『産めよ、増えよ、海の水に満ちよ。鳥は地の上に増えよ』」（創世記一・二二）。だから人間以外の生き物にも雌雄の区別がある。ノアの箱船には彼らもまた乗船する。しかし、とりわけ人間は、共に命の恵みを受け継ぐ者として、互いに相手を不可欠な存在として認め合い、他者に自己を喜んで献げる神の愛を映し返して、愛し合うべきなのである。「同じように、夫たちよ、妻を自分よりも弱いものだとわきまえて生活を共にし、命の恵みを共に受け継ぐ者として尊敬しなさい。そうすれば、あなたがたの祈りが妨げられることはありません」（第一ペトロ三・七）。

だから人間の性別には、生物学的、医学的な理由以上のものがある。男と女のジェンダー（性別）の違いにおいては、単に生理学的、身体的、心理的な差異が問題なのではない。その差異を踏まえながら、互いに他を求め合い、支え合うパートナーとして、共存的な生を営むことが重要なのである。

この点を明らかにしているのが、第二の創造物語（創世記二章）である。人間の性別は生殖を第一の目的としてはいない。「主なる神は言われた。『人が独りでいるのは良くない。彼に合う助ける者を造ろう』」（創世記二・一八）。そこで主なる神は鳥や動物たちを人間のもとに連れてくる。人間は名前をつけて呼ぶが、しかしそれらの中に「自分に合う助ける者は見つけることができなかった」（二・二〇）。そこで造られたのが男に対しての女である。女は、男が深い眠りに落とされた間に（二・二一）、神によって創造された存在であり、神が男のところへ連れてきた（二・二二）存在である。男のあばら骨の一部を抜き取って造ったという語り口は、稚拙な表現ながら女と男が同類・同属であることが示されており、しかも深い眠りに陥っている間にという表現によって、男にとっての女の異他性、秘義性が示されている。

そもそも違いがなければ交わりは存在しない。自分とまったく同じものとの間に交流はない。交わりにおける違いは双方に自分を越えた豊かさをもたらす。男性と女性は同類・同属でありながら、なおそこに違いがあり、隠された秘義を持っているが故に、一方が他方を自己に屈服させ同化させることはできない。互いに自分のものにできないからこそ、そこに真に自由な交わりが生まれ、成熟した敬意と同意に基づく一致が実現するのである。

「自分に合う助ける者」というのは、男にとってふさわしい、彼に匹敵する、彼と等しいパートナーという意味である。創世記二章において、「女性は、男性の召使い、付け人、あれこれの用事で必要な彼の小さな使い走りではなく、彼と同格のふさわしい助け手として描かれており、彼女なしに彼は人間であることができないのである」（P. K. Jewett, *Man as male and female. A Study in Sexual Relationships from a Theological Point of View*, Grand Rapids 1975, p.124–125）。創世記二・一八、二〇の助け手（עֵזֶר ezer）という言葉は聖書の中のどこにも、従属するという意味を指示する箇所はない。それどころか、神が人間の助け手であるというように、しばしば神ご自身に対して用いられているのである。「いかに幸いなことか。ヤコブの神を助けと頼み、主なるその神を待ち望む人」（詩編一四六・五）。したがってこの文脈においては、女性の男性に対する弱さや劣等性が語られているのではなく、女性が同じ人間に属しており、動物たち以上の存在なのだということが語られているのである（Jewett, *ibid.*, p.126）。

人間の心はしばしば人間によって傷つけられる。そこで同じ人間より愛玩動物によってより多くの慰めを受けるということは現にありうる。しかしそれは、残念ながら人間どうしが傷つけ合うという罪の結果、起こってしまう現実であり、本来的には人間の助け手、慰め手となりうる存在は、アダムにとってのエバ、エバにとってのアダムのはずなのである。「神が彼女を人のところへ連れて来られると、人は言った。『ついに、これこそわたしの骨の骨、わたしの肉の肉……』。こういうわけで、男は父母を離れて女と結ばれ、二人は一体となる」（二・二三―二四）。「ふさわしい助け手」の最も簡潔な言い換えは、バルトによれば「向かい合う相手（Gegenüber）」という言葉である。それは同種でありつつ、なお異なる他者でもある存在が意味されている。「もしもその本質がその人間とただ等しいだけであるなら、ただ、彼自身の繰り返し、数を増してゆくことだけであるならば、その時、彼の孤独は除去されないであろう。そのものは、その時、彼に対して他者として相対して立っていないであろう。彼はその時、そのものの中でただ彼自身を再認識するだけであるであろう。［逆に］もしもそれがただ彼と異なっているだけであり、全く別な種類の本質であるだけだとしたら、その時、彼の孤独は再び取り除かれないであろう。それはその時、彼に対して、確かに、他者として相対して立つことになるであろうが、まさに彼に属している他者として相対して立つことはないであろう」（*KD* III/1, S.331. 邦訳該当書五三一―五三二頁）。

b　人間は孤独な存在として造られたのではなく、神の御前で助け合って共に生きるべき存在なのである。共存的な関係の中にいる存在（Being in relation）こそ、人間の本質である。この創世記第二章の見方は、実は創世記第一章の見方に合致している。神にかたどっての人間の創造は、ただちに間髪を入れず、男と女の創造として行われている。しかもその際に神はご自身の中で問い尋ね、熟考され、決意をもってそれを行っている。人間の創造だけが、他の動植物の創造の時とは異なり、神の「我々」を主語として行われている。この点に重大な神学的意味が隠されていることを発見したのがD・ボンヘッファーであり、K・バルトである。

ボンヘッファーによれば、人間は他者に対し、他者と共に、他者に依り頼む存在である。そのことが、男と女とに造られたことの意味である。「神は人間を、男と女とに創造された。人間はひとりではなく、二人であり、この他者への依存に人間の被造物性は基礎をおいている」（D・ボンヘッファー『創造と堕落』生原優訳、新教出版社、一九六二年、四八頁）。この他者のための自由を生きる関係的な人間の規定は、神にかたどって造られたという神との関係の類比（analogia relationis）に基づいている。つまり、神が関係的なあり方をしていることにかたどって、人間の関係的なあり方が創造されているのである（同前四八頁）。

バルトはこの若い神学者の鋭い洞察を受け止め、さらに明確に三位一体論的方向へと展開する。聖書の神は孤独な神ではない。父・子・聖霊なる神であり、ご自身のうちに自由なる交わりを持ちたもう神である。そのような三位一体の神は、唯我独尊の超絶した孤独な神であることを欲せず、ご自身とは異なる被造物である私たちのための神であることを選び取っておられる。「神はわれわれのものであることを欲し給い、われわれが神のものであることを欲し給う」（*KD* II/1, S.307. 邦訳版三七頁）。人間が神と共に、また他者と共に生きるべく造られているという人間存在の本質的な共存性は、神の三位一体的共存性の中に根拠づけられているのである（Cf. G. W. Deddo, *Karl Barth's Theology of Relations. Trinitarian, Christological, and Human: Towards an Ethics of the Family*, Peter Lang: New York 1999, p.118）。人間の創造においてのみ決意表明される「我々は……しよう」という「神的本質の中での複数性、あの区別と関係、あの愛し合う共存と協働」こそ、ここで注目すべき神の本質の中にある原像なのである（*KD* III/1, S.220. 邦訳版三五六頁）。

しかもこの他者との共存的な生のあり方は、まず何よりも人間が神の言葉を通して神との関係に目覚め、神によって交わりの中へとたえず呼び出されることによって確立される。「人間に対する神の関係こそ、その中で人間が実存しているところのあらゆる関係を理解する鍵である」（C. Schwöbel, *Gott in Beziehung*, Tübingen 2002, S.195）。そして「この人間に対する神の関係は、父・子・聖霊なる三位一体の神が人間に関わってくださる関係として理解される時に、はじめて適切に理解されうる」（*ibid.*）。そしてバルトが言いたいことは、このような関係的存在のあり様が否定しえない仕方で現れているのが、人間がはじめから男としてまた女として造られているという創造の事実なのである。

このように、人間は始めから関係の中にある存在として造られている。独立した個としての人格でありつつ、互いに求め合い、寄り添い、依り頼むことを喜ぶ共存的存在である。神と隣人仲間との交わりに生きる時、人間は初めて人間らしい存在となる。「ひとりよりもふたりが良い。共に労苦すれば、その報いは良い。倒れれば、ひとりがその友を助け起こす。倒れても起こしてくれる友のない人は不幸だ」（コヘレト四・九―一〇）。

二　サライの娘たち

「エバはアダムの奴隷となるためにアダムの足から取られたのではないし、アダムの主人になるためにアダムの頭から取られたのでもない。エバがアダムの脇腹から取られたのは、エバがアダムのパートナーとなるためであった」（Petrus Lombardus, *Sententiae*, 1. II. Dist. XVIII）。

a　ところが、創世記三章以後、思わぬ事態が発生する。人間のこの根本的なあり方が揺らぎ始め、ついに崩壊する。男と女の間に溝ができ、信頼は崩れ、非難の応酬が始まる。神からも身を隠し、自我の要塞に閉じこもる。創世記四章で明らかになるように、人間はそれ以降、力による支配をその特徴とする病める家庭と社会に住まねばならなくなる。

たとえイスラエルの選びが救いの歴史として始まったとはいえ、その歴史は古代社会の慣習が足かせのように絡みつく人間の状況から始まっている。啓示の歴史が開始した場所は、男性中心の父権制社会であり、そこではしばしば一夫多妻制が取られ、女性は原初史に描かれたものとは大きくかけ離れた現実に置かれている。確かにこれらは古代世界に共通した社会の特徴であって、イスラエルもまた例外ではない。しかしイスラエルの歴史は新約へと向かう旧約の歴史である。たとえ遅々としての歩みであったとしても、それはやがてメシアの到来において克服されるべきものとして位置づけられている。つまり旧約聖書においてイスラエルは、メシアの到来以前の、問題に満ちた人類社会を代表して、聖書の中に登場しているのである。

例えば、封建的な父権制社会一般に見られるように、イスラエルにおいても娘たちは、結婚して男性に嫁《とつ》ぐまでは父の支配下に置かれていた。花婿は花嫁を迎えるために、父親に金銭を支払うか家畜を贈り物とし、それができない場合には、身をもって働いて許可をもらわなければならなかった。兄エサウの怒りから逃げ出したヤコブは、伯父ラバンのもとで羊を飼う仕事に就いた。ラバンには姉のレアと妹のラケルという二人の娘がいた。ヤコブは妹のラケルを愛し、彼女を妻にしたいと申し出る。伯父のラバンは「七年間働くなら、許可しよう」と言う。ヤコブは文句も言わずに七年間一生懸命働いた。七年たって結婚式を迎える。ところが翌朝、娶《めと》ったのは姉のレアの方だったことが分かる。抗議すると、姉を差し置いて妹を先に嫁に出すわけにはいかないということで、ラケルのためにヤコブはさらに七年働くことになる。そしてさらに家畜のために六年、計二〇年もの歳月が所期の目的を達成するまで費やされたのである（創世記二九・一六—三〇）。この物語の背景は、女性が商取引される売買契約の対象であり、男性の持ち物だという社会通念である。敬虔な異邦人の女性ルツの物語の背後にもそのような表現が見え隠れする。若い未亡人ルツはしゅうとめのナオミ

について ベツレヘムにやって来る。そこで親族のボアズが責任をもってルツを娶るが、その際ルツを「引き取る」という言葉は畑地を「買い取る」のと同じ動詞である（ルツ四・五、一〇）。イスラエルが王制を敷くことへのためらいの中には、周囲の王権国家と同じように、王たちが権勢と財力におぼれ、一夫多妻制を取って堕落することも含まれていた。そして現にソロモンは、その心配を地で行ったのである。

社会的因習のせいで女性が男性と同等に扱われていない面は、イスラエルにおいてもところどころに顔を覗かせている。当時、女性が人に表立って教えを授けることははばかられた。律法の教育は家でも父親の仕事である。女性が公衆の面前でトーラーを朗読することも禁じられていた。シナゴーグで女性はおしゃべりをせず、沈黙を守らねばならない（*Megilla* 23a. Vgl. J. Leipoldt, *Die Frau in der antiken Welt und im Urchristentum*, Leipzig 1965, S.55）。この慣習がかつての律法学者パウロに影響を与えたであろうことは想像に難くない（第一コリント一四・三四―三五）。

b　こうした社会的因習を根本から打破して乗り越えたのが主イエスである。イエスの宣教活動にはガリラヤ時代の初期から十二弟子のほかに一群の女性たちが随行している。彼女たちの何人かは名前が知られている。「悪霊を追い出して病気をいやしていただいた何人かの婦人たち、すなわち、七つの悪霊を追い出していただいたマグダラの女と呼ばれるマリア、ヘロデの家令クザの妻ヨハナ、それにスサンナ、そのほか多くの婦人たちも一緒であった。彼女たちは、自分の持ち物を出し合って、一行に奉仕していた」（ルカ八・二―三）。福音書は、彼女たちが男弟子たちよりもはるかに主イエスに忠実であったことを証言している。男弟子たちがエルサレムの一週間、ある者は裏切り、ある者は否認し、ある者は主を見捨てて逃げ去った一方で、女弟子たちは最後まで主イエスの身を案じ、十字架の刑死に立ち会った。「また、婦人たちも遠くから見守っていた。その中には、マグダラのマリア、小ヤコブとヨセの母マリア、そしてサロメがいた。この婦人たちは、イエスがガリラヤにおられたとき、イエスに従って来て世話をしていた人々である。なおそのほかにも、イエスと共にエルサレムへ上って来た婦人たちが大勢いた」（マルコ一五・四〇―四一）。そしてこの彼女たちに復活の主が最初に現れた。こうして十字架の死に最後まで立ち会った女たちが、復活の命の最初の証人となったのである。

主イエスはまた律法で関わりを持つことを禁じられた女性たちとも積極的な関わりを持った。モーセの律法（レビ一五章）では不浄と見なされた長血を患う女との接触を拒まず、癒しを与える（マルコ五・二五―三四）。姦淫を犯した罪の女を立ち直らせる（ルカ七・三六―五〇、ヨハネ八・一―一一）。そして一八年間病の霊に取りつかれていた腰の曲がった女を癒し、彼女もまた「アブラハムの娘」（息子ではなく！）であると宣言したのである（ルカ一三・一六）。

c　ところで、この福音書の光景からすると、異邦人の地に建てられた初代教会の姿には、多少の違和感を覚えざるをえない。異邦人伝道の先導者パウロは、どういうわけか集会において女性に沈黙と服従を求めている。「ここであなたがたに知っておいてほしいのは、すべての男の頭はキリスト、女の頭は男、そしてキリストの頭は神であるということです。……女は男の栄光を映す者です。というのは、男が女から出て来たのではなく、女が男から出て来たのだし、男が女のために造られたのではなく、女が男のために造られたのだからです」（第一コリント一一・三―九）。「婦人たちは、教会では黙っていなさい。婦人たちには語ることが許されていませんん。律法も言っているように、婦人たちは従う者でありなさい」（同前一四・三四）。これでは、依然としてモーセの律法が支配するシナゴーグの状況とさほど変わらないのではないだろうか。

この点でジュウェットの考察は示唆深い。「キリスト教会が教えているように、もし啓示が歴史的なものだとしたら、その場合啓示とは、必ずしも完全に歴史や文化を超越しているものだということではない。むしろ啓示は歴史や文化を贖うものである。そしてこの贖いは一つのプロセスであり、しばしばゆっくりと漸進的になされる過程なのである」（Jewett, *op.cit.*, p.130）。確かに、使徒パウロに与えられた啓示的認識としてのマグナカルタ（大憲章）は、「そこではもはや、ユダヤ人もギリシア人もなく、奴隷も自由な身分の者もなく、男も女もありません。あなたがたは皆、キリスト・イエスにおいて一つだからです」（ガラテヤ三・二八）ということである。しかしかつてのラビとしてのパウロの中に、時折ユダヤ教の社会通念が顔を覗かせる。

パウロはコリントの集会にアドバイスを送る際に、主の指示を受けてはいないが、信仰者として自分の意見を述べることがある。「未婚の人たちについて、わたしは主の指示を受けてはいませんが、主の憐れみにより信任を得ている者として、意見を述べます」（第一コリント七・二五）。このような意見表明の一つとして先の勧めを読むこともできる。またそこには、礼拝の秩序を乱すコリントの女性たちの霊的熱狂主義をいさめる意味もあったと考えられる。

ところが、これとは違う振る舞いをしたのが、パウロのフィリピ伝道である。男性が皆無であるはずの女性たちの集会に赴き、女性の指導者リディアの求めに応じて彼女の家に泊まり、女性メンバーを中心とする教会を建てる。「安息日に町の門を出て、祈りの場所があると思われる川岸に行った。そして、わたしたちもそこに座って、集まっていた婦人たちに話をした。ティアティラ市出身の紫布を商う人で、神をあがめるリディアという婦人も話を聞いていたが、主が彼女の心を開かれたので、彼女はパウロの話を注意深く聞いた。そして、彼女も家族の者も洗礼を受けたが、そのとき、『私が主を信じる者だとお思いでしたら、どうぞ、私の家に来てお泊まりください』と言ってわたしたちを招待し、無理に承知させた」（使徒一六・一三―一五）。フィリピ教会に宛てた手紙では二人の女性エボディアとシンティケが「真実の協力者」と呼ばれている（フィリピ四・二）。

もしパウロという人物の中に、啓示が歴史や文化を変革していくプロセスを見て取ろうとするなら、このフィリピ教会とコリント教会の二つの事例を突き合わせてみればよい。コリント教会の事例がどちらかと言えばユダヤ教的背景を反映しているとすれば、フィリピ教会の事例はキリスト教的な展望をより鮮明に垣間見せるものとなっている。使徒パウロの異邦人伝道の旅は、同時にユダヤ教からキリスト教への彼自身の巡礼の旅でもあったのである（Jewett, *ibid.*, p.145）。

とはいえ、旧約聖書の中にも、すでに女性の賜物が神によって豊かに用いられている事例が散見される。女預言者たちは公衆の面前で神の言葉を執り成し語る。モーセの姉ミリアム（出エジプト一五・二〇）、士師時代のデボラ（士師記四・四）、ヨシヤ王時代のフルダ（列王記下二二・一四）など。いや、もっと注目すべきことには、「イエス・キリストの系図」がユダヤ的慣習に従って男系リストであるにもかかわらず、その中に遊女ラハブ、異邦の女ルツ、ウリヤの妻バトシェバ、そしてマリアにわざわざ言及して、紛れもなく彼女たちがメシア誕生の歴史を用意したメシアの民の重要な一員であったことを明示している点である（マタイ一・五、六、一六）。

そして新約の民としての教会の誕生は、息子も娘も預言するというヨエル預言の幕開けを告げる出来事なのである（ヨエル三・一、使徒二・一七）。実際教会の働きを支えてきたのは、数多くの女性たちの存在である。執事となったフィリポの家には「預言する四人の未婚の娘」（使徒二一・九）がいた。また先のフィリピ教会のみならず、ローマ教会でも、フェベ、プリスカ、ルフォスの母［主の十字架を背負わされたキレネ人シモンの妻］、ユリア、ネレウスの姉妹などの女性たちに宛てて、わざわざ使徒パウロの真心のこもった挨拶がしたためられている。当時女性がシナゴーグのメンバーとしては数えられていなかったユダヤ教と比べるなら（Jewett, *ibid.*, p.91）、それは顕著な違いである。「アブラハムの息子たち」のみならず「サラの娘たち」（第一ペトロ三・六）も、今や正真正銘神の家族の一員なのである。

三　結婚愛

「こういうわけで、男は父母を離れて女と結ばれ、二人は一体となる」（創世記二・二四）。

a　人間には被造物の限界内での自由が与えられている。しかしその自由とは、交わりの中での自由である。「神は、人間の存在がわれと汝の出会い、関係、共存の中での存在として成就されることを欲し給う。……神は人間を、『交わりの中での自由』へと、すなわち、その隣人との交わりの中での自由へと、呼び入れることの中で、神との契約の中にあるべしという人間の定めにおいて、［人間を］真剣に受けとり給う」（*KD* III/4, S.128. 邦訳版四頁）。そしてこの交わりの中での自由を最も具体的に表すものが結婚である。結婚において人間の共存性は共属性にまで具体化される。結婚は、一人の男性と一人の女性が人生にあって一つの時間を共に過ごし、一つの空間を共に分け合い、最も親密な意味で互いに人生の助け手となることを意味する。それは自分の中の一部しか提供しない部分的な交わりではなく、全面的な交わりであり、かりそめの試験的な交わりではなく、永続的で責任的な交わりであり、二人で共に一つの物語を紡ぎ出す共同制作の営みである。しかもそれは二人が結び合うまでのブライダル・ストーリーで終わるのではなく、むしろ二人で歩み出してから後の物語の展開をも含むポストブライダル・ストーリーなのである（拙著『大いなる物語の始まり』教文館、二〇〇一年、一三三頁）。

結婚生活において愛が本物であるかどうかの確証が求められる。結婚式で「健やかなる時も病める時も」と問われているように、それは人生の危急の場合を含んでいる。「仕事と心配、喜びと悲しみ、健康と病気、若くあることと年をとること、小さな、また大きな、内的な、また外的な、個人的な、また社会的な諸問題」（*KD* III/4, S.209. 邦訳版一三八頁）の渦巻くただ中で、一方に降りかかってきたことを他方が避けず、終始一貫二人で背負っていくということを意味する。それは「二四時間毎の、見通しのきかない多くの日、五二週毎の見通しのきかない多くの年の連続の中で」（*ibid.*）、ある時はまったく安泰した平凡さにおいて、またある時は非常に難儀する危機において、昼の生活も夜の生活も一緒に過ごすということを意味する。

確かに愛すること（diligere）は選ぶことである。何人も並べて、取っ替え引っ替え愛することは真剣な愛ではなく、実際には誰も愛してはいない。「ドン・ファンは愛の国での英雄ではなく、弱者である」（*KD* III/4, S.219. 邦訳版一五五頁）。したがって、結婚愛は一夫一婦制という形を取る。旧約から新約への歩みもそのような方向を示している。Ｅ・ブルンナーは言う。「すべての人間は解消できない仕方で、一人の夫と一人の妻の子供であり、すべての父は解消できない仕方でこの妻と共に、すべての妻は解消できない仕方でこの夫と共に、この子供の父および母である。このことで単なる生物学的な事実が意味されているのではない。人間的領域をおいてほかのところでは起こらないことが言われている。すなわち、一人の主体が……他の二つの主体［父と母］と結びついており、単に事実そうだというだけでなく、そのことを人間は知っているということである」（E. Brunner, *Das Gebot und die Ordnungen*, Zürich 1939, S.330）。

b　ところで重要なことは、「人間はこの領域においても神の誡めと直面させられている」（*KD* III/4, S.131. 邦訳版一〇頁）ということであり、「この領域においても主なきものではない」（*KD* III/4, S.132. 邦訳版一二頁）ということを、感謝をもって承認することである。「二人は一体となる」ということは性生活を含んでいる。しかしただそれだけが「一体」であることの定義ではない。人間が心と体と霊から成るように、男と女が一体となる結婚愛においても、全人格的な愛の一体ということでなければ、心はいつまでも満たされず、あのサマリアの女のように、汲んでも汲んでも穴の開いたバケツのように、満たされぬ虚脱感にさいなまれる（ヨハネ四・一七―一八）。「神の誡めはまたここでも、まさにここでこそ、人間全体を要求している」（*KD* III/4, S.143. 邦訳版三〇頁）。神の誡めなしにこの領域に臨む場合、しばしば人はデモーニックな衝動に駆られて人格破壊的になる。

したがって結婚の主要な目的は、単に性生活にあるわけではない。そしてまた、その帰結としての「産めよ、増えよ、地に満ちよ」という子孫繁栄の生殖活動にあるのでもない。むしろ共存・共在・共属性としての人間性の全人格的な確かめ合いにこそ、結婚愛の意義がある。

子供を産むための制度としての結婚は、新約によって乗り越えられている。「メシヤの出現以前に存在していた、子供を生まなければならないという救済史的な必然性は今や、終結したからである。聖なる家系は、〔究極的な〕子、み子、メシヤ、がアブラハムとダビデの末から生まれたことの中でその目標に到達した」（KD III/4, S.158. 邦訳版五四頁）。それ以降、神の民はこの御子を信じる信仰により、「血によってではなく、肉の欲によってではなく、人の欲によってでもなく、神によって生まれた」（ヨハネ一・一三）という仕方で共同体に加えられる。もはや出産は結婚の第一の目的ではなくなる。子供が与えられないことで苦しむことはもはや不要である。アブラハムの妻サライの苦悩は旧約ならではの苦悩である（創世記一六・一―二、五）。しかし新約のサライは、もっとたくさんの約束の子イサクたちを、自分もその一員である神の家族（教会）の中に見出すことができる。

そして結婚もまた男と女の交わりの第一の形態ではなくなる。「天の国のために結婚しない者もいる。これを受け入れることのできる人は受け入れなさい」（マタイ一九・一二）。「わたしとしては、皆がわたしのように独りでいてほしい。しかし、人はそれぞれ神から賜物をいただいているのですから、人によって生き方が違います」（第一コリント七・七）。もちろん、少子高齢化社会を肯定し後押しするような意味で聖書がこのことを語っているわけではない。子育てへと召命を受けた者は「産めよ、増えよ、地に満ちよ」との大いなる祝福命令のもとにある。その限りで一人でも多くのメシアの民を産み育てていく務めがある。しかしそれと並んで、人はより広い意味で社会の中で男性としてまた女性として、良い働きをすることができる。しかもその場合、男性であること、女性であることを定義するのは、因習的な社会的役割ではなく、あくまで当人の個性でなければならない。男性の中にも女性的な要素があり、女性の中にも男性的な要素がある。男らしさ、女らしさを個人に押しつける権利は、社会には与えられていない。社会的通念は時代的・場所的制約を持っているからである。社会的因習が律法となるのではなく、主によって贖われた自由な個人である男ないし女として、常に新たに自分ならではの個性を開拓してゆくべきなのである。「そこではもはや、……男も女もありません。あなたがたは皆、キリスト・イエスにおいて一つだからです」（ガラテヤ三・二八）。性的同一性障害もまた、抑圧された個人史からの解放が丁寧なセラピーを通してなされる可能性を排除しない限りにおいて（「同性愛を巡る組織神学者の見解」『紀要2号』東京神学大学総合研究所、一九九九年）、中間時の状況として受け入れる用意をもった社会的合意の形成が求められる。

c　確かに私たちの仲間には、結婚し、子供を産み育てることが、神からの召命である人がいる。この事実は重んじられなければならない。その場合もすべては自然の成り行きなのではなく、あくまで神の召命として受け止めなければならない。召命とは、妻に対する夫または夫に対する妻としての喜びの務め、そして子らの父または母としての喜びの務めへと、ほかならない創造者なる神によって呼び出されているということである。それぞれがこの神の呼び出しの前に繰り返し砕かれて立たなければ、憩いと安らぎの家庭が針のむしろに変貌する。もしそこにキリストが不在であるなら、カナの婚宴（ヨハネ二・三）はすぐにぶどう酒を欠くことになるだろう。それ故、結婚愛は十字架の愛としてのアガペーによって支えられなければ崩壊する。愛は結婚愛においてこそ、学ばれねばならない（『大いなる物語の始まり』前出一二七—一三三頁）。その愛の学びの中で、男と女は愛の霊性を身に着けるのである。「互いに忍び合い、責めるべきことがあっても、赦し合いなさい。主があなたがたを赦してくださったように、あなたがたも同じようにしなさい。これらすべてに加えて、愛を身に着けなさい。愛は、すべてを完成させるきずなです」（コロサイ三・一三—一四）。キリストの愛を身に着けることが、人間の霊性の完成となる。

キリストは言われた。「あなたは、兄弟の目にあるおが屑は見えるのに、なぜ自分の目の中の丸太に気づかないのか。兄弟に向かって、『あなたの目からおが屑を取らせてください』と、どうして言えようか。自分の目に丸太があるではないか。偽善者よ、まず自分の目から丸太を取り除け。そうすれば、はっきり見えるようになって、兄弟の目からおが屑を取り除くことができる。……だから、人にしてもらいたいと思うことは何でも、あなたがたも人にしなさい。これこそ律法と預言者である」（マタイ七・三―五、一二）。もしこれが愛の黄金律であるとしたら、その「兄弟」、「人」というところに、夫は「妻」の文字を、妻は「夫」の文字を入れ替えて読むべきである。

もしそこで愛せない自分がいることを見出すのであれば、事実上私たちは愛の敗残者であるが、その愛せない相手を神は愛し受け入れ、同様に、人を愛することに失敗しているこの私を、神は御子の故に愛し受け入れてくださっていることを知るべきである。そして人の愛の限界を超えた神の愛を身をもって知って、愛することのできる者へと変えていただくのである。なぜ正典の中に、雅歌と共にホセア書があるのか。愛せない者をなおも愛し抜く神の愛を知るためである。

四　偉大なる奥義

「『それゆえ、人は父と母を離れてその妻と結ばれ、二人は一体となる』。この神秘（μυστήριον mysterion）は偉大です。わたしは、キリストと教会について述べているのです」（エフェソ五・三一―三二）。

a　ホセア書には、愛せない者をなおも愛す神の堅忍不抜の愛が示されている。「まだ幼かったイスラエルをわたしは愛した。エジプトから彼を呼び出し、わが子とした。わたしが彼らを呼び出したのに、彼らはわたしから去って行き、バアルに犠牲をささげ、偶像に香をたいた。……ああ、エフライムよ、お前を見捨てることができようか。イスラエルよ、お前を引き渡すことができようか。……わたしは激しく心を動かされ、憐れみに胸を焼かれる」（ホセア一一・一―二、八）。「わたしは背く彼らをいやし、喜んで彼らを愛する。まことに、わたしの怒りは彼らを離れ去った。露のようにわたしはイスラエルに臨み、彼はゆりのように花咲き、レバノンの杉のように根を張る。……彼の求めにこたえ、彼を見守るのはわたしではないか。わたしは命に満ちた糸杉。あなたは、わたしによって実を結ぶ」（ホセア一四・五―六、九）。このように主なる神ヤハウェが背反のイスラエルをなおも愛し通されるという事態を愛と結婚のたとえを用いて語ったのは、特にホセアに限ったことではなく、エレミヤやエゼキエルにも見られることである（エレミヤ三・一―一三、エゼキエル一六・七―一九）。

男と女の愛と結婚の結びつきが、ヤハウェとその民イスラエルとの間の愛と交わりを表示するための比喩としるしとして用いられたということは、確かにどこか驚くべき「非常に顕著な事実」（*KD* III/1, S.361. 邦訳版五八〇頁）である。この旧約聖書の大胆さは雅歌が正典に取り入れられたことにも明らかである。「恋しいあの人はわたしのもの、わたしは恋しいあの人のもの、ゆりの中で群れを飼っているあの人のもの」（雅歌六・三）。これは、創世記二章で男が歓呼の声を上げた「ついに、これこそ」に対応する女の歓呼の声である（*KD* III/1, S.358. 邦訳版五七五頁）。そしてこの叙情的な詩句もイスラエルにおいては、ヤハウェによって愛されている民の光栄と喜びを表現するものとして受け止められたのである。

b　しかしもっと驚くべきことは、新約聖書の指示である。男と女の愛と結婚の関係は、今やキリストと教会の関係を表すものとして示される。それを聖書は奥義（mysterion）と呼ぶ。なぜ人間は男と女に創造され、一体となるように定められたのか。それは、キリストとその教会を理解するためである。ヤハウェとイスラエルの関係はその予型にすぎない。「なぜ、人間は、ただひとりでいるべきでないし、いることはできないし、いることはゆるされなかったのであろうか。なぜ彼は、女の中に、彼にふさわしい助け手をもつようにならなければならなかったのであろうか。なぜ彼の創造、彼自身が人間となるということは、女の創造でもって初めて完成されることができたのであろうか。それは、あの、より大きな脈絡の中で、こう答えられなければならない。人なるイエス、神の子にして人の子は、ただひとりでいるべきでなかったからであり、その方は彼に属する者たち、彼を信じる教会の中に、その向かい合う相手（Gegenüber）、彼の環境、彼の助け手、彼の奉仕者を持つべきだからである。それらの者なしではなく、それらの者と共に、彼は死人の中から最初に甦られた方であり、……彼自身が人間となることは、これらのほかの者たちが付け加わってくることでもって、それらの者が彼との交わりの中に取り上げられることでもって、初めて完成されたからである」（*KD* III/1, S.367. 邦訳版五九〇頁）。

さらにバルトは語る。「なぜ最初の人間は、あの深い眠りにうつされ、その間に、女が自分の起源をもったあの神の業が彼の身に起こらなければならなかったのか。それは、イエスの教会が彼の死の眠りの中に自分の起源をもつべきであり、彼の甦えりの中で、完成されて、彼の前に立つべきであったからである」（*KD*

III/1, S.367. 邦訳版五九一頁）。「なぜ女は男からとられ……そのあばら骨で『造られ』なければならなかったのか。それは、イエスの死が、その教会に対し身を犠牲として捧げることであったからである。イエスの教会は、イエスが死の傷をご自分におわせ、ご自身の生命の要素を奪い取らせ……教会が、彼に属するものから、本質と現実存在を得るようにと、造られることによって、生じるのである。そして彼は、それの代りに、教会の肉を受け取り給う。彼は教会の弱さをご自身のものとされ、教会の弱さをご自分のからだの一要素となし給う」（*KD* III/1, S.368. 邦訳版五九一頁）。

私たちはまさにここに男と女の創造に秘められた深い奥義を見る。教会はキリストの花嫁である。「イエス・キリストご自身は、その教会以外に、いかなるそのほかの愛されたもの、花嫁、妻を、いかなるそのほかの家族、そのほかの家庭生活を、持ち給わなかった」（*KD* III/4, S.159. 邦訳版五五頁）。そして花嫁は、五人の愚かなおとめたちにならず、いつも信仰の油を用意して花婿の到着を待つべきなのである（マタイ二五・一―一三）。教会において女性の従順と服従が強調されてきたとすれば（第一コリント一四・三四、コロサイ三・一八、エフェソ五・二二、二四、第一テモテ二・一一、テトス二・五、第一ペトロ三・一）、それは信仰の従順の意味においてであり、女性こそキリストの花嫁としての教会のあり方を最も明確に代表し象徴するものとして解釈すべきなのである。

幕間のインテルメッツォ（間奏曲）

一五一　コペンハーゲンに生まれたキルケゴールは、有り体の言い方をすれば、人一倍感受性の鋭い人間で、誰よりも辛辣に物事の本質を見抜く類いまれな才覚を持っていた。その矛先が自分に向けられた時、そこに生じるのは憂鬱という気分である。

一五二　もちろん彼にも時折、屈託のない青春の光が差し込む瞬間があった。そんな折り、彼は一人の少女を見初めた。まだ何も知らない一五歳のレギーネ・オルセンは、三年後に婚約した。しかし一瞬キルケゴールに射しかけた光は、憂鬱の厚い雲によって遮られてしまった。婚約を破棄されたレギーネには、何が何だか分からなかったことだろう。

一五三　彼を覆う密雲の中から数々の名著が生まれた。『不安の概念』、そして『死に至る病』……。彼は自分を振り返る。「詩人とは何か。深い苦悩を心に秘めながら、唇のでき具合のために、嘆息や悲鳴が唇から流れ出ると、美しい音楽のように聞こえる不幸な人間である」。

一五四　レギーネはやがて性格の明るい実業肌の人と結婚したので、幸福な人間になれたのだと思う。その後キルケゴールの舌鋒は鋭くなるばかりで、眠りこけたキリスト教会を目覚めさせようと論陣を張ったため、ますます疎まれた。

一五五　晩年の彼は自分を「雨の予言者と称される鳥」と呼んだ。この鳥はいち早く雷雲の発生を告げる。そういう鳥がいつの時代にも必要で、憂鬱の故に結果として自分がそうなったことは「やはり私にとって幸福である」と日誌に書いた。

あとがき的命題集

命題二三二　男であること、そして女であること、それは、人間がこの世界で生きてゆくために定められた創造者なる神の意志である。生命の誕生がひとえに神の恵みであることの証人となるように、人間は招かれている。

命題二三三　人間は孤独な存在として造られたのではなく、神の御前で助け合って共に生きるべき存在である。人間は、ご自身のうちに自由なる交わりを持つ父・子・聖霊なる神にかたどって造られたからである。

命題二三四　イスラエルもまた男性中心の父権制社会であったが、主イエスの宣教活動には最初から多くの女性たちが随行していた。十字架の死を見届け、復活の最初の証人となったのも女性たちである。パウロの中にはユダヤ教（律法）からキリスト教（福音）への移行段階が見られる。そのようにして啓示は、歴史と文化のただ中に入り込み、それを変革する。

命題二三五　結婚は、自分の中の一部しか提供しない部分的な交わりではなく、全面的な交わりであり、かりそめの試験的な交わりではなく、永続的で責任的な交わりである。それは、二人で共に一つの物語を紡ぎ出す共同制作の営みである。

命題二三六　結婚の主要な目的は、単に性生活にあるわけではなく、子孫繁栄の生殖活動にあるのでもない。むしろ共存・共在・共属性としての人間性の全人格的な確かめ合いにこそ、結婚愛の意義がある。

命題二三七　人はより広い意味で、社会の中で男性としてまた女性として、良い働きをすることができる。しかもその場合、男性であること、女性であることを定義するのは、因習的な社会的役割ではなく、当人の個性でなければならない。

命題二三八　教会はキリストの花嫁である。そして花嫁は、五人の愚かなおとめたちにならず、いつも信仰の油を用意して花婿の到着を待つべきなのである（マタイ二五・一―一三）。

第一五章　空の鳥、野の花を見よ

一　虹の契約

「たった一茎のアルプスの小さな花が驚くほどいとおしく、そのようなものが、人間がそれに喜びを覚えることのできる何十万年も前からずっと、それこそ何十億倍もたくさん咲き誇っているのだという考えに心動かされた時、人は純朴な気持ちになって微笑むことだろう」（G. Ebeling, *Dogmatik des christlichen Glaubens* Bd.I, Tübingen 1987, S.275）。

空に半円を描いて七色の虹がかかる。まるで天空と大地を結ぶように。古代人はそこに、天と地の架け橋を見た。イスラエルはさらに進んでそこに、神が大地を統治されることの象徴的なしるしを見る。これがいわゆるノアの契約である。洪水の後、神はノアとその一家を祝福された。そしてノアと後に続く子孫と契約を結ぶ。しかしそれは単に人間との契約に留まらない。「あなたたちと共にいるすべての生き物、またあなたたちと共にいる鳥や家畜や地のすべての獣など、箱舟から出たすべてのもののみならず、地のすべての獣と契約を立てる」（創世記九・一〇）。そして神は雲の中に虹を置いた。今や自然現象としての虹は、神と「大地の間に立てた契約のしるし」（九・一三）になる。確かにカルヴァンの言うように虹は「太陽光線の反射」にすぎない。虹が洪水の水を押しとどめるわけではない。しかし神の言葉が伴うことによって、「虹は今日も主がノアと立てたもうた契約を我々に証しするものであって、我々は虹を見るごとに神が洪水によって地を滅ぼしたもうことはないという約束を読み取る」（J. Calvin, *Inst.*, IV,14,18. 渡辺信夫改訳版三一八頁）。

そこに表現されているものは、明らかに神の関心がただ人間にだけ向けられているのではなく、すべての生き物に対してであるということである。神は地上にはびこる人間の悪にもかかわらず、世界全体を保持される。その際にノア契約は、人間と動植物とを連帯的な契約共同体にさせている。動植物を人間の目的のために度を超えて過剰に利用することは、もはや差し控えなければならない。人間が神との契約の中に置かれているのとちょうど同じように、それぞれの種が神との契約の中に置かれているからである（K. Koch, Gestaltet die Erde, doch heget das Leben!, in: hrsg. von H.-G. Geyer, *Wenn nicht jetzt, wann dann?*, Neukirchen-Vlyun 1983, S.36）。預言者ホセアはそれを神の「とこしえの契り」と見なす。「その日には、わたしは彼らのために、野の獣、空の鳥、土を這うものと契約を結ぶ。弓も剣も戦いもこの地から断ち、彼らを安らかに憩わせる」（ホセア二・二〇）。ドイツ語で虹（Regenbogen）は雨（Regen）の後の弓（Bogen）という言葉から成る。弓とは戦いの武器である。それが今や神によって和解と平和の象徴として用いられる（J. Ebach, Schöpfung in der hebräischen Bibel, in: G. Altner［Hrsg.］, *Ökologische Theologie*, Stuttgart 1989, S.117）。しかしそれはすでにヘブライ語においてもそうだった。この虹という言葉によって「神は世界に対し、彼の弓を放棄したことを宣言した」（フォン・ラート『ＡＴＤ旧約聖書註解（１）創世記』山我哲雄訳、ＡＴＤ・ＮＴＤ聖書註解刊行会、一九九三年、二一八頁）のである。

主イエスは荒れ野の誘惑においても動物と共にいる。「イエスは四十日間そこにとどまり、サタンから誘惑を受けられた。その間、野獣と一緒におられたが、天使たちが仕えていた」（マルコ一・一三）。そして主は丘の上で語る。「空の鳥をよく見なさい。種も蒔かず、刈り入れもせず、倉に納めもしない。だが、あなたがたの天の父は鳥を養ってくださる。……野の花がどのように育つのか、注意して見なさい。働きもせず、紡ぎもしない。しかし、言っておく。栄華を極めたソロモンでさえ、この花の一つほどにも着飾ってはいなかった」（マタイ六・二六―二九）。主題は人間の思い煩いからの解放であるが、それを説明する手がかりとして空の鳥と野の花が引き合いに出されていることは意義深い。生命圏は全体として天の父の「保持（conservatio）」にすべてを負っているのである。

神の創造の業は人間中心的なものではない。そのことはすでに、神が天と地とそこに満ちるものすべての創造者であるという聖書の広大無辺とも言うべき見方において確認した（第九章）。ところが、近年生態系の危機が叫ばれ、その犯人としてユダヤ・キリスト教的な人間観が問題視されるようになった。すでに一九六七年にL・ホワイトはこう断言した。「キリスト教は最も人間中心主義的な宗教である。……キリスト教は、人が自分のために自然を搾取することが神の意志であると主張した」（『機械と神――生態学的危機の歴史的根源』青木靖三訳、みすず書房、一九九〇年、八七―八八頁）。一九七二年にK・アメリーがドイツ語で出版した本の題名は『摂理の終わり――キリスト教の仮借なき帰結』であった。確かにこれまでそのように聖書を読んでしまう危険がなかったわけではない。二つの特徴ある考え方がこの聖書のミスリーディング（誤読）を助長した。一つは、人間が神ノ像（imago Dei）を持っているという理解であり、もう一つは、人間に地ノ支配（dominium terrae）が委ねられているという理解である。神の像はすでに見たように（第一二章）、人間がそのような特権身分を実体のように所有しているわけではなく、あくまで愛と交わりを本質とする神の共存的あり方を反射する生き方が言われているのである。では、もう一つの地ノ支配という考えはどうなのだろうか。

二　神の僕としての人間

「主よ、人間とは何ものなのでしょう、あなたがこれに親しまれるとは。人の子とは何ものなのでしょう、あなたが思いやってくださるとは。人間は息にも似たもの、彼の日々は消え去る影」（詩編一四四・三―四）。

「あなたの天を、あなたの指の業を、わたしは仰ぎます。月も、星も、あなたが配置なさったもの。そのあなたが御心に留めてくださるとは、人間は何ものなのでしょう。人の子は何ものなのでしょう、あなたが顧みてくださるとは。神に僅かに劣るものとして人を造り、なお、栄光と威光を冠としていただかせ、御手によって造られたものをすべて治めるように、その足もとに置かれました。羊も牛も、野の獣も、空の鳥、海の魚、海路を渡るものも」（詩編八・四―九）。

「地を従わせよ。……支配せよ」（創世記一・二八）。この従わせる（כָּבַשׁ kabash）という言葉の第一の意味は、荒れた土地を開墾し耕作し管理して、安らいで住める場所にするという意味合いがある。祭司資料（P典）がバビロン捕囚期に成立したとすれば、その周囲にあった考え方は、人間が神々の奴隷として地を耕し、神々に安息してもらうという異教的な考えであった。しかし契約神との出会いは捕囚のイスラエルに画期的な意識の変革をもたらした。そこには、もはや奴隷としてではなく、神のパートナーとして土地を耕し、人の住めるものとするという解放感があった（K. Koch, *op.cit.*, S.30）。

また「支配する（רדה radah）」という言葉には、イスラエルの王的統治のイメージがある。確かにそこには地を踏みならすという勇ましいイメージがある。「鎌を入れよ、刈り入れの時は熟した。来て［ぶどうの実を］踏みつぶせ」（ヨエル四・一三）。しかし本来の良き王的統治とは弱者への配慮と気遣いに表れる。同じ言葉が使われている詩編にこうある。「王が民を、この貧しい人々を治め、乏しい人の子らを救い、虐げる者を砕きますように。……王が海から海まで、大河から地の果てまで、支配しますように。……王が助けを求めて叫ぶ乏しい人を、助けるものもない貧しい人を救いますように。弱い人、乏しい人を憐れみ、乏しい人の命を救い、不法に虐げる者から彼らの命を贖いますように」（詩編七二・四、八、一二―一四。Vgl. K. Koch, *op.cit.*, S.34）。この王的統治の理想像はダビデ王の姿に重ねられる。その意味でイスラエルにおける良き王の統治の理想とは、羊飼いによるねんごろな羊の管理と世話であった（J. Barr, Man and Nature, *BJRL* 55, 1972, pp.1–28）。「わたしは良い牧草地で彼らを養う。……わたしは失われたものを尋ね求め、追われたものを連れ戻し、傷ついたものを包み、弱ったものを強くする」（エゼキエル三四・一四、一六）。

それ故、神の像である人間は神のあり方を映し返すことで本来の人間の品位を保持する。すなわち、他の被造物に対して良き王もしくは良き羊飼いとなることが人間の務めなのである。それは第二の創造物語であるJ典に合致する。「主なる神は人を連れて来て、エデンの園に住まわせ、人がそこを耕し、守るようにされた」（創世記二・一五）。人間は神の喜びの園の番人であり、その管理と世話をするスチュワード（世話役、管理人）である。

したがって問題は、聖書を自分勝手に読み、人間中心的な行為を正当化する人間の態度とその文明のあり方にある。「今は、人間が人間を支配して苦しみをもたらすような時だ」（コヘレト八・九）。この言葉を私たちの仲間の動植物との関連でさらに真剣に受け止めるならば、「今は、人間が被造物を支配して苦しみをもたらすような時」なのである。それは、人間が神の像をはき違えて、まるで人間が神に代わって被造世界を支配し統治しているかのような錯覚に陥っていることを意味する。そうならないためにも、神の「像」としての人間は、特に被造物の間で、神の「僕」すなわちサーヴァントであるというように自己認識を改めなければならない。そして僕にとっての主、すなわち聖書の神は、イエス・キリストにおいて進んで僕となられたお方なのである。「僕になりなさい。人の子は仕えられるためではなく仕えるために……来た」（マルコ一〇・四四―四五）。

【ノート143】エコロジーと大地の神学

聖書を人間中心的世界観の温床だと非難して、エコロジカルな神学を企てる場合、多くは自然ないし生命至上主義へと向かう。しかし、それもまた聖書的な語りの的を外している。聖書が明確にしていることは、自然も生命も人間も、すべて万物は創造者なる神の御手の中に置かれており、神への感謝を生きるべきだということであり、神中心主義に立つものである。バルトが言うように、聖書はあえて人間中心的に語ることをしないでいる。それは、人間が創造者なる神を誉め讃えるためにこそ、特別な存在として造られているからである（*KD* III/1, S.21-22. 邦訳版三六―三七頁）。

エコロジカルな危機意識のもとで、意欲的な解釈の組み替えを試みている神学者の一人にS・マクファーグがいる。彼女は、聖書が肉体という概念を重要視していることに注目する。そして「言葉が肉となった」というメッセージを、単にナザレのイエスにだけ制限すべきではないと考える。むしろそれはあらゆる肉体と物質の積極的評価を意味しており、私たちは「宇宙の体（the body of the universe）」について大胆に語るべきなのである（S. McFague, *The Body of God. An Ecological Theology*, Minneapolice 1993, p.131）。こうした見方はただちに神が万有の中にいると見る汎神論（Pantheism）につながるように思われる。しかし彼女はそれを警戒して、自分の試行するものは汎神論とは違い、万有が神の中にある万有在神論（Pan-en-theism）だとする。「汎神論は、神は必然的に全体として体になったと語る。……万有在神論は、神は体になったと主張するが、それは必然的でも全体としてでもない。むしろ神は、サクラメント的に体になったのである」（*ibid.*, p.149-150）。旧約聖書では、神の臨在が人間の言葉や行為、自然現象を通して媒介されている。新約聖書では特にナザレのイエスを媒介に神が現臨している。その場合、ナザレのイエスは、私たちが至るところに見出すものの範型（パラダイム）であり、神の体としての宇宙のサクラメントと見なすべきものなのである（*ibid.*, p.162）。

彼女によれば、宇宙の体である神は、体をもって苦しむすべてのものの痛みを自分のものとして感じ取る。「もし世界が神の体であるなら、世界に起こることは必ず神にも起こっている」（*ibid.*, p.176）。そして甦られたキリストは宇宙のキリストであり、ナザレのイエスの体から解き放たれたキリストは、あらゆる体の中に存在して範型的な力を及ぼし続けている（*ibid.*, p.179）。「宇宙的キリストというメタファーは、イエスの範型的なミニストリーが一―三〇年に限られてはおらず、また教会にも限定されず、……自然を通して私たちの手にすることのできるものとなる」（*ibid.*, p.182）。

このような主張をどう受け止めればよいであろうか。万有が神の御手の中にあるということは聖書的な思想である。しかしその場合には、第一に、創造者と被造物とが質的に区別されていること、第二に、イエス・キリストが単なる被造物の範型（模範）ではなく、被造物を代理する神であるということが明確にされなければならない。彼女の提案ではそれらが曖昧である。ナザレのイエスは単なる被造物の範型にすぎず、それ故、キリストは神的な体である自然のサクラメントだとされる。しかしそうなると、キリストが救済をもたらす贖い主であるという救済論は必要なくなるだろう。それでは何のために神の受肉が起こったのか、その救済論的な本当の理由が不明になる。マクファーグの受肉論は創造論の枠内だけで考えられ、しかも神の受肉が一般化されている。つまり、神の受肉は神の体（世界）化であり、体（世界）の神化である。もし実在のキリストが単なるパラダイムやサクラメントの一つとなるなら、キリストは記号、象徴、メタファー（比喩）でしかなくなる。世界を神の体として表象することは、太地母神神話や大地の女神ガイアの信仰の現代版に陥りやすい。同じようにエコロジーの神学を企てるモルトマンにもその危うさがある（『創造における神』沖野政弘訳、新教出版社、一九九一年、四三一頁以下）。それは聖書の創造信仰が最初から退けてきた異教の考えである（本書第二章）。エコロジカルな神学がそのようなものにならねばならない必然性はどこにもない。

三　被造物のうめきと宇宙の贖い

「信ずる者は、救済されていない世界のただ中で、救済された飛地に生きているのではない、むしろ、救済されない被造物の代弁者となるのである。何となれば、自由が近づいてくるに従って、鎖が痛みを覚え始めるからである。……まさに、信仰は、この世界から救い出そうとするゆえに、人間をいよいよ深く、うめいている被造物との連帯性の中へと、導き入れるのである」（J・モルトマン『神学の展望』喜田川信・蓮見和男訳、新教出版社、一九七一年、四〇頁）。

a　確かに私たちのまわりで、本来は健やかであるはずの自然が病んでおり、環境は汚染され、自然が崩壊の危機にさらされている。創造論はこの事実に目をつぶることができない。それは現代の文明先進国においてのみならず、規制のかからない発展途上国においてより顕著に見られる現象とさえ言いうる。ひと言で自然破壊といっても、人間にとって不可抗力としか言いようのない天変地異、いわゆる天災と、人間の怠慢や不注意、経済的利益優先の乱開発や搾取の結果生じた人災とは、一応区別されなければならない。人災としての自然破壊は、明らかに人間の自己中心的な逸脱から来ており、人間が神のスチュワードないし神のサーヴァントであることに失敗していることに起因する。天災の問題は、この世界がもはやエデンの園ではなく、まだ神の国ではないところから来ており、私たちの世界が救われなければならない救済待望的な状況にあることを指し示している。

その場合、被造物それ自体の堕罪について聖書はあからさまに語ってはいない。むしろ人間が創造主なる神を崇めず、本来のあるべき関係をことごとく転倒させ、歪めてしまっていることと無関係ではないことが示唆されている。創造物語は語る。「神はアダムに向かって言われた。『お前は女の声に従い、取って食べるなと命じた木から食べた。お前のゆえに、土は呪われるものとなった。お前は、生涯食べ物を得ようと苦しむ。お前に対して、土は茨とあざみを生えいでさせる。野の草を食べようとするお前に』」（創世記三・一七―一八）。ノアの洪水物語も洪水の原因を、「地上に人の悪が増し、常に悪いことばかり心に思い計っている」

（創世記六・五）点に求めている。そして預言者イザヤは語る。「地は乾き、衰え、世界は枯れ、衰える。地上の最も高貴な民も弱り果てる。地はそこに住む者のゆえに汚された。彼らが律法を犯し、掟を破り、永遠の契約を棄てたからだ」（イザヤ二四・四―五）。ホセアもまた言う。「主はこの国の住民を告発される。この国には、誠実さも慈しみも、神を知ることもないからだ。呪い、欺き、人殺し、盗み、姦淫がはびこり、流血に流血が続いている。それゆえ、この地は渇き、そこに住む者は皆、衰え果て、野の獣も空の鳥も海の魚まで一掃される」（ホセア四・一―三）。こうした見方は黙示思想の中にも散見される。「アダムがわたしの戒めを破ったとき、被造物が裁かれた」（Ⅳエズラ七・一一）。「わたしはわたしの世に思いを向けてみた。……しかし、そこに生まれてきた者たちのはかりごとのために、それは危険にさらされていた」（同九・二〇、さらに詳しくは、H. R. Balz, *Heilsvertrauen und Welterfahrung. Strukturen der paulinischen Eschatologie nach Römer 8,18–39*, München 1971, SS.41–49を参照）。

カルヴァンは、一方で神の造られた世界の美をたたえるのだが、他方で世界が混乱に陥っている現実を見抜いている。「『創造主が認められない所にある無秩序にまさって、途方もない無秩序が考えられるであろうか』。自然全体は人間の脱落によって無秩序のなかに引き込まれてしまっている。『アダムが脱落によって、自然の正しい秩序を破壊して以来、被造物は、罪のために従属している隷属状態のもとでうめき苦しんでいる』。『人間とほかの被造物とが、しばしば、欠乏のために苦しみ、死んだりすることが見出されるとしても、これは、罪人によって、自然の上に起こった変化に帰せられるべきである。神の原初の制定によって存在した美しい秩序は、我々の罪による脱落以来、しばしば、作用しなくなっている』。『我々は、罪によって天地を混乱に投げ入れた。……なぜなら、我々は、罪によって神を怒らせ、このようにして、自然の秩序を混乱させ、覆しているからである』」（T・F・トーランス『カルヴァンの人間論』前出七〇頁）。確かにバルトが言うように、罪に落ちた被造物や宇宙の堕罪について、聖書は明確には啓示していない。私たちは自分たち人間の堕罪という不可解な現実について、イエス・キリストの出来事から指し示されることを真剣に受け止めるほかはない（K. Barth, *KD* III/2, SS.164–167. 邦訳版二八三―二八八頁）。とはいえ、人間の嘆きと被造物のうめきはまったく無関係なのではなく、共に新しい天と地の到来を待ち望む希望において連帯しているのだということを知ることも大切である。

b　逆に言えば、聖書が明確に語っていることは、単に人間の贖いについてだけでなく、宇宙の贖い（the cosmic redemption）についてなのである。特にそれが示されるのが、世界の裁きと荒廃の危機を前にして、終末論的な未来のビジョンについて語る預言者たちの言葉においてである（C. Dempsey, *All Creation is Groaning*, Minnesota 1999, pp.269–277）。「狼は小羊と共に宿り、豹は子山羊と共に伏す。子牛は若獅子と共に育ち、小さい子供がそれらを導く。牛も熊も共に草をはみ、その子らは共に伏し、獅子も牛もひとしく干し草を食らう。乳飲み子は毒蛇の穴に戯れ、幼子は蝮の巣に手を入れる」（イザヤ一一・六―七、またイザヤ三〇・二三―二六、三五・四―九）。「その日には、わたしは彼らのために、野の獣、空の鳥、土を這うものと契約を結ぶ。弓も剣も戦いもこの地から絶ち、彼らを安らかに憩わせる」（ホセア二・二〇、また一四・五―七参照）。「大地よ、恐れるな、喜び躍れ。主は偉大な御業を成し遂げられた。野の獣よ、恐れるな。荒れ野の草地は緑となり、木は実を結び、いちじくとぶどうは豊かな実りをもたらす。シオンの子らよ。あなたたちの神なる主によって喜び躍れ。主はあなたたちを救うために、秋の雨を与えて豊かに降らせてくださる。元のように、秋の雨と春の雨をお与えになる。麦打ち場は穀物に満ち、搾り場は新しい酒と油に溢れる。わたしがお前たちに送った大軍、すなわち、かみ食らういなご、移住するいなご、若いいなご、食い荒らすいなごの、食い荒らした幾年もの損害をわたしは償う」(ヨエル二・二二―二五)。「見よ、新しいことをわたしは行う。今や、それは芽生えている。あなたたちはそれを悟らないのか。わたしは荒れ野に道を敷き、砂漠に大河を流れさせる。……野の獣、山犬や駝鳥もわたしをあがめる」(イザヤ四三・九、二〇、また四一・一八―二〇参照)。「見よ、わたしは新しい天と新しい地を創造する。……狼と小羊は共に草をはみ、獅子は牛のようにわらを食べ、蛇は塵を食べ物とし、わたしの聖なる山のどこにおいても、害することも滅ぼすこともない、と主は言われる」(イザヤ六五・一七、二五)。ノアの箱船にもノアの家族たちだけではなく、動物たちのつがいが乗せられ、洪水の後、再び「地に群がり、地上で子を産み、増えるように」(創世記八・一七)との祝福が語られたのである。

この意味で言えば、「神はイエス・キリストにあって、ご自身、被造物になり給うた」(K. Barth, *KD* III/1, S.380. 邦訳版八頁)ということが真剣に受け取られねばならない。神は単に人間になられたのではなく、被造物の仲間である人間となられたのである。それは、被造物の仲間を人間と共に救うためである。

c　しかし今はまだ終末論的完成はもたらされていない。創造から終末に至る間の時である。その中間時に何が求められるのであろうか。それは、中間時の倫理として、人間が神の保持の業に参与するということである。そこに神の園の番人、被造物の世話役、神のスチュワードでありサーヴァントである人間の役割がある。

そもそも人間に与えられた神の法(律法)は、決して人間中心的なものではない。「あなたは六日の間、あなたの仕事を行い、七日目には、仕事をやめねばならない。それは、あなたの牛やろばが休み、女奴隷の子や寄留者が元気を回復するためである」（出エジプト二三・一二）。「脱穀している牛に口籠《くつこ》を掛けてはならない」（申命記二五・四）。「七年目には全き安息を土地に与えねばならない。これは主のための安息である。畑に種を蒔いてはならない。ぶどう畑の手入れをしてはならない。五十年目はあなたたちのヨベルの年である。種蒔くことも、休閑中の畑に生じた穀物を収穫することも、手入れせずにおいたぶどう畑の実を集めることもしてはならない。」（レビ二五・四、一一）。人間には、共に住む動物と大地とを、神から委託されたものとして守ることが勧められている。大地を神の園として守ること、すなわち環境の保全は、神の摂理の働きである被造物の保持への参与なのである。

神学者P・ヘフナーは人間を「創造された共同クリエーター（created co-creator）」と呼ぶ（Cf. P. Hefner, *The Human Factor: Evolution, Culture and Religion*, Minneapolis 1993）。人間は神の継続する創造のプロセスの中で、神の目的に参与しつつ、自然のシステムを自由に開発できる存在である。しかし自由な開発とは言っても、人間はあくまで被造物にすぎないという制限はある。もし神への畏れがなくなると、「共同」という形容は有名無実になり、人間が神の代理人に成りすます危険が生じる。人間はあくまで神の「僕」であって、無制限に創造を行いうる自然の「主人」になってはならないし、そもそもそのようなものにはなりえないのである。

この中間時において人間はどのような態度を取るべきなのだろうか。C・サウスゲートは「倫理的ケノーシス」というあり方を提唱する。ケノーシスとは神学用語で、神の子であるキリストが愛の故に、あえて自らの利を捨てて人間となるまでにへりくだったあり方を指している。サウスゲートは、今こそ環境保全のために一人ひとりの人間に求められることは、この無反省な大量消費社会の風習に抗して、愛の故にまさにそのような謙遜と自己卑下を実践することだと考える。この倫理的ケノーシス（自己卑下）には三つの形態がある。それは野心のケノーシス、食欲のケノーシス、貪欲のケノーシスである（C. Southgate, *The groaning of creation: God, evolution, and the problem of evil*, Kentucky 2008, p.88ff.）。この提案は興味深い。だがそれがどれほど実践的になるかどうかは、私たちが自分の置かれた現状の危機をどこまで切実に受け止めているかどうかに懸かっている。環境保全論者J・パスモアは言う。「倫理とは人間がただ決断して持てばよいというものではない。……つまり『新しい倫理を必要とする』ということは、たとえば『新しい上着を必要とする』ということとは違うのである」（『自然に対する人間の責任』間瀬啓允訳、岩波書店、一九九八年、九五頁）。ただ上着を替えてみようという程度のことなら、そこから新しい倫理は生まれない。もしそうしなければ、自分たちが滅びるだろうという危機意識こそ、新しい環境倫理を要請する。私たちはそういう危機意識を共有した上で、回心し（すなわち人間から神へと方向を転換し）、野心と食欲と貪欲のケノーシス（自己卑下）を生の基本的態度にすべきなのである。

d　使徒パウロによれば、中間時に置かれた被造物は「苦しみ」の中にいる。しかしそれは、「将来わたしたちに現されるはずの栄光に比べると、取るに足りない」（ローマ八・一八）。だから被造物はその栄光を「切に待ち望んでいる」（八・一九）。被造物は「虚無に服している」（八・二〇）が、同時に希望も持っている。それは、「被造物も、いつか滅びへの隷属から解放されて、神の子供たちの栄光に輝く自由にあずかれる」（八・二一）という希望である。被造物は今「共にうめき、共に産みの苦しみを味わっている」（八・二二）のであるが、それはまさに救いに与るための産みの苦しみであり、人間はその産みの苦しみを共にしつつ、全被造物のために神の国の到来を祈り求めるのである。ここに本当の意味で、被造物と共なる、被造物のための、神のサーヴァントとしての人間の使命と責任がある。

なぜ人間にその務めが委ねられているのだろう。それは、人間だけが贖いを憧れる希望の根拠を知っているからである。先のローマ書八章で、使徒パウロは、現在被造物の置かれた状況を認識するに当たり、将来の栄光を「私は知っている（λογίζομαι logizomai）」（八・一八）、「私たちは知っている（οἴδαμεν oidamen）」（八・二二）という表現を用いている。それは、状況分析に基づく悲観主義に対する単なる負け惜しみではないし、空威張りの個人的見解でもない。あくまでそれは、被造物と共にうめいておられる聖霊の促しに基づく信仰的判断であり、しかもそのような認識に目覚めた共同体の知の中で与えられたものである。その根拠となっているのは、イエス・キリストの〈生と死、そして復活〉の歴史である。「パウロは、救いの確かさを、隠された世界の秩序ある構造から引き出すのではなく、信仰の理解に啓示されたキリストの出来事から引き出している」（E. Gräßer, Das Seufzen der Kreatur (Röm 8,19–22), in: *Jahrbuch für Biblische Theologie* Bd.5. Schöpfung und Neuschöpfung, Neukirchen-Vlyun 1990, S.98）。そこでのうめきは、絶望のため息ではなく、希望の憧憬であり、キリストの十字架と復活の出来事から世界を見る信仰の認識なのである（*ibid.*, S.101）。そして、そのような認識を与えるのは、人間を祈りへと駆り立てる聖霊の働きである。「同様に、〝霊〟も弱いわたしたちを助けてくださいます。わたしたちはどう祈るべきかを知りませんが、〝霊〟自らが、言葉に表せないうめきをもって執り成してくださるからです」（ローマ八・二六）。この意味で私たちはこう言うことができる。「自然の破壊は、それを形造り、愛しておられる神を損傷することになる。聖霊は、自然に寄り添って苦しみ、それを破壊する諸力に対して闘われる。……聖霊は私たちにエコロジカルな意識を呼び起こす。私たちは自然に依存しており、自然の秩序に属している」(Pinnock, *Flame of Love: A Theology of the Holy Spirit*, InterVarsity Press, 1996, p.77)。

神は聖霊の働きのもとで、被造物を保持されている。それは、最終的な世界の審判が起こるまで、キリストの救済があまねく広められるためである。「愛する人たち、このことだけは忘れないでほしい。主のもとでは、一日は千年のようで、千年は一日のようです。ある人たちは、遅いと考えているようですが、主は約束の実現を遅らせておられるのではありません。そうではなく、一人も滅びないで皆が悔い改めるようにと、あなたがたのために忍耐しておられるのです」(第二ペトロ三・八―九)。神はこの保持の業に人間を参与させようとしておられる。私たちはこの中間時にあって、この神からの委託を真剣に受け止めるべきである。古プロテスタント教義学によれば、この神の保持(conservatio)が神的摂理の第一の働きである。そして第二の働きとして考えられているものが神の同伴(concursus)である。人間の働きに神はいったいどのような仕方で伴われるのだろうか。果たして人間の自由と神の自由とは、どのようにして両立しうるのであろうか。

幕間のインテルメッツォ（間奏曲）

一五六　カール・バルトは歴《れっき》と知れた神学者である。ヒットラーへの敬礼を怠ったためにドイツのボン大学を追われたバルトは、バーゼル大学神学部教授として『教会教義学』の執筆に打ち込んだ。そのバルトはどうやらバーゼル動物園の常連だったらしい。

一五七　彼は『教会教義学』の「創造論」を書いている最中、執筆に疲れた時、よく動物園に足を運んだらしい。

一五八　想像するところ、おそらく、想像を絶した神の驚くべき創造の御業を、目の前の珍獣奇獣の姿の中に見てとって、ひどく驚き、あわて、そして感嘆しつつ、また書斎に戻って創造論を書き綴ったのではないかと思う。

一五九　けだし、神学徒の散歩コースに、否、必修コースに、断固、動物園周遊を入れるべし。すぐれた創造論を書くためには。

あとがき的命題集

命題二三九　洪水の後、神がすべての生き物と結ばれたノアの契約は、神の関心がただ人間にだけ向けられているのではないことを示している。動植物を人間の目的のために度を超えて過剰に利用することは、もはや差し控えられねばならない。

命題二四〇　「地を支配せよ」という言葉には、イスラエルの王的統治のイメージがある。良き王的統治とは弱者への配慮と気遣いに表れる。その理想像は良き羊飼いダビデ王である。神の「像」としての人間は、特に被造物の間で、神の「僕」すなわちサーヴァントなのである。

命題二四一　被造物それ自体の堕罪について聖書はあからさまに語ってはいない。むしろ人間が創造主なる神を崇めず、本来のあるべき関係をことごとく転倒させ、歪めてしまっていることと無関係ではないことが示唆されている。

命題二四二　聖書が明確に語っていることは、単に人間の贖いについてだけでなく、宇宙の贖い（the cosmic redemption）についてである。

命題二四三　神は聖霊の働きのもとで、被造物を保持されている。それは、最終的な世界の審判が起こるまで、キリストの救済があまねく広められるためである。そしてこの保持の業に神は人間を参与させようとしておられる。この中間時にあって私たちは、野心と食欲と貪欲のケノーシス（自己卑下）を生の基本的態度に据える。

第一六章　運命と摂理

一　偶然と必然

「マクベス　何だった、あの叫び声は?
シートン　お妃《きさき》が、王よ、亡くなられました。
マクベス　いずれは死ぬのだ、ただもう少し後にしておいてやりたかった、こういう知らせにふさわしい時もいずれは来ただろうに。明日、また明日、また明日と、小刻みに一日一日が過ぎ去って行き、定められた時の最後の一行にたどりつく。きのうという日々はいつも馬鹿どもに、塵泥《ちりひじ》の死への道を照らしてきただけだ。消えろ、消えろ、束の間のともし火! 人生はただ影法師の歩みだ。哀れな役者が短い持ち時間を舞台の上で派手に動いて声張り上げて、あとは誰ひとり知る者もない。それは……ただ一場《いちじょう》の物語りだ、あふれ返る雄叫びと狂乱、だが何の意味もありはせん」(シェイクスピア『マクベス』第五幕第五場、木下順二訳、岩波文庫、一九九七年、一三〇―一三一頁)。

シェイクスピアの悲劇には、しばしば運命の力に翻弄される哀れな人間の姿が描かれる。ギリシア悲劇の主題にも似て、まるで人生は一幕限りの役を演じる芝居の一コマにすぎないかのようである。森に囲まれたマクベスの居城に敵が攻め上る。敗北の危機が迫る。その折も折、城の中に女官たちの叫び声がこだまする。王妃が亡くなったのである。マクベスは驚かない。人間は誰でも死ぬものであり、それがいつ訪れようと人間の知ったことではない。所詮人間は舞台の上の役者でしかない。ここには見事に、運命にあやつられる人間の一度限りの生の空しさが表現されている。

イスラエルの文学も、個々人の思惑を越えた超越的力の所在について知っている。

「イスラエルの王［アハブ］は、ユダの王ヨシャファトと共にラモト・ギレアドに攻め上った。イスラエルの王はヨシャファトに、『わたしは変装して戦いに行きますが、あなたは御自分の服を着ていてください』と言い、イスラエルの王は変装して戦いに行った。アラムの王は配下の戦車隊の長三十二人に、『兵士や将軍には目もくれず、ただイスラエルの王をねらって戦え』と命じていた。戦車隊の長たちはヨシャファトを見たとき、『これこそイスラエルの王にちがいない』と言い、転じて彼に攻めかかろうとした。ヨシャファトは助けを求めて叫んだ。そこで戦車隊の長たちは、彼がイスラエルの王ではないと知り、追うのをやめて引き返した。ところが一人の兵が何気なく弓を引き、イスラエル王の鎧の胸当てと草摺りの間を射貫いた。……その日、戦いがますます激しくなったため、王はアラム軍を前にして戦車の中で支えられていたが、夕方になって息絶えた。傷口から血が戦車の床に流れ出ていた」（列王上二二・二九―三五）。

神をだまそうとしたアハブ王であったが、人間の企む悪は、人間を越える超越者の前に、その当然の報いを受けねばならない。

しかし、イスラエルの信仰的語りはそこで終わらない。時に神は人間の悪しき企みを善に変えることができる。それは、神の救いの計画と意志の遂行のためである。

ヨセフは兄たちの嫉みと恨みを買って、エジプトに売られてしまう。波瀾万丈の人生を送ったヨセフは、思わぬ結果王ファラオの恩顧を受け、エジプトの食料大臣にまで昇りつめる。その時パレスティナ一帯に飢饉が起こる。兄たちが食料を求めてエジプトにやって来る。初めは素性を明かさなかったヨセフであるが、宮中での面会の途中、いたたまれずに大声で泣き、ついに名を明かす。「私は兄さんたちが売り飛ばしたあの弟のヨセフです」。そして、辛酸をなめた半生を顧みながらこう語る。

「神がわたしをあなたたちより先にお遣わしになったのは、この国にあなたたちの残りの者を与え、あなたたちを生き永らえさせて、大いなる救いに至らせるためです。わたしをここへ遣わしたのは、あなたたちではなく、神です。神がわたしをファラオの顧問、宮廷全体の主、エジプト全国を治める者としてくださったのです」（創世記四五・七―八）。

さらに父ヤコブが亡くなった時、復讐を恐れる兄たちに向かって言う。

「あなたがたはわたしに悪をたくらみましたが、神はそれを善に変え、多くの民の命を救うために、今日のようにしてくださったのです」（創世記五〇・二〇）。

これが、聖書の物語る摂理の信仰である。神は人間が窮した時に、逃れの道を備えておいてくださる方である。息子イサクを捧げるように命じられるままモリアの山に登ったアブラハムは、すんでのところで御使いに止められる。

「アブラハムは目を凝らして見回した。すると、後ろの木の茂みに一匹の雄羊が角をとられていた。アブラハムは行ってその雄羊を捕まえ、息子の代わりに焼き尽くす献げ物としてささげた。アブラハムはその場所をヤーウェ・イルエ（主は備えてくださる）と名付けた。そこで、人々は今日でも『主の山に、備えあり（イエラエ）』と言っている」（創世記二二・一三―一四）。

摂理（pro-video 前もって見る）という言葉の元になった箇所である。しかし、そのような観点に立った時、人間にはどこまで自由があるのだろうか。結局人間は神の意志のままに舞台を動き回るマリオネットにすぎないのだろうか。

【ノート144】神の予定と摂理

予定（predestinatio）とは、創造の業に先立つ神の永遠のご決意に関わる事柄である。神の予定が被造物の創造を前提しているのではなく、むしろ被造物の創造の方が神の予定を前提している。それは、特に改革派教義学の歴史において「恵みの選び」として表現されてきたものであり、その対象は恵みの契約の相手としての人間である。内容的には人間の救いと滅びに関わるものであり、救済論との関わりにおいて論じることが適切である。しかし、外に向かっての業を基礎づける内なる神のご決意であるので、K・バルトのように神論の中で論じるべきだという主張もなされる。本書では〈救済への問い〉において取り上げる。

これに対して摂理（providentia）は被造物一般を対象としており、神の永遠の決意が実行された創造の業を前提としている。聖書的な摂理の考えは、ストア的な理性の合目的性や必然性を表す神的予見（pronoia）とは異なり、生ける人格的な神が被造物に対してなされる配慮から生じたものである。イサクを捧げるアブラハムに対してなされた神の配慮がその好例である。

このような聖書的な摂理の働きを論じるにあたり、プロテスタント正統主義の教義学は、神の保持（conservatio）、同伴（concursus）、統治（gubernatio）という三つの局面からその特徴を考察する慣例であった。K・バルトもこの古典的方法に従ったのであるが、その際彼は重大なキリスト論的修正を行った。まさにそれはプロテスタント正統主義の弱点を突く「徹底した修正（durchgehende Korrektur）」（*KD* III/3, xi）であった（C. Green, *Doxological Theology. Karl Barth on Divine Providence, Evil, and the Angels*, London 2011, p.10. ちなみに邦訳版では「至る所でなした訂正」［邦訳版五頁］となっているが、それではバルトの意は十分伝わらない。英訳も radical correction としている）。バルトにとって摂理とは、「神がイエス・キリストにおいて前もって見る」（C. Green, *ibid.*, p.30）ということなのである。本書もバルトの徹底した修正に従いつつ、保持（一五章）、同伴（一六章）、統治（一七章）という観点に重きを置いて論述している。

二　神の同伴

「神が働いておられるという考えは、現代において問題視されるようになってしまった。思うにこれには二つの理由がある。一つは、ふつう私たちは世界を自律的なものと見ているからである。世界の内部での自然の出来事は、まさにその自然的な原因に関して物理学の法則に従って完全に説明されうる［と考えられている］。……この意味で神が行為する余地はもはやない。……第二に、私たちはまた自分自身を（もちろん明らかにある程度制限付きではあるが）自由な行為主体として経験しているからである。……もし私たちが自由な行為主体であるなら、神の摂理と全能についての古典的な考えは疑問視されることになるだろう」（A. S. Jensen, *Divine Providence and Human Agency. Trinity, Creation and Freedom*, Surrey 2014, p.1）。

一方に人間の自由と主体性があり、他方に神の全能と摂理があって、互いに競い合っているとする。誰の目にもこれはゼロ＝サム・ゲームであるかのように見える。だが、神学的に見れば、それは明らかに間違いである。そのように対立的に見る見方は、神の存在が被造物の存在と同列にあるものと考える誤った見方から来る。神は被造物の存在の超越的根拠であり、人間の自由の起源そのものである（A. S. Jensen, *ibid.*, p.107）。

人間は自由なる神に対応し（かたどって）、自由なる存在として造られている。もちろんその自由は、無制限の恣意や絶対的自由を意味しない。神関係の中にある関係的な自由であり、神の前での責任ある自由である（T. Waap, *Gottebenbildlichkeit und Identität*, op.cit., S.547）。神は人間に、善悪を知る木の実を取って食べてはいけないと語りかけた。善悪は人間が自分の都合によって変えてよいものではなく、審判者としての神の知恵に属する。人間はこの神の知恵によって生きる自由へと呼び出されている。その場合の「取って食べるな」という語りかけは禁止命令であるが、決して食べることが物理的に不可能とされているわけではない（K. Barth, *KD* III/1, S.296. 吉永正義邦訳版四七七頁）。むしろそれは服従の決断への招きであり（*KD* III/1, S.300. 邦訳版四八三頁）、神の決断を人間が自分自身の決断の中で尊重し、そのことで自由なる服従を確証することが肝要なのである（*KD* III/1, S.302. 邦訳版四八五頁）。ここで人は問うかもしれない。いったいなぜ神の恵みは禁令を余計なものにしてしまうほどに強力なものではないのかと。バルトは答える。呼びかけは自由な服従を求める。もし神がイスラエルに自由な服従を要求していないとしたら、イスラエルを真剣にお取りになってはいないであろう（*KD* III/1, S.310. 邦訳版四九九頁）と。民数記に預言者バラムが、王バラクに雇われてイスラエルを呪わせようとする物語がある。預言者バラムは王バラクの要請にもかかわらず、イスラエルを呪わず、むしろ祝福した。バラムは王に言う。「たとえバラクが、家に満ちる金銀を贈ってくれても、主の言葉に逆らっては、善にしろ悪にしろ、わたしの心のままにすることはできません。わたしは、主が告げられることを告げるだけです」（民数記二四・一三）。主の言葉にそむくということは、善悪を自分の心（意志）に従ってなすということを意味する。まさにそのことが、ここで起こってはならないことなのである（*KD* III/1, S.328. 邦訳版五二六頁）。

伝統的な教義学が神ノ同伴（concursus Dei）という仕方で強調してきた摂理の第二の働きは、人間の自由を圧殺するものではない。自由なる愛を本質とする神は被造物なしに働くのではなく、被造物と共に働くことを欲しておられる（*KD* III/3, S.123. 邦訳版二〇九頁）。神の支配は被造物の働きの脅かしや抑圧ではない。むしろ神の支配と配慮こそが被造物の働きの基礎づけである（*KD* III/3, S.165, 168. 邦訳版二七七―二七八、二八二頁）。一七世紀のライデン大学神学部教授たちはこう言明する。「聖なる摂理のみ業は被造物の意志の自由を拒むなどということは全くせず、むしろ逆に被造物の意志の自由は神の摂理のみ業なしには全く存在しえないのである」（Leidener Synopse. Vgl. *KD* III/3, S.165. 邦訳版二七八頁。読みやすく平仮名に直した）。

神の自由は絶対であるが、人間には相対的、神関係的自由が与えられている（S. Grenz, *Theology for the Community of God*, Michigan 2000, p.155）。人間の原像であるイエスも自由な人間になられた。このまことの人間イエスの自由な意志は、神から自立する自由ではなく、父への服従の自由である。自己中心的な自由ではなく、「神に自己を開放することにおいてのみ成就しうる」神開放的な自由（W・パネンベルク『キリスト論要綱』麻生信吾・池永倫明訳、新教出版社、一九八二年、四三〇頁）であった。そして、救済への問いを先取りして言えば、人間の自由とは自分自身を神へと方向付ける自由であり、それは生来の中立的自由というよりは、キリストにより聖霊を通してはじめて実現する贖われた自由（W・パネンベルク『人間学――神学的考察』佐々木勝彦訳、教文館、二〇〇八年、一三二頁）であり、神の子らの「王的自由（königliche Freiheit, royal freedom）の秘義」（K. Barth, *KD* IV/3, S.809. *CD* IV/3, p.707）なのである。

【ノート145】人間の自由と神の自由

a　中世のトマス・アクィナスはアリストテレスに依りながら、神を第一原因（prima causa）と見なす。これに対して被造物は第二原因（prima secundae）としてのみ機能する。人間は神の第一原因に参与することを通して他の事物や運動の第二原因になる。この見方は、プロテスタントにおいても受け入れられている。たとえばウェストミンスター信仰告白五・二はこう述べる。「万物は、第一原因である神の、予知と聖定との関係では、不変的に、また無謬的に起こってくるが、しかし、同じ摂理によって神は、万物が、種々の第二原因の性質に従い、必然的に、あるいは自由に、もしくは偶然に、生起するように秩序づける」（松谷好明訳）。この第二原因に、被造物の制限された自由が属しており、その中には不可解な仕方での罪の可能性も数えられる。アダムは神に背くことをやめることもできたであろうし、ヨセフの兄たちはヨセフをエジプトに売ることを思いとどまることもできたであろう。しかし人間のこの偶然を神が許容する場合、それは結果として必然的なものになる。それはブレーメン一致協約六・三によれば、「絶対的な必然性」ではなく「帰結的な必然性」である（J・ロールス『改革教会信仰告白の神学』拙訳、一麦出版社、二〇〇〇年、一〇七頁）。神がヨセフの兄たちの悪だくみを結果として善に変えるということも、そのような事態を表しているのである。

第一原因としての神は、第二原因としての自然法則を通じて働くと考える立場もある。しかし、自然法則がただちに神の法則なのではない。K・バルトが言うように、被造物の法則はあくまで人間の認識の所産であり、神をその法則に従属させるわけにはいかない。時に神の意志は法則を越えて働くことを認めることが聖書の信仰である。奇跡や祈りの聞き届けについて聖書がくり返し語るのはそのためである。そして何よりも神の子の受肉の事実は、この神の自由に基づいているのである（*KD* III/3, S.146. 邦訳版二四六頁）。

b　K・バルトは、原因（causa）という概念が聖書の中にないにもかかわらず、この言葉を使うこと自体は誤謬とまでは言えないと判断する（*KD* III/3, S.111-112. 邦訳版一八九―一九〇頁）。ただし注意が必要である。第一に、神の摂理は機械的な因果法則における原因ではない。第二に、神と人間の働きは二つの並行事象の間の対等の関係ではない。第三にこの原因という概念が神と人間の働きをくくる公分母となってはならない。第四に、ここから哲学的な世界像を引き出すべきではない。むしろそれは聖霊なしには起こりえないという神学的な確信に基づくものである。第五に、何よりも同伴としての摂理は、イエス・キリストの父である方の働きであることをわきまえ知らなければならない。総じて神学的な概念としての原因（causa）は恵みの秘義に属する。第一原因はただ崇拝の中でだけ、第二原因はただ感謝の中でだけ、認識されることができる（*KD* III/3, S.120. 邦訳版二〇三頁）。この意味でバルトは、同伴という摂理の働きを説明するのに、誤解を生じやすいこの概念を用いるよりは、パートナーという言葉を用いる方がより適切であると見ている。人間は過分にも神の契約のパートナーに抜擢されているのであり、感謝と祈りと服従をもってこの抜擢に応えることが、人間に期待されているのである（C. Green, *ibid.*, p.67）。

神が恵みの契約の主として被造物に同伴されるということは、神が暴君としてではなく、被造物と一緒に働かれるということを意味する。バルトはこの「一緒に」ということが神人協力説的に響く恐れを感じつつも、あえてそう語るべきであると言う（*KD* III/3, S.104. 邦訳版一七七頁）。救済論の文脈ではなく摂理論の文脈においてであれば、そう語ることは許されるであろう。被造物は操り人形ではないし、単なる道具でも材料でもない。神は聖霊なる神として被造物に臨み、打ち倒さずに励まし起こし、束縛せずに解放しつつ働くのである（*KD* III/3, S.106. 邦訳版一八二―一八三頁）。

c　神的同伴（concursus divinus）を示す典拠として、先の本文のほか、以下のような箇所が挙げられうる。礼拝において繰り返し読まれ、讃美の心が育まれるべき御言葉の束である。旧約では、「主よ、あなたはわたしの神、わたしはあなたをあがめ、御名に感謝をささげます。あなたは驚くべき計画を成就された。遠い昔からの揺るぎない真実をもって」（イザヤ二五・一）。「主よ、平和をわたしたちにお授けください。わたしたちのすべての業を、成し遂げてくださるのはあなたです」（イザヤ二六・一二）。「主よ、わたしは知っています。人はその道を定めえず、歩みながら、足取りを確かめることもできません」（エレミヤ一〇・二三）。「主御自身が建ててくださるのでなければ、家を建てる人の労苦はむなしい。主御自身が守ってくださるのでなければ、町を守る人が目覚めているのもむなしい。朝早く起き、夜おそく休み、焦慮してパンを食べる人よ。それは、むなしいことではないか。主は愛する者に眠りをお与えになるのだから」（詩編一二七・一―二）。「天において、地において、海とすべての深淵において、主は何事をも御旨のままに行われる」（詩編一三五・六）。「人間の心は自分の道を計画する。主が一歩一歩を備えてくださる」（箴言一六・九）。「人間の前途がまっすぐなようでも、果ては死への道となることがある」（箴言一六・二五）。「くじは膝の上に投げるが、ふさわしい定めはすべて主から与えられる」（箴言一六・三三）。「人の心には多くの計らいがある。主の御旨のみが実現する」（箴言一九・二一）。「モルデカイは再びエステルに言い送った。『他のユダヤ人はどうであれ、自分は王宮にいて無事だと考えてはいけない。この時にあたってあなたが口を閉ざしているなら、ユダヤ人の解放と救済は他のところから起こり、あなた自身と父の家は滅ぼされるにちがいない。この時のためにこそ、あなたは王妃の位にまで達したのではないか』」（エステル四・一三―一四）。新約では、「あなたがたのうちだれが、思い悩んだからといって、寿命をわずかでも延ばすことができようか」（マタイ六・二七）。「二羽の雀が一アサリオンで売られているではないか。だが、その一羽さえ、あなたがたの父のお許しがなければ、地に落ちることはない」（マタイ一〇・二九）。「イエスはお答えになった。『わたしの父は今もなお働いておられる。だから、わたしも働くのだ』」（ヨハネ五・一七）。「わたしはぶどうの木、あなたがたはその枝である。人がわたしにつながっており、わたしもその人につながっていれば、その人は豊かに実を結ぶ。わたしを離れては、あなたがたは何もできないからである」（ヨハネ一五・五）。「神を愛する者たち、つまり、御計画に従って召された者たちには、万事が益となるように共に働くということを、わたしたちは知っています。」（ローマ八・二八）。「すべてのものは、神から出て、神によって保たれ、神に向かっているのです。栄光が神に永遠にありますように、アーメン」（ローマ一一・三六）。「働きにはいろいろありますが、すべての場合にすべてのことをなさるのは同じ神です。……これらすべてのことは、同じ唯一の〝霊〟の働きであって、〝霊〟は望むままに、それを一人一人に分け与えてくださるのです」（第一コリント一二・六、一一）。「もちろん、独りで何かできるなどと思う資格が、自分にあるということではありません。わたしたちの資格は神から与えられたものです」（第二コリント三・五）。「わたしたちはまた、神の協力者としてあなたがたに勧めます。神からいただいた恵みを無駄にしてはいけません」（第二コリント六・一）。「あなたがたの内に働いて、御心のままに望ませ、行わせておられるのは神であるからです」（フィリピ二・一三）。「わたしを強めてくださる方のお陰で、わたしにはすべてが可能です」（フィリピ四・一三）。「御子はすべてのものよりも先におられ、すべてのものは御子によって支えられています」（コロサイ一・一七）。

実は、新約に至って明確になるように、同伴としての神の摂理は、父・子・聖霊なる三位一体の神の働きとして見ることではじめて深く心に納得することのできる概念である。超越者なる神が御子を世に送り、聖霊の注ぎを通して世界に内在的に関わってくださる。この特にキリスト教的な神の認識なしに、摂理を説明することは不可能である。リヨンのエイレナイオスが語ったように、「『御子と聖霊は神の両手』（『異端反論』四・序・4、四・20・1、五・28・4、小高毅編『原典古代キリスト教思想史1　初期キリスト教思想家』鳥巣義文訳、教文館、一九九九年、一一一頁）であり、父なる神は御子と聖霊によって今も世界と関わっておられるのである。

三　不可解な現実と神のオイコノミア

「もし今日、我々が、天とか地に、人間に逆らうものを認めるとすれば、それは、神が被造物を軽視したもうていることを意味するのではなく、『神が始めに世界のなかに確立したもうた美しい秩序が、混とんのなかに投げ込まれている』ことを意味する。しかし、我々は、罪の無秩序とは別に、神の至高の意図を全く明確に理解しなければならない」（T・F・トーランス『カルヴァンの人間論』前出二七頁）。

a　ところで、神の創造された世界は「見よ、それは極めて良かった」（創世記一・三一）はずなのに、私たちの世界には苦しみや悲しみが満ちているのはなぜだろう。それは不可解としか言いようのない現実である。人間が犯す悪（罪）と人間が被る悪（禍《わざわい》）、そして命あるものの死。それらは創世記一章と二章の二つの創造物語には登場しない。それらが登場するのは創世記三章以降であり、そこに世界の苦しみと悲しみの起源がある。

バルトによれば、創造は神の選びの行為である。選ぶという行為の反対には、棄却と否があり、神の選ばないものがある。この神的否の遡及力の故に、被造世界は不可避的に非実在的なものと関わりを持たざるをえない（*KD* III/1, S.378. 邦訳版五頁）。神は選ばれる。それ故、選ばなかったものを拒否される。神は意志される。それ故、意志しないものを拒絶される。神は然りを語る。それ故、然りを語らなかったものには否を語る（*KD* III/3, S.405–406. 邦訳版一三九―一三一頁）。「虚無的なものとは、神によって選ばれておらず、意志されておらず、むしろ無視され、捨てられ、排除され、裁かれていることの中で、またそのような仕方で神を通してあるがゆえに、虚無的であり、その虚無性の中で実在である」（*KD* III/3, S.375. 邦訳版八一頁）。したがってこの虚無的なものは、第一の神の存在、第二の被造物の存在とは区別され、第三の不可解な仕方で、ただ「不可能な可能性」（*KD* III/3, S.405. 邦訳版一三〇頁）としてだけ存在する。悪の由来は伝統的な言い方にならえば、まさに「不可解な謎（mysterium iniquitatis）」（O. Weber, *Grundlagen der Dogmatik* Bd.I, Neukirchen-Vlyun 1983, S.542）にとどまるのである。聖書釈義のむずかしい箇所の一つ、「光を造り、闇を創造し、平和をもたらし、災いを創造する者。わたしが主、これらのことをするものである」（イザヤ四五・七）も、神が光あれを語ったことによって退けられた闇のことが言われているとすれば、神を悪の作者とする誤った理解を避けることができる。

人間は、神が選んだものを選ばず、神が退けたものを退けないという仕方で、まさにあってはならないものに手を伸ばすことによって、この不可解な現実を我が身に引き寄せる。それは、存在を破壊しようとする虚無的な力を我が身に引き寄せ、自分で自分の首を絞めるような愚かな行為である。今や人間が善き創造を虚無に奉仕させる。善き力は、苦しみ・裁き・無意味となる。「素朴さ・畏敬・感謝は、失われてしまった。それらの力は、どこまでもより以上のものを求めようとする人間の激しい欲望に拍車をかけ、それに満足を与えてもまた新たに拍車をかけるものとなる。それは、もっとも悪い神の模倣である」（*KD* IV/3, S.799. 邦訳版三三頁)。祝福のための手段が禍のための道具となる。バルトは、原子核研究から核兵器の製造にいたる近代物理学の歩みの中に、この愚かな人間の混乱を見ている。

しかし、それにもかかわらず、被造物は虚無的なものによって圧倒されてしまうことからは守られている。私たち自身が罪、悪、死というこの虚無的なものと対決し、これを克服することはできない。それを克服し、除去し、解決することは、ひとえに神御自身の事柄である（*KD* III/3, S.409. 邦訳版一三六頁)。人はここでも三位一体論的に考えなければならない。イエス・キリストを十字架につけたもの、そしてイエス・キリストが復活によって勝利を勝ち取ってくださったもの、そのものが、実在の虚無的なものである。人はそのものを、イエス・キリストからして、その誕生と死からして、その甦りからして見る。虚無的なものの認識根拠はイエス・キリストである（*KD* III/3, S.346. 邦訳版三五―三六頁)。もし人が本当に死に至る病いと取り組まなければならないなら、安易にモルヒネ注射で事を済ますわけにはゆかない。神がイエス・キリストと聖霊の力によって、虚無的なものを退けてくださるのだということを見てとらなければならない（*KD* III/3, S.400. 邦訳版一二〇頁)。

ところで、ここで留意すべき点は、被造世界には日の当たらない影の局面もあり、それとこの虚無的なものとは区別されなければならないということである。「神は天にいまし、あなたは地上にいる」（コヘレト五・一)。被造物は創造者ではないし、時間は永遠ではない。だから被造物にはおのずから限界がある。その被造物の制限されたあり方には、昼ばかりではなく夜も、上昇ばかりではなく下降も、喜びばかりではなく悲しみも、意向の実現や成功ばかりではなく計画の挫折や失敗もまた含まれている。その両者を混同することこそ、虚無的なものの思うつぼなのである（拙著『自然、歴史そして神義論』日本基督教団出版局、一九九一年、一七六―一八二頁）。

確かに被造物の影の局面が、神の退けたもう虚無的なものを私たちに想起させるということ、そして虚無的なものが被造物の影の局面に接しているということも事実である。しかし重要なことは、たとえ罪という人間の不可解な現実が生起したとしても、それによって神の創造の良き業が破壊され取り消されるわけではなく、神ご自身がその不可解な現実の危機から人間と被造物仲間とを救い出そうとする特別の歴史が始まっており、そこに神の同伴があるということ、そしてそれまで世界は神によって保持されているということを信じることなのである。「神はこのキリストを立て、その血によって信じる者のために罪を償う供え物となさいました。それは、今まで人が犯した罪を見逃して、神の義をお示しになるためです」（ローマ三・二五）。「ある人たちは、遅いと考えているようですが、主は約束の実現を遅らせておられるのではありません。そうではなく、一人も滅びないで皆が悔い改めるようにと、あなたがたのために忍耐しておられるのです」（第二ペトロ三・九）。だから私たちはこう言わなければならない。「神は、人間の自由なる決断によって、罪の力が被造世界に入り込んで来るほどに、ご自身を放棄される。神に対する被造物の離反と反抗の後でも、神はその忍耐（ローマ三・二五）において、被造物が相対的な自由の中で独自に活動することを許しておられる」（M. Plathow, *Das Problem des concursus divinus*, Göttingen 1976, S.186）。神は人間がその限られた自由の中で虚無的なものに手を伸ばす可能性を物理的には禁じられなかった。ただ自らの存在を不可能にしてしまうこの可能性を悲しみ、ぜひともそこから抜け出すように、今や御子と聖霊とを通して救済のオイコノミアを開始されたのである。

b　創造の根拠となった神の永遠の計画は、創造の業を阻む人間の反抗にもかかわらず貫かれてゆく。だから創造と摂理の計画は、同時に救いの計画をも含んでいる。創造についての一般的ナ聖定（decretum generale）は救済についての特別ナ聖定（decretum speciale）を中心に据えている。「創造の歴史の流れの根底にあり、すべての出来事が秩序づけられる救いの決意ないし救いの計画は、今やイエス・キリストにおいて啓示され、父の派遣に対する彼の従順において宣べ伝えられうるものとなる」（W. Pannenberg, *Systematische Theologie* Bd.II, Göttingen 1991, S.21）。そしてまさにこの「すべてのものをお造りになった神の内に世の初めから隠されていた秘められた計画」（エフェソ三・九）を全世界に告げ知らせるため、歴史のただ中に物語る教会《エクレシア・ナランス》が建てられているのである（エフェソ三・一〇）。

聖書の創造と摂理を信じる信仰は、神の秘められた計画が実現してゆく歴史（神のオイコノミア）を信じる信仰でもある。「秘められた計画（τὸ μυστήριον）が啓示によってわたしに知らされました。……すべてのものをお造りになった神の内に世の初めから隠されていた秘められた計画が、どのように実現されるのか（τίς ἡ οἰκονομία τοῦ μυστηρίου what is the administration of the mystery）を、すべての人々に説き明かしています」（エフェソ三・三―九）。オイコノミアとは、オイコス（家）とノミア（統治）から成る。そこから家政の管理、もしくは経済（economics）という意味が生じる。滅びの歴史のただ中に、救いの歴史（神のオイコノミア）が興された。摂理論の文脈からすると、この救済史を担う担い手の問いが決定的に重要になる。今や神の救済史は明確に教会によって担われる。洗礼を受けて聖餐を祝う私たち一人ひとりの存在が、すなわち神の救済史である。「こうして、いろいろの働きをする神の知恵は、今や教会によって、天上の支配や権威に知らされるようになったのですが、これは、神がわたしたちの主キリスト・イエスによって実現された永遠の計画に沿うものです」（エフェソ三・一〇―一一）。

こうして「創造の歴史の視点は、救いの歴史の視点からして、その光を受ける」（*KD* III/3, S.46. 邦訳版七七頁）。神がイエス・キリストにおいて被造物となることによって、被造物は虚無と混沌から守られ、保持されている。まさしく被造物の保持（conservatio）は救済（servatio）の光の中に立っている（*KD* III/3, S.90. 邦訳版一五一頁）。そして御子において実現し、聖霊によって私たちの現実となる「インマヌエル［神、我らと共にいます］」こそ、摂理の信仰の根源語（Grundwort）である」（C. Green, *ibid.*, p.46）。

四　人間の混乱と神の摂理

「スイスは人間ノ混乱ト神ノ摂理（hominum confusione et providentia Dei）によって統治される」（スイス人神学者K・バルトが一九四一年八月一日、スイス連邦六五〇年記念日に講演した題で、三〇年戦争たけなわの一七世紀頃に成立したと言われることわざ。『カール・バルト著作集6』新教出版社、一九六九年参照）。

ナチスによるユダヤ人迫害、戦争の残虐さ、人間の愚かさの渦中にあって、バルトは「人間ノ混乱」をよく知っている。しかし彼はまたそれが、決して歴史の結論ではないことをも知っている。だから大戦後の一九四八年、アムステルダムで開かれたＷＣＣ創立総会で、「神の摂理的統治に懸けるよりも、人間の英知による新秩序に懸ける方が現実的ではないか」という雰囲気が色濃く漂う中、あえてバルトは発言する。「キリスト教的マーシャル・プランのようなものは存在しない」と。それではまるで神様は死んでしまったかのように振る舞うことになるだろう。むしろ私たちは、この世にキリストの体が存在していることに希望を見出すべきではないのか。キリストの体とは、バルトによれば、自分の信頼と希望をキリストの十字架と復活に懸け、聖霊に懸け、再臨に懸ける者たちから成る不思議な集団である。そしてこの集団の中で「神ノ摂理」が初めて語られうるのである（「世界の無秩序と神の救済計画」『カール・バルト著作集3』井上良雄訳、新教出版社、一九九七年、一五八頁）。

人間が因果応報の見方で評価されるなら、「正しい者はいない。一人もいない」（ローマ三・一〇）が故に、救われる者は誰もいない。「ところが、今や」（ローマ三・二一）、この個々人に適用されるべき罪と罰の論理が新約の〈イエスの生と死、そして復活〉の歴史によって乗り越えられつつ、はじめて真の成就を見る。御子が人間の不義（罪）の支払う報酬を代わって引き受け、代わりに被造物が赦されて救われるという、福音としての神の義が啓示されたのである。

とはいえ、神のオイコノミアはふつうにはまったく見えない。それは、イエス・キリストの父なる神が聖霊を送って、救済の経綸を悟らせてくださるという仕方でのみ起こる。「神はこの恵みをわたしたちの上にあふれさせ、すべての知恵と理解とを与えて、秘められた計画をわたしたちに知らせてくださいました」（エフェソ一・八）。私たちはこの神の経綸（救済意志の遂行）の途上にいるのである。トンネルの出口ははるかかなたにあるように見える。トンネルの闇に閉じ込められた苦しみの渦中にあっては、摂理の光はなかなか見えない。だが今はそこへと向かう途上にいる。渦中と途上とでは大きな違いがある。

ではどうして渦中ではなく、途上だと言えるのだろうか。それは、イエス・キリストによって神のオイコノミアが出来事としてすでに起こったからである。私たちが信じ告白する使徒信条は三項目から成っている。

それぞれ父・子・聖霊の働きについての告白がなされる。その第一項（創造者なる父）は第二項（救済者なる御子）から切り離されてはならない。「父のほかに子を知る者はなく、子と、子が示そうと思う者のほかには、父を知る者はいません」（マタイ一一・二七）。第一項において、超越しておられる、それ故被造物には直接見えない父なる神を露わに指し示す方は、第二項の御子なる神である。「われわれがすべてのものの上に立ち給う全能の神について語る場合、〈神の全能という言葉において、この使徒信条の第二項が語っている現実以外のものを、決してどのような意味ででも理解せぬ〉ということを、われわれは要求されている」（K・バルト「教義学要綱」『カール・バルト著作集10』井上良雄訳、新教出版社、一九六八年、一五五頁）。

ハイデルベルク信仰問答第二六問は、「天地の造り主、全能の父なる神を信ず」とは何を意味するのかを問う。答えはこうである。「天と地と、その中にあるすべてのものを、無より造り、これを、その永遠のみむねと摂理によって、保ち、支配して下さる、われらの主イエス・キリストの永遠の父が、そのみ子キリストのゆえに、わたしの神またわたしの父にいますこと、その神に、わたしは、依り頼み、神が、からだと魂に必要なすべてのものを、備えて下さり、このなやみの多い世において、わたしにお与え下さる、そのような不幸さえも、わたしの益として下さることを、疑わないことであります」（竹森満佐一訳、新教出版社、一九六一年、傍点筆者）。

幕間のインテルメッツォ（間奏曲）

一六〇　時代を先鋭に意識した神学者モルトマンは言う。「キリスト教信仰が、聖書のきまり文句の単なる繰返しによる自己確認につきるものならば、それは不毛に終わる」（『神学の展望』前出三四―三五頁）と。

一六一　もし神学がいつまでも決まり文句をただ力を込めて繰り返しているのなら、そこから何が生じるのだろう。それは「外的には無視される危険、内的には意味喪失の危険」に陥ることである。

一六二　だから神学は「自己の円内での聖書の言葉の遊戯」に満足していてはいけない。なるほどそこまでは合点がゆく。ただし私たちはすぐに付け加えなければならない。円の外に出て新しい言葉を語り始めるにしても、それが聖書の言葉でなくなったら元も子もないと。神学の課題は、円の外で聖書の言葉を大胆に語り直すことにある。

あとがき的命題集

命題二四四　人間の企む悪は、人間を越える超越者の前に、その当然の報いを受けねばならない。しかし、神は人間の悪しき企みを善に変えることもできる。それは、神の救いの計画と意志の遂行のためである。

命題二四五　神は被造物の存在の超越的根拠であり、人間の自由の起源そのものであるので、神の自由と人間の自由は対立しない。人間は自由なる神に対応して、神の前で関係的な自由を生きる。

命題二四六　善悪を知る木の実を食べることは物理的に禁じられていない。呼びかけは服従の決断への招きである。

命題二四七　神の支配は被造物の働きの脅かしや抑圧ではない。むしろ神の支配と配慮こそが被造物の働きの基礎づけである。神の第一原因はただ崇拝の中でだけ、被造物の第二原因はただ感謝の中でだけ、認識されることができる。

命題二四八　神は選ばれる。それ故、選ばなかったものを拒否される。虚無的なものとは、神によって選ばれておらず、排除されている「不可能な可能性」である。そしてただ神のみがイエス・キリストと聖霊の力によって、虚無的なものを退けてくださる。

命題二四九　有限な被造世界には影の局面もある。影の局面を虚無的なものと混同してはならない。

命題二五〇　神ご自身が虚無的なものの不可解な現実から被造物を救い出そうとする特別の歴史が始まっている。この世界史の中心にある神のオイコノミア（救いの計画の実行）を全世界に告げ知らせるため、歴史のただ中に物語る教会《エクレシア・ナランス》が建てられている。神のオイコノミアはふつうには見えない。それは、イエス・キリストの父なる神が聖霊を送って、教会に救済の経綸を悟らせてくださるという仕方でのみ起こる。

第一七章　創造の目的

一　神の統治と主の祈り

「知っています。闇に住まう者たちを照らすために、あなたはやってくる方であることを。……光照らされた者たちは、隠され、神秘に包まれた神の深処を見、そこへと導かれる。暗い家にその手にランプをもって入っていく者のように、あるいは、光を手にした別の人に導かれて、家の中にあるものを見る者のように、そのように可知的な太陽の光輝ある光線で照らされた者は、他のすべての者には知られえないものを見、そして、すべてではないにしても、言葉で語りうるかぎりのことを、口にする」（新神学者シュメオン［九四九―一〇二二年］『讃歌』29、大森正樹『エネルゲイアと光の神学――グレゴリオス・パラマス研究』創文社、二〇〇〇年、三三九、三四一頁より）。

伝統的教義学が摂理の第三の特質として挙げるのは、神の統治（gubernatio）である。そしてこの関連で私たちは主の祈りを取り上げる。唐突に思うかもしれないが、実は、他ならない主の祈りを祈ることが、神のオイコノミアの完成へと進まれる主ご自身の職務に、私たちが参与することなのである。

新約へと受け継がれるイスラエルにおいて、ヤハウェによって油注がれた者、すなわちメシア＝キリストの務めには、祭司、王、預言者の三職があった。そしてキリスト者も、キリストの者である以上、光栄なことにこの三職に与ることへと招かれている。ではいったいキリスト者は日々の実践において何をなすべきなのだろう。まずそれぞれ与えられた賜物をもって社会の中で良き証しをし、キリストの証人として責任ある行動をすることとである。そしてその上で、祈り、特に主の祈りを祈る。それは神の摂理的働きへの参与なのである。「ただ祈ることにおいてのみ、キリスト者は、神の摂理を構成している世のためのイエス・キリストの執り成しに参与することができる」（C. Green, *op.cit.,* p.132. 本書三五七頁参照）。

復活の主が天に挙げられた光景をぼう然と見送った弟子たちに、御使いが言った。「ガリラヤの人たち、なぜ天を見上げて立っているのか」（使徒一・一一）。この言葉をバルトはこう解釈する。「啓示の時の終結は、幕が降りて見物がもう家に帰ってもいいというような芝居の終わりのことではない。……この地上においても、今や、一つの人間的な歴史として、弟子たちの一つの行動として、あの天の場所に対応する一つの地の場所が存在するという事実、イエス・キリストの甦えりの証人たちの存在と行動があるという事実は、ここで使徒たちの眼に示される事柄と、対応する」（「教義学要綱」前出一五六頁）。摂理論を執筆中のバルトは、求められて「主の祈り」についてフランスで講演した。「キリスト者が祈る時、キリスト者はすべての祈らない人の代理人である」（K・バルト『祈禱』小平尚道訳、日本基督教団出版部、一九五七年、三〇頁）。「神は私たちを招き、神の仕事に、教会の統治とこの世の統治にあずからせます。もし私たちが、〈御名の――御国の――み心の〉と祈りますならば、神の側に参加していることになります。神は、私たちを召し、神の摂理と神の働きに参加させます」（同前三七頁）。「主の祈りを祈る時、私たちは傍観者ではなく、祈りながら神としっかり結び、神の働きに結びつく。そして本当の意味での協力があります。ルターが言うように！」（同前四二頁）。主なき諸力のただ中で、キリストこそ世界の主であり王であるということを確信し、告げることができるのは、キリスト者しかいない。それはキリストの王的職務を告げ知らせる預言者的職務への参与である。だが、どうして私たちにうまく語りえよう。しかし、重要なことは、雄弁に語る前に、主が祈られた世界のための祈りを、主と共に祈ることである。教会は彼と共に祈る。教会は世のために、世に代わって祈る。その時、教会は先頭に立つキリストの後に続き、彼の預言者的職務を遂行しているのである（*KD* III/3, S.313-315. 吉永正義邦訳版五二一―五二五頁）。

それ故、私たちはキリストと共に、キリストの御名によって、世のために祈る。

①主なき諸力がせめぎ合い、神の御名が汚されているかに見えるこの世界のただ中で、あなたの御名が崇められますように。
②罪と悪と死が牛耳っているこの世界のただ中で、王の王としてのあなたの良きご支配が実現しますように。
③人間の混乱に満ちているこの世界のただ中で、天で行われるあなたの御心が地上で、そして私のまわりでも行われますように。
④どうか私たちが、あなたの御手から、生きるために必要なもののすべてを今日受け取り、日々感謝しつつ生きることができますように。
⑤どうか私たちが、十字架にかけられたキリストのみがもたらす罪の赦しの現実を本当に受け取り、それ

を兄弟姉妹と分かち合うことができますように。

⑥どうか私たちがひどい仕打ちに遭うことがないように、私たちを思いがけない悪しき力から守り、底なしの泥沼から救い出してください。

こうして「主」の祈りを祈る時、私たちは被造物に代わって神の摂理的統治を願い求める神の僕になる。なぜなら私たちは、この祈りを教えてくださった方こそ、世界を今統治し、やがて完成をもたらす方であるという確信を、世のいまだ知らない秘密の知として知っているからである。新神学者シュメオンが言ったように、私たちは「暗い家にその手にランプをもって入っていく者のように……光線で照らされた者は、他のすべての者には知られえないものを見、そして、すべてではないにしても、言葉で語りうるかぎりのことを、口にする」（前出）のである。

思い起こせば、すでに旧約において神の民とは神の預言者的職務に参与する神の僕だったのではないだろうか。「わたしの証人はあなたたち、わたしが選んだわたしの僕だ、と主は言われる。あなたたちはわたしを知り、信じ、理解するであろう。わたしこそ主、わたしの前に神は造られず、わたしの後にも存在しないことを」（イザヤ四三・一〇）。「恐れるな、おびえるな。既にわたしはあなたに聞かせ、告げてきたではないか。あなたたちはわたしの証人ではないか」（イザヤ四四・一―八）。

今やキリストの祈りを祈るキリスト者は、祈りつつ神の摂理的業に参与し協力する者となる。先に私たちが「第二の神」になることはありえないと言った（第一二章）。しかし、御心が地にも行われるように祈りつつ行動する時、あえて言えば、私たちは摂理において神の協力者になる。ルターは言う。「創造と維持は二つながら、私たち〈の寄与〉なしに〈私たちを〉造り維持したもうている神の、全能の力と恵みの意志とによって生じていることである。だが、神は、私たちなしには、私たちのうちに働きたまわない。……このようにして、神は私たちによって〈福音を〉宣べ伝え、貧しい者を憐れみ、苦しめる者を慰めたもうたのである」（M・ルター「奴隷的意志について」『ルター著作集第一集7』山内宣訳、聖文社、一九六六年、四一五頁）。救済に関して人間が神に協力することは何もない。しかし贖われた人間は、祈りつつ今ここで御心を行う者とされ、聖霊の力によって「神ノ協力者（cooperator Dei）」に抜擢される（C. Gremmels, *Der Gott der zweiten Schöpfung*, Stuttgart / Berlin / Köln / Mainz 1971, S.81）。私たちが神との契約に背を向けてしまったばかりに、同胞、寄留の民、そして被造物全体が、人間の不正義、貧困、戦争、自然破壊によって苦しんでいる。そうであれば人間はなおさら、神のオイコノミア（経綸）を祈り求めつつ、正義なき人間のエコノミックス（経済）至上主義に歯止めを掛けるべき園の番人となるべきなのである。

二　讃美する人間

「ぼくは、だれでしょう？　どうしてぼくはこの世界にはいってきたのでしょうか。……現実とよばれている大企業の一員にぼくはどのようにしてなったのでしょう？　なぜぼくはその一員でなければならないのでしょう？……責任のある支配人はだれなのでしょう？……責任をもつ支配人などいないのでしょうか」（S・キルケゴール「反復」『キルケゴール著作集5』前田敬作訳、白水社、一九六二年、三〇八―三〇九頁）。

結局のところ人生が無意味であるならば、苦難にもめげず確信を持って善く生きることは到底できない。そして「意味というものは、根本的にただ誰か、すなわち一人の主体が存在するところにのみ存在する」(J. Disse, Das anthropische Prinzip und die Sinnfrage, in: *Theologische Zeitschrift* Jg.69, He.1/2, 2013, S.71)。だから一般的な自然法則がある、あるいは漠然と運命が予感されるというだけでは、人生を耐える意味は生じない。そしてまた生の意味がただ人間の主体に依存している場合にも、それはまだ主観的な意味（思い込み）にすぎないことになる。もし客観的な意味が存在するとしたら、宇宙と人間を計画に従って創造した、人間には依存しない理性的な主体が存在していなければならない。それが聖書の啓示する創造と摂理の神である（J. Disse, *ibid.*, S.72）。

ではその方をどのように知るのだろうか。『啓示への問い』で明らかにしたように、それは神の言葉の出来事として起こる。私たちは物語る教会の中での聖書的語りに基づく説教によって、創造と摂理の神を知るのである。「神の言葉の助けを通して、世界創造における神の恩恵の明白な、しかし、無言のしるしは、神の声が地球のすみずみにまで行きわたるような仕方で、神の栄光を証示している。神の言葉なしには、世界における神の栄光のすばらしい表示も、人間には役立たないであろう。従って、人間の『特別の義務とは、神の言葉に耳を傾けることである』」（T・F・トーランス『カルヴァンの人間論』前出四三頁）。人間は、神の言葉を聞いて神を信じる特別な存在として造られている。「神がその被造物において栄光化され、神の被造物が神において至福になる」（神学者メンケンの言葉。『カール・バルト著作集13　十九世紀のプロテスタント神学下』安酸敏眞訳、新教出版社、二〇〇七年、一六三頁より引用）ためである。嘆き、祈り、讃美し、感謝する被造物、それが人間である。

「日よ、月よ、主を賛美せよ。輝く星よ、主を賛美せよ。……主の御名を賛美せよ。主は命じられ、すべてのものは創造された。……火よ、雹よ、雪よ、霧よ、御言葉を成し遂げる嵐よ、山々よ、すべての丘よ、実を結ぶ木よ、杉の林よ、……主の御名を賛美せよ」（詩編一四八・三、五、八―九、一三）。この意味で適切にもA・マクグラスは、詩編一九編についての一九世紀の自然の神学者G・M・ホプキンズの説教の一節を引用している。「天は神の栄光をたたえるが、それを知ってはいない。鳥たちは神に向かって歌い、雷鳴は神の恐ろしさを語り、獅子は神の強さのようであり、大海は神の偉大さのようであり、蜜は神の甘美さのようである。……それらは自分たちが何をしているのか知らないし、神を知らず、神を決して知ることはできない。……しかし、人間は神を知ることができ、神に栄光を帰するように意図することができる。そしてこれこそが、神に栄光を帰し、そうするように意図するために、人間が造られた理由なのである」（ホプキンズの説教より、A・マクグラス『「自然」を神学する』芦名定道他訳、教文館、二〇一一年、一八六頁から引用）。

宗教改革者ジャン・カルヴァンは、若い人々のための信仰教育のために、『ジュネーヴ教会信仰問答』を書いた。その冒頭で私たちにこう問いかける。「人生の主な目的は何ですか」（第一問）。それに対して問答書はこう答える。「神を知ることであります」と。更に重ねて問いかける。「どんな理由であなたはそう言うのですか」（第二問）。答えはこうである。「神は私たちの中で崇められるために私たちを造り、世に住まわせられたのです」。そしてそこに、「人間にとっての最上の幸福がありますか」。そう続けた上で、「どうしてそれが最上の幸福なのですか」（第四問）と問い、そして答える。「神を知ることがないなら、人間は野獣よりも不幸だからです」。人間がすぐれた知性を与えられているのは、まさにその知性を用いて神を讃美するためである。一連の問いの最後に、決定的な答えが与えられる。その確信を得るためには、御言葉を通して「神をイエス・キリストにおいて知ることです」（第一四問、『ジュネーヴ教会信仰問答』外山八郎訳、新教出版社、一九六三年、九―一二頁参照、引用は私訳）。

　コリントの教会で異言を語る者を使徒パウロはいさめた。「霊で祈り、理性でも祈ることにしましょう。霊で賛美し、理性でも賛美することにしましょう」（第一コリント一四・一五）。神の統治についてもまた同じことが言われねばならない。信仰の知解が神の摂理的統治を確信させる。そのような知解を与えられた者は、今生かされていることに、そして死に際して死を越える新しい生を与えられる確かな希望の故に、生の統治者に感謝せざるをえない。K・バルトは言う。「神の自由な愛からして、被造物は意味と必然性を持っており、神の意図、計画、秩序の担い手であるという賜物を受け取る。……被造物は、それが存在する時、ただ、感謝することができるだけであり、もしもそれが感謝しようとしないならば、自分の現実存在を忘れ去り、また否定しなければならないであろうということが言われなければならない。被造物の創造そのものは、被造物が感謝に満ちた本質として、また、感謝する現実存在へと創造されることである」（*KD* III/1, S.261. 邦訳版四二〇頁）。生きるべきか死ぬべきか（to be, or not to be）、それが問題である。感謝するかしないかは、この問いに答えることに等しい（C. Green, *op.cit.*, p.35）。

　人間は感謝（*εὐχαριστία* eucharistia）することによって、恵み（*χάρις* charis）の神に対応し、神の像として栄光を映し返すことができる。「神は、人間が善意と恩恵とを感謝して、神の栄光を崇拝するように人間を導くような仕方で、熟慮の上、この世界を創造したもうた。……もし人間が万物に対する神の恵み深い統治権に喜びと感謝をもって服従するならば、その時こそ、世界に対する人間の統治権は、人間なりに神の栄光を映し出す役割を果たすようになる」（トーランス『カルヴァンの人間論』前出二八頁）。まさしくE・ブルンナーが説教の一節で述べたように、人間は「さながらこだまのように神に愛を返す被造物」（『ブルンナー著作集第8巻、フラウミュンスター説教集Ⅱ』下村喜八訳、教文館、一九九六年、一一一頁）なのである。

【ノート146】人間原理（anthropic principle）

世界が神によって統治されているということを認識できるのは、知的存在者となっている人間だけである。逆に言えば、人間は神による世界統治を認識するために造られ、世界もまたそのような知的存在者を目指して造られているということになる。これはいわゆる「人間原理（anthropic principle）」と呼ばれる科学理論で、物理学者B・カーターによって導入され、J・バロウとF・ティプラーによって展開されたものである（B. Carter, Large Number Coincidences and the Anthropic Principle in Cosmology, in: *Confrontation of cosmological theories with observation data*, Krakow 1973. J. D. Barrow/F. J. Tipler, *The Anthropic Cosmological Principle*, Oxford, 1986）。「宇宙は人間の生命を産み出すことへと精妙に調整されている。そして宇宙の体系は人間の出現へと方向づけられている。……自然は動物〔の誕生〕をもって止まらなかった。宗教や哲学、芸術や音楽、文学や道徳の能力を持つ被造物を産み出すに至るまで進化したのである。意味や美、知性を求める被造物を産出するとは何と豊かな横溢だろう！……想像してみてほしい。〔人間は〕話し、象徴を用い、言語をあやつり、文章を書き、理性を行使できる被造物である。……それは、純然たる物質的なプロセスからは期待することの困難なものである。……宇宙は、それを創造したプロセスを理解できる被造物を産み出したのである」（Pinnock, FoL71）。

そこには、驚愕するほどわずかな確率で宇宙が成立した事実が認められる。「宇宙には四つの根本的な力が存在する。強い力、弱い力、電磁力、引力である。もし……私たちの宇宙においては10^{39}だけ電磁力より弱い引力が、ただ10^{33}しか弱くなかったとすれば、安定した星は生まれることができなかったであろう。しかし、宇宙において弱い化学的な要素が成立するためには、それが必要だったし、炭素、そして最終的には生命が誕生するためには、まさにそのような引力が必要だったのである」(J. Disse, *op.cit.*, S.74)。この天文学的数字が少しでも違っていれば、この惑星に生命は誕生せず、意識も知的な生物も誕生しなかった。こうして人間原理は、人間の創造へと向けてなされた宇宙の微調整(Feinabstimmung, fine-tuning)という考え方に至らざるをえない。生命、意識、理性は少なくとも、現在の宇宙の持つ自然法則の状態から生じた自然の帰結だということになる。自然法則は、生命の誕生が宇宙の発展の当然の帰結となるように、初めから仕組まれていたのである。「タンパク質の鎖にアミノ酸を加える場合、選択すべき二〇個の異なったアミノ酸がある。仮に一秒間に一〇億回の割合で、手当たり次第に鎖を組み立てるとしても、すべての可能な組合せを重ねるためには、宇宙の歴史の何倍もの時間がかかるであろう。これらの著作家［人間原理を肯定する科学者たち］は、相互作用するタンパク質の特定の一組を、偶然から造り出したいと望むことは、廃品置場において山のような金属部品をかき混ぜることで、完全な飛行機を造りたいと望むことに似ていると論ずる」(I・G・バーバー『科学が宗教と出会うとき』前出一七七―一七八頁)。

もちろん、果たしてこの微調整はたまたま起こったものなのか、それともある人格的な存在者の意図的な行為に帰されるものなのか、経験的な分析と観察がそれを完全に解明することはできない。神はあたかも指紋を残すように、経験的に証明できる痕跡を被造世界に残したわけではない(J. Disse, *op.cit.*, S.79)。しばしばID(Intelligent Designer)の考え方に表れるそのような単純な推論は、被造世界から直接神の統治を類推する越境の誤りを犯すことになる(J. Disse, *ibid.*, S.83)。

しかしそうではあるものの、宇宙の微調整を理性的に説明しようとする試みがまったく無意味だというわけではない。その説明は決して強制的なものではないが、神信仰を支持し、宇宙をよりよく理解させるものとして位置づけることはできる（J. Disse, *ibid.*, S.85）。「微調整された宇宙は、客観的な意味というものを支持している。なぜなら、そのような宇宙は、ただ物理的な最初の状態に原因があるとされるよりは、おそらく神によってそのように誘因されたものと見られるからである。私たちの微調整された宇宙は、ひとたび神の仮説に賛同するならば、ただちに創造者によって授けられた客観的な意味を自ら証示していることが分かる。客観的な意味の重要な要素が、宇宙において生命、意識、理性を発生させるという点にある限り、そう言えるのである」（J. Disse, *ibid.*, S.99）。

三　讃美する共同体

「わたしたちではなく、主よ、わたしたちではなく、あなたの御名こそ、栄え輝きますように。あなたの慈しみとまことによって。天地の造り主、主が、あなたたちを祝福してくださるように。天は主のもの、地は人への賜物」（詩編一一五・一、一五―一六）。

「あなたがたはわたしの創造をとこしえに楽しみ、喜べ」（イザヤ六五・一八私訳）。

「人間の第一の、最高の目的は何ですか」。「人間の第一の、最高の目的は、神に栄光を帰し、永遠に神をかぎりなく喜びとすることです」（ウェストミンスター大教理問答第一問『改革派教会信仰告白集Ⅳ』松谷好明訳、二〇一二年、一麦出版社、二七九頁）。

a　科学者のE・O・ウィルソンはこう述べる。「人々の生活には、より大きい目的の一部だと見なすことができる、聖なる物語が必要である」。そして言う。「今日において、これらの機能は、進化論的叙事詩の詩的表現が、最も良く果たすことができる」（E・O・ウィルソン『知の挑戦——科学的知性と文化的知性の統合』山下篤子訳、角川書店、二〇〇二年。I・G・バーバー前掲書二四四頁参照）と。果たして本当にそうだろうか。それで十分なのだろうか。最もよく果たすことができるのは、本当のところ宗教的叙事詩ではないのか。無神論的な進化論の大いなる物語ではなく、空虚さに意味をもたらす聖書の大いなる物語こそ、壊れかけた現代世界の闇に向かって語りかける光の言語ではないだろうか。

混沌と闇の物語を克服するものがイスラエルの礼拝の中にある。旧約学者B・W・アンダーソンによれば、詩編二四編はヤハウェの入場のリタージーが背景にある。まずヤハウェが創造者であると宣言することによってリタージーは開始する。「地とそこに満ちるもの、世界とそこに住むものは、主のもの。主は、大海の上に地の基を置き、潮の流れの上に世界を築かれた」（詩編二四・一—二）。このように最初に置かれた創造の讃歌が礼拝への招きを構成する。「礼拝共同体は、地とそこに満ちる全ての被造物がただヤハウェにのみ属することを告白する。なぜならヤハウェは創造者であり王であるから、神の力は世界を支え、神の意図は存在に意味を与える」。ミルチャ・エリアーデが明らかにしているように、「宗教的共同体は、種々の方法で聖なる物語をもっており、それに参加する。しばしばこの物語は、象徴化されるか、あるいは儀礼の中で再現される」（B・W・アンダーソン『新しい創造の神学——創造信仰の再発見』高柳富夫訳、教文館、二〇〇一年、二八四頁）。そこにイスラエルの創造讃歌（詩編八、一九、九三、九五—九九、一〇四編）は礼拝にその生の座を持っている。

は、創造者の偉大なる業と、贈り物としての生命に対する驚きと感謝が表現されている。

そもそも人間は、驚き感謝し礼拝するように造られている。J・モルトマンは言う。「人間は神に対する被造物の賛美を表現できき表現するように定められている。人間は彼自身の賛美によって代理的に被造世界を弁護する。……ここに人間の使命の祭司的次元がある。……太陽も月も人間を通して創造者を賛美する。植物も動物も人間を通して創造者を崇拝する。だから、人間は創造の賛美の中で宇宙的典礼を歌う。宇宙は創造者の前で人間を通して永遠の創造の曲を歌う」（J・モルトマン『創造における神』前出一一四頁）。

こうした人間の祭司的使命は、すでにT・F・トーランスが、人間原理に基づく光栄ある人間の使命として、知的探求者である科学者に帰していた役割である。宇宙は客観的な知解可能性（その法則と秩序が知的人間に理解可能であるという性格）を備えている。とはいえ、宇宙それ自体は物言わぬ存在である。その宇宙の中に人間が置かれているということは、神が人間を通して宇宙それ自体に語らせようとしているということにほかならない。神は宇宙に、それ自体を越えて創造者へとたえず向かう指示を与える。この時科学者は、創造者としての神自身を指し示す「創造の祭司」となる（T・F・トーランス『科学としての神学の基礎』水垣渉・芦名定道訳、教文館、一九九〇年、一四六頁）。科学者の任務は、神の指によって書かれた自然の書物を解釈すること、宇宙を、その驚異的なパターンにおいて解明し、自然に言葉を与え、生ける神の栄光の劇場として、全宇宙の口となることにある。

b　しかし我々はより厳密にこう言わなければならないだろう。被造世界を探求する科学者の共同体ではなく、創造者を礼拝する信仰者の共同体こそ、真にその役割を担いうる存在なのだと。「教会は同時に自分自身の存在を、神が創造の目的を実現されるその過程の一部として認識する。……教会の特殊な存在が実は普遍的な意義を持っている。教会の存在においてはじめて被造物はその構成と目的を意識するようになる。……教会が世界の被造性を、あらゆる現実の根本的な特徴として、理解し認識することを可能にする」（C. Schwöbel, God, Creation and the Christian Community: The Dogmatic Basis of a Christian Ethic of Createdness, in : C. E. Gunton, *The Doctrine of Creation*, Edinburgh 1997, p.172）。

こうして教会は、創造の目的を明瞭に認識し、はばかることなく物語り、讃美し頌栄を歌うことのできる場所として、神を知らない世界の中に改めて定位される。創造の根底に神の良き意志があり、生命が神からの贈り物であるということ、生態系システムは、人間が神の前で生き物すべての仲間と共に命を喜びつつ、交わりの空間として耕し守る園であり、やがて来るべき神の国の到来まで管理と世話を委託されている共生の空間だということ、それを思い起こさせるのは、創造物語を世界の秘義として知っている教会なのである。

根本的に言えば、そもそも「神はキリスト者共同体の中で礼拝において経験される」（A. S. Jensen, *Divine Providence and Human Agency*, op.cit., p.4）。人間の眼は罪のゆえに曇りがかかっている。そのままでは神の統治を信じることはできない。神の栄光は世界の上に超然と輝いているのではなく、世界の苦しみの中に入り込み、被造物の生と連帯する十字架の光なので、それは教会の礼拝を通してしか明らかにはされないのである（A. S. Jensen, *ibid*., p.183）。キリスト者の信仰は、イエス・キリストにおいて神が世界を統治しようとしておられることの預言者的証しである。「イエス・キリストが王である［統治しておられる］ということを見ることができるのは、まさに特別な人間たちの文脈である」（C. Green, *op.cit*., p.105）。この特別な人間たちの存在が、イエス・キリストを信じる人々の群れであり、その出来事の証人としての教会である。キリスト者は、世界の成り行きの中心を見る者である。イエス・キリストという御子を、そして御子を通して父を見ている（*KD* III/3, S.273. 邦訳版四五五頁）。虚無的な現代の「主なき諸力」に囲まれながら、教会はまことの主であり、王の王である方を指し示すことで、世にあって摂理の信仰の担い手となる。この意味で「教会は摂理の手段である」（E. Saxer, *Vorsehung und Verheissung Gottes*, Zürich 1980, S.34）。そして教会がそのようなものになれるかどうかは、王の王なる方を讃美頌栄する礼拝が献げられ、摂理についての確信ある御言葉が語られ、真剣に主の祈りが祈られているかどうかに懸かっている。「イエスは主なり」。これこそ、すべての造られたものが、すべての民が、知るべき事柄である。それゆえに、［地上における］イエスの御業の終結は、怠けるために使徒たちに与えられた機会ではなく、世界の中への彼らの派遣である。……そこでは、伝道が始まる。すなわち、世界の中への、また世界のための、教会の派遣が始まる」（K・バルト「教義学要綱」前出一五七頁）。

なぜそうまでして教会が摂理の信仰の担い手となるべきなのだろうか。それは、「イエス・キリストにおいて時の成就として究極的に起こったことは、人間の関心を抜きにしては、また、人間の口から出る神の讃美を抜きにしては、また、御言葉を聞くべき人間の耳を抜きにしては、また人間がそれによって福音の使者たるべき人間の手と足とを抜きにしては、明らかに完結されぬことだからである。イエス・キリストにおいて神（Gott）と人（Mensch）とが一つと成り給うたということは、このイエス・キリストの証人たることを許された神の人々（Gottesmenschen）が地上に存在するという事実において、先ず第一に示さるべきことである」（同前一五八頁）。

この意味で摂理は世界観ではなく、信仰告白である。それは人間の体験に基づくのではなく、神の言葉を通して開示される真理である。「人間自身が神の支配を信じるということを自分で選んだのではなく、むしろ人間は、神の支配を信じるように選ばれたのである」（*KD* III/3, S.17. 邦訳版三一頁）。私たちは概念や歴史観、思想体系や原理、歴史哲学を信じるのではなく、神ご自身を信じる。それは、歴史的見方に抗して貫かれる神のオイコノミアの預言者的―使徒的証言に由来する。イスラエルの人々は喉の渇きに耐えられず、マッサで主を試した。「果たして、主は我々の間におられるのかどうか」（出エジプト一七・七）。これに対して、（あえて時系列を無視して言えば）石を枕にして眠り、啓示に触れた後、目覚めたヤコブはこう言った。「まことに主がこの場所におられるのに、わたしは知らなかった」（創世記二八・一六）。疑いのつぶやきから信仰の告白へ。それが摂理論のたどる運動である。使徒パウロは語る。「わたしたちは、世の霊ではなく、神からの霊を受けました。それでわたしたちは、神から恵みとして与えられたものを知るようになったのです」（第一コリント二・一二）。まさにこの聖霊により「神から恵みによって与えられたもの」に、摂理の信仰も属している。

この脈絡で教会の信仰告白の言葉を読んでみたい。ハイデルベルク信仰問答第27問は、「神の摂理とは何か」と問う。答えはこうである。「それは、神の全能なる、今働く力であります。その力によって、神は、天と地と、そのすべての被造物をも、み手をもってするごとくに、保ちまた支配して下さり、木の葉も草も、雨もひでりも、実り豊かな年も実らぬ年も、食べることも、飲むことも、健康も病気も、富も貧しさも、すべてのものが、偶然からではなく、父としてのみ手によって、われわれに、来るのであります」（竹森満佐一訳）。

さらに第28問が続く。「創造と摂理を知るとどのような益がありますか」と。答えはこうである。「われわれは、あらゆる不遇の中にも、忍耐深く、幸福の中には、感謝し、未来のことについては、われらの依り頼むべき父に、よく信頼するようになり、もはや、いかなる被造物も、われわれを、神の愛から、離れさせることはできないようになるのであります」（同前）。

【ノート147】神義論をめぐる問題

ハイデルベルク信仰問答は聖書的な摂理の信仰を述べるにあたって、「このなやみの多い世［嘆きの谷Jammertal］において、わたしにお与え下さる不幸」（第26問）、「雨、ひでり、実らぬ年、病気、貧しさ」（第27問）、「あらゆる不遇」（第28問）から、決して目を逸《そ》らしてはいない。どうしてそのような否定的な経験が私たちに訪れるのだろう。昔から「神義論」という主題で問われてきた信仰者の切実な問いである。

確かに、神と被造物との関係の「どのように（Wie）」は、創造の「どのように（Wie）」の問いと同様、私たちの知ることのできない事柄に属している。その故はただ神のみが知りたもう（ヨブ二八・二〇以下、コヘレト三・一一、詩編一三九・一以下。*KD* III/3, S.152-153. 邦訳版二五六頁参照）。虚無的なるものの謎めいた存在とその由来が私たちには隠されているのと同じである。「我らは明らかならざることに付きては、正当に不可識者たるを得。我に与えられたる光の透徹する所までは行くべし。その光の達せざる所には、漫《みだ》りに侵入して、臆断を逞《たくま》しうせざること、肝要なり」（「悪人は結局いかになるや」『植村正久著作集４』新教出版社、二〇〇五年、二二三―二二四頁）。

しかし、聖書的な摂理の信仰はやせ我慢の信仰とは違う。啓示の出来事から示される神学的理路を確かめることは、決して禁じられてはいない。いや伝道のために、「あなたがたの抱いている希望について説明を要求する人には、いつでも弁明できるように備えていなさい」（第一ペトロ三・一五）と勧められているのである。

すでに古代世界に聖書の信仰が入り込んでいった過程で、そのようなことが行われていた。イスラエルの人々は長い間「歴史の不幸」に耐えていた（M・エリアーデ『永遠回帰の神話』堀一郎訳、未来社、一九六三年、一二七頁以下。また佐藤敏夫『永遠回帰の神話と終末論――人間は歴史に耐えうるか』新教出版社、一九九一年参照）。そこに現れたのが古典的預言者である。彼らは民の背反と不義に対する義なる神の審判という視点から悔い改めを呼びかけた。それはユダヤ教一流の神義論である（M・ヴェーバー『古代ユダヤ教Ⅱ』内田芳明訳、みすず書房、一九六四年、五一四頁）。

しかし、それでも納得いかない人々を魅了したのが、ラディカルな黙示思想である。黙示思想が登場する背景には、神義論的な問いの状況がある。人々は、現世では到底かなわぬ希望の光を、今目にしている世界のかなたに待望した。しかしそれは現世に対するペシミスティックな見方と結びつきやすい。黙示思想はこの点で、グノーシスと呼ばれる古代地中海世界を席巻した新思想に接近する。

原始キリスト教は、受肉の思想、メシアの贖罪死と復活、再臨の期待の中に、歴史の不幸に対する神の答えを見出している。否定的なるもの（罪、禍、死）を克服するために神が救済者を派遣してくださった。その贖罪のメシアを死から甦らせた方が、無から有を呼び出した創造者なる神と同一である（ローマ四・一七）ということにより、創造者と救済者の分離と対立が退けられた。父と子が聖霊の絆において一つであるという三位一体の神信仰が、グノーシスの二元論的見方を克服する力になった（拙著『歴史と伝承――続・物語る教会』教文館、二〇〇八年、三〇―四三頁）。

ここでは、少し専門的に表現すれば、キリストの出来事を中心とする二つの同心円のうち、外円である神義論は義認論という内円を持ち、内円である義認論は神義論という外円を持っている（拙著『自然、歴史そして神義論』前出二六五頁以下）という、見極めが重要になる。すべての近代的神義論の誤りは、この点を曖昧にした点にある。

神義論的問いを前にイエス・キリストの啓示からして言わねばならないことがある。上述書の段階で論者はそれを二つの命題として提示した。現段階ではそれに第三の命題を加え、神義論についての三つの命題として提示する。後日、機会があれば分かりやすく論述したい。

すべての人間は神関係の中に置かれている。そして

命題1　苦難は神関係を純化し、救済への問いを目覚めさせる。

「サタンは答えた。『ヨブが、利益もないのに神を敬うでしょうか』」（ヨブ一・九）。このサタンの宗教論に対してヨブの挑戦が始まる。

命題2　苦難は神関係を濃密化し、御子と聖霊を通して義認と聖化に与らせる。

「愛する人たち、あなたがたを試みるために身にふりかかる火のような試練を、何か思いがけないことが生じたかのように、驚き怪しんではなりません。むしろ、キリストの苦しみにあずかればあずかるほど喜びなさい。それは、キリストの栄光が現れるときにも、喜びに満ちあふれるためです」（第一ペトロ四・一二―一三）。

命題3　苦難は神関係をアドヴェント化し、世界を救済待望的にする。

「被造物だけでなく、〝霊〟の初穂をいただいているわたしたちも、神の子とされること、つまり、体の贖われることを、心の中でうめきながら待ち望んでいます」（ローマ八・二三）。御国を来たらせたまえと祈ることも、まさにこの文脈の中にある。

c　聖書の最初の創造物語は七日目に安息日が登場する。これは、J・モルトマンによれば、労働の後、単に休息のために付け加えられているのではない。むしろ、安息日を目指してこそ、創造の業全体がなされたと見るべきなのである。「安息日は『創造の祝日』である（フランツ・ローゼンツヴァイク）。天と地、そこに存在し生きるすべてのものが創造されたのは、この永遠の神の祝日のためである」（モルトマン『創造における神』前出四〇一頁）。この永遠の安息日に神は被造物を最高の祝福に与らせる。創造の業の終わりに語られる「神はお造りになったすべてのものを御覧になった。見よ、それは極めて良かった」（創世記一・三一）は、神の終末論的祝福の宣言である。しかもそれは、創造の根拠でもある御子イエス・キリストによる完成を見据えてのことである。そこに創造の目的がある。この点はやがて「完成への問い」の光の中で取り上げることになるだろう。

C・グリーンによれば、カール・バルトは摂理論を「主の祈り」に導かれながら書いた。著作の構造がそうなっているばかりでなく、執筆の姿勢にそれが表れていると言う。疑いと不安のあまり一瞬でもキリストから顔を背けたなら、たとえ神学者であっても、とたんに湖に沈みゆくペトロになってしまうからである（C. Green, *op.cit.,* p.220）。確かに論述の中に、この湖に沈みゆくペトロの形象が何度か登場する。聖書の摂理信仰は、一般的、抽象的に議論すべき事柄ではなく、十字架にかけられ復活した主を中心に見据えるかどうかに懸かっている。モーツァルトの音楽のように天真爛漫に生きたバルトが、終生変わらぬ友である牧師トゥールナイゼンに死の前夜、電話をした最後の言葉はいみじくも「神の統治」についてであった。「そう確かに世界は暗闇に覆われている。……だがへこたれるには及ばない。断じて！　なぜならそれは支配されているのだから。ただモスクワで、あるいはワシントン、北京でというのではない。我々は統治されているのだ。つまり、ここ地上において、しかし全く上から、天から！　神は統治する場に座っておられる！　だから僕は恐れないよ。僕らは確信を抱いて留まっていようではないか。たとえ最も暗い瞬間においても！　さあ、希望を絶やさないようにしよう」。「我々は上から統治されている」。この単純な言葉を、ただイエス・キリストという方の故に語るために、バルトは一万ページにわたるあの膨大な教会教義学を書き綴ったのである。この単純な言葉が、彼の生涯における最後の言葉となった（『自然、歴史そして神義論』前出三四七頁）。

ハイデルベルク大学聖ペトロ教会の正面に、地元バーデンの生んだ芸術家ハンス・トーマの描いた巨大な二つの絵が懸かっている。一つは湖で嵐を見て主を疑い、おぼれそうになるペトロの姿であり、もう一つは園で復活の主を前にしているのに、それに気づかず、悲しみに暮れているマグダラのマリアの絵である。ある日、神学者ロータール・シュタイガーは、左右の絵を指しながらここで説教した。彼は呼びかける。「愛する聖ペトロ〈疑い〉教会の皆さん！」。皆いつもながらの先生の茶目っ気ぶりをかみしめながら聞いている。だが次の言葉は意味深長で味わい深い。「疑いとはすなわち、理解できない悲しみであり、悲しみとは魂の持つ疑いである。あるいは、こうも言える。疑いは悲しみの男性的な形態であり、悲しみは疑いの女性的な形態である」。その後すかさず先生はこう付け加えた。「まるで男性だけが疑えるかのような誤解を防ぐために言えば、男はたいていの場合、女より涙もろいのです」と（L. Steiger, *Die Herrlichkeit sehen*, Kassel 1982, S.13–14)。「主よ、助けてください」と叫ぶペトロを、主は手を伸ばして捕まえる。「信仰の薄い者よ、なぜ疑ったのか」（マタイ一四・三〇―三一）。そして悲しみに暮れていたマリアの名を主が呼ばれる。「マリア！」（ヨハネ二〇・一六）。それが主だと分かったのは、マリアが確かに復活の主によって自分の名が呼ばれたことを知ったからである。

それらの絵は、主に出会い、主に捕らえられることで、不安の恐れを乗り越えて前方へと歩み始める信仰者の姿を描いている。創造論は三位一体の神の業として、救済論、完成（終末）論と共に考える必要がある。神のオイコノミアである救済の物語の中でこそ、神の統治を信じ、創造の御業をほめ讃えることができる。「わたしたちを造られた方、主の御前にひざまずこう。共にひれ伏し、伏し拝もう。主はわたしたちの神、わたしたちは主の民、主に養われる群れ、御手の内にある羊。今日こそ、主の声に聞き従わねばならない」（詩編九五・六―七）。そこで私たちが次に向かうのは、〈救済への問い〉である。小径ではあるが、まだ長い道のりが続く。

【ノート148】天使論をめぐる問題

a　「天使はどこへいってしまったのか？　かつては宗教書や神学書、イコノグラフィーや教会建築の装飾、人々の宗教的心性のうちにその存在を誇示していた天使たちだが、現在では人々の使う言葉の端々や、小説、映画のタイトルといったものの中ぐらいにしか見かけることはなくなってしまった。……天使を排除することによって、実際には何をわれわれは放棄することになるだろうか？」（P・フォール『天使とはなにか』片木智年訳、せりか書房、一九九五頁、九、一〇頁）。このように問いかける宗教学者フォールによれば、天使とは絶対者と人間との間の仲介的な存在であり、啓示を指し示すベクトルであり、より高次の知への接近の筋道である（一一頁）。それは宗教史の世界に広く見られる表象である。

メソポタミアやパレスチナの古代諸都市が軍事的、政治的に統合される中で、シュメール系統の神々とセム系統の神々の混淆が行われた。それは王宮のイメージで表現されることが多い。最高神が王として他の神々を統合し、それらを宮廷に仕える官吏や従者にする。ウガリットのテキストに「メッセンジャーを遣わす（la'aka）」という表現が使われる。この名詞形がヘブライ語の「遣わされた者（מַלְאָכִי mal'aki）」すなわち「天使」という言葉の元になったと考えられる。英語の angel はそのギリシア語訳（ἄγγελος angelos）に由来する。もう一つの重要な表象は、「神の子ら（בְּנֵי הָאֱלֹהִים beney ha-elohim）」の存在で、やはり天の典礼のために神の宮廷に集められた仕え人たちのことで、これも天使の元になった概念だと推測されている。

古代イスラエルも周囲の世界からそのような表象を取り入れて、威光に満ちた神のまわりにはべり、天上においてその栄光を讃美し、また超越的な神の意志を地上の人間に伝達する仲介的存在を素朴に表現している。時代が下るにつれ、こうした天的使節への関心が高まっていった。特にバビロン捕囚以後の、神がご自身を隠しておられるかのような状況にあっては、神の超越と地上の民とのますます隔たる距離を埋めるものとして天使的存在への関心が次第に思弁化してゆく（P・フォール前掲書三三頁以下）。エゼキエル書やゼカリヤ書などにその傾向が見られる。黙示文学のダニエル書ではラファエル、ガブリエル、ミカエルが、また外典のエノク書ではこれにウリエルが加わって四人の大天使が固有名詞で呼ばれる。七〇の国と同じ数の守護天使が登場する。おそらくバビロニアの影響と見られるが、土着の神々や俗信の精霊がヤハウェの主権のもとに統合されていった過程と見ることができる。

新約聖書では天使の登場は比較的控え目である。クムラン教団やエッセネ派と比べれば一目瞭然である。とはいえ、決して否定しているわけではなく、メシアに副次的に付随して現れる。その出現は特にメシアの誕生と復活、すなわちクリスマスとイースターに集中している。ヨセフもマリアも御使いからお告げを受け、羊飼いたちも天使の歌声を耳にする。そして空の墓の前で復活の事実を告げたのは御使いである。まさにこれは、イエスこそメシアであり、天的な事柄が地上の出来事に深く関与していることを指し示すものである。重要なことは、啓示とはイエス・キリストその方であって、天使たちではないということである。中世を通じて絵画の主題となった天の梯子を上り下りするのも、もはや天使たち（創世記二八・一二）ではなく、十字架につけられた神の子イエス（ヨハネ一・五一）なのである。

ｂ　ではいったい天使論を教義学は、どこまで論じるべきなのであろうか。K・バルトは創造論の中で天使論にきわめて長い注を付けている。古代の教会教父たち、中世のディオニシオス・アレオパギテースや天使博士と呼ばれたトマス・アクィナスが顧みられる。そして近代に入って教義学が、いわば「肩をすぼめる式」の天使論にとどまっていることに不満を漏らしている（*KD* III/3, S.440-486. 邦訳版一八七―二六〇頁）。

バルトによれば、天使の本質は「仕える霊」という点にある。「天使たちは皆、奉仕する霊であって、救いを受け継ぐことになっている人々に仕えるために、遣わされたのではなかったですか」（ヘブライ一・一四）。それ故、新約聖書が天使たちの固有名詞を残しているのも、原義に戻して考えれば意味深い。すなわち、ガブリエル（神の人）、ラファエル（神は癒したもう）、ミカエル（誰が神のようであるか）という意味だからである（*KD* III/3, S.531. 邦訳版三三二頁）。何より天使たちは天上で第一級の神奉仕をする存在である。それに比べれば、地上における被造物の神奉仕は第二級のものでしかない。しかしそのように、天的讃美が地上においてその対応物を見出すということは、地上の礼拝が天に根拠づけられているという重要な消息をもたらしている。「わずかな人たちの前で礼拝の司式をするというのは気が滅入ると誰かがこぼしたとき、当時ウェストミンスター・カレッジにいたビュイック・ノックスは立ち上がり、言いました。『あなたはただ一握りの人たちの前で礼拝の司式をしているのではないのですよ。天使たち、大天使たち、そして天の軍勢すべての前で司式をしているのです』。この話を私は決して忘れませんし、みなさんにも忘れないでほしいのです」（C・E・ガントン『説教によるキリスト教教理』柳田洋夫訳、教文館、二〇〇七年、五四頁）。天使は讃美する存在として創造されており、私たちはその被造物的な対応と証人なのである。「神がいますところ、そこではまた天があり、天使がいる」（*KD* III/3, S.558. 邦訳版三七六頁）。イエスがオリーブ山の下り坂にさしかかった時、弟子たちの群れは歓呼の叫び声を上げる。「天には平和、いと高きところには栄光」（ルカ一九・三七―三八）と。これは、ベツレヘムの野にこだました天の軍勢の歌声にほぼ一致している。「いと高きところには栄光、神にあれ、地には平和、御心に適う人にあれ」（ルカ二・一三―一四）。つまり、弟子たちの神讃美は天使の神讃美と響き合っているのである（*KD* III/3, S.521. 邦訳版三一四頁）。

c　先のガントンは、もし天使の役割を、現代人でもひょっとして抱きがちな「守護天使」に限定してしまうなら、天使の持つ教会的役割を見逃してしまうことになると訴える（ガントン前掲書四九頁）。この指摘を受けて論者なりにこの問題を敷衍《ふえん》すれば、確かに中世以来、天使を個人の守り神のように考える伝統がある。それは聖書的な支持なしではない。「見よ、わたしはあなたの前に使いを遣わして、あなたを道で守らせ、わたしの備えた場所に導かせる」（出エジプト二三・二〇）。「主の使いはその周りに陣を敷き、主を畏れる人を守り助けてくださった」（詩編三四・八）。「主はあなたのために、御使いに命じて、あなたの道のどこにおいても守らせてくださる。彼らはあなたをその手にのせて運び、足が石に当たらないように守る」（詩編九一・一一―一二、マタイ四・六）。そのような守護天使への信仰は、特にペストや戦禍にあえぐ一四世紀のヨーロッパで盛んになった。しかしそこから天使崇拝が始まり、それが聖人信仰につながった。たとえば各地に守護聖人ミカエルの名で寺院が建てられ（サン・ミッシェル！）、槍を持って蛇を突き刺すミカエルが世俗の王国の守護聖人に祭り上げられる。それは逸脱である。

要するに天使の存在は、律法を手渡すためであれ（ガラテヤ一・八）、福音を告げ知らせるためであれ（ガラテヤ一・八）、神のオイコノミア実現のためにのみある。天使はあくまで神に仕え、神を讃美する存在なのである。「ハレルヤ。天において主を賛美せよ。高い天で主を賛美せよ。御使いらよ、こぞって主を賛美せよ。主の万軍よ、こぞって主を賛美せよ。……天の天よ、天の上にある水よ、主を賛美せよ」（詩編一四八・一―二、四）。

だから天使は決して礼拝されるべき対象ではない。新約聖書はすでにそれを禁じている。「わたしは天使を拝もうとしてその足もとにひれ伏した。すると、天使はわたしにこう言った。『やめよ。わたしは、あなたやイエスの証しを守っているあなたの兄弟たちと共に、仕える者である。神を礼拝せよ。イエスの証しは預言の霊なのだ』」（ヨハネ黙示録一九・一〇）。私たちはこの天使論においても、「神は唯一であり、神と人との間の仲介者も、人であるキリスト・イエスただおひとりなのです」（第一テモテ二・五）という御言葉の下に厳密に立たねばならない。天使たちに神と人間を執り成す「中間存在」としての機能を帰すことはできない（K. Barth, *KD* III/1. S.56. 邦訳版九五頁）もし仮に天使が神のオイコノミアをひそかに担っている場合でも、それを聖霊の働きに代わるものと見なすことは、三位一体の信仰からの逸脱である。むしろ私たちはこう言うべきである。「天使たちは御霊に力を与えられてでなしに、『いと高きところでは、神に光栄があるように』と、どうして言えるであろう。……ガブリエルが将来を預言するのも、御霊の予知による以外の仕方ではないと、私は言う。……『幾千の天使がみまえにはべり、幾万が仕えようとも』、彼らがその務めをとがなくなし遂げるのは、御霊の力の中でなのである」（『聖大バシレイオスの「聖霊論」』16・38、山村敬訳、南窓社、一九九六年、一一四―一一五頁）。

d　最後にもう一つ、教義学の歴史の中で起こったものに堕落天使論がある。悪魔は善の天使が堕落したものだとして、悪の存在を説明する。古代のオリゲネスがすでに堕天使ルシファーについて語り、魂の中には良い天使と悪い天使が戦っていると見ていた。近世でもイグナチオ・デ・ロヨラの『霊操』にも同じ考え方が現れる（P・フォール前掲書五一、八〇頁）。しかし天使は見える肉体を持たない霊的存在であるはずなのに、どこに堕落の原因があるのだろうか。中世のスコラ学を大いに悩ませた問題である（八木雄二『天使はなぜ堕落するのか――中世哲学の興亡』春秋社、二〇〇九年、二〇〇―二二五頁）。堕落天使論という思弁はグノーシス的な世界観を引き寄せることになりやすい。この問題に関して私たちは、これを「昔の教義学の悪い夢」と見たバルトの潔さを評価したい。人は信じるものに積極的な関係を持つ。私たちは神を信じている。だから悪魔を信じない。もし守護天使を、聖霊の働きの具象的メタファーとして考え、ある意味で非神話化することができるのであれば、それと同じように、悪魔を、虚無的なものの具象的メタファーと見ることができる。ただし悪魔を非神話化する、すなわち悪魔払いを行うことができるのは私たちではなく、十字架につけられ甦られた神の御子のみである（『自然、歴史そして神義論』一九四頁、『救済の物語』九〇―九二頁）。

幕間のインテルメッツォ（間奏曲）

一六三　サン＝テグジュペリの童話『星の王子様』には、ウワバミ、すなわち、とてつもなく大きなへびさんが登場する。そんなものが神学書に出てくるはずは、間違っても、ないはずなのだが、大方の予想を見事に裏切って、あの世紀の大神学者カール・バルトの書物に登場する。

一六四　バルトいわく、「人間は創造者に対して、感謝を捧げるために召されている存在である」。ここでバルトは、生来の茶目っ気を発揮して読者に問いかける。では、感謝を捧げるように召し出されているのが、「なぜシリウスではなく、水晶ではなく、路傍のスミレでも、ウワバミでもないのだろうか」と。

一六五　そんなことは、もちろん私たちの関知すべきことではない。だからバルトもこう続ける。「然り、なぜそうでないのであろうか。だが、われわれはそのような問いを受けてはおらず、また、その返答も無用である」。

一六六　それなら、そもそもそんな問いかけをしなければよさそうなのに、あえて話題にするところが、バルトのユーモアである。

一六七　ともあれ、人間は神に感謝を捧げるように定められているのであり、そこに人間の栄光もある。「シリウスや水晶やスミレやウワバミなどが存在するところにも神への讃歌が聞こえていると考えたとしても、それは必ずしも間違いではないであろう！　しかし、それがどうであるにしても、われわれは自分自身が感謝を捧げないことには、とうてい弁解の余地がない」（「神認識と神奉仕」『カール・バルト著作集9』宍戸達訳、新教出版社、一九七一年、五九頁）。

あとがき的命題集

命題二五一　主の祈りを祈る教会は、神のオイコノミアの完成へと進まれる主ご自身のメシア的職務に参与し、それ故、神の摂理的統治を担う存在となる。

命題二五二　人間がすぐれた知性を与えられているのは、まさにそれを用いて神を讃美するためである。創造の目的は、被造物が感謝することにある。特にこだまのように神の愛を映し返す被造物が人間である。そこにまた人間の祭司的使命もある。

命題二五三　人々の生活には、より大きい目的の一部だと見なすことができる聖なる物語が必要である。それを今日最もよく果たすことができるのは、無神論的な進化論の大いなる物語ではない。聖書の大いなる物語こそ、壊れかけた現代世界の闇に向かって語りかける光の言語である。

命題二五四　教会は創造の目的を明瞭に認識し、はばかることなく物語り、讃美し頌栄を歌う。虚無的な現代の「主なき諸力」に囲まれながら、教会はまことの主であり、王の王である方を指し示すことで、世にあって摂理の信仰の担い手となる。

命題二五五　摂理は世界観ではなく、信仰告白である。それは人間の体験に基づくのではなく、神の言葉を通して開示される真理である。

命題二五六　神義論に関しては、啓示の出来事からこう言われねばならない。すべての人間は神関係の中に置かれている。そして第一に、苦難は神関係を純化し、救済への問いを目覚めさせる。第二に、苦難は神関係を濃密化し、御子と聖霊を通して義認と聖化に与らせる。そして第三に、苦難は神関係をアドヴェント化し、世界を救済待望的にする。

命題二五七　七日目の安息日はおまけではなく、むしろこの安息日を目指してこそ、創造の業全体がなされたのである。この永遠の安息日に神は被造物を最高の祝福に与らせる。創造の目的がそこにある。

命題二五八　天使たちは天上で第一級の神奉仕をする存在である。地上の礼拝はこの天的典礼に根拠づけられている。天使が神のオイコノミアをひそかに担っている場合でも、それを聖霊の働きに代わるものと見ることは、三位一体の信仰からの逸脱である。

命題二五九　堕落天使論という思弁はグノーシス的な世界観を引き寄せることになりやすい。人は信じるものに積極的な関係を持つ。私たちは神を信じている。だから悪魔を信じない。ただし悪魔を非神話化できるのは、十字架にかけられ、甦られた御子のみである。

信仰の手引き（Ⅲ）

第一章　世界の読解法

問一二七　神がこの世界を創造されたということを、私たちはどうして知るのですか。

答　聖書によってです。

問一二八　自然は自ずから成るもので、生成と消滅を繰り返すものだと思います。人間も進化の過程を経て今の状態にたどり着いたものだと思います。この世界を説明する際に聖書に頼るのはもう古いので

答　はないでしょうか。

ではあなた自身は、何によってあなたの抱くそのような理解に達したとお考えですか。

問一二九　人間の理性です。

答　人間もまた自然の一部ですから、客観的に世界を見ているわけではありません。自分の限られた小さな視点から世界を見て、その断片を小さな理性で切り取っているだけで、それが世界の全体像ということにはなりません。

問一三〇　ではどうしたら全体像を見ることができるのでしょうか。

答　この世界を造られた方の御心に沿って世界を見る時に、それに近づくことができます。

問一三一　世界を造られた方の御心は、どうしたら分かりますか。

答　神が人間の言葉を通してご自身を証ししている啓示の書物、すなわち聖書によってです。

第二章　自然神話からの解放

一　自然の霊力（ストイケイア）

二　天は神の栄光を物語り（詩編一九・二）

【ノート118】創造神話と創造者信仰

三　絶対の始まり

【ノート119】無からの創造の聖書的典拠

四　自然は神なのか――汎神論の幻想

【ノート120】日本人の霊性とアニミズム

五　自然は救いとなるか

問一三二　聖書の最初の頁を開くと、神が言葉で命じたとたんに、そのようになったと書かれています。いったい何を言おうとしているのですか。

答　私たちが何かを作り出す時、目の前に必ず材料があります。いくら大声で「こうなれ」と叫んでも、何も起こりません。しかし神が語られると、何もないところから世界が創造されたのです。

問一三三　そのようにして造られたから、自然はすばらしいのですね。私も自然が大好きです。人間関係に嫌気がさした時など、大自然の懐に抱かれると不思議に癒され、パワーをもらえるように思います。

答　確かに自然はそのように私たちの疲れた心や体を癒してくれる面があるでしょう。けれどもそれは、自然それ自体に備わっているパワーといったものではありません。それは、自然を通して働かれる聖霊なる神の業によるものです。

問一三四　でも、そんなことを知らない人でも自然のすばらしさを知っています。それでよいのではないでしょうか。

答　そうでしょうか。自然はしばしば猛威を振るいます。果たして自然は私たちを救うことができるのでしょうか。私たちを含め、全自然を救うことのおできになる方は、自然を創造された神以外にはいないのです。

第三章　グノーシス・シンドロームの克服

問一三五　創世記一章によると、一日目に神が「光あれ」と言われたことから世界の創造が始まります。それはどういう意味なのですか。

答　神の創造の御業によって混沌と闇は退けられ、そこに光ある秩序が造り出され、世界は虚無の深淵に没することから守られているということです。

問一三六　まず混沌としたものがあって、そこから秩序ある世界が造り上げられたということでしょうか。

答　違います。神は材料を組み合わせて家を建てる建築家ではありません。何もないところから、御言葉によって秩序ある世界を創造されたのです。

問一三七　でもこの世界にはまだ混沌や闇があって、私たちを脅かしているように思えてなりません。

答　確かにそのように感じられることがあります。しかし、光に対抗しうる闇の原理や、創造者なる神と対等に渡り合える混沌の力について、聖書は語りません。創造の業が一日終わるたびに、「神はこれを見て、良しとされた」のです。そして生き物に対して「産めよ、増えよ、地に満ちよ」と祝福されました。世界は神の祝福のもとにあります。決して神に対立する悪しきものではありません。まずそのことを信じることが大切です。

問一三八　ではなぜなおも闇の脅威を感じるのでしょう。

答　被造物は神に依存するように造られているのであって、存在すること自体、自明のことだとは言えないのです。神に背を向けたとたん、被造物は不安におののき始めます。

問一三九　六日目に世界を御覧になって言われた「見よ、それは極めて良かった」という神の言葉は、どこか楽天的に聞こえます。

答　それは人間の視点から見ての判断ではありません。あくまで神の判断が示されているものです。そしてこの神の判断の中には、ご自身の御子イエス・キリストを贖い主として、また聖霊を完成者としてお遣わしになる救済の歴史が見据えられているのです。

第四章　自然科学の説明を越えて

一　宗教と科学

【ノート124】自然科学とカルヴィニズム

二　驚愕の時計職人

【ノート125】無神論の伝道師ドーキンスとDNA信仰

【ノート126】宗教と科学――四つのモデル

三　二つのセンス・オブ・ワンダー

問一四〇　よくビッグ・バンという言葉を耳にします。宇宙は最初の大爆発によって誕生したとされているようですが、それは「無からの創造」ということでしょうか。

答　宇宙には始まりがあるとされるのですから、限りなく近い考えと言えるでしょう。けれども、物理学者たちが神の創造の業を証明することはできません。

問一四一　世界は自然法則によって動いているように思えます。神は最初の創造においてこうした法則を定めた方だと考えてよいでしょうか。

答　確かに自然法則を定めた方は神ですが、それでもう用済みになったということではありません。神は今も生きて働く、自然法則をも超えた方です。

問一四二　世界は驚きに満ちています。自然科学の説明を聞けば聞くほど、その驚きは大きくなります。

答　それはすばらしい知的体験です。でも、ただ自然科学の説明だけでは、物体として自然を眺めているにすぎず、その驚きは深まりません。知識は慣れてしまえば新鮮さを失います。自然に対する驚きの感覚は、創造者なる神への信仰によって初めて深まり、礼拝を通していつも新たにされるのです。

※神学小径Ⅱ信仰の手引き、問七二—七五をも参照してください。

第五章　開かれた創造

問一四三　自然の中に進化を認めることは、聖書の創造信仰に矛盾しませんか。

答　矛盾しません。神の創造の業は最初の時点で終わってしまった過去のものではなく、神は今も活きて働いておられます。自然の中には新しい誕生があり、生命の進展もまたあります。

問一四四　自然の中には問題あるものも存在するように思えるのですが、それらは進化してゆけばいつか克服されるのでしょうか。

答　それは違います。問題あるものは神による創造の未完成や欠陥ではなく、むしろ被造物が本来のあり方からはずれてしまったものと聖書は見ています。だからこそ、自然の歴史の中に救いの歴史が興されたのです。

問一四五　世界は、進化すれば完成するわけではないのですね。

答　その通りです。完成は新しい世界として到来するものです。それが主イエスによって宣べ伝えられた神の国です。その中心には十字架と復活があります。

第六章　創造の根拠

一　永遠の決意
二　愛の横溢
三　契約的な交わり
【ノート129】K・バルトと契約神学

問一四六　生きることには何か意味や目的があるのでしょうか。世界が偶然の成り立ちによるものなら、何をしても同じことで、何だか空しくてやるせない気持ちになります。

答　聖書は、世界が神の知恵と意志をもって言葉によって造られたと語ります。この創造の信仰に立てば、世界の見方が一変します。私たちは神のお造りなった世界の中で、神に愛されているかけがえのない子供たちなのです。

問一四七　創造の信仰が教える人生の目的とは何ですか。

答　神の御心を深く知って、神の愛に応答し、造られた存在のすべてをもって神の栄光を現すことです。

問一四八　では、どのようにして創造者なる神の御心を知るのですか。

答　神の永遠の御心は、人となられた御子イエス・キリストの中に表されています。神はこの御子である方において世界を造り、世を愛し、私たちと交わりを持とうとされておられます。

問一四九　神は私たちの愛と交わりが必要で、それがないと困るから、世界を造られたのですか。

答　もちろん違います。神はご自身の内に父と子と聖霊の豊かな交わりを持っておられます。その無上の愛に、聖霊を通して私たちをも与らせようとしておられるのです。

第七章　創造のロゴス

一　万物の理法

二　先在の知恵

三　宇宙のキリスト

【ノート130】新約文書の創造論

四　受肉者イエスの衝撃

五　山川草木悉皆《しっかい》在主

問一五〇　「万物は言《ことば》によって成った」（ヨハネ一・三）と新約聖書に出てきます。それはどういう意味でしょうか。

答　神によって造られた世界は無秩序ではなく、神の深い知恵によって秩序づけられているということです。しかしそれだけではありません。「この言は、初めに神と共にあった」と言われているように、神の御子であるキリストが、創造に際して万物の基となっておられるのです。

問一五一　主イエス・キリストは私たちを罪から救うために来られた方ではないのですか。

答　その通りです。しかしこの方は、最初の創造に際して神と世界を仲立ちしてくださった方であるが故に、世界の救いに際しても神と世界を仲立ちすることができるのです。

問一五二　それを聞くと、聖書の証しするキリストは、私たちが考える以上にとてつもなく大きな存在であると思えてきました。

答　まさにその通りなのです。私たちは聖書を通して主に出会うことにより、宇宙の主にお会いしているのです。私たちが礼拝で讃美すべき方は、私たちが造り出す偶像の神ではなく、私たちを造り出すために愛の礎《いしずえ》となってくださった宇宙のキリストなのです。

第八章　創造のエネルゲイア

一　エネルギーはどこから？

二　無の深遠の上で

【ノート131】聖霊の働きと力の場

三　神への関係と参与の霊

【ノート132】ヘブライ的存在論としてのハヤトロギア

【ノート133】三位一体の神の業としての創造

問一五三　神は「近寄り難い光の中に住まわれる方、だれ一人見たことがなく、見ることのできない方」(第一テモテ六・一六)だと言われています。それほどにすべてのものを超越し隔絶しておられる神が、どうしてこの世界を造り、私たちと関わることができるのでしょう。

答　聖霊を通してそれが可能になります。私たちは太陽本体をじかに見ることも触ることもできません。けれども地上に届く光線を通して太陽を見、その熱を感じ取ることができます。それと同じように、神は聖霊を通して世界に関わり、私たちに働きかけるのです。

問一五四　では聖霊はエネルギーのようなものでしょうか。

答　物理的なエネルギーとは違います。地上のエネルギーは造られたものですが、聖霊はすべてのエネルギーを無から造り出す神であって、エネルギーの大本(本源)となられる方です。

問一五五　世界の創造は父なる神の業ではないのですか。

答　確かにそうです。しかしまた父は御子と聖霊との協力なしに働くことはありません。御子は父にとって自らの内なる他者であり、この御子に基づいて父は他者としての世界を創造されました。そして聖霊はこの他者として造られた世界を父に結び合わせる絆として、今も働いておられます。世界の創造は、父・子・聖霊なる三位一体の神の麗しい共同作業の成果です。

第九章　天と地とそこに満ちるもの

一　地とそこに満ちるものは主のもの（詩編二四・一）
二　一般恩恵と特別恩恵
【ノート134】一般恩恵論の意義とその注意点
三　人間の登場

問一五六　この世界は、私たちが想像もつかないほどたくさんの生き物で満ちています。そのようなものも神によって造られ、命を与えられているのでしょうか。

答　その通りです。それも聖霊なる神の恵みの業です。

問一五七　ではその中に住む私たち人間もそうなのですね。でも、そのような神がいることすら知らないでいる人間にも、神は恵みを施しているのでしょうか。

答　そうです。父なる神は聖霊を通して、「悪人にも善人にも太陽を昇らせ、正しい者にも正しくない者にも雨を降らせてくださる」（マタイ五・四五）方です。しかしこのことが恵みだとつくづく分かるのは、イエス・キリストによってまことの天の父を知り、この方の愛の中で聖霊によって新しく生まれ変わった時です。

問一五八 一般的な恵みを受けていれば、もうそれでいいようにも思えますが……。

答 それは違います。私たちにはもっと大きな恵みが待っているのです。それを知らないことは人生の大損です。

問一五九 どうしてですか。

答 天と地の間に他の被造物と共に住む私たち人間は、神との特別の関係を生きるように定められています。その命の交わりを持たなければ、失望と悲しみの中で死を迎えるほかないからです。

第一〇章 人間、この未知なるもの

一 人間の本質
二 神の写像としての人間
【ノート135】旧約のテキスト
三 神との人格関係
【ノート136】神の像は実体か関係か

問一六〇 聖書には、人間は神にかたどり、神に似せて造られたと出てきますが、人間は神のような存在だということなのでしょうか。

答 そうではありません。人間はあくまで神によって造られた被造物ですから、越えられない一線があり、質的な相違があります。とはいえ、それだけ人間は神との密接な関わりに自覚的に生きるように造られているということです。

問一六一　でも人間は動物と違い、高度な精神活動を行う理性を持っていると思います。そのことが、神にかたどられているということを意味するのでしょうか。

答　理性を持っていれば、動物とは異なって立派な人間だというわけには行きません。その理性をもって人間は神に反抗するからです。人間は神の栄光の輝きを鏡のように映し返し、感謝と讃美をもって応答するように造られているのです。

第一一章　アダムとキリスト

問一六二　では、神の愛を知らず、感謝も讃美もしない人間は、本来のあるべき姿からはずれているのでしょうか。

答　その通りです。そういう恩知らずの人間を神の愛の交わりの中へと呼び戻し、人間本来の尊厳と輝きを取り戻させようと、神の御子であるキリストがまことの人間になられたのです。

問一六三　私たちがまことの人間性に立ち帰るにはどうしたらよいのですか。

答　キリストの名によって洗礼を受け、神の愛に満たされて感謝と讃美の生活を始めることです。祈りつつキリストの名によって歩み続ければ、あなたの中で善い業を始められた方が、必ずやその業を成し遂げてくださることでしょう（フィリピ一・六）。

第一二章　神を映し返す人間

一　奇蹟としての人間

二　創造性、他者性、そして合一性の原理

【ノート140】三位一体論における他者性と合一性

三　対応と応答……神の大いなる物語の中で

【ノート141】人格と人権

問一六四　人間は神のあり方を照り返すように造られていると言われますが、それはどういうことでしょうか。

答 神は父・子・聖霊なる交わりの神です。だから私たち人間も、神との交わり、そして隣人との交わりの中で、共に生きるように造られているということです。

問一六五 口で言うのは簡単ですが、実際にはとてもむずかしいように思えます。

答 確かにむずかしいと思います。でも私たちは、他者へと身を向け、他者の立場に身を置いた御子にかたどって造られているのです。その御子を信じるということは、聖霊の助けをいただいてキリストの十字架の心を心とし、その手足となって生き始めることなのです。

問一六六 それは、これまでの自分にはない可能性ですね。

答 そうです。信仰とは自分の可能性を越える神の可能性に懸けて生きることです。私たちは自由なる愛をもって世界を創造した父なる神に対応して、破壊することではなく創造することを喜びとします。そしてまた聖霊の力を得て、自分とは異なった他者と一致する道を歩むようになります。

問一六七 そうなるためにはどうしたらよいのですか。

答 私たちをそのようにしようとしておられる神の大いなる物語、すなわち聖書の御言葉に聴き続けることです。

第一三章　心と体、そして霊性

一　肉体の美とその脆さ

二　精神の力とその危うさ

三　霊性の次元

【ノート142】人間の二区分法と三区分法

問一六八　聖書は人間の存在をどのように見ていますか。

答　人間は心と体をもった存在です。神との関わりの中に置かれた時に、どちらか一方に偏《かたよ》らずバランスよく健やかな生を営むことができます。

問一六九　どうしてですか。

答　心が神に向かう時、心は人にも開かれ、体を神のために用いる時、人のために進んで愛の道具となることができるからです。

問一七〇　時折、霊性という言葉を耳にしますが、それはどういうことでしょうか。

答　神の霊の働きを受けて、キリストという愛そのものである方を知り、神に祈ることを始める霊的生活のことです。祈った後で不思議にも不安は消え去り、疲れは癒され、身も心も安まります。

問一七一　そうなるためにはどうしたらよいのでしょう。

答　教会の礼拝に出てみてください。そしてそれを続けることです。そこから神と出会うあなたの霊的な旅（a spiritual journey）が始まります。

第一四章　男と女、そして霊性

一　命の恵みを共に受け継ぐ
二　サライの娘たち
三　結婚愛
四　偉大なる奥義

問一七二　なぜ人間は男と女に造られているのですか。

答　神は「我々にかたどって人を造ろう」と語られました。私たちはこの父・子・聖霊なる交わりの神にかたどって造られています。だから私たちが神の前で隣人仲間と共に生きることを、神は願っておられるのです。

問一七三　しかし、旧約聖書の世界は男性中心の社会で、ずい分封建的だと思います。

答　確かにイスラエルもまた古代社会の制約を受けています。しかしそこに主イエスが登場し、新しい時代を切り開きました。十二弟子のほかに一群の女性たちが随行し、最後まで主に従いました。十字架の死を見届け、復活の最初の証人となったのも女性たちです。

問一七四　でもパウロの言葉には依然として女性を蔑視する響きがありませんか。

答　パウロの中にはユダヤ教（律法）からキリスト教（福音）への移行が見られます。主にあってもはや男も女もない教会の交わりこそ、福音の到達点です。そこを見ることが肝心です。

問一七五　結婚の主な目的は何ですか。子供を産み、育てることでしょうか。

答　もちろんそれは結婚のもたらす祝福された果実です。しかし、結婚生活は単に性生活が中心ではありませんし、結婚も子供を産む制度ではありません。結婚は他者と共に生きること、すなわち愛を学び実践するための、祝福された全人格的な出会いの場です。

問一七六　聖書はキリストと教会との関係を結婚にたとえています。それは畏れ多いことではないでしょうか。

答　その通り、とても畏れ多いことです。でもそこまで神は教会のことを考えていてくださるということです。私たちはキリストの花嫁として、いつでも喜んで花婿たるキリストをお迎えする用意がなければなりません。私たちにその覚悟はあるでしょうか。キリストを待たず、自分が教会の主になっているとすれば、私たちは愚かなおとめになってしまいます。

第一五章　空の鳥、野の花を見よ

一　虹の契約

二　神の僕としての人間

【ノート143】エコロジーと大地の神学

三　被造物のうめきと宇宙の贖い

問一七七　地球環境が汚染され、生態系の危機が叫ばれています。その元凶にキリスト教を挙げている方がありますが……。

答　確かにそのように聖書を誤読してきた歴史があることは、反省しなければなりません。けれども、聖書は人間中心的ではなく、神中心的なあり方を私たちに求めています。自由な交わりを喜ぶ神にかたどって造られた人間は、神の前で他の被造物仲間と共に生きることを喜びます。

問一七八　人間は「地を支配せよ」と命じられているのですか。

答　支配するとは、暴君が自分勝手に振る舞うことを意味していません。それは、弱い者を保護し、正義を行う良き王の統治のことであり、そこにはまた良き羊飼いでもあったダビデ王の理想の姿が重ねられています。人間は与えられた知性をもって、それだけ責任ある世話をする神の執事（スチュワード）であり、神の像にかたどられた神の僕（サーヴァント）なのです。

問一七九　なぜそれほどの責任が与えられているのですか。

答　創造の神は人間に大いなる喜びの園（エデン）を耕し守るように教え、被造物の保持の業に僕としての人間を与らせようとしておられるのです。

第一六章　運命と摂理

一　偶然と必然

【ノート144】 神の予定と摂理

二　神の同伴

【ノート145】 人間の自由と神の自由

三　不可解な現実と神のオイコノミア

四　人間の混乱と神の摂理

問一八〇　私たち人間は、得体の知れない運命の力にもてあそばれているように思えます。だから私も時々軽い気持ちで、運勢占いや験担《げんかつ》ぎをします。それはおかしなことですか。

答　それは、恐れる必要のないものを恐れる窮屈な生き方です。私たちは運命に支配されているのではなく、天の父なる神によって守られているのです。天の父はあなたを造られた本当の父です。

問一八一　どうしてそれが分かるのですか。

答　それを示してくださった方が御子であるイエス・キリストです。父なる神は御子において、聖霊により、私たちといつも共にいる神であることを決意しておられます。この神の御心に沿って生きることが、人間の自由です。

問一八二　でもこの世には神の支配を疑わせる不可解な現実があるように思うのですが……。

答　確かに私たちはもはやエデンの園に生きてはおらず、まだ神の国は到来していません。けれども、神は御子を通し、聖霊によって、救いのご計画を始められました。私たちが見るべきもの、信ずべきものがここにあります。それを語り示しているものが世に建てられた教会です。

第一七章　創造の目的

問一八三　矛盾に満ちたこの世界で神の統治を信じるということは、むずかしいことのように思えます。どうしたらよいのでしょう。

答　摂理の信仰は世界の現状を分析することからは生じません。それは、神が始められた救いの歴史（神のオイコノミア）を信じるところから浮かび上がってくるものです。

問一八四　でも、それと今の私とどんな関係があるのでしょうか。

答　大いにあります。神はその救いの歴史にあなたを参与させようとしておられるからです。

問一八五　いったいどのようにしてですか。

答　主は弟子たちに御国の到来を祈ることを教えました。それが主の祈りです。教会は主の祈りを祈ることで、神の統治が地においても行われるように祈ります。そして祈らない者たちの分も祈り、それによって、人間の混乱のただ中で進められる神の摂理の業に参与しているのです。

あとがき

ルターは、「もし明日、終末が来るとしても、私はりんごの木を植える」と言ったことで有名である。神学校の授業でこの言葉に触れた時、一人の学生がこう反応した。「僕は昔からりんごよりみかんが好きなので、僕はみかんの木を植えます」。一同爆笑した。それにかこつけて少し気障《きざ》めいたことを言えば、「もし明日、終末が来るとしても、私は『小径』を書き続けたい」となるだろう。それが、つつましやかな偽らざる今の私の願いである。本書は〈啓示への問い〉、〈神への問い〉に続いて〈創造への問い〉を扱っている。

創造への問いは単なる知的好奇心に由来する興味本位の問いではない。それはすぐれて実践的な問いである。その問いに明確に答えることは、キリスト教信仰に堅固な土台を提供することになる。「世界が神によって造られたものだと見なすことで、何が変わるのだろうか。人が世界をそれとは別様に眺めるなら、世界も人間を別様に「神の被造物としてではなく」見る。世界に対する人間の態度が変われば、人間に対する世界の態度も変わる」(G. Ebeling, *Dogmatik des christlichen Glaubens* Bd.I, Tübingen 1987, S.304)。つまり、世界は訳もなくただ偶然にこういう状態になったのだと見るなら、その中にいる人間もただ偶然の産物にすぎないことになる。私が不運に見舞われようと、誰かがまんまと時代の寵児になろうと、そんなことは所詮、いつ果てるともなく打ち寄せる波の一つ、はたまた風に舞う一枚の木の葉にすぎない。しかし、果たしてそれが人生の真相なのだろうか。創造信仰は、それとはまったく違う方向に私たちを導く。それは世界とこの私の存在の根拠と意味と目的を開示する。「世界が神の被造物であるという言明は、世界の成り立ちについての知識に限局されるものではない。……それは、世界についての過去の言明ではなく、世界についての現在の言明である」(*ibid.*)。矛盾に見える現実を前にして、一切をあらわな呪いの相のもとに見て不遇をかこつか、それとも、隠された祝福の相において見るのか、その差は大きい。「ゆく河の流れは絶えずして、しかも、もとの水にあらず。よどみに浮ぶうたかたは、かつ消え、かつ結びて、久しくとどまりたる例《ためし》なし。世の中にある、人と栖《すみか》と、またかくのごとし」(鴨長明)。この方丈記のように人の世を無常と観念し、流れゆく世界を諦念において受け入れるのか、それとも、そこになお隠された目的と意味を悟り、忍耐と希望をもって新たな使命に生きるのか、違いは歴然としている。

現代において創造論を新たに構築する必要性は、別の意味でも日増しに高まっている。一つには、一般に生態系の危機が強く意識されるようになり、自然に対する人間の関わり方が改めて問われているからである。もう一つは、創造信仰と自然科学との単純な対立図式がもはや成り立たなくなっているにもかかわらず、依然として対立的な見方が一般的であり、それがキリスト教の神学や伝道の実践にも影を落としているからである。たとえば、聖書の創造物語は進化論を始めとする科学的な物の見方に慣れ親しんだ者には、荒唐無稽の話としてしか通用しない。宗教より科学の方がリアルだと単純に見なされる。伝道の衰退が叫ばれるのも、こうした近代啓蒙主義的な知の枠組みが依然として心の枷《かせ》となって、リアリズムよりもリアルな聖書的語りの浸透を阻んでいるからである。どんなに伝道を声高に叫んでも、残念ながら梨のつぶてでしかない。本書はこの背後にある啓蒙主義的な近代知の枠組みを大幅に組み替える知的戦略の一つであろうとしている。あえて現代の先鋭的な自然科学的見方との折衝を行ったのもそのためである。

この関連で言えば、信仰や宗教というものが心の領域に狭められてしまっていることは大いに問題である。近代の哲学者I・カントの貢献は、人間の科学的な知の及ぶ範囲を時空間に限定し、宗教の問題を科学の立ち入れない自由と道徳の領域の中に確保したことにある。そこから何が生じたのだろう。宗教は価値（values）の問題となり、事実（facts）の領域は科学に委ねられることになった（P. J. Hefner, Creation, in: C. E. Braaten/R. W. Jenson（ed.）, *Christian Dogmatics* Vol.1, Philadelphia, 1984, p.272）。カントの意に反して、世界なき神と神なき世界の分断が起こった。その神なき世界に関与する科学の領域で生じたことは、倫理なき技術革新であり、経済に誘導された歯止めなき環境汚染である。

私たちはここにおいても、大きな軌道修正を必要としている。キリスト教神学は単に人間の心の癒しや内面の救いに関わるものではなく、それを中核としつつも、自然や世界、宇宙の完成に関わるものである。いや、そもそも聖書の救済論はグノーシスの魂の解脱とは異なり、最初から最後まで創造論との密接な関わりを持っている。「神が世界、歴史、人間を造ったという考えがなければ、罪からの人間の命の贖いという福音は無意味で、自己矛盾に陥り、空しいことになる。創造の思想は、その中で贖罪の福音が意味を持ち、実際に力を発揮するところの、神と世界との根本的な関係を表現している。そしてこの創造の考え方が、その中でキリスト教信仰が愛のメッセージを語るための、必要不可欠の枠組みを提供しているのである」（L. Gilkey, *Maker of Heaven and Earth*, New York 1959, p.17）。

リストラの町でパウロは語る。「あなたがたが、このような偶像を離れて、生ける神に立ち帰るように、わたしたちは福音を告げ知らせているのです。この神こそ、天と地と海と、そしてその中にあるすべてのものを造られた方です」（使徒一四・一五）。教会の宣教（ケリュグマ）が救いのメッセージに焦点を合わせることはまったく正しいが、そのことが神の創造された世界からの撤退や退行を意味するものであってはならない。むしろキリストの十字架と復活の出来事は、神の創造された世界のただ中で、被造世界全体を救うためにこそ起こっており、虚無の力に陥っている被造物全体が解放されることと深い関わりを持っている。それ故、今日改めて創造論を問い直すことは、福音をより広く捉え直し、さらに力強く福音伝道へと立ち向かうことを意味する。

カルヴァンは言う。「人間が、何のために神が人間を創造したもうたかを知らず、または、何の目的で世界に置かれているかを認識する技量がない時、わたしはあえてお尋ねするが、正確に言って、人間は生きている、と言えるであろうか」（J・カルヴァン『ヨブ記についての説教』14・1―2、T・F・トーランス『カルヴァンの人間論』本文前出四二頁参照）。プロテスタント教義学は一面的な「自然神学（natural theology）」を避けようとするあまり、そのような創造論的展開の萌芽を摘み取ってはならない。K・バルトが危惧した啓示ぬきの大地と民族の神学を退けつつも、啓示に基づいた三位一体論の枠組みにおいて「自然の神学（theology of nature）」を打ち立てることは十分可能である。本書はそのような意向に沿ったものである。

拙い歩みながら、現代における新たな教義学の構築を目指している。しばしば訊かれることなので一応現時点での構想を示すことにする。

1　『啓示への問い』　聖書論。正典的伝承力としての物語る教会、または解釈共同体としての礼拝する教会による、正典的解釈の方法論的確立について。

2　『神への問い』　人間の、神への問いに対する、神からの答えとしての三位一体論。
3　『創造への問い』　主として父なる神の業、または三位一体論に基づく自然の神学について（本書）。
4　『救済への問い』　主として子なる神の業（未）。
5　『完成への問い』　主として聖霊なる神の業（未）。

そう多くはないと思うが、時折読書会のテキストに用いていますと伺うと、地道に文献を読み紹介する労苦も正直報われる気がする。予想外に手間取り、遅々として進まない歩みになりつつあるが、ゼノンの逆説にある「アキレスの追いつけない亀」よろしく、ただ愚鈍に粘り強く前に進む以外にないのだろうと心得ている。

表紙の絵には中世の画家ミンデンのマイスター・ベルトラム「動物たちの創造」をあしらっていただいた。今回も友川恵多氏にいろいろお世話になった。記して感謝したい。

大沢の森の寓居にて

芳賀《はが》 力《つとむ》

1952年、神奈川県に生まれる。1979年、東京神学大学大学院修了。1983年、ドイツ・ハイデルベルク大学神学部留学。1987年、同大学より神学博士号取得。現在、東京神学大学学長。

著書 『自然、歴史そして神義論――カール・バルトを巡って』（日本基督教団出版局、1991年）、『救済の物語』（日本基督教団出版局、1997年）、『物語る教会の神学』（教文館、1997年）、『大いなる物語の始まり』（教文館、2001年）、『使徒的共同体』（教文館、2004年）、『思索への小さな旅』（キリスト新聞社、2004年）、『洗礼から聖餐へ――キリストの命の中へ』（キリスト新聞社、2006年）、『歴史と伝承――続・物語る教会の神学』（教文館、2008年）、『まことの聖餐を求めて』（編・共著、教文館、2008年）、『神学の小径 I――啓示への問い』（キリスト新聞社、2008年）、『神学の小径 II――神への問い』（キリスト新聞社、2012年）、『落ち穂ひろいの旅支度』（キリスト新聞社、2014年）。

訳書 パネンベルク『組織神学の根本問題』（共訳、日本基督教団出版局、1984年）、『トレルチ著作集 9 プロテスタンティズムと近代世界 II』（共訳、ヨルダン社、1985年）、『ブルンナー著作集 2 教義学 I』（共訳、教文館、1997年）、ブラーテン／ジェンソン編『聖書を取り戻す』（教文館、1998年）、ロールス『改革教会信仰告白の神学』（一麦出版社、2000年）、マクグラス『神学のよろこび――はじめての人のための「キリスト教神学」ガイド』（キリスト新聞社、2005年）、デイヴィス／ヘイズ編『聖書を読む技法――ポストモダンと聖書の復権』（新教出版社、2007年）、マクグラス『ジャン・カルヴァンの生涯 上・下――西洋文化はいかにして作られたか』（キリスト新聞社、2009年、2010年）、トーランス『キリストの仲保』（共訳、キリスト新聞社、2011年）。

装丁：桂川 潤
編集・DTP 制作：山﨑博之

神学の小径《こみち》 III――創造への問い

2015年12月25日 第1版第1刷発行

著 者 芳 賀 力
発行所 キリスト新聞社
〒162-0814 東京都新宿区新小川町 9-1
電話 03 (5579) 2132
URL. http://www.kirishin.com
E-Mail. support@kirishin.com
印刷所 協友印刷

ISBN978-4-87395-690-9 C0016（日キ販）